ISBN : 978-81-19092-16-1

महादेवी वर्मा : सृजन और सरोकार

पहला संस्करण : 2023

मूल्य : 895

प्रकाशक
राधाकृष्ण प्रकाशन प्राइवेट लिमिटेड
जी-17, जगतपुरी, दिल्ली-110 051
शाखाएँ : अशोक राजपथ, साइंस कॉलेज के सामने, पटना-800 006
पहली मंजिल, दरबारी बिल्डिंग, महात्मा गांधी मार्ग, प्रयागराज-211 001
वेबसाइट : www.radhakrishnaprakashan.com
ई-मेल : info@radhakrishnaprakashan.com

मुद्रक
बी.के. ऑफसेट
नवीन शाहदरा, दिल्ली-110 032

MAHADEVI VERMA : SRIJAN AUR SAROKAR
Edited by Niranjan Sahay & Amit Kumar

भूमिका

आधुनिक काल के काव्य-संसार में महादेवी वर्मा अत्यन्त महत्त्वपूर्ण कवयित्री के रूप में समादृत हैं लेकिन उन्हें देखने-परखने की अनेक रूढ़ियाँ भी उसी हद तक मौजूद हैं जिस हद तक उनकी ख्याति। प्राय: उन्हें रहस्यवाद की परिधि में महदूद किया जाता रहा है। इस सिलसिले की शुरुआत आचार्य रामचन्द्र शुक्ल ने अपने 'हिन्दी साहित्य का इतिहास' से की। बाद की व्याख्याओं में अधिकांश ने शुक्ल जी की मान्यताओं का ही विस्तार किया। जैसे मीरा के कृष्ण प्रेम में स्वभावत: भेषधारी से प्रचंड समर है, सामन्तवाद की जकड़नों को प्रेम के उत्कट आवेग से छिन्न-भिन्न कर देने का संकल्प मुखर है, उसी तरह महादेवी वर्मा के असीम का सघन रिश्ता उस प्रत्यक्ष जीवन-जगत से है, जहाँ स्त्री होना अभिशाप है और प्रेम करना प्रचंड तूफान से दीये की टिमटिमाती लौ की हिफाजत करना। उनकी कविताओं में उपस्थित प्रेम की चाहत को असीम और निराकार ब्रह्म से सन्नद्ध कर अपने कर्तव्य की इतिश्री कर देने के कोलाहल के बीच उनका गद्य-संसार स्त्री के अभिशाप और उसके दारुण दु:ख की प्रखर अभिव्यक्ति करता रहा। इस पुस्तक में इतिहास से वर्तमान तक मौजूद उन अनेक गवाक्षों को संयोजित करने का प्रयास किया गया है, जिनसे महादेवी वर्मा के रचना-संसार की समझ दुरुस्त हो सके।

महादेवी वर्मा का पद्य-संसार जितना अमूर्त और भाववादी है, उनका गद्य-संसार उतना ही मूर्त और मुखर। हालाँकि सजग आँखें आसानी से उनकी कविताओं में उपस्थित तृप्ति और अतृप्ति के दारुण मनोभाव और नारी जाति की बेबसी और विकलता से उपजे स्वाभाविक विद्रोह को समझ और परख सकती हैं। इसी तरह विचार की गहराइयों और विस्तार, स्मृतियों तथा पैने प्रत्यक्षण से समन्वित उनके गद्य-संसार की भी अनेक अर्थछवियाँ हैं। इस किताब में उन सभी सिरों को पकड़ने का प्रयास है जिनके बल पर महादेवी वर्मा

के पद्य और गद्य-संसार का सजग सहचर बनने का बोध सक्रिय हो।

पुस्तक के तीन खंड हैं। 'धरोहर' खंड में महादेवी के समकालीन पन्त और उनकी कविता के आरम्भिक भाष्यकारों की आलोचना को स्थान दिया गया है। 'आत्मकथन' खंड में महादेवी वर्मा की दो अभिरुचियों पर स्वयं उन्हीं की अभिव्यक्तियों को शामिल किया गया है। प्राय: साहित्य संसार में शिक्षा के नजरिये को नजरन्दाज किया जाता है। इस खंड में शामिल महादेवी का लेख 'शिक्षा का उद्देश्य' उनकी चिन्तन परिधि की व्यापकता का अहसास कराता है। अन्तिम खंड का शीर्षक है 'आस्वाद के नए धरातल'। कहना न होगा यह खंड सर्वथा नए ढंग से महादेवी वर्मा की विभिन्न रचनाओं के भाष्य की पीठिका निर्मित करता है।

पुस्तक के विभिन्न अध्यायों के सार को भूमिका या पूर्वकथन में स्थान नहीं दिया जा रहा है। सम्पादक-द्वय का मानना है इससे पाठकीय आस्वाद की पूर्व धारणा बनती है। सुधी पाठकों की सबसे भरोसेमन्द यात्रा उनका अपना प्रत्यक्षणबोध ही निर्मित कर सकता है, ऐसा हमारा गहन विश्वास है।

किसी भी पुस्तक के आकार लेने में जितनी भूमिका प्रत्यक्ष व्यक्तियों की होती है, उतनी ही भूमिका नेपथ्य में रहकर प्रेरित करने और सामग्री जुटाने में मदद करने वाले व्यक्तियों की भी होती है। कहना न होगा, साहित्य एक सामाजिक उत्पाद है। ऐसे में पुस्तक को साकार करने में जिन साथियों ने मदद की सम्पादक उनके प्रति आभार प्रकट करता है। राजकमल प्रकाशन के आमोद जी को आभार जिन्होंने बड़ी सहृदयता से इस पुस्तक को प्रकाशित करने में दिलचस्पी दिखाई।

किताब के निर्माण में श्री अमित कुमार (शोधार्थी), भारतीय भाषा केन्द्र, जवाहरलाल नेहरू विश्वविद्यालय ने अविस्मरणीय भूमिका निभाई है। परिकल्पना, सामग्री संकलन एवं लेखक-लेखिकाओं से निरन्तर सम्पर्क और संवाद एक दुस्तर काम है। उन्होंने इसे कौशलपूर्वक सम्पन्न किया। वे मेरे विद्यार्थी भी रहे हैं। मुझे सम्पादन में उन्हें शामिल कर हार्दिक परितोष हो रहा है।

—निरंजन सहाय

क्रम

धरोहर

आत्मकथन

आस्वाद के नए धरातल

धरोहर

महादेवी का काव्य

सुमित्रानन्दन पन्त

अब हम छायावाद के वसन्त वन की सबसे मधुर, भाव-मुखर पिकी महादेवी जी के काव्य पर आते हैं। यद्यपि छायावादी युग में 'कामायनी!' के समान एक उत्कृष्ट महाकाव्य की भी सृष्टि हुई, पर मुख्यत: वह प्रगीत-प्रधान युग रहा, जिसकी सुनहली परिणति, कला-बोध, भाव-व्यंजना तथा रस-मूल्य की दृष्टि से निश्चय ही महादेवी के गीतों में हुई है, जिन्हें छायावादी भाव-साधना के युग की प्रेम-साधिका मीरा भी कहते हैं। उनकी अभिव्यक्ति का क्षेत्र सीमित एवं भाव-संस्कार जनित सूक्ष्मता का द्योतक होने के कारण उसमें अन्त: सलिला धारा का-सा प्रच्छन्न प्रवेग तथा भावना की निगूढ़ गहराइयाँ मिलती हैं। उनका भाव-जगत प्रसाद का-सा हिम-विद्ध समरस—शृंग या निराला का-सा महा प्राणता से उद्वेलित सागर नहीं है। वह अन्तर्मुखी भाव-साधना के पवित्र अश्रुओं से धीत, तप:पूत, स्फटिक-शुभ्र प्राण-चेतना का रश्मि-कलश मन्दिर है, जो स्वयं उनके हृदय के भीतर का उनका सूक्ष्म रस-हृदय है। वह प्राणों की संवेदना से सौरभ-गुंजरित मनोरम सृष्टि है, जिसका चाँदनी का प्रांगण चन्दन की भाव-भीनी गन्ध से सिंचित है। प्रसाद मानव-भावना के चिरन्तन संघर्ष को युग की पीठिका में उतारकर, मानसी गौरी की भाव भंगिमाओं की शोभा पर मुग्ध हो उसका समाधान समन्वित ज्ञान-शृंग पर अवस्थित आनन्दवाद की उच्च एकान्त व्यक्तिमुखी भूमि पर दे गए। उन्होंने निराकार चिति को भी साकार सगुण शिवत्व के ही माध्यम से अभिव्यक्त किया। शिव के व्यक्तित्व में साकार निराकार स्वरूप अधिक स्पष्ट संयोजित होने के कारण उन्होंने सीधा निराकार नि:सीम सौन्दर्य-स्पर्श को मुख्यत: बौद्धिक दृष्टि से नवीन प्रतीकों-बिम्बों के माध्यम से व्यक्त किया और महादेवी जी ने भी निराकार के ही बोध को प्रधानतया भावात्मक दृष्टि की सूक्ष्म संवेदना तथा सुख-दु:ख के सौन्दर्य की रंगीनी के माध्यम से गीतिमय मार्मिक अभिव्यक्ति दी। उनके भावनाकाश की मेघ-वृत्तियों को बेधकर, अन्तर्बोध का रश्मि-बाण, आर-पार व्याप्त होकर, अपने प्रकाश के विद्युत कण बरसाता रहा है। दूसरे शब्दों में, जिस निराकार दृष्टि को निराला ने बुद्धि से ग्रहण कर अपने काव्य-पट में अवतरित किया,

उसी को महादेवी जी ने भावना-द्रवित हृदय की झंकार द्वारा कला-वैभव-मंडित तथा प्रतीक बिम्बित किया, उनकी अभिव्यक्ति मीरा की-सी सीधी या निराला की-सी शक्ति—प्रेरित होकर, प्रतीकों-बिम्बों के सौन्दर्य-गुंठन से अप्रत्यक्ष कटाक्ष करती है। प्रसाद ने भावनाओं का निरपेक्ष रूप से सूक्ष्म विवेचन तथा मूर्तीकरण किया, महादेवी ने भावना के संवेदनों का सूक्ष्म विश्लेषण तथा उनके सुख-दुःखमय और अधिकतर दुःखमय स्पर्कों के दंश का चित्रण किया है। महादेवी का काव्य मुख्यतः भाव-संवेदना प्रधान है, अपने दर्शन-बोध या मूल्य-बोध को उन्होंने भावनाओं के आरोहण-अवरोहण के लिए, सोपान-मात्र बनाया है। उनमें मध्ययुगीन रहस्यवादी अभिव्यक्ति का जो सबसे अधिक प्रभाव मिलता है इसका मुख्य कारण उनके नारी-हृदय का सहज-संकोच तथा वर्तमान सामाजिक परिस्थिति की पृष्ठभूमि में नारी-जीवन की सीमाएँ ही हैं। इन कृच्छ परिस्थितियों में अपने भीतर भावनात्मक अन्तः सन्तुलन भरने की साधना से अधिक उपयोग उन्होंने रहस्यवादी प्रणाली की अभिव्यंजना के लिए ही किया है। जो घनीभूत पीड़ा या वेदना प्रसाद के मस्तक में स्मृति-सी छाई थी वह महादेवी के भावना-जगत में अधिक गहरी, तीव्र तथा मर्मस्पर्शी होकर व्याप्त मिलती है। उनके काव्य का सर्वप्रमुख तत्त्व वेदना, वेदना का आनन्द, वेदना का सौन्दर्य, वेदना के लिए ही आत्मसमर्पण है। वह तो वेदना के साम्राज्य की एकछत्र साम्राज्ञी हैं और कोई सुख उन्हें आत्म-विस्मृत या आत्म-तन्मय होने को नहीं चाहिए। सुख तो क्षणजीवी है, वेदना ही चिरस्थायी, चिरव्यापी एवं चिर-स्पृहणीय है। उनकी काव्य-सृष्टि के अन्य आयामों पर विचार करने से पहले हम उनकी इस वेदना-मूर्च्छा की आत्म-जागृति पर विचार करेंगे।

महादेवी जी ही छायावादियों में एकमात्र वह चिरन्तन भाव-यौवना कवयित्री हैं जिन्होंने नए युग के परिप्रेक्ष्य में राग-तत्त्व के गूढ़ संवेदन तथा राग-मूल्य को अधिक मर्मस्पर्शी, गम्भीर, अन्तर्मुखी, तीव्र-संवेदनात्मक अभिव्यक्ति दी है, जिसका कारण जैसा मैंने अभी कहा है स्पष्टतः उनका नारी-व्यक्तित्व है। इसका सम्बन्ध उनके निजी वैयक्तिक जीवन से उतना नहीं है—उनका व्यक्तिगत जीवन तो सामाजिक दृष्टि से तथा स्वभाव से भी सन्तुलित ही रहा है। वह एक सम्पन्न घर में पैदा हुईं, उनके माता-पिता तथा परिवार का वातावरण भी शिक्षित संस्कृत ही रहा। उनकी स्वतंत्र व्यक्तिगत आकांक्षाओं की पूर्ति के पथ में भी कोई ऐसे दुर्लंघ्य व्यवधान या बाधाएँ नहीं उपस्थित हुईं, फिर यह अकल्पनीय वेदना का संसार उन्होंने अपने हृदय में क्यों बसा लिया? उनका-सा विनोदी परिहास-प्रिय छायावादियों में दूसरा नहीं मिलता, उनकी निश्छल, भावाकुल हँसी प्रसिद्ध है। किसी विनोदप्रिय अवसर या घटना के हल्के-से स्पर्श से ही उनकी हृत्तंत्री बज उठती है और वह हँसी से लोट-पोट हो जाती हैं। क्या वह उनके हृदय की वेदना के मुख का बाह्य अवगुंठन मात्र है! ऐसा तो नहीं जान पड़ता। वह एक प्रख्यात महिला शिक्षा संस्थान की अत्यन्त

कुशल, सेवा-परायण संचालिका हैं। उन्हीं के अविराम प्रयत्नों तथा आत्म-त्याग से उस संस्था का उद्‌भव तथा विकास हुआ। अनेक संस्था सम्बन्धी संघर्षों का उन्हें साहस के साथ सामना करना पड़ता है। जीवन-यथार्थ के प्रति, लोकाचार तथा सामाजिक व्यवहार के प्रति उनकी दृष्टि प्रबुद्ध है। वह कोई स्वप्नों में खोई वीणा की रागिनी नहीं हैं, फिर यह क्या बात है कि उन्होंने इस विराट युग की विविधमुखी जीवन परिस्थितियों से केवल वेदना को ही अपनी अन्तः-संगिनी चुना? और उसे अपने तन-मन से अश्रुओं से नहलाकर अपने सम्पूर्ण उत्सर्ग से उसमें प्राण भरकर, समस्त सहानुभूति की उसे व्यापकता प्रदान करके तथा अपने कवि हृदय के असंख्य स्वप्नों और अप सौन्दर्य-बोध से उसका श्रृंगार-सजीव करके उसको छायावादी काव्य के अनिन्द्य कला-बोध के ताजमहल के भीतर एक अदृश्य निराकार प्रीति-प्रतिमा की तरह प्राण-प्रतिष्ठित कर दिया। निश्चय ही यह व्यावहारिक यथार्थ के जगत के प्रति कर्तव्यनिष्ठ महादेवी का रूप नहीं है—यह उनके सूक्ष्म अन्तर्जगत के चेतन, उपचेतन, सूक्ष्म-चेतन स्तरों में व्याप्त उस चिरन्तन भारतीय नारी, उस आने वाली विश्व-नारी का रूप है, उस अजेय राग-तत्त्व की अन्तस्तप्त, स्वप्न-सौन्दर्य-भूषित, विरह-दग्ध, तपःशुभ्र, सूक्ष्म-सूक्ष्मतम परमाणुओं से निर्मित विराट प्रतिमा का रूप है, जो विश्व की या सृष्टि की प्राण-पीठिका पर अनादि काल से प्रतिष्ठित है। जहाँ प्रसाद के रूप में छायावाद ने भारतीय संस्कृति का अमृत-घट इस युग को दिया, निराला ने समस्त देह-प्राण-मन तथा जागतिक द्वंद्वों से ऊपर की आत्म ज्योति का निराकार स्पर्श दिया, वहाँ महादेवी ने इस युग के लिए इन सबसे अधिक महत्त्वपूर्ण उस राग-मूल्य की प्रच्छन्न, गूढ़ अन्तः सत्ता की ओर इंगित किया, जिसके बिना आने वाले युग के यथार्थ का अस्थिपंजर प्राण-रस-सौन्दर्य तथा मानव-हृदय के प्रेम स्पन्दन से वंचित रहकर केवल एक भीमाकार दानव-सा ही नवीन युग की पीठिका पर अट्टहास करता होता। भले ही महादेवी ने उस मूल्य को केवल संकेतात्मक और कहीं-कहीं पर निवृत्तिमूलक या निषेधात्मक अभिव्यक्ति दी हो। सूक्ष्म, भाव-प्रवण, महत् राग सम्मोहनमयी महादेवी की इस वेदना के मूल भारतीय संस्कृति में गहरे, अत्यन्त गहरे, फैले हुए मिलते हैं। हमें अपने मध्ययुग के जीवन में एक संक्षिप्त दृष्टि डालनी होगी कि कैसे यह राग की आह्लादिनी—शक्ति अकथनीय, अगाध वेदना-दंशन में बदल गई और इसके क्या कारण थे? किस हद तक मध्ययुगीन जीवन या काव्य, राग-चेतना के विकास में सहायक हो सका, और कहाँ उसके लिए परिस्थितियों के लौह कपाट अवरुद्ध मिले।

प्रथम चित्र हमारे सम्मुख राम-युग की सांस्कृतिक मान्यताओं का आता है, जिसमें वनचर और अहेरियों के जीवन की तुलना में कृषि-जीवन के स्थायी परिवेश में राग मूल्यों के लिए एक सामाजिक मर्यादा, एक स्त्री-पुरुष के सदाचार आदि की भूमिका मिलती है, जिसने राग-भावना के विकास, वितरण तथा परितृप्ति के लिए

एक व्यापक, मुक्त, नैतिक-पीठिका प्रस्तुत की। सदियों तक यह नैतिक-सन्तुलन मानव-समाज के उन्मद गयंद को अपनी मान्यता के अंकुश से प्रशस्त राजपथ पर परिचालित करता रहा है। सीता-राम की युग्म भावना के पावन सात्विक स्फटिक प्रांगण पर राग-चेतना अपने शील-नम्र, लज्जारुण चरण बढ़ाती रही। उस युग के नियंत्रण की राजयष्टि इतनी निर्मम थी, कि दन्तकथा ही सही, पर एक धोबी के शंका प्रकट करने पर, भारतीय गृहस्थ जीवन-मर्यादा की रक्षा के लिए श्री राम ने निष्कलंक सीताजी का भी परित्याग कर दिया। यह वाल्मीकि रामायण का चित्रपट है, किन्तु कृष्ण-युग में न जाने कहाँ से और कैसे एक अविजेय, हृदय मस्थित करने वाली, मर्ममधुर वंशी ध्वनि सुनाई पड़ने लगी। सम्भवत: तब कृष्ण-युग अपनी आर्थिक, राजनीतिक, सांस्कृतिक, दार्शनिक, सौन्दर्य-बोध, शौर्य-वीर्य आदि की सात्विक, राजस मान्यताओं में पूर्ण विकसित एवं पुष्पित-पल्लवित हो चुका था और राग-भावना राम-युग के नैतिक प्रांगण की सीमाओं के भीतर भाव-क्रीड़ा तथा लीला-नृत्य करती हुई अब अपने विकास तथा अभिव्यक्ति के लिए दूसरी भाव-भंगिमा तथा सौन्दर्य प्रेरणा की प्रतीक्षा में थी, क्योंकि निरन्तर अनन्त विकास क्षमता ही का नाम जीवन है—कि सहसा रस-पुरुष कृष्ण का व्यक्तित्व भारतीय संस्कृति के राज-प्रासाद में जन्म लेता है और राम-युग की मर्यादाओं के तटों को डुबाते हुए, राग-भावना, सौन्दर्य बोध तथा रसाह्लाद का एक अभूतपूर्व नवीन प्लावन भारतीय नर-नारियों के जीवन में उपस्थित होता है। गृहस्थ की देहरी से बाहर निकलकर, गाय-सी रँभाती हुई, गोपियों-सी तन-मन की सुधि भूलती हुई, नई वंशी ध्वनि पर मुग्ध, राग-भावना, वृन्दावन के सीमित क्षेत्र ही में सही, महाभारत से लेकर जयदेव के 'गीत-गोविन्द' तक और पीछे रीति-काव्य के युग में मुखर अभिव्यक्ति पाती रही। किन्तु यह विश्व व्यापी राग-सिन्धु का उद्वेलन क्या उस युग के घट में समा सकता था? कृष्ण तो उस युग के एकीभूत अन्त: स्थित व्यक्तित्व थे। उनका चैतन्य तो लोक-जीवन की सिद्धि या व्याप्ति बन नहीं सका था। निश्चय ही, वह राग-संचरण आत्मा और जीवों के रूप में बँधकर, कृष्ण-गोपियों की लीला के रूप में सामंजस्य पाकर, एक वैयक्तिक साधनागत, सांस्कृतिक एवं आध्यात्मिक मूल्य बनकर रह गया। राम जिस प्रकार सामाजिक परमबोध या सामूहिक मूल्य के प्रतीक हैं, कृष्ण उसी प्रकार परम व्यक्ति-मूल्य के प्रतीक हैं। साथ ही उस रागोत्थान को तत्कालीन बाह्य परिस्थितियों की सीमाओं के कारण एवं समदिक लोक जीवन में अभिव्यक्ति न मिल सकने के कारण उसका एक दूसरा पक्ष चिर विरह-मूर्ति राधा के रूप में हमारे सामने उपस्थित होता है। कृष्ण-युग के राग-पावक को विगत देह मूल्यों के तृण के दोने में सँभालकर रखना सम्भव नहीं था क्योंकि अपने विकास के शिखर पर भी कृषि-युग की बहिरन्तर परिस्थितियों की सीमाओं में प्रकारान्तर उपस्थित नहीं किया जा सकता था। अत: कृष्ण-युग ने रागतत्त्व के आध्यात्मिक मूल्य-संकेत

को तो स्वीकार किया, पर जीवन तथा प्राणों के स्तर पर उसका उपभोग करने के लिए उसे सामूहिक के बदले वैयक्तिक ऊर्ध्व-प्रेम-साधना का विषय बना दिया, और राग-चेतना के विश्व-रूप एवं परम चेतना के एकान्वित, तद्गत अन्त:स्वरूप के प्रतीक या द्योतक होते हुए भी कृष्ण और राधा के व्यक्तित्व में कृषि-युग के परिस्थिति-सीमित देह-मूल्य को भी स्वीकृत करना जैसे उस युग की विवशता एवं बाध्यता थी। नहीं तो रागशक्ति के अदम्य वेग को न रोक सकने के कारण लोक-जीवन में घोर अनाचार फैलने की अनिवार्य सम्भावना थी। फिर भी एक दूसरे ही परिप्रेक्ष्य में, कृष्ण और गोपियों की क्षेत्रीय भूमिका में, उस रागतत्त्व की दिव्यता, पावनता एवं विश्व-मूल्य को प्राणों के स्तर पर भी उस युग को स्वीकृति देनी पड़ी, और व्यक्तिगत रूप से उस परम राग-संवेदना या 'रसो वै स:' कृष्ण तत्त्व की प्रेमसाधना के लिए जीवन की भूमिका के बदले महाभाव की भूमिका ने जन्म लिया।

महाभारत के बाद भारतीय संस्कृति में ह्रास-विघटन के चिह्न उपस्थित होने लगे थे। बुद्ध के उदय तक भारतीय चैतन्य कर्मकांडों, विधि विधानों की संकीर्णता में जड़ीभूत हो गया था। बुद्ध का निर्वाण एवं उन्नत नैतिक आत्म-साधना का पथ इसी के प्रति विद्रोह था। बुद्ध के आगमन के बाद ही भारत-भूति जिन अवांछनीय वात्याचक्रों की आक्रमण भूमि बनकर पराधीनता के पाश में फँस गई, और कब और कैसे उसकी नारी समस्त रागभावना की विभूति को समेटकर, मध्ययुगीन गृहस्थ के कटघरे में गुंठित होकर, फिर भूगर्भ में चली गई, कब रीति-काव्य की भूमिका में परकीया, अभिसारिका, विप्रलब्धा, खंडिता आदि नारी-रूपों में उसने पुन: जन्म लिया और प्रेम की प्रतीक्षा में रत कृणांन उत्तप्त, उच्छ्वसित, विरहिणी के अस्थिपंजर ने सौन्दर्य-भावना को अधिकृत कर लिया, इस सबसे आप अच्छी तरह परिचित हैं। यही मध्ययुगों से भारतीय राग-भावना का विरह कृच्छ एवं देह-बोध गुंठित साहित्यिक स्वरूप तथा इतिहास रहा है। और इसी रागतत्त्व के मर्मदंशी उद्वेलन एवं जागरण की प्रतिनिधि गायिका, वेदनामूर्ति, कवयित्री महादेवी हैं, जिन्होंने विश्वमय प्राण-पुरुष की गोपन रहस्यमयी वंशी-ध्वनि का आमंत्रण स्वीकार करके रस-सागर की उत्ताल तरंगों में डूबती-उतराती, अदृश्य-स्पर्श से रोमचित होती हुई, भारतीय मध्ययुगीन राग-चेतना राधा की विरह-दग्ध, पीड़ा-विष-मूर्च्छित, वेदना की आनन्द मूर्ति, निष्कलुष 'दीपशिखा' की तरह अहरह जलती हुई, प्रीति-साधना को पुन: अपने काव्य के चित्रपट में अभिव्यक्ति दी है। और यह राधा की प्रेम-वेदना, जिसे न वह छोड़ सकती है, न भुला सकती है, न जीत ही सकती है, प्रत्येक भारतीय नारी के भीतर युग-नारी तथा विश्व नारी के भीतर आज नवीन संवेदनों में प्रकट हो रही है। भारत ही नहीं, समस्त विश्व में, काव्य और साहित्य में ही नहीं, आधुनिक मनोविज्ञान और दर्शन में भी, एवं फ्रायड आदि के उपचेतन-अचेतन मन के शक्ति प्राण ज्वारों तथा लिविडो के स्तरों, ग्रन्थियों आदि के विश्लेषण में भी,

यह रागतत्त्व नए विकास, नए सामाजिक वितरण, नए स्त्री-पुरुषों के सम्बन्धों के निरूपण में प्रकट होने के लिए अपने सत्व को घोषित कर रहा है। उन्नीसवीं सदी का स्वच्छन्दतावाद भी इसी से प्रेरित है। रागतत्त्व का नया मूल्यांकन, नई नारी का उदय, भविष्य की अवश्यंभावी सम्भावनाओं में से है। राग-मूल्य की भावी अवधारणा, उसकी सामाजिक परिणति, उसके आध्यात्मिक, नैतिक, प्राणिक एवं मनोवैज्ञानिक पक्षों का पुनर्मूल्यांकन, स्त्री-पुरुष के भावी वैयक्तिक-सामाजिक सम्बन्ध आदि ऐसे गम्भीर तथा व्यापक महत्त्व के प्रश्न इस युग के उत्थान के साथ उदय हुए हैं कि जिनके बारे में विस्तार से कहने और उस विस्तार का स्वरूप एवं मूल्य-निरूपण करने में अभी अनेक दशक और सम्भवत: शती नि:शेष हो जाएगी। इसका संक्षिप्त चित्रण मैंने आज की युगदृष्टि से जहाँ तक सम्भव हो सका है, 'लोकायतन' में भी किया है, किन्तु यह सब कहने से मेरा तात्पर्य यह है कि भाव-प्रवण महादेवी की काव्यात्मक वेदना का कारण हमें आत्मा-परमात्मा में न खोजकर वर्तमान अविकसित संकीर्ण मरणोन्मुखी सामाजिक यथार्थ के निर्गम-दंश में तथा भावी आदर्श के स्पर्श में खोजना चाहिए। उनकी कवि-दृष्टि अत्यन्त संवेदनशील तथा काव्य-साधना अत्यन्त प्रच्छन्न रही है। काव्य-भूमिका की दृष्टि से वह हमारे युग की प्रेयसी हैं, जिन्होंने राधा तथा मीरा की तरह नए चैतन्य-बोध का स्पर्श पाने तथा उसमें तन्मय हो जाने के लिए भावनिष्ठ हृदय से, वेदना की घूटें पीकर, प्रेम-साधना की है। यदि आप महादेवी को बौद्धभिक्षुणी या क्रिश्चियन नन, या कृष्ण युग की गोपिका या मध्ययुग के गृहपिंजर में बद्ध अवगुंठिता, देह-बोध सीमित सती नहीं बनाना चाहते, जिसे तुलसी 'मानस' में अनुसूया उपदेश देती हैं, और जिस मध्ययुगीन गृहस्थ की सीमा में न अँट सकने के कारण उन्होंने स्वत: उससे बाहर निकलकर उस प्रेम या राग-भावना की पीड़ा-शीत चन्दन-चर्चित आराधिका बनना स्वीकार किया, जो गत युगों के इन सभी नारी-रूपी या राम-मूल्यों का अतिक्रमण करके नर-नारी के जीवन के लिए नया सामाजिक परिवेश प्रस्तुत करना चाहती है, और यदि हम उनकी काव्य-चेतना को या उन्हें एक स्वस्थ, नव जीवन-उन्मेष से भरी युग-प्रबुद्ध, आने वाली नारी के रूप में देखना चाहते हैं, तो आपको यह मानना ही पड़ेगा कि उनकी इस निगूढ़ नि:सीम भाव-वेदना का कारण निश्चय ही इस विश्व-व्यापी राग-संवेदन का नवीन आह्वान तथा उद्वेलन है। उसने सामाजिक की कड़ियों के दु:सह बोझ के कारण भले ही कैसी हीन अभिव्यक्ति उनके काव्य में पाई हो। जिस प्रकार उनके समस्त या अधिकांश काव्य का आलोचकों ने मध्ययुगीन रहस्यवादी निवृत्तिमुखी दृष्टि से मूल्यांकन किया है उसे मैं इस जीती-जागती मानवी के लिए, जिसके हृदय का प्राणवान स्पन्दन अतीत के सब रूढ़िग्रस्त बन्धनों को छिन्न-भिन्न करने की क्षमता रखता है, निश्चय ही महान अन्याय समझता हूँ। उन्हें हमे मध्ययुगों को पीठिका से हटाकर इसी युग के बाहरी-भीतरी बौद्धिक, हार्दिक, सामाजिक तथा सांस्कृतिक,

सशक्त, मर्मस्पर्शी, लोकव्यापी प्रभावों की संश्लिष्ट सम्बन्धित भूमिका पर खड़ा कर देखना चाहिए।

यह ठीक है कि उन्होंने यत्र-तत्र मध्ययुगीन रहस्यवादी अभिव्यक्ति के प्रभावों को ग्रहण करके उन्हें छायावादी युग के अनुरूप नए प्रतीकों एवं बिम्बों में ढालकर अदृश्य मूल्य के प्रति अपनी खोज, उसके अभाव की पीड़ा और आगे चलकर उसके भीतर से एक नई आस्था, आशा तथा अपने ध्येय की विजय को वाणी दी है, पर इससे उन्हें कबीर या मीरा की पंक्ति में उतने पीछे नहीं बिठाया जा सकता। जागरण की बेला में ऐसे प्रभाव सभी छायावादियों में कम-अधिक मात्रा में पड़े हैं, जो महादेवी में अधिक दिखाई देते हैं; पर इसे इस तरह समझ सकते हैं कि उन्होंने अत्यन्त गूढ़ और गुह्य भी समझे जाने वाले राग-संवेदन या प्रेम-संवेदन को अपनी काव्य-वस्तु के लिए चुना और नारी होकर वह न चुनतीं तो और कौन चुनता? फिर, उनकी इसी नारी की स्थिति ने उस अभिव्यक्ति को और भी रहस्यमयी बना दिया। उन्होंने अज्ञात प्रियतम की बात कही है, उसके लिए उनके प्राणों में व्यथा भी मचली है, उसका स्वप्न-दर्शन या स्पर्श भी उन्हें कभी मिला है और बीच में वह स्पर्श खो भी गया है, पर यह अज्ञात प्रियतम तो वह प्रेम-मूल्य या राग मूल्य है, जिसे उन्होंने निवृत्ति के आनन्द से मंडित न करके प्रवृत्ति की पीड़ा के माध्यम से व्यक्त किया है, जो उनके युग का आग्रह था। और आप यदि इस व्यापक यथार्थ की दृष्टि से कबीर, मीरा आदि सन्तों तथा मध्ययुगीन भक्तों के काव्य-तत्त्वों, प्रतीकों, बिम्बों का विश्लेषण करें तो उन्हें और ऋण-रूप में नए कवियों को भी आप इसी रस-मूल्य की साधना में निरत पाएँगे, जिनकी अनिवार्य उपयोगिता व्यापक लोक-जीवन तथा विश्व मंगल के लिए है; जिसके आनन्द, सौन्दर्य, रस-स्पर्श के बिना इस महान वैज्ञानिक युग का आर्थिक, सामाजिक ढाँचा भी अपनी ही बुद्धि-विश्लेषण की चकाचौंध में अन्तः संगति, अन्तः प्रेरणा, अन्तर्गति, अन्तर-आह्लाद तथा अन्तःसन्तुलन के अभाव में, कभी भी अपने ही खोखलेपन के कारण, किसी अणुयुद्ध से ध्वंस हो सकता है। विश्व-जीवन में प्रसारित उसको गति देने वाली, उसमें संयोजन भरने वाली अन्तरात्मा का ही नाम रस-चैतन्य या रागतत्त्व है। यह दूसरी बात है कि मध्ययुगीन निष्क्रिय सामन्ती जीवन-परिस्थितियों के कारण, जब तक विज्ञान में जड़ की ग्रन्थि नहीं खोली थी, रस-ईश्वर को, जो अपने में पूर्ण, किन्तु अपनी सृष्टि में विकास के पथ में है, जो सृष्टि न रचकर स्वयं सृष्टि में प्रसारित है, जो कृष्ण-चैतन्य से भी विकसित तत्त्व है, उसे विश्व जीवन में संयोजित एवं मूर्त करना तब सम्भव नहीं था। ईश्वर या परमात्मा या परात्पर आदि ब्रह्म के रूपों को विश्व-जीवन से विच्छिन्न मानकर केवल आत्मा के धरातल पर उन्हें परम लक्ष्य के रूप में मानना, तथा निवृत्ति पथ की साधना से उस चरम बोध-बिन्दु के स्पर्श या साक्षात्कार को जीवित रखने की व्यक्तिवादी पद्धति मुख्यतः बुद्ध के निर्वाण—दर्शन की भारतीय

दर्शनों में परिणति के स्वरूप में तब प्रचलित हो गई थी, किन्तु सार्वकालिक सार्वभौम लक्ष्य इन साधकों और सन्तों का भी उस उच्चतम सत्य को विश्व-जीवन की संगति में परिणत करने का हो रहा है; जिसे वे भले ही तब न जानते हों। बाह्य जीवन-गति में ईश्वर को प्रतिष्ठित न करने की असमर्थता के कारण, उस आत्म सत्य-बोध को पीढ़-दर-पीढ़ी जीवित रखने के लिए ही वे प्रकाश-वाहकों की तरह केवल उच्चतम परोक्ष-बिन्दु के रूप में उसका प्रचार करते रहे। मैं युग-युगों के संस्कारों की धूल से भरी इस नैतिक-जतन से ओढ़ी गई सामन्ती-मूल्यों की चदरिया को ज्यों-की-त्यों नहीं छोड़ देना चाहता, इसे व्यापक प्रकाश में धोकर नए युग के अनुरूप राग-भावना में रंजित देखना चाहता हूँ। वैसे भी स्वकीया-परकीया से परे सामाजिक शील-सौन्दर्य की भूमि पर प्रतिष्ठित स्त्री-पुरुष की प्रीति-मुक्ति की रस प्रतिमा को अवश्य नया सामाजिक संस्कार तथा मूल्य देना है। यह एक दीर्घ प्रक्रिया भले ही हो और इसकी कई स्थितियाँ भी हों पर गत सामाजिक विधान में जड़ीभूत राग-चेतना को नवीन रूप से जीवन-सक्रिय होना है, और नए विश्व को नवीन सौन्दर्य-बोध तथा शक्ति से प्रेरित करना है, इसमें मुझे सन्देह नहीं। महादेवी के काव्य का उद्‌देश्य निवृत्तिमूलक आत्मा-परमात्मा के मिलन को मानना उनके प्रेरणा-स्रोतों को बिलकुल ही न समझने के बराबर है। उनकी-सी पीड़ा मीरा-कबीर किसी में इतनी मात्रा में इसलिए भी नहीं है कि चाहे ज्ञान-पथ से हो चाहे भक्ति-पथ से, वे केवल व्यक्ति मुक्ति चाहते रहे हैं और महादेवी का युग लोक-मुक्ति का, दारिद्र्य, दैन्य, दुःख, अशिक्षा, अन्धकार तथा सशंकित स्त्री-पुरुषों की परस्पर सहानुभूति से पीड़ित, असंख्यों की संख्या में विदीर्ण, लोक-जीवन की मुक्ति एवं पुनर्निर्माण का युग है, इसलिए उनकी प्रेरणा का स्रोत मध्ययुगीन जीवन-दृष्टि में होना सम्भव नहीं हो सकता। इसका अर्थ है वह मध्ययुगों की केवल अनुगूँज या प्रतिध्वनि भर रहीं। मध्ययुग या इस युग के जीवन दर्शन को सम्यक् दृष्टि से समझने के लिए सामाजिक परिस्थितियों एवं परिवेश का ज्ञान अनिवार्य है, उसके बिना दर्शन का सत्य जीवन-शून्य रिक्त प्रकाश भर है। महादेवी ने अपनी भूमिकाओं तथा विवेचनात्मक गद्य में छायावाद, रहस्यवाद तथा अपनी अनुभूति के बारे में जो कुछ लिखा है, उसे ध्यान में रखते हुए भी, मैं उनके भाव-तत्त्व एवं काव्य-वस्तु के प्रति अपना एक पृथक् दृष्टिकोण रखता हूँ तथा उसे यथार्थ पर आधारित मानता हूँ। यह सम्भव है कि रागात्मक मूल्य की सृष्टि उन्होंने घनीभूत वेदना के रूप में उसके बौद्धिक मूल्य के प्रति अपरिचित रहकर केवल अपनी अन्तः प्रेरणा से की हो, इसीलिए उनके प्रतीक-विधानों में थोड़ी-बहुत सजाव सम्बन्धी कृत्रिमता होते हुए भी, उनकी रहस्यमयी वेदना को अभिव्यक्ति में गहरी स्वाभाविकता मिलती है। उच्चकोटि की सृजन-प्रक्रिया के लिए मूल्य का बोध अनिवार्य आवश्यकता नहीं भी हो सकती, युग-चेतना के वातावरण में ऐसे अनेक सूक्ष्म-स्थूल तत्त्व व्याप्त रहते हैं जो स्रष्टा या कलाकार को अज्ञात

रूप से लक्ष्य की ओर प्रेरित करते रहते हैं। और यह कवि की सूक्ष्म-भाव प्रवणता तथा गहन संवेदना-शक्ति पर निर्भर करता है कि वह युग की अन्तश्चेतना के संकेत को कितनी गहराई तथा व्यापकता से ग्रहण करने की क्षमता रखता है और उसका कला-बोध उसे कितने सशक्त सम्प्रेषणीय उपकरणों के माध्यम से मूल्य की अन्तरात्मा की अभिव्यक्ति के सौन्दर्य से वेष्टित करने में सफल होता है। बहुत सम्भव है, अपनी बहिर्जीवन की व्यस्तता एवं व्यग्रता के कारण वह सूक्ष्म प्रकाश-विश्व अथवा ज्योति बिन्दु अब बाह्य जीवन प्रभावों के धूम से आच्छादित होकर सृजन-सक्रिय भी न रह गया हो अथवा उसकी छाप अन्तरपट से मिट भी गई हो, पर ऐसा प्रतीत नहीं होता। सम्यक् अन्त:परिस्थिति तथा एकाग्र एकान्त मिलने पर वह पुन: अधिक प्रभावोत्पादक रूप से जाग्रत एवं रचनाशील हो सकता है। यह जो भी हो, छायावाद को और विशेषत: महादेवी की रहस्यमयी अभिव्यक्ति को मध्ययुगीन निवृत्तिमुखी, वैयक्तिक साधना की रहस्यवादी भूमि पर रखकर देखना समीक्षकों की अपने युग के प्रति अप्रबुद्धता तथा मध्ययुगीन मान्यताओं से आच्छादित मस्तिष्क एवं बुद्धि का ही द्योतक है। मध्ययुगों में पिछले युगों से अर्जित भारतीय चैतन्य का जीवन्त स्रोत सूख गया था और उसके स्थान पर केवल विधि-विधानों के तटों के बीच चेतना-धारा के गतिरुद्ध, शुष्क चिह्न ही शेष रह गए थे। मनुष्य केवल अहं-केन्द्रित देह-मूल्य का प्रतीक, व्यक्ति मात्र रह गया था और व्यक्तिगत पाप-पुण्य की भावना से पीड़ित एवं महत् सामाजिक विकास की भूमि से विच्छिन्न होकर आत्ममुक्ति, परलोक तथा स्वर्गकामी बनकर, विश्व-जीवन से असम्बद्ध परोक्ष सत्य की ओर उन्मुख हो गया था। निश्चय ही अपनी समस्त करुणा, वेदना, संवेदना, आत्म-विसर्जन अथवा मर-मिटने की भावना को लेकर भी महादेवी की काव्य-दृष्टि इसी महान विश्वचेतना से स्पन्दित लोक-मंगलोन्मुखी तथा समाजोन्मुखी है। उसमें एक प्रच्छन्न आशा का सन्देश तथा नए जीवन प्रभात की अरुणिमा का भी सौन्दर्य है। वह विगत सामाजिक राग-मूल्यों के बन्धनों, जर्जर-रूढ़ियों की शृंखलाओं से मुक्ति भी चाहती है, जो उनके काव्य से अधिक, जिसमें वह नारी-मर्यादा के प्रति अधिक सशंक हैं—उनके गद्य में सबल, साहसी वाणी पाती है। उन्होंने अपने काव्य में जिस गहन-गूढ़ रागात्मक द्वंद्व की मर्मभेदी वेदना को अभिव्यक्ति दी है उसके बिना नए मूल्य का एक आयाम ही अधूरा रहता। उनके काव्य से प्रसाद की-सी मादकता, निराला की-सी शक्ति का परिचय न मिलता हो, पर उसमें जो एक अन्तश्चेतन पीड़ा (साइकिक पेन) की अनुभूति है वह राग-चेतना तथा प्रेम-भावना के प्रति पर्वत-मूक, अकथित तथा सिन्धु-अतल, गोपनीय सत्य को अन्त:स्पर्शी, मार्मिक वाणी देने में सफल हुई है। महादेवी भारत में पैदा हुईं और उन्होंने प्रेम को अन्तर्मुखी अभिव्यक्ति दी, वह पश्चिम में होतीं तो सम्भवत: इस युग में मिसेज ब्राउनिंग के से प्रेम प्रगीत लिखतीं, जिससे राग-तत्त्व के गम्भीरतम अन्तर्मूल्य पर, मैं आध्यामिक जान-बूझकर

नहीं कह रहा हूँ कि उससे फिर रहस्यवादी भ्रम न फैले प्रकाश नहीं पड़ता। पश्चिम की बहिर्मुखी प्राणों की भूमि पर प्रतिष्ठित राग-मूल्य का अन्त संस्कार होना है, नहीं तो वह फ्राएडियन उपचेतन, अवचेतन, अन्धकार के गढ़ में गिर सकता है। रागात्मक सत्य के नए मूल्य तथा नई सामाजिक मान्यता के अभाव के कारण आज हमें बीटनिक्स, हंग्री जनरेशन्स, तथा अन्यथा कवितावादी आदि का अधोमुखी-विद्रोह देखने को मिल रहा है। उनमें युग-तथ्य का भले ही एक अंश वर्तमान हो, पर इसमें सन्देह नहीं कि उनकी आस्था दिग्भ्रान्त है। रागमूल्य को देह की संकीर्णता से ऊपर उठाकर, व्यापक सामाजिक भूमि पर प्रतिष्ठित करना है, जिससे उसका बहि:संस्कार हो सके। सभी छायावादी कवियों ने अपने-अपने ढंग से राग-मूल्य के उन्नीत सौन्दर्य को अपनी काव्य-वस्तु में अभिव्यक्ति दी है। उन्होंने नारी को उसका प्रतीक बनाकर, उसे मध्ययुगीन देह-बोध तथा राग-द्वेष की संकीर्ण, कामान्ध, नैतिक कारा से मुक्त कर, नवीन राग-चेतना की सौन्दर्य-शिखा के रूप में अपने मुक्त, उन्नत, भाव-स्वप्नों से उसकी नवीन मूर्ति निर्मित कर, व्यक्ति-मोह के धरातल से उठाकर, विस्तृत सामाजिक धरातल पर लोक-जीवन मंगल कर्म में संलग्न मानवी के रूप में प्रतिष्ठित किया है। छायावाद की यह अमूल्य देन लोकमानस के लिए है वह केवल रोमेंटिक स्वच्छन्दतावादी प्रेम-मुक्ति का ही सन्देश वाहक नहीं रहा, उसने उस मुक्ति को एक उच्च सामाजिक धरातल भी प्रदान किया है। जैसा सम्भवत: मैं पहले भी कह चुका हूँ, महादेवी के काव्य में छायावादी अभिव्यंजना तथा भाववस्तु ने अपनी पूर्णता प्राप्त की, उसमे छायावादी स्वप्न दृष्टि का सौन्दर्य, तथा छायावादी गूढ़ भावोच्छ्वसित हृदय की धड़कन अधिक सूक्ष्म होकर अधिक स्पष्ट सुनाई पड़ती है, यद्यपि उसमें ह्रास के चिह्न भी उतने ही स्पष्ट दिखाई पड़ते हैं। उनके काव्य के और भी अनेक पक्ष हैं पर उनकी मुख्य देन की ओर मैं ऊपर संक्षेप में संकेत कर चुका हूँ। अन्य छायावादियों की तरह उनके प्रतीक, बिम्ब-विधान, लाक्षणिक संकेत तथा प्रकृति चित्रण के अनेक आयाम रहे हैं, जिससे कभी तादात्म्य प्राप्त करके, कभी उसे उपकरण बनाकर, उन्होंने अपनी अभिव्यंजना को सौन्दर्य-दीप्त तथा मर्मस्पर्शी बनाया है। उनके काव्य में विश्व-नारी के अतृप्त-प्रेम, अविकसित राग-भावना की विशुद्ध हृदयानुभूति है। उनकी दृष्टि अन्तर्मुखी तथा वैयक्तिक ही है, जो उनकी भाववस्तु के लिए सर्वाधिक उपयुक्त है। सामूहिक जीवन को गहनतम एवं उच्चतम संवेदनों का वैभव विकसित उन्नीत व्यक्ति-दृष्टि ही प्रदान कर सकती है। महादेवी की काव्य-दृष्टि का भी विकास हुआ है। 'दीपशिखा' में उनकी 'यामा' की वेदना चिन्तन-गम्भीर तथा आशादीप्त हो गई है।

महादेवी का काव्य व्यक्तित्व

नन्ददुलारे वाजपेयी

'यामा' महादेवी वर्मा का सम्पूर्ण काव्य संग्रह है। इसके चार यामों में उनकी चारों स्फुट रचना-पुस्तकें संग्रहीत हैं। इनके अतिरिक्त महादेवी जी की कोई अन्य रचना शायद प्रकाश में नहीं आई है। अवश्य यहाँ मेरा मतलब केवल उनकी काव्य-रचनाओं से ही है। ये सब-की-सब मुक्तक पद्म और गीत रूप में हैं, जिनकी संख्या दो सौ से कुछ कम है। साथ ही 'यामा' में महादेवी जी की लिखी भूमिकाएँ और उनके बनाये कितने ही चित्र हैं, जिनसे उनके काव्य पर आवश्यक प्रकाश पड़ता है।

अच्छा होता यदि हम बिना कोई भूमिका बाँधे ही 'यामा' का अध्ययन (यहाँ अध्ययन से मेरा मतलब उसकी विशेषताओं के पर्यवेक्षण से है) आरम्भ कर सकते, किन्तु ऐसा करने में एक कठिनाई दिखती है। 'यामा' केवल एक संग्रह पुस्तक ही नहीं है, उसमें महादेवी जी का पूरा काव्य-व्यक्तित्व ही है। इस व्यक्तित्व को हम नवीन काव्यधारा से एकदम अलग करके नहीं देख सकते। साम्य और वैषम्य के वे सूत्र हमें संक्षेप में देखने होंगे जिनके द्वारा महादेवी जी सामयिक काव्य-जगत से बँधी हुई हैं। उनके लिए एक छोटी सी, उपयुक्त, 'सेटिंग' हमें तैयार करनी होगी।

हिन्दी में महादेवी जी का प्रवेश छायावाद के पूर्ण ऐश्वर्य-काल में हुआ था, किन्तु आरम्भ से ही उनकी रचनाएँ छायावाद की मुख्य विशेषताओं से प्राय: एकदम रिक्त थीं। मानव अथवा प्रकृति के सूक्ष्म किन्तु व्यक्त सौन्दर्य में आध्यात्मिक छाया का भान मेरे विचार से छायावाद की एक सर्वमान्य व्याख्या हो सकती है। इस व्याख्या में आए 'सूक्ष्म' और 'व्यक्त' इन अर्थगर्भ शब्दों को हम अच्छी तरह समझ लें। यदि वह सौन्दर्य सूक्ष्म नहीं है, साकार होकर स्वतंत्र क्रियाशील है और किसी कथा या आख्यायिका का विषय बन गया है तो हम उसे छायावाद के अन्तर्गत नहीं ले सकेंगे। छायावाद के इस सीमान्त पर हम स्कॉट और वायरन-जैसे अंग्रेजी के कवियों को पाते हैं, जिन्होंने विमोहक और तल्लीनता कारी नारी-सौन्दर्य को लम्बी कथाओं के सूत्र में ताना है, और प्रकृति की अनिर्वचनीय सुषमा को पृष्ठभूमि बनाकर चित्रित किया है। वे प्रकृत छायावादी नहीं कहे जा सकते। और छायावाद के दूसरे सीमान्त पर वड्र्सवर्थ को देखते हैं जिसकी प्रकृति के प्रति इतनी सार्वत्रिक

प्रीति है कि वह व्यक्त सौन्दर्य के प्रति निस्पन्द, बेपहचान, निगूढ़-सी मालूम देती है; सब-कुछ तो सुन्दर ही है, ऐसी भावमयता में मग्न-सी हो गई है। वह भी प्रकृत छायावादी नहीं है। प्रकृत छायावादी तो अंग्रेजी में प्राकृतिक सूक्ष्म सौन्दर्य-भावना का एक मात्र अधिष्ठाता शेली ही हुआ है, जो एक ओर कुछ समीक्षकों द्वारा (जो सूक्ष्म के विरोधी हैं) हवाई और आसमानी बताया गया है, किन्तु दूसरी ओर जिसे नास्तिक (अव्यक्त सत्ता का विरोधी) कहे जाने का श्रेय भी प्राप्त है। आशा है, छायावाद की इस मध्यवर्तिनी भूमि पर पाठकों की दृष्टि गई होगी।

मुझे आशा नहीं है कि छायावाद की मेरी यह व्याख्या निकट भविष्य में सर्वमान्य हो सकेगी, किन्तु इसकी दार्शनिक और काव्यात्मक शैली इतना सुस्पष्ट व्यक्तित्व रखती है और यह अन्य निकटवर्ती वादों से इतना पृथक् अस्तित्व बनाये हुए है कि कोई कारण नहीं कि यह आखिरकार एक अलग वाद के रूप में स्वीकार न कर लिया जाय। सम्प्रति हिन्दी के अधिकांश समीक्षक छायावाद और रहस्यवाद के बीच कोई स्पष्ट विभाजन नहीं कर रहे। नवीन काव्य-युग के निर्माता स्वर्गीय प्रसादजी का इस विषय का विवरण विशेष ध्यान देने योग्य है। वर्तमान रहस्यवाद के सम्बन्ध में वह लिखते हैं—

> विश्वसुन्दरी प्रकृति में चेतनता का आरोप संस्कृत वाङ्मय में प्रचुरता से उपलब्ध होता है। यह प्रकृति अथवा व्यक्ति का रहस्यवाद सौन्दर्य-लहरी के 'शरीरं त्वं शम्भो' का अनुकरण मात्र है। वर्तमान हिन्दी में इस अद्वैत रहस्यवाद की सौन्दर्यमयी व्यंजना होने लगी है, वह साहित्य में रहस्यवाद का स्वाभाविक विकास है। इसमें अपरोक्ष अनुभूति, समरसता तथा प्राकृतिक सौन्दर्य के द्वारा 'अहं' का 'इदम्' से समन्वय करने का सुन्दर प्रयत्न है।

अब, विश्वसुन्दरी प्रकृति में चेतनता की भावना सार्वत्रिक भी हो सकती है और एक-एक सुन्दर वस्तुगत भी हो सकती है। शम्भु अथवा आत्मा का शरीर सारा सृष्टि प्रसार ही है, इस दृष्टि से व्यक्त वस्तु मात्र में सौन्दर्य की एक ही धारा प्रवाहित है। प्रकृति में कुछ भी असुन्दर नहीं, यहाँ व्यष्टि-भेद नहीं है। पुनः प्राकृतिक सौन्दर्य के द्वारा अहं (आत्मा) का इदम् (प्रकृति) से समन्वय करने का प्रयत्न व्यष्टि सौन्दर्य को स्वीकार करता है। इस प्रकार प्रसादजी ने व्यष्टि सौन्दर्य-दृष्टि (छायावाद) और समष्टि सौन्दर्य दृष्टि (रहस्यवाद) में कोई स्पष्ट अन्तर नहीं किया किन्तु मैं इस अन्तर का विशेष रूप से आग्रह करता हूँ, क्योंकि इसने दो विशेष पृथक्-पृथक् काव्यशैलियों की सृष्टि की है। व्यष्टि सौन्दर्य-बोध एक सार्वजनीन अनुभूति है। यह सहज ही हृदयस्पर्शी है, यह सक्रिय और स्वावलम्बिनी काव्य-चेतना की जन्मदात्री है। इसे मैं प्राकृतिक अध्यात्म कह सकता हूँ। समष्टि सौन्दर्य-बोध उच्चतर अनुभूति

है। फिर भी यह प्रत्येक क्षण रूढ़ि होने की सम्भावना रखती है। इसमें इन्द्रियानुभूति की सहज प्रगति या विकास के लिए स्थान नहीं है। यह कदम-कदम पर धर्म के कठघरे में बन्द होने की अभिरुचि रखती है।

काव्य में यह रहस्यवाद, बड़े-बड़े दुर्दिन देख चुका है। अपने अतिप्राकृत स्वरूप के कारण पहले तो इसकी अभिव्यक्ति ही अतिशय दुर्गम और दुरूह है, किन्तु कुछ सच्चे रहस्यवादियों ने कुछ अनोखे रास्ते निकाले भी तो उन पर चलने वाले बहुत से झूठे रहस्यवादी नकलनवीस निकल आए। उन्होंने काव्य की पूरी-पूरी अधोगति कर डाली। सारी प्रकृति को समाहित करने वाली निर्गुण प्रेम की विशुद्ध व्यंजना विषय-वासना का नंगा नाच बनकर रह गई। उपनिषदों का ऊर्जस्थित आत्मवाद सम्पूर्ण कर्तव्यों से हाथ समेटने का बहाना सिद्ध हुआ। योग और तंत्र-शास्त्रों की प्रकृति को आत्मा में लय करने की सारी प्रक्रिया, जो पूर्ण मनुष्यत्व का साधन थी, अनहोनी सिद्धियों और तामसिक उपचारों का दूसरा नाम बन गई शारीरिक, मानसिक, नैतिक और आत्मिक सबलता का प्रचारक रहस्यवाद 'ना घर मेरा ना घर तेरा चिड़िया रैन बसेरा' गाकर भीख माँगने वालों का ब्रह्मास्त्र बन गया। एक ओर तो यह नकली रहस्यवाद की प्रगति हुई और दूसरी ओर रूढ़िबद्ध होकर रहस्य-काव्य विनय के पदों, भक्तिगीतों, धार्मिक आख्यानों आदि में परिणत हो गया। अवश्य ही ईरान और फारस के कुछ सूफी कवियों और भारत के कुछ निर्गुणियों ने रहस्य काव्य की वास्तविक मर्यादा स्थिर रखी, किन्तु उनकी संख्या अँगुलियों पर गिने जाने के योग्य हैं। यह इतनी भी है, यह कम गौरव की बात नहीं, क्योंकि हम कह चुके हैं कि रहस्यानुभूति एक अति विरल वस्तु हैं और उसकी काव्य-प्रक्रिया भी उतनी ही दुरूह और दुःसाध्य है।

रहस्य-काव्य की मुख्य परम्पराओं में हम नीचे लिखे भेदों की परिगणना कर सकते हैं। यदि हम प्रकृति की ओर से आत्मसत्ता की ओर आगे बढ़ें तो इस गणना का क्रम इस प्रकार होगा-विश्व सुन्दरी प्रकृति में चेतना का आरोप यह पहली सीढ़ी है। इसी के अन्तर्गत सुख और दुःख का सामंजस्य, जिसे प्रसादजी ने समरसता कहा है, आ जाता है। यही प्रसादजी की 'अपरोक्ष अनुभूति' भी है। महादेवी जी ने इसे छायावाद की सीमा में मानकर एक-दूसरे ढंग से कहा है—'छायावाद की प्रकृति घट, कूप आदि में भरे जल की एकरूपता के समान अनेक रूपों में प्रकट एक महाप्राण बन गई, अतः अब मनुष्य के अश्रु मेघ के जलकण और पृथ्वी के ओस बिन्दुओं का एक ही कारण, एक ही मूल्य है।' वास्तव में यह रहस्यवाद का पहला और व्यापक उपक्रम है जिसमें भावना बल से, 'एकोऽहं बहुस्याम' को 'एकोऽह्' की ओर प्रतिवर्तित करते हैं। सांसारिक सुख-दुःख, राग-विराग आदि जितने भी द्वंद्व हैं सबको एक ही चेतन से सम्बद्ध करने की यह प्रणाली रहस्यवाद के प्रथम सोपान पर मिलती है। इस सोपान पर हम महादेवी जी को नहीं पाते। यद्यपि अपनी आध्यात्मिक अनुभूतियों के विकास के सिलसिले में उन्होंने लिखा है कि—

पहले बाहर खिलने वाले फूल को देखकर मेरे रोम-रोम में ऐसा पुलक दौड़ जाता था मानो वह मेरे हृदय में ही खिला हो, परन्तु उसके अपने से भिन्न प्रत्यक्ष अनुभव में एक अव्यक्त वेदना भी थी; फिर यह सुख-दुःख-मिश्रित अनुभूति ही चिन्तन का विषय बनने लगी और अन्त में अब मेरे मन ने न जाने कैसे उस भीतर-बाहर में एक सामंजस्य ढूँढ़ लिया है, जिसने सुख-दुःख को इस प्रकार बुन दिया कि एक के प्रत्यक्ष अनुभव के साथ दूसरे का प्रत्यक्ष आभास मिलता रहता है।

किन्तु महादेवी जी के काव्य में प्राकृतिक सुख-दुःख का अथवा उसके सामंजस्य का कोई उल्लेख नहीं मिलता। प्रकृति के किसी भी दृश्य या मानव-मनोभाव का आकलन उनकी रचनाओं में नहीं के बराबर है। दृश्य प्रकृति में हिमालय पर ही उनकी एक रचना 'यामा' में देखने को मिली, किन्तु वहाँ भी अन्तर्मुखी भावना ही उभर पाई है। प्रकृति के रूपों, दृश्यों और भावों को महादेवी जी ने चेतना का प्रेरक न रखकर उन सबको एक-एक चेतन व्यक्तित्व-सा दे दिया है। उनकी पहली ही रचना—

निशा की, धो देता राकेश,
चाँदनी में जब अलकें खोल;
कली से कहता था मधुमास,
बता दो मधुमदिरा का मोल,

यद्यपि व्यक्त सौन्दर्य की भी झलक लिये हुए है, किन्तु वहाँ वह गौण है और महादेवी जी की रचनाओं में उत्तरोत्तर गौण होता गया है। आगे चलकर सारी प्रकृति और उसके समस्त उपकरण एक निखिल वेदना की अनेक रूप अभिव्यक्ति के लिए भाँति-भाँति की दौड़ लगाते हैं, जिसे हम इसी निबन्ध में देखेंगे। प्रकृति की परिपूर्ण छवि की आत्मरूप प्रतिष्ठा हमें वड्र्सवर्थ में ही मिलती है। कुछ लोग हिन्दी में गुरुभक्तसिंह को वड्र्सवर्थ का स्थानापन्न मानते हैं, किन्तु प्रकृति की आध्यात्मिकता की अनुभूति गुरुभक्तसिंह में हमें विशेष नहीं मिलती। एक-एक डाली, एक-एक लता, एक-एक पत्ती अथवा उद्भिज्ज को चेतन क्रियाशील उल्लेख कर देने से ही उनकी आध्यात्मिकता प्रकाश में नहीं आती। यह चेतन व्यक्तित्व देने की प्रकृति ही ह्रासोन्मुख होकर 'चिड़िया का विवाह' नामक ग्रामीण गीत में परिणत हो गई है, जिसमें सब चिड़ियों को विवाह-सम्बन्धी एक-एक काम सुपुर्द किया गया है। समरसता (सुख-दुःख का आध्यात्मीकरण) और अपरोक्ष आध्यात्मिक अनुभूति का हिन्दी में सबसे सुन्दर उदाहरण प्रसादजी का 'आँसू' काव्य है।

रहस्यवाद के इस सोपान से ऊपर उठने पर हम प्राकृत अनुभूति को छोड़कर परोक्ष अनुभूति के क्षेत्र में प्रवेश करते हैं। महादेवी जी के काव्य की यही भूमि है। परोक्ष अनुभूति के भी कितने ही भेदोपभेद हैं, जिन्हें दार्शनिक दृष्टि से तीन मुख्य भागों

में बाँटा जा सकता है—सगुण साकार, सगुण निराकार और निर्गुण निराकार। एक दिव्य व्यक्तित्व पर, वह प्रेममय हो, करुणामय हो अथवा शक्तिमय या आनन्दमय, आस्था रखने वाले सगुण साकार के अनुयायी होते हैं। महादेवी जी की अधिकांश रचना का यही दार्शनिक आधार दीखता है। वह लिखती भी हैं—

> मानवीय सम्बन्धों में जब तक अनुरागजनित आत्मविसर्जन का भाव नहीं घुल जाता तब तक वे सरस नहीं हो पाते और जब तक यह मधुरता सीमातीत नहीं हो जाती तब तक हृदय का अभाव दूर नहीं होता। इसी से इस (प्राकृतिक) अनेकरूपता के कारण पर एक मधुरतम व्यक्तित्व का आरोपण करके उसके निकट आत्मनिवेदन कर देना इस काव्य का दूसरा सोपान बना, जिसे रहस्यमय रूप के कारण रहस्यवाद का नाम दिया गया।

मधुरतम व्यक्तित्व की यह नियोजना महादेवी जी के काव्य में मौजूद है, किन्तु उसके निकट आत्मनिवेदन करने वाले बहुत से भक्त कवि हो गए हैं जिनका धार्मिक दृष्टि से पर्याप्त आदर है, किन्तु जिन्हें रहस्य-काव्य का स्रष्टा नहीं कहा जा सकता। स्पष्ट है कि महादेवी जी ने अपने इस वक्तव्य में आवश्यक सतर्कता से काम नहीं लिया। यही नहीं, उन्होंने रूढ़िबद्ध धार्मिक काव्य और वास्तविक रहस्यकाव्य का स्पष्ट अन्तर सदैव अपने सामने नहीं रखा, जिससे उनकी रचनाओं में स्थान-स्थान पर पारदर्शी अध्यात्म की जगह रूढ़ि के चिह्न मिलते हैं।

सगुण साकार दार्शनिकता का सबसे बड़ा खतरा यही है कि वह नि:सीम सौन्दर्य-सत्ता का रहस्य खोकर सीमा-रेखाओं में आ जाता और वास्तविक परोक्ष अनुभूति सम्पन्न काव्य का विषय न रहकर, धर्म और उपासना का आधार बन जाता है। सगुण दार्शनिकों और कवियों ने इस कठिनाई को खूब अच्छी तरह समझा था इसलिए उन्होंने बचत के उपाय कई निकाले थे। प्रथम, उन्होंने उस मधुरतम व्यक्तित्व को अलौकिक सत्ता-सम्पन्न अंकित करने की चेष्टा की। इसके लिए दार्शनिकों को दिव्य सत्ता सम्बन्धी एक नई दार्शनिक प्रक्रिया ही चलानी पड़ी, जिसमें उस दिव्य व्यक्तित्व के सभी उपकरणों, उसके नाम, रूप, लीला और धाम को तथा उससे सम्पृक्त वस्तु-व्यापार को बार-बार अप्राकृत घोषित करना पड़ा किन्तु काव्य अथवा कलाओं का काम केवल घोषणा से नहीं चलता। उन्हें ऐसी प्रतीक-योजना का सहारा लेना पड़ा जिससे वस्तुत: अलौकिक का आभास मिल सके। कवियों को उस मधुरतम चरित्र के निर्माण में दिव्य सौन्दर्य-सृष्टि की अशेष कला समाप्त कर देने पर भी सीमा के अन्दर सन्तोष नहीं हुआ। उन्हें पद-पद पर उस व्यक्तित्व की महिमा का अलग से निर्देश करते रहना पड़ा, जिस पद्धति को हम 'श्रीमद्भागवत' और 'रामचरितमानस' में भी देखते हैं। फिर भी ससीमता और असीमता, साकारता और रहस्य में जो मौलिक अन्तर है उसकी पूर्ति नहीं हुई।

फलतः सीता-राम और राधा-कृष्ण की पूर्ण परोक्ष अनुभूति काव्य के अन्दर नहीं हो सकी। तब रामायत कवियों ने रहस्य का पल्ला छोड़कर चरित्र की व्यक्त महत्ता के आग्रह द्वारा महाकाव्य की सृष्टि कर डाली और कृष्णायत कवियों ने प्रेम और सौन्दर्य की अशेष तरंगिणी बहाकर राधाकृष्ण की जो चरित-लीला निर्मित की, वह रोमांचक भावों से भर गई किन्तु रहस्यवाद के निकट होते हुए भी वह रहस्य-काव्य नहीं कहा जा सकता। अवश्य इस चरित्र के दो प्रधान प्रसंगों रास और भ्रमरगीत में हम रहस्य-काव्य के सारे लक्षण पाते हैं। रहस्य के क्षेत्र में वैष्णव कवियों की वास्तविक सफलता इन्हीं दो प्रसंगों को लेकर है।

जब उस मधुरतम व्यक्तित्व के प्रति आत्मनिवेदन का क्रम आरम्भ हुआ, तब तो काव्य स्पष्टतः धार्मिक घेरे में आ गया। यहाँ मेरा मतलब उन विनय-गीतों से है जिनका कृष्णकाव्य में भी प्राचुर्य है और जिनसे तुलसीदासजी की 'विनय-पत्रिका' भरी हुई है। इस प्रकार के काव्य में प्रकृत रहस्यात्मक अनुभूतियों की टोह लगाना व्यर्थ श्रम है। मूर्त्त प्रतीकों में अलौकिक अमूर्त तत्त्व का साक्षात्कार कराने वाली समुन्नत रहस्य-कला उसमें हम नहीं पाते। यदि हममें पर्याप्त काव्य-भावना का विकास होता, तो उन्हें उन्नत रहस्य काव्य कहना हमने कभी का छोड़ दिया होता। धार्मिक काव्य की दृष्टि से उनका आदर सदैव रहेगा, किन्तु प्रकृत रहस्य-काव्य की दृष्टि से नहीं।

मेरा यह आशय नहीं है कि महादेवी जी ने 'मधुरतम व्यक्तित्व' की सृष्टि करके रहस्य की इतिश्री कर दी है, और न मैं यही कह रहा हूँ कि उसके प्रति उनका आत्मनिवेदन भी धार्मिक कवियों के ही ढंग का है। प्रचुर कल्पनागुण के कारण महादेवी जी ने रहस्यात्मकता कभी खोई नहीं, किन्तु उनकी रचनाओं में भक्तों और निर्गुणियों की रूढ़ि भी कम नहीं मिलती। इसे हम आगे चलकर देखेंगे। इसका मुख्य कारण मधुरतम व्यक्तित्व की नियोजना और आत्मनिवेदन की परम्परागत प्रेरणा ही है किन्तु महादेवी जी के पास फिर से लौटने के पहले हम रहस्यवाद की शेष दोनों श्रेणियों को भी थोड़े में देख लें।

सगुण निराकार शैली सूफ़ियों की है। सच पूछिये तो रहस्य-काव्य का सच्चा स्वरूप हमें इन्हीं में मिलता है। प्राकृतिक प्रेम-प्रतीकों के भीतर परोक्ष प्रेम-सत्ता का इतना प्रगाढ़ धाराबद्ध प्रवेश और पुनः-पुनः उसका नैसर्गिक आबाहन और आलेख हम अन्यत्र कहाँ पाते हैं? अवश्य, जहाँ यह प्रेम कथानक का रूप धारण करता है, वहाँ बड़ी कठिनाई सूफ़ियों के सामने भी आती है जो वैष्णव साकारोपासकों के सामने आई है। यहाँ सूफियों ने कथा को सैद्धान्तिक दृष्टि से रूपक मात्र घोषित किया है किन्तु इससे समस्या सुलझ नहीं पाई। फलतः सूफी आख्यानक काव्यों में रूपक की चिन्ता न करके, सारी वर्णना के भीतर अति मोहक प्राकृतिक सौन्दर्य-तल्लीनता, प्रेम के प्रति परिपूर्ण विसर्जन और फिर भी उसकी दुष्प्राप्ति का संकट दिखाकर अव्यक्त प्रेम-रहस्य को इंगित किया गया है। इन कथानकों को रहस्य काव्य कहने में फिर

भी संकोच रह ही जाता है। यह स्पष्ट है इसलिए कि कथा के सूत्र साद्यंत रहस्य की रक्षा नहीं कर सकते और यदि उन्हें रूपक मान लें तो सहज काव्य-सौन्दर्य की हानि हो जाती है इसीलिए कथानकों वाले जायसी आदि कवियों को रूपक के स्वरूप की चिन्ता न करके सारे काव्य को, चाहे यह मायारूपिणी नागमती अथवा विद्यारूपिणी पद्मावती का प्रसंग हो, आत्मविसर्जनकारी अलौकिक प्रेम-पीर से आप्लुत कर देना पड़ा है। फिर भी कथा का चक्र स्थान-स्थान पर बाधक बन ही गया है।

कुछ समीक्षक इसी निराकार प्रेम-व्यंजना के भीतर, ब्रज में विहरण करने वाली, गिरिधर मूर्ति की उपासिका, चिरन्तन प्रेम और चिर-विरहमयी मीरा के काव्य को भी शुमार करते हैं, किन्तु ऐसा करने का हमें कोई प्रत्यक्ष कारण नहीं दिखता जिन्होंने सूरदासजी के 'गोपीविलाप' और 'भ्रमरगीत' का अध्ययन किया है उन्हें मीरा को किसी निराकार कृष्ण की उपासिका बना देने की आवश्यकता नहीं प्रतीत होगी। अवश्य मीरा एक नारी थीं और गिरिधर के प्रति उनका प्रियतम भाव था किन्तु ऐसा ही भाव गोपियों का भी था जो निराकार की उपासिका नहीं थीं। स्वप्न में प्रियतम के दर्शन आदि के उल्लेख गोपियों के विरह-वर्णन में भी मिलते हैं और मीरा में भी। महादेवी जी और मीरा दार्शनिक दृष्टि से एक ही परम्परा की अनुयायिनी प्रतीत होती हैं।

निर्गुण निराकार ही आध्यात्मिक दार्शनिकता की चरम कोटि है। एक अखंड, अव्यय चेतन तत्त्व, जिसमें त्रिकाल में भी कोई भेद किसी प्रकार सम्भव नहीं। जिस चिर स्थिर आत्मतत्त्व के अविचल गौरव में संसार की उच्चतम अनुभूतियाँ भी मरीचिका-सी प्रतीत होती हैं; वह परिपूर्ण आह्लाद जिसमें स्मित-तरंगों के लिए कोई अवकाश नहीं, रहस्यवाद का सर्वोच्च निरूप्य है। इसके ओजस्वी निरूपण उपनिषदों के जैसे और कहीं नहीं मिलते। आगे चलकर इसकी महामहिमा का क्षय होने लगा, इसमें विरह के कमजोर अंग जुड़ने लगे और क्रमशः यह वैराग्यमूलक करुण साधनाओं का अधिष्ठान बना दिया गया। काव्य में जब तक इसका केवल सांकेतिक स्वरूप रहा, तब तक यह अधिक विकृत नहीं हुआ था (उदाहरणार्थ आरम्भिक बौद्ध-साहित्य में) किन्तु जब इसमें साम्प्रदायिक शब्दावली प्रवेश करने लगी और इड़ा-पिंगला आदि की चर्चा बढ़ गई तब काव्यदृष्टि से इसका ह्रास होने लगा। कबीर की चमत्कारपूर्ण प्रतिभा और अन्तर्दृष्टि के फलस्वरूप एक बार फिर यह अक्षर तत्त्व प्रकाश में आया, किन्तु इस बार यह उतना ओजस्वी और महिमामय नहीं था। कारण, इस बार प्रतिस्पर्द्धिनी माया भी दलबल-सहित उपस्थित थी। कबीर से आगे बढ़ने पर मायारानी की छाया भी काव्य में जोर पकड़ने लगी और क्रमशः अक्षर की सत्ता असंख्य क्षरों की अन्तिम सीमा पर जा पहुँची। जहाँ आरम्भ में भेदों की अस्वीकृति इष्ट थी वहाँ अन्त में भेदों का प्रावल्य ही प्रमुख बन गया। ऐसी अवस्था में निश्चल अध्यात्म-सत्ता अपने पूर्व गौरव में कैसे स्थिर रहती?

ऊपर मैं प्रसंगवश कह चुका हूँ कि महादेवी जी के काव्य में छायावाद-युग की विशेषताएँ नहीं मिलती। प्राकृतिक सौन्दर्य के प्रति 'पल्लव' वाले पन्तजी का-सा विमोहक आकर्षण उनमें नहीं, इसके बदले वह प्रकृति के एक-एक रूप या उसकी एक-एक वृत्ति को साकार व्यक्तित्व देकर उनके व्यापारों की कल्पना करती हैं जिनमें उनकी समृद्ध कल्पना शीलता प्रकट हुई है। अवश्य यह कल्पना बाहुल्य ही छायावाद-युग की एक विशेषता उनके काव्य में दिखती है, किन्तु वे कल्पनाएँ सब जगह सीधी और चोट करने वाली नहीं हैं, उनका प्रत्यक्ष रूप सहज आँखों के सामने नहीं आता। कहीं-कहीं तो उन प्रतीकों का वह कल्पित व्यापार हमारे सौन्दर्य-संस्कारों के प्रतिकूल पड़ जाता है और कहीं-कहीं वह इतना क्लिष्ट होता है कि हम ईप्सित सौन्दर्य की झाँकी नहीं पा सकते। इन दोनों का एक-एक उदाहरण मैं देना चाहता हूँ—

रजनी ओढ़े जाती थी, झिलमिल तारों को जाली।
उसके बिखरे वैभव पर जब रोती थी उजियाली॥

यह प्रभात का दृश्य है। रजनी का झिलमिल तारों की जाली ओढ़कर जाना, बड़ी ही सरल और मार्मिक कल्पना है, किन्तु उजियाली का रोना हम साधारणतः कहीं नहीं देखते! वह प्रायः हँसती ही आती है। यहाँ हमें अपनी अभ्यस्त अनुभूतियों को दबा कर यह कल्पना करनी पड़ती है कि प्रभातकाल की नमी, अथवा ओस-आँसू के रूप में उजियाली रो रही है।

क्लिष्ट कल्पना का एक उदाहरण मैंने यह चुना है—

निःश्वासों का नीड़ निशा का बन जाता जब शयनागार।
लुट जाते अभिराम छिन्न मुक्तावलियों के बन्दनवार॥
तब बुझते तारों के नीरव नयनों का यह हाहाकार।
आँसू से लिख-लिख जाता है कितना अस्थिर है संसार॥

आकाश में रात्रि के समय अचानक बादल छा गए हैं और पानी बरसने लगा है। इसी अवस्था की कल्पना यह जान पड़ती है अथवा यह रात्र्यंत की कल्पना है। रात्रि की मुक्तावलियों के अभिराम वंदनवार (तारिका-पंक्ति), छिन्न होकर लुट गए हैं। निःश्वासों का नीड़ उसका शयनागार बन गया है। तारे बुझ रहे हैं, बूँदें गिरने लगी हैं, वही मानो बुझते तारों के नीरव नयनों का हाहाकार और उसके आँसू हैं जिनके द्वारा यह लिखा जा रहा है, 'संसार कितना अस्थिर है!' कितनी कल्पना हमें ऊपर से करनी पड़ती है, कृपया विचार कीजिए। और अब भी मुझे निश्चय नहीं कि मेरा अर्थ ठीक ही है।

जिस क्षण को महादेवी जी की कल्पना ने पकड़ा है—तारों से हँसते हुए आकाश में सहसा मलिन बादलों का छा जाना, अथवा निशान्त में तारों का डूबना,

वह काव्योपयुक्त और अति सुन्दर है, किन्तु क्या यही बात उनके इस चित्रण के सम्बन्ध में कही जा सकती है?

इसके दो कारण मुझे दिखते हैं। एक तो यह कि महादेवी जी की कविताएँ इतनी अन्तर्मुख हैं कि वे प्रकृति के प्रत्यक्ष स्पन्दनों, उनकी ध्वनियों और संकेतों से सुपरिचित नहीं, और दूसरा यह कि वे काव्य के एक-एक बन्द को एक-एक चित्र के रूप में सजाना चाहती हैं, जिसमें वस्तुओं और व्यापारों की योजना संश्लिष्ट हुआ करती है और क्योंकि वह मानसिक वृत्तियों और वातावरणों को भी उन्हीं वस्तु व्यापारों के द्वारा ध्वनित करना चाहती हैं, इसलिए यह कार्य उनके लिए दुःसाध्य हो जाता है। उनके इन दीर्घ चित्रणों की तुलना अन्य प्रमुख छायावादियों से कीजिए तो अन्तर आप दिखेगा—

देख वसुधा का यौवन भार, गूँज उठता है जब मधुमास।
विधु उर के से मृदु उद्गार, कुसुम जब खुल पड़ते सोच्छ्वास।
न जाने सौरभ के मिस कौन सन्देशा मुझे भेजता मौन।

—सुमित्रानन्दन पन्त ('मौन निमंत्रण')

अथवा—

पवन में छिपकर तम प्रतिपल पल्लवों में भर मुदुल हिलोर।
चूम कलियों के मुद्रित दल, पत्र-छिद्रों में गा निशि-भोर॥
विश्व के अन्तस्तल में चाह, जगा देती हो तड़ित-प्रवाह॥

—निराला ('स्मृति')

अवश्य ये चित्र अधिक हल्के और अनलंकृत हैं, इनमें सूक्ष्मतर रूप-योजना और भाव-व्यंजना की वह महत्त्वाकांक्षा भी नहीं है, यह हम स्वीकार करेंगे; किन्तु तब हम महादेवी जी से कहेंगे कि वह अपनी उच्चतर कला-आकांक्षा के उपयुक्त सामग्री का भी संचय करें। यह कहना भी उचित न होगा कि जिस सूक्ष्मतर भावभूमि के चित्र महादेवी जी देती हैं उसमें अस्पष्टता अनिवार्य है। अस्पष्टता काव्य का कोई गुण नहीं है। यह चित्रण की दुर्बलता ही है। अस्पष्ट छाया-भावों का चित्रण भी सुस्पष्ट, मोती के पानी जैसा भीतर से दमकता और नैसर्गिक होना चाहिए। काव्य की विशेषता तो इसी में है। महादेवी जी ने भी जहाँ अलंकृत चित्रांकन छोड़कर सीधा रास्ता पकड़ा है, वहाँ बड़ी सजीव कविता स्रोत बह चला है—

स्वर्ग का था नीरव उच्छ्वास, देव वीणा का टूटा तार।
मृत्यु का क्षणभंगुर उपहार, रत्न वह प्राणों का शृंगार॥
नई आशाओं का उपवन, मधुर वह था मेरा जीवन।

और जहाँ वह कल्पना के अर्द्धस्फुट या दुरूह उपमानों को छोड़कर इसी सरलता के साथ रूपांकन भी करने लगी हैं वहीं उनके चित्र खूब साफ़ आए हैं, जैसे—

जाग-जाग सुकेशिनी री!

अनिल ने आ मृदुल हौले
शिथिल वेणी-बन्धन खोले
पर न तेरे पलक डोले
बिखरती अलकें, झरे जाते
सुमन, वरवेषिनी री!

छाँह में अस्तित्व खोये
अश्रु से सब रंग धोये
मन्दप्रभ दीपक सँजोये,
पंथ किसका देखती तू अलस
स्वप्न—निमेषिनी री?

पाठक देखेंगे कि यह सौन्दर्य-चित्रण आध्यामिक रहस्य मुद्राओं से परिपूर्ण है; इसे छायावाद की परम्परा में हम नहीं ले सकते। इनमें एक विलक्षण उदासीनता, सात्विकता, शान्ति और निश्चलता झलकती है। छायावाद की चेतनता, चांचल्य और चटक इनमें नहीं। महादेवी जी के काव्य की यह एक सार्वत्रिक विशेषता है।

किन्तु महादेवी जी की अधिकांश रचनाओं में ऊपर के-से भाव-संकेतक रूप-चित्र नहीं मिलते, भावों का चित्रण ही प्रधानतः मिलता है। मेरी अपनी दृष्टि से रूप-चित्रण की सहायता के बिना रहस्यवाद की काव्य-कला का पूर्ण प्रस्फुटन नहीं हो सकता। जो स्वयं अदृश्य वस्तु है उसे अस्फुट उपमानों से व्यक्त करना, पाठकों को काव्य-रस से अंशतः वंचित ही रखना है। जैसे बेसुध पीड़ा के सम्बन्ध में ये पंक्तियाँ—

इसमें अतीत सुलझाता अपने आँसू की लड़ियाँ
इसमें असीम गिनता है वे मधुमासों की घड़ियाँ

किन्तु इनकी गणना कहाँ तक की जाय, यह महादेवी जी की प्रधान काव्य-शैली ही है। तो भी इसके अन्दर कुछ उच्चकोटि की रचनाएँ भी उन्होंने की हैं। जहाँ व्यक्त रूप किसी-न-किसी प्रकार आ गए हैं वहाँ रचना प्रायः सुन्दर हुई है—

किसी नक्षत्र लोक से टूट,
विश्व के शतदल पर अज्ञात।

ढुलक जो पड़ी ओस की बूँद,
तरल मोती-सा ले मृदुगात
नाम से जीवन से अनजान,
कहो क्या परिचय दे नादान!

अथवा

स्मित तुम्हारी से छलक यह ज्योत्स्ना अग्लान,
जान कब पाई हुआ उसका कहाँ निर्माण!
अचल पलकों में जड़ी-सी तारिकाएँ दीन,
ढूँढ़ती अपना पता विस्मित निमेष विहीन।

कौन तुम मेरे हृदय में?
कौन मेरी कसक में नित मधुरता भरता अलक्षित?
कौन प्यासे लोचनों में घुमड़ घिर झरता अपरिचित?
अनुसरण निश्वास मेरे कर रहे किसका निरन्तर?
चूमने पदचिह्न किसके लौटते यह श्वास फिर-फिर?

यह पिछला पद प्रसादजी के 'कौन हो तुम इसी भूले हृदय की चिर खोज?' का स्मरण दिलाता है, यद्यपि महादेवी जी और प्रसादजी की रहस्य-भावना में यह सुस्पष्ट अन्तर है कि महादेवी जी का झुकाव सदैव करुणा और मति की ओर रहता है प्रसादजी प्रायः तादात्म्य का संकेत करते हैं।

'मत अरुण घूँघट पट खोल री' और 'शृंगार कर ले री सजनी' रहस्यात्मक रूप-विन्यास के सुन्दर उदाहरण हैं।

'सांध्यगीत' में दार्शनिक एकाग्रता उच्चत्तर हो उठी है, किन्तु काव्य-उपादान उतनी ही मात्रा में समृद्ध नहीं हो पाया, इसीलिए सम्भवतः इन गीतों की रहस्य-भावना ही प्रधान स्थान पा गई है, उपयुक्त रूप-योजना उन्हें नहीं मिल सकी। भावना का वैसा ही विकास होते हुए भी 'सांध्यगीत' में और महाकवि रवीन्द्र की 'गीतांजलि' में दो मुख्य अन्तर है। उनकी अजेय काव्य-शक्ति कभी उनकी भावना का साथ नहीं छोड़ती। भावना की दौड़ में पिछड़ जाने पर ही काव्य को—

पंकज कली, पंकज कली
क्या तिमिर कह जाता करुण,
क्या मधुर दे जाती किरण!

जैसी अन्योक्ति-पद्धति पकड़नी पड़ती है। यद्यपि यह अन्योक्ति ऊँचे दर्जे की है, किन्तु अन्योक्ति कितने ही ऊँचे दर्जे की हो, उसकी काव्य से भिन्न बौद्धिकता

बिना खटके नहीं रह सकती। दूसरी बात यह है कि रवि बाबू की रचनाओं में कल्पना की जो एकतानता, जो प्रसार, जो अटूट शृंखला मिलती है वह इन गीतों में उतनी नहीं। तो भी छोटे-छोटे टुकड़ों में अपने ढंग की सफाई और काफी काम महादेवी जी के बहुत से गीतों में मिलता है।

प्रसाद के 'आँसू', निराला की 'स्मृति' जैसी उदात्त और एकतान कल्पना तथा 'पल्लव' का-सा सौन्दर्योन्मेष महादेवी जी में नहीं है, किन्तु वेदना का विन्यास उसको वस्तुमत्ता ('आब्जेक्टिविटी') का बहुरूप और विवरणपूर्ण चित्रण, जितना महादेवी जी ने दिया है, उतना वे तीनों कवि नहीं दे सके हैं।

'सांध्यगीत' की पहली ही कविता में सांध्य-गान और जीवन का प्रतिबिम्ब स्वरूप महादेवी जी के काव्य में चित्रांकन कला का एक सफल उदाहरण है, भले ही प्रकृत भावोच्छ्‌वास का प्रवेश उसमें न हो।

मैंने पहले कहा है कि छायावादी काव्य के व्यक्त प्रकृति के सौन्दर्य प्रतीकों को न लेकर महादेवी जी ने उन प्रतीकों की अव्यक्त गतियों और छायाओं का संग्रह किया है। इससे उनकी रचनाओं में वेदना की निवृत्ति और रहस्यात्मकता बढ़ गई है किन्तु ये स्थल कहीं-कहीं अधिक दुरूह हो गए हैं। उदाहरण के लिए यह रचना लीजिए—

उच्छ्‌वासों की छाया में, पीड़ा के आलिंगन में,
निश्वासों के रोदन में, इच्छाओं के चुम्बन में,
उन थकी हुई सोती-सी, उजियाली की पलकों में,
बिखरी उलझी हिलती-सी मलयानिल की अलकों में,
सूने मानस-मन्दिर में, सपनों की मुग्ध हँसी में,
आशा के आवाहान में बीते की चित्रपटी में,

रजनी के अभिसारों में, नक्षत्रों के पहरों में,
ऊषा के उपहासों में, मुस्काती-सी लहरों में,
जो बिखर पड़े निर्जन में निर्भर सपनों के मोती,
मैं ढूँढ़ रही थी लेकर धुँधली जीवन की ज्योती।

लाक्षणिकता उसी हद तक काव्य में काम दे सकती है जिस हद तक वह उसके धारावाही सौन्दर्य में रोड़े न अटकाए। महादेवी जी के काव्य की जो भूमि है, उसी भूमि की रचनाएँ कतिपय छायावादी कवियों की भी मिलती है, किन्तु उसकी व्यंजना सौन्दर्य-प्रतीकों और सीधी लाक्षणिकता के आधार पर होने के कारण स्पष्टतर हुई है। उदाहरणार्थ, हम निराला जी की ख्यातिप्राप्त रचना 'तुम तुंग हिमालय-शृंग और मैं चंचल गति सुरसरिता' को लें तो दोनों का अन्तर साफ दिखाई देगा। हमारे

कहने का मतलब यह नहीं कि महादेवी जी के ऐसे प्रयोग सर्वत्र दुरूह हो गए हैं, कहीं-कहीं वे अतिशय मार्मिक भी हैं। जैसे—

उन हीरक के तारों को कर चूर बनाया प्याला।
पीड़ा का सार मिलाकर प्राणों का आसव ढाला।
मलयानिल से झोकों में अपना उपहार लपेटे।
मैं सूने तट पर आई बिखरे उद्गार समेटे।
काले रजनी अंचल में लिपटी लहरें सोती थीं।
मधुमानस की बरसाती वारिदमाला रोती थी।

ये पंक्तियाँ हमें प्रसादजी के 'आँसू' की सुन्दर कड़ियों की याद दिलाती हैं। अवश्य प्रसादजी में सौन्दर्य संवेदन के दोनों स्वरूप 'आनन्द' और 'वेदना' का एक-सा प्रसार मिलता है, किन्तु महादेवी जी में उसके पिछले अंश की ही प्रधानता है।

अपनी इस एकपक्षता के दो कारण महादेवी जी ने बताये हैं जो इस प्रकार हैं—

> जीवन में मुझे बहुत दुलार, बहुत आदर और बहुत मात्रा में सब कुछ मिला है, उस पर पार्थिव दुःख की छाया नहीं पड़ी। कदाचित् यह उसी की प्रतिक्रिया है कि वेदना मुझे इतनी मधुर लगने लगी है।" इसके अतिरिक्त "बचपन से ही भगवान् बुद्ध के प्रति एक भक्तिमय अनुराग होने के कारण उनकी संसार को दुःखात्मक समझने वाली फिलासफी से मेरा असमय ही परिचय हो गया था।

इस दुःख के स्वरूप को और अधिक स्पष्ट करती हुई वह लिखती हैं—

> दुःख मेरे निकट जीवन का ऐसा काव्य है जो सारे संसार को एक सूत्र में बाँधे रखने की क्षमता रखता है। हमारे असंख्य सुख हमें चाहे मनुष्यता की पहली सीढ़ी तक भी न पहुँचा सकें, किन्तु हमारा एक बूँद आँसू भी जीवन को अधिक मधुर, अधिक उर्वर बनाये बिना नहीं गिर सकता।

इस स्पष्टीकरण में महादेवी जी ने सुख और दुःख के स्वरूप को अस्पष्ट ही रख छोड़ा है। उन्होंने दुःख के आध्यात्मिक स्वरूप और सुख के भौतिक स्वरूप को सामने रखकर विचार किया है, किन्तु इसके विपरीत सुख एक आध्यात्मिक और दुःख का भौतिक स्वरूप भी है, जिसकी ओर उनकी दृष्टि नहीं गई। दुःख की तामसिक, राजसिक और सात्त्विक तीनों अभिव्यक्तियाँ हो सकती हैं, उसी प्रकार सुख की भी। यह सब-कुछ उस संवेदन पर अवस्थित है जिससे सुख और दुःख का निःसरण होता है। महात्मा बुद्ध ने दुःखवाद को आध्यात्मिक अर्थ में लिया है,

उसी प्रकार भारतीय दर्शनों से आनन्द का आध्यात्मीकरण कर लिया है इसलिए भौतिक आधार पर सुख और दु:ख का जो अतिरेक (या 'कंट्रास्ट') महादेवी जी ने ऊपर दिखाया है, उसे मैं उनकी व्यक्तिगत सात्त्विकता का परिणाम मान सकता हूँ। उसे दार्शनिक सत्य या काव्य-कसौटी मानने के लिए मैं तैयार नहीं हूँ।

यह स्त्रियोचित सात्त्विकता ही महादेवी जी के काव्य की सार्वत्रिक विशेषता है। इससे उनके काव्य को एक सुन्दर कान्ति मिली है। यद्यपि कहीं-कहीं अति सरलता सौन्दर्य-स्पर्श से वंचित भी रह गई है। जैसा कि मैं अभी कह चुका हूँ, महादेवी जी की वेदना पहले व्यक्तिगत भावुकता अथवा रूढ़ भक्ति-भावना के रूप में रही है, जो क्रमश: निखरती गई है। अब मैं इनके एक-एक उदाहरण दूँगा—

भावुकता का स्वरूप निम्नांकित 'फैंसी' में प्रकट हुआ है—

चाहता है यह पागल प्यार, अनोखा एक नया संसार।
कलियों के उच्छ्वास शून्य में ताने एक वितान,
तुहिन कणों पर मृदु कम्पन से सेज बिछा दें गान—
जहाँ सपने हों पहरेदार, अनोखा एक नया संसार।

रूढ़िगत भक्ति-भावना मुझे वहाँ दीखती है जहाँ महादेवी जी ने रहस्यमयी आध्यात्मिक सत्ता को स्थूल उपास्य का रूप दे दिया है अथवा जहाँ प्राकृतिक सौन्दर्य का, जिसमें कवि-हृदय बिना मुग्ध हुए नहीं रहता, स्थान-स्थान पर प्रतिषेध किया है।

निराली कलकल में अभिराम, मिलाकर मोहक मादक गान।
छलकती लहरों में उद्दाम, छिपा अपना अस्फुट आह्वान।
न कर हे निर्झर भंग समाधि, साधना है मेरा एकान्त।

किन्तु नीचे के पद्य में रूढ़िरहित आध्यात्मिक निरूपण है—

छाया की आँख-मिचौनी, मेघों का मतवालापन,
रजनी के श्याम कपोलों, पर ढरकीले श्रम के कन।
फूलों की मीठी चितवन, नभ की यह दीपावलियाँ,
पीले मुख पर संध्या के, वे किरणों की फुलझड़ियाँ।
विधु की चाँदी की थाली, मादक मकरंद भरी-सी,
जिसमें उजियारी रातें, लुटतीं घुलती मिसरी-सी।
भिक्षुक से फिर जाओगे, जब लेकर यह अपना धन,
करुणामय तब समझोगे, इन प्राणों का महँगापन।

'न थे जब परिवर्तन दिन-रात, नहीं आलोक तिमिर थे ज्ञात' से आरम्भ होने

वाला पूरा गीत भी रूढ़ पद्धति पर बना है, किन्तु आगे चलकर जहाँ वेदना तपकर निखर उठी है, वहाँ रूढ़ि का लेश भी नहीं दिखता और काव्य ऊँचे धरातल पर आ पहुँचा है। यहाँ वेदना खूब सशक्त संवेदना की छटा लेकर आती है—

देव, अब वरदान कैसा?
वेध दो मेरा हृदय, माला बनूँ, प्रतिकूल क्या है।
मैं तुम्हें पहचान लूँ इस कूल तो उस कूल क्या है!
छीन सब मीठे क्षणों को इन अथक अन्वेषणों को।
आज लघुता ले मुझे दोगे निठुर प्रतिदान कैसा?
जन्म से यह साथ है, मैंने इन्हीं का प्यार जाना।
स्वजन ही समझा दृगों के अश्रु को पानी न माना!
इन्द्र-धनु से नित सजी-सी, विद्यु हीरक से जड़ी-सी।
मैं भरी बदली रहूँ, चिर मुक्ति का सम्मान कैसा?

इस अवस्था की अनुभूतियों का वैविध्य और काव्य की मनोहारिता महादेवी जी में ऊँची श्रेणी की है। कोई भी छायावादी इतने अटल भाव से इस भूमि में नहीं रह सका। इस भूमि को प्रदीप्त अनुभूतियों का ऐसा संकलन नवीन युग का कोई हिन्दी कवि नहीं कर सका है। तो भी, हम कहेंगे कि महादेवी जी का काव्य व्यक्तिगत दु:ख को सब जगह आध्यात्मिक ऊँचाई तक नहीं ले जा सका है।

महादेवी जी जिस नए क्षेत्र में जिस नवीन ढंग से काम कर रही हैं, इससे उनकी कठिनाइयों का अनुमान हम कर सकते हैं। एक तो परोक्ष स्तर की निगूढ़ अनुभूतियों का संग्रह, फिर उनका परिष्करण और उन्हें उपयुक्त व्यंजना देना, तीनों ही आयास-साध्य हैं। फिर महादेवी जी अपनी व्यंजना-शैली में भी एक नवीनता रखती हैं। ऐसी अवस्था में हमें आश्चर्य नहीं होता कि भाषा, तुकों और छन्दों के विन्यास की ओर वह पर्याप्त सतर्क न हो सकीं। महादेवी जी की भाषा में हमें समृद्ध छायावादी चमत्कृति नहीं मिलती। तुकों के सम्बन्ध में भी काफी शिथिलता दिखती है। छन्दों और गीतों में भी एकरूपता अधिक है। भावों को काव्याभिव्यंजना देने के सिलसिले में कहीं-कहीं सुन्दर कल्पनाओं के साथ ढीले प्रयोग एक पंक्ति के बाद दूसरी ही पंक्ति में मिल जाते हैं—

जिन नयनों की विपुल नीलिमा में मिलता नभ का आभास।
जिस मानस में डूब गए कितनी करुणा कितने तूफान।
जिन अधरों की मन्द हँसी थी नव अरुणोदय का उपमान।
किया देव ने जिन प्राणों का केवल सुषमा से निर्माण।
ओठों की हँसती पीड़ा में आहों के बिखरे त्यागों में।

जो तुम आ जाते एक बार
कितनी करुणा कितने सँदेस पथ में बिछ जाते बन पराग।

इन उद्धरणों की पहली पंक्तियाँ जितनी सुन्दर और काव्योपयुक्त हुई हैं, उतने ही प्रत्येक दूसरी पंक्ति के चिह्नित प्रयोग चिन्त्य हो गए हैं। कई पंक्तियाँ शुष्क गद्य-सी प्रतीत होती हैं—

मैं मदिरा तू उसका खुमार।
मैं छाया तू उसका अधार।
चल चितवन के दूत सुना उनके पल में रहस्य की बात।
मेरे पिकों में मचा गए क्या-क्या उत्पात।
गए तब से कितने युग बीत, हुए कितने दीपक निर्वाण।
नहीं पर मैंने पाया सीख, तुम्हारा-सा मनमोहन गान।

नीचे लिखी पंक्ति ध्वनि-शैथिल्य का एक उदाहरण है—

शिथिल मधु-पवन गिन-गिन मधुकण,
हरसिंगार झरते हैं झर-झर।

'तुम बिन', 'उन बिन' जैसे प्रयोग अधिक नहीं अखरते और 'पथ बिन अन्त' भी चल जाता है। 'मैं न जानी', 'मैं प्रिय पहचानी नहीं' 'जैसे व्याकरण-असम्मत प्रयोग भी अप्रिय नहीं लगते। तो भी कहना पड़ता है कि महादेवी जी की रहस्यानुभूति जितनी समृद्ध है, उनकी काव्य-प्रतिभा उतनी ही उत्कृष्ट नहीं और भाषा-शक्ति भी सीमित है, किन्तु अभी महादेवी जी निरन्तर विकास के मार्ग पर बढ़ रही हैं, वह किस दिशा में कितना बढ़ेंगी, यह अब तक अज्ञात है, इसलिए उनकी किसी भी विशेषता पर अन्तिम मुहर अभी नहीं लगाई जा सकती।

अब यहाँ मुझे उन मतदाताओं के समाधान में कुछ अन्तिम शब्द कहने होंगे जो महादेवी जी की अनुभूतियों पर काल्पनिकता का आरोप करते हैं। उनकी समझ में नहीं आता कि किस जगत की बातें वह कर रही हैं और उनसे हमारा क्या सम्बन्ध हो सकता है। इन्हीं में से वे कुछ लोग भी हैं जो आधुनिक कोलाहल में व्यस्त होने के कारण या तो महादेवी जी के काव्य-जगत में पहुँच ही नहीं पाते, अथवा दो-चार चीजों की बानगी लेकर, शेष सब एकरूप ही हैं, कहने की जल्दबाजी करते हैं। इन सबको मेरा उत्तर यह है कि महादेवी जी के काव्य का आधार उसी अर्थ में काल्पनिक कहा जा सकता है जिस अर्थ में कबीर और मीरा का काव्याधार काल्पनिक है। जिस अर्थ में 'गीतांजलि' और 'आँसू' काल्पनिक हैं। जो महादेवी का अध्ययन नहीं कर सकते, वे इन कवियों का भी अध्ययन कैसे कर सकते हैं, अथवा इनको भी एकरूप क्यों नहीं ठहरा सकते! यहाँ मैं उन महानुभावों का

शुमार नहीं कर रहा जिनकी राय में रहस्यवाद किसी प्राचीन बर्बर युग की स्मृति है, मनुष्य की अविकसित बाल्य-भावना की सृष्टि है और जो वैज्ञानिक विकास सिद्धान्त से बहुत दूर की चीज हो गई है। ऐसे लोग तो काव्याध्ययन के अधिकारी भी हैं, मैं नहीं मानता।

ऊपर मैंने प्रसंगवश मीरा का नाम ले लिया है। साथ ही कुछ अन्य कवियों के नाम भी आए हैं जिनसे महादेवी जी की तुलना करने का मेरा मन्तव्य नहीं रहा, केवल काव्य की आधारभूमि मिलती-जुलती दिखानी थी। फिर भी अक्सर लोगों का आग्रह रहा है कि मैं मीरा और महादेवी के काव्य की तुलना के सम्बन्ध में कुछ कहूँ। मेरा कहना यह है कि मीरा और महादेवी के काव्य का आधार बहुत अंशों में एक-सा है किन्तु ये दोनों दो युगों की सृष्टियाँ हैं। अपने-अपने युगों के अनुरूप ही इन दोनों का काव्य-व्यक्तित्व है। मीरा का काव्य नैसर्गिक भावोद्रेक का नमूना है। वह अलौकिक प्रेम और विरह से भीगे हुए हृदय का उद्‌गार है। उसमें काव्य-कला की बारीकियाँ हमें नहीं मिलतीं, मूर्तिमान विरह की तड़प और मन के स्पन्दन सुन पड़ते हैं। प्रकृति और कल्पना की सहायता से भावों का चित्रण वह नहीं करने बैठीं। मध्ययुग के सभी समुन्नत कवियों की यह अप्रतिम नैसर्गिकता उनकी अपनी चीज है। उस तरह की चीज आज इस बौद्धिक विकास के युग में ढूँढ़ना दोनों युगों का अपमान करना है। महादेवी जी में भी अनुभूति की सचाई है और गहराई है किन्तु वे काव्य कला में सजकर आई हैं। मीरा अपने प्रियतम की खोज में राज महल छोड़कर निकल आई थी और उन्हें गृह-वन पुकारती फिरती थीं। उनकी काव्य पुकार साकार है। महादेवी जी की ध्वनि अधिक धीमी और अधिक सभ्य होनी समुचित ही है।

विशुद्ध काव्य-दृष्टि से महादेवी मीरा की ऊँचाई पर कम ही पहुँचती है। काव्य कला से सज्जित होने पर भी उनकी कविता में तीव्र नैसर्गिक उन्मेष नहीं, साथ ही उनमें एकांगिता भी है। उक्त भावना-शिशु के लिए मुक्त आकाश में पक्षी की भाँति उड़कर चराचर जगत की जो सौन्दर्य सामग्री, जो सहज आस्वाद्य फल, कविगण प्रस्तुत किया करते हैं, महादेवी जी में उसकी कमी है। भावना-शिशु का प्यार उन्हें अपना नीड़ छोड़ने नहीं देता। फलतः उनके काव्य में प्राकृतिक उपमानों का वैविध्य नहीं है। उनकी कविता कुछ अंशों में कोरी भावना-निष्ठा से, जो व्यक्तिगत है, विजड़ित है। अपनी बात स्पष्ट करने के लिए मैं 'प्रसाद' जी की दो पंक्तियाँ लेता हूँ। ये उनके 'चन्द्रगुप्त' नाटक में आई हैं, विषय है देशप्रेम का—

अरुण यह मधुमय देश हमारा,
जहाँ पहुँच अनजान क्षितिज को मिलता एक सहारा।
लघु सुरधनु से पंख पसारे, शीतल मलय समीर सहारे।
उड़ते खग जिस ओर मुँह किए, समझ नीड़ निज प्यारा।

कवि अपने मूल विषय को लेकर कितनी दूर चला गया है, व्यक्तिगत भाव के भार से कितना छूटा हुआ! पक्षियों का अनुकूल पवन के सहारे, छोटे-छोटे इन्द्रधनुषों के से पंख पसारे, अपनी ईप्सित दिशा में नीड़ों की ओर उड़ना, और मेरा देश (सुख, सौन्दर्य और अपनेपन की व्यंजना)। अनजान क्षितिज को कुल-किनारा मिलना—सहारा मिलना, और मेरा देश (आश्रय, दाक्षिण्य और औदार्य का भाव)! और साथ ही क्षितिज को किनारा मिलने और पक्षियों के नीड़ की ओर उड़ने की मूर्तिमत्ता कितनी सहज, भव्य और हृदयग्राहिणी है। यह भावना तो है ही, किन्तु समुन्नत काव्य के वेश में। महादेवी जी की शक्ति भावना के विश्लेषण में है, प्राकृतिक रूपों और उपमानों द्वारा उसे व्यंजित करने में नहीं। बाह्य निरपेक्षता और अन्तरंगता जो महादेवी जी में एक सीमा तक बढ़ी हुई है, उनकी काव्य-शक्ति को परिपूर्ण विकास नहीं दे रही है। सभी उच्चकोटि के रहस्यवादी कवियों और स्वयं मीरा में भी भावना का प्राचुर्य उपयुक्त प्राकृतिक उपमाओं और कल्पनाओं के सहारे, काव्यात्मक परिच्छेद में व्यक्त हुआ है। बल्कि हृदय के सूक्ष्म भावों को भी व्यंजना के लिए अन्य कवियों की अपेक्षा रहस्यवादी कवि को प्रकृति की—उसकी एक-एक भावभंगी, रूप-रंग, गति-अनुगति की और भी गम्भीर परख रखनी पड़ती है; अन्यथा उसका काम नहीं चल सकता।

मीरा का काव्य दिव्य प्रेम और विरह पर आश्रित है, जो एक ओर उसे सहज हृदयग्राही बनाता है और दूसरी ओर काव्य के विषय को विस्तीर्ण कर देता है। महादेवी के काव्य में वैराग्य-भावना का प्राधान्य है। महात्मा बुद्ध की भाँति नहीं (बुद्ध की मूर्तियों में दु:ख की मुद्रा नहीं मिलती) किन्तु बौद्ध-सन्यासियों और सन्यासिनियों सरीखी एक चिन्ता-मुद्रा, एक विरक्ति, एक तड़प, शान्ति के प्रति एक अशान्ति महादेवी जी की कविता में सब जगह देखी जा सकती है, किन्तु इस कारण उनकी कविता में एकरूपता (मोनोटनी) नहीं आई है, जैसा कुछ लोग आरोप करते हैं। उनके रूप चित्रों में प्रचुर वैभिन्नय है।

आशा है मैंने दोनों का अन्तर यथासम्भव थोड़े में स्पष्ट कर दिया है।

अब मैं अन्त में यह कहूँगा कि आधुनिक कवियों में महादेवी जी का क्या स्थान है, इसका निर्णय करना अभी हमारे लिए असामयिक होगा। इस युग के अग्रगण्य कवियों में सम्भवत: उनका स्थान सुरक्षित रहेगा (केवल इसलिए नहीं कि भारत अध्यात्म-प्रधान देश है, बल्कि उनके काव्य-गुणों के कारण), किन्तु उनमें उन्हें कौन-सा विशेष पद प्राप्त होगा, यह तो समय ही बता सकता है। मैं कह चुका हूँ कि उनका विकास अभी बन्द नहीं हुआ है।

महादेवी वर्मा और आलोचना-साहित्य की समस्याएँ

रामविलास शर्मा

श्रीमती महादेवी वर्मा के साहित्य पर इतना लिखा जा चुका है और उन्होंने स्वयं साहित्य की समस्याओं पर इतना लिखा है कि आज उनके सम्बन्ध में और कुछ लिखना आलोचना-साहित्य की समस्याओं का उल्लेख किए बिना सम्भव नहीं है। महादेवी जी छायावाद के मध्याह्नकाल से, और अपने जीवन के उष:काल से साहित्य-रचना करती आई हैं; छायावाद और महादेवी जी के साहित्य में घनिष्ठ सम्बन्ध होना स्वाभाविक है। इस सम्बन्ध की रूपरेखा क्या है, किस हद तक छायावाद उनके साहित्य से बल-सम्बल पा सका है या निर्बल हो गया है, यह आधुनिक आलोचना-साहित्य की नगण्य समस्या नहीं है। इस समस्या पर हिन्दी के गण्य मान्य आलोचक एकमत हैं—ऐसा भी नहीं कहा जा सकता। इस सम्बन्ध में यहाँ दो-एक उदाहरण देना अप्रासंगिक न होगा। छायावादी-साहित्य और महादेवी जी की रचनाओं के परस्पर सम्बन्ध पर प्रकाश डालते हुए नगेन्द्र जी कहते हैं—

> जैसा मैंने एक और स्थान पर भी कहा है, महादेवी के काव्य में छायावाद का शुद्ध अमिश्रित रूप मिलता है। छायावाद की अन्तर्मुखी अनुभूति, अशरीरी प्रेम जो बाह्य-तृप्ति न पाकर अमांसल सौन्दर्य की सृष्टि करता है, मानव और प्रकृति के चेतन संस्पर्श, रहस्य चिन्तन (अनुभूति नहीं) तितली के पंखों और फूलों की पंखड़ियों से चुराई हुई कला, और इन सबके ऊपर स्वप्न-सा पुरा हुआ एक वायवी, वातावरण सभी तत्त्व जिसमें घुले मिलते हैं, वह है महादेवी की कविता। महादेवी ने छायावाद को पढ़ा नहीं है, अनुभव किया है। अतएव साहित्य का विद्यार्थी उनकी विवेचना को आप्त वचन के समान ही आदर करेगा। ('विचार और अनुभूति', पृ. 130)

इस धारणा के विपरीत श्री नन्ददुलारे वाजपेयी का विचार यह है—

> हिन्दी में महादेवी जी का प्रवेश छायावाद के पूर्ण ऐश्वर्यकाल में हुआ था, किन्तु आरम्भ में ही उनकी रचनाएँ छायावाद की मुख्य विशेषताओं

> से प्राय: एकदम रिक्त थीं। मानव अथवा प्रकृति के सूक्ष्म किन्तु व्यक्त सौन्दर्य में आध्यात्मिक छाया का भान मेरे विचार से छायावाद की एक सर्वमान्य होनी चाहिए। इस व्याख्या में आए 'सूक्ष्म' और 'व्यक्त' इन अर्थ गम्भीर शब्दों को हम अच्छी तरह समझ लें। यदि वह सौन्दर्य सूक्ष्म नहीं है, साकार होकर स्वतंत्र क्रियाशील है और किसी कथा या आख्यायिका का विषय बन गया है तो हम उसे छायावाद के अन्तर्गत नहीं ले सकेंगे। ('यामा' का दार्शनिक आधार)

नगेन्द्र जी और वाजपेयी जी की धारणाओं का अन्तर स्पष्ट है। नगेन्द्र जी को महादेवी जी के काव्य में छायावाद का शुद्ध रूप मिलता है; वाजपेयी जी को उनकी रचनाएँ छायावाद की मुख्य विशेषताओं से प्राय: रिक्त दिखाई देती हैं। इसे हम साधारण मतभेद कहकर टाल नहीं सकते। वाजपेयीजी ने छायावाद की जो व्याख्या की है, उसके अनुसार अंग्रेज कवि स्कॉट और बायरन छायावाद के सीमान्त पर दिखाई देते हैं तो वर्डसवर्थ भी छायावाद के दूसरे सीमान्त पर ठहरा हुआ प्रकृत छायावादी नहीं मालूम होता। अंग्रेजी साहित्य में वाजपेयीजी के अनुसार प्रकृत छायावादी केवल शैली है जो "प्राकृतिक सूक्ष्म सौन्दर्य भावना का एकमात्र अधिष्ठाता" है (उप.)। लेकिन वाजपेयीजी ने जिस कारण स्कॉट और बायरन को छायावाद के सीमान्त पर रखा है, उस पर विचार करने से शेली का भी आधे से ज्यादा साहित्य उसी सीमान्त पर ठहरेगा। बायरन और स्कॉट छायावाद के सीमान्त पर इसलिए हैं कि उनका सौन्दर्य सूक्ष्म नहीं है बल्कि "साकार होकर स्वतंत्र क्रियाशील है और किसी कथा या आख्यायिका का विषय बन गया है।" इस दृष्टि से शेली की अनेक कथाएँ और आख्यायिकाएँ भी छायावाद के सीमान्त पर ठहरेंगी। अंग्रेजी साहित्य के इतिहासकार रोमांटिक साहित्य की परिधि इससे ज्यादा विशद आँकते आए हैं। इतिहास ने रोमांटिक साहित्य की विशेषताएँ निश्चित कर दी हैं; अब यह माँग करना दुराग्रह होगा कि रोमांटिक साहित्य हमारी धारणा के अनुसार यों होना चाहिए था। अंग्रेजी के रोमांटिक साहित्य और हिन्दी के छायावादी साहित्य में महत्त्वपूर्ण भेद है। शेली और वड्र्सवर्थ के रचनाकाल से पहले 16-17वीं सदी में शेक्सपियर, मिल्टन आदि सामन्ती विचारधारा के खिलाफ एक क्रान्ति कर चुके थे। 16वीं सदी के आरम्भ में औद्योगिक पूँजीवाद के प्रसार से मजदूर वर्ग का जीवन संघर्ष तीव्र हो उठा था और उस समय की प्रगतिशील विचारधारा पूँजीवादी शोषण से टक्कर लेने लगी थी। रोमांटिक साहित्य में जहाँ पलायन है, वहाँ वह इस पूँजीवादी शोषण से संघर्ष न करने या उससे समझौता करने का फल है। हिन्दी का छायावादी साहित्य सामन्त-विरोधी औद्योगिक क्रान्ति के बाद का साहित्य नहीं है। वह साम्राज्यवाद के विरुद्ध भारतीय जनता के संघर्षकाल का साहित्य है। उसमें सबसे सशक्त स्वर देश की स्वाधीनता और जनतंत्र प्राप्त

करने की आकांक्षा का स्वर है। अपना अग्रसर रूप मजदूरों का आह्वान करते हुए प्रकट करती है कि वे पूँजीवादी अंग्रेजी रोमांटिक साहित्य के सबसे प्रगतिशील कवि शेली की विचारधारा सत्ता के बदले अपनी सत्ता स्थापित करें।' मास्क ऑफ अनार्की नाम की रचना में शैली कहता है—

Rise like lions from your slumber,
In unvanquishable number;
Shake to earth your chains like dew,
Which in sleep had fallen on you,
ye are many, they are few.

("नींद छोड़कर शेरों की तरह उठो, अजेय संख्या में उठो नींद में जो जंजीरें तुमने पहन ली थीं, उन्हें झटककर धरती पर गिरा दो। तुम बेशुमार हो; वे मुट्ठी भर हैं।")

शेली की चेतना समाजवाद की ओर उन्मुख थी। जैसा कि मार्क्स ने शेली के बारे में लिखा था, वह जीवित रहता तो समाजवादी होता।

हिन्दी के छायावादी कवियों में सबसे आगे बढ़ी हुई चेतना साम्राज्य-विरोधी सामन्त-विरोधी क्रान्ति की ओर उन्मुख है। निराला के 'बादल-राग' में वह यों प्रकट हुई है—

रुद्ध कोष, है क्षुब्ध तोष,
अंगना-अंग से लिपटे भी
आतंक-अंक पर काँप रहे हैं
धनी, वज्र-गर्जन से बादल!
त्रस्त नयन-मुख ढाँप रहे हैं।
जीर्ण बाहु, है शीर्ण शरीर,
तुझे बुलाता कृषक अधीर,
ऐ विप्लव के वीर!
चूस लिया है उसका सार,
हाड़मात्र ही हैं आधार,
ऐ जीवन के पारावार!

अंग्रेजी रोमांटिक साहित्य का एक सीमान्त समाजवादी विचारधारा को छूता है तो दूसरा भाववाद (Idealism) की विभिन्न धाराओं में डूबा हुआ है। हिन्दी के छायावादी साहित्य का एक सीमान्त साम्राज्य-विरोधी सामन्त-विरोधी विचारधारा को छूता है तो दूसरी ओर सामन्तवाद का समर्थन करने वाली अनेक भाववादी धाराओं में डूबा हुआ है। इनके अतिरिक्त छायावादी या रोमांटिक साहित्य के दूसरे सीमान्त निर्धारित करना एक इतिहास-विरोधी कार्य होगा। वाजपेयी जी ने अंग्रेजी के

रोमांटिक साहित्य और हिन्दी के छायावादी साहित्य के महत्त्वपूर्ण भेद का उल्लेख नहीं किया। उन्होंने जो सीमान्त निश्चित किए हैं, वे भी विज्ञान-सम्मत नहीं हैं। "मुझे आशा नहीं है कि छायावाद की मेरी यह व्याख्या निकट भविष्य में सर्वमान्य हो सकेगी।" उनका यह भय निराधार नहीं है।

नगेन्द्र जी के लिए सीमान्तों का झगड़ा नहीं है। अन्तर्मुखी अनुभूति, अमांसल सौन्दर्य, मानव और प्रकृति के चेतन संस्पर्श, रहस्य-चिन्तन, पंखों और पैखुड़ियों से बुरावी हुई कला, वायवी वातावरण—ये महादेवी जी के काव्य की विशेषताएँ हैं।

ये विशेषताएँ किस तरह उत्पन्न हुई, इस सम्बन्ध में नगेन्द्र जी लिखते हैं—

> सामयिक परिस्थितियों के अनुरोध से जीवन से रस और मांस न ग्रहण कर सकने के कारण वह एक तो वांछित शक्ति का संचय नहीं कर पाईं, दूसरे एकान्त अन्तर्मुखी हो गईं। इस प्रकार उसके आविर्भाव में मानसिक दमन और अतृप्तियों का बहुत बड़ा योग है, इसको कैसे भुलाया जा सकता है?

अगर मानसिक दमन और अतृप्तियों से ऐसी कविता रची जा सके जो सुन्दर हो और साथ ही शुद्ध छायावादी भी, तो दमन और अतृप्तियों का स्वागत क्यों न किया जाय?

अगर छायावादी कविता की विशेषताएँ मानसिक दमन और अतृप्तियों से उत्पन्न हुई हैं तो छायावादी आलोचना की विशेषताओं का क्या कोई दूसरा स्रोत है?

नगेन्द्र जी पहले तो यह मानते हैं कि महादेवी जी की कविता के आविर्भाव में मानसिक दमन और अतृप्तियों का बहुत बड़ा योग है, फिर उनकी धारणा यह भी है कि महादेवी जी के काव्य में हमें छायावादी कविता का शुद्ध अमिश्रित रूप मिलता है। तीसरे इस अतृप्तिवाद को और विराट रूप देते हुए वह समस्त काव्य और ललित कलाओं को उसी के अन्दर समेट लेते हैं। अतृप्त कामवासना और साहित्य के सम्बन्ध में उनकी उक्ति है—

> और वास्तव में सभी ललित-कलाओं के, विशेषत: काव्य के और उससे भी अधिक प्रणय-काव्य के मूल में अतृप्त काम की प्रेरणा मानने में प्रापत्ति के लिए स्थान नहीं है। ('दीपशिखा')

इस तरह नगेन्द्र जी के लिए न सिर्फ दीपशिखा, न सिर्फ महादेवी जी का साहित्य, न सिर्फ छायावादी काव्य, वरन् तमाम ललित कलाएँ और समूचा प्रणय-काव्य अतृप्त काम-प्रेरणा से उत्पन्न होता है।

यूरोप में एक वर्ग ऐसे अवकाश-भोगी लोगों का है जो जीवन में कर्म से

विमुख हैं। उसका अधिकार दूसरों के कर्मफल पर है; कर्म करने का उत्तरदायित्व वह अपने लिए नहीं मानता। इस वर्ग ने ऐसा जीवन-दर्शन उत्पन्न किया है जिसके अनुसार मनुष्य की तमाम सामाजिक और साहित्यिक क्रियाएँ कामवासना से प्रेरित दिखाई देती हैं। यह वर्ग सामाजिक विकास की शक्तियों और उत्पादन करने वाले श्रमिक वर्ग का ऐसा बैरी बन गया है, श्रम से वह इतनी दूर जा पड़ा है कि सिवा काम-वासना और उसकी तृप्ति के लिए उसके जीवन में कोई महान उद्‌देश्य न रह गया। हिन्दुस्तान में साम्राज्यवाद के समर्थक वर्गों द्वारा पोषित लेखक की इस पतित पूँजीवादी विचारधारा को यहाँ के सामन्ती नायिका भेद से मिला देते हैं और कहते हैं—

> देखिए, दोनों में कितना गहन मनोविज्ञान है। अतृप्त काम अतृप्ति के विज्ञा वासना से सत्यं शिवं सुन्दरं सुलभ होते हैं। सब तज हरि भज। साहित्य का निर्माण असम्भव है।

इस व्याख्या में लगे हाथ एक और लाभ यह है कि वह शाश्वत है और साम्राज्यवाद, सामन्तवाद, इस तरह के किसी अशाश्वत वाद-विवाद के झमेले में पड़ने की जरूरत भी नहीं रहती।

निस्सन्देह अतृप्ति की भावना छायावादी कविता में मिलती है और वह महादेवी जी की रचनाओं में भी विद्यमान है लेकिन क्या छायावाद काव्य की प्रेरणा वही है? यदि मूल प्रेरणा वही हो और छायावादी कविता वायवी वातावरण के स्वप्न बुनने के अलावा और कुछ न दे तो वह अवकाशभोगी वर्ग के अलावा कामकाजी जनता के लिए ज्यादा लाभदायक सिद्ध न होगी। क्या महादेवी जी की समूची कविता इसी तरह की है?

महादेवी जी के काव्य-साहित्य का मूल्यांकन करते हुए हिन्दी आलोचकों ने साधारणतः उसके पीड़ावादी, पलायनवादी तत्त्वों पर दृष्टि केन्द्रित की है। कोई इन तत्त्वों को शाश्वत काव्य-वस्तु सिद्ध करता है, कोई उन्हें लोकमंगल के अनुकूल बतलाता है, कोई उन्हें समाज-विरोधी कहता है। उन तत्त्वों के मूल्यांकन में अन्तर है। लेकिन इस बारे में सभी एकमत मालूम होते हैं कि महादेवी जी की काव्यवस्तु का निर्माण इन्हीं पीड़ावादी पलायनवादी तत्त्वों से हुआ है।

श्री विनयमोहन शर्मा महादेवी जी की अन्तर्मुखी वृत्ति का उल्लेख करते लिखते हैं—

> छायावाद ने महादेवी को जन्म दिया और महादेवी ने छायावाद को जीवन। प्रगतिवाद (साम्यवाद) के नारे से प्रभावित हो जब छायावाद के मान्य कवियों ने अपनी आँखें पोंछकर भीतर से बाहर झाँकना प्रारम्भ कर

> दिया और अनन्त की ओर से दृष्टि फेरकर मार्क्स पर उसे केन्द्रित कर दिया तब भी महादेवी की आँखें भीगती रहीं, हृदय सिहरन भरता रहा, ओठों की ओट में आहें सोती रहीं और मन 'किसी निष्ठुर' की आरती उतारता ही रहा। दूसरे शब्दों में वे अखंड भाव से अन्तर्मुखी बनी रहीं। ('नई धारा', वर्ष-2, अंक-1)

विनयमोहन जी के अनुसार महादेवी जी की काव्य-वस्तु का निर्माण भीगी आँखों, सिहरन भरते हृदय, सोती हुई आहों और निष्ठुर की आरती से हुआ है। दूसरे शब्दों में महादेवी-काव्य का मतलब है, पीड़ा और पलायन। इसके सिवा वहीं दूसरी वस्तु नहीं है।

श्री देवराज का मत है—

> महादेवी जी ने अपनी कविता में कहीं भी युग-जीवन अथवा स्वयं जीवन के सम्बन्ध में विचार प्रकट करने की चेष्टा नहीं की है, उनके आलोचक के लिए यह बड़े सन्तोष की बात है। ('साहित्य चिन्ता', पृ. 202)।

इसका यही अर्थ हो सकता है कि महादेवी जी की कविता जीवन और युग जीवन दोनों से परे है। ऐसी हालत में या तो वह मृत्यु का प्रतिबिम्ब होगी या ऐसे किसी तत्त्व का जो न जीवन है न मृत्यु!

श्री लक्ष्मीनारायण सुधांशु महादेवी जी के रहस्यवाद को जीवन से परे नहीं मानते। दोनों का परस्पर सम्बन्ध दिखलाते हुए वह कहते हैं—

> महादेवी वर्मा ने अपनी सारी मनोभावनाओं को एक अप्राप्तव्य आराध्य के उपलक्ष्य से अभिव्यक्त करने की चेष्टा की है। अतृप्त इच्छाएँ ही प्रलुब्ध होती हैं। इतना होने पर भी जगत और जीवन के सम्बन्ध को हम विध्वंस नहीं कर सकते। उसी के अन्तर्गत रहकर हम जीवन में उत्तीर्ण हो सकते हैं और वस्तुतः जीवन की यही सच्ची साधना है। क्षुद्र से विराट तथा नश्वर से शाश्वत होने के लिए अंश में ही पूर्णता तथा सीमा ही में पूर्णता तथा सीमा में ही असीमता उपलब्ध करना पड़ेगा। अपनी सारी चेतना के साथ देखने से बद्ध भी अबद्ध मालूम पड़ता है। जीवन के विषाद तथा अवसाद चेतना की अन्तर्ज्योति से स्वतः दीप्तिमय होकर आनन्द तथा उल्लास में परिवर्तित हो जाते हैं। ('जीवन के तत्त्व और काव्य के सिद्धान्त', पृ. 321-322)

सुधांशुजी के अनुसार महादेवी जी का आराध्य अप्राप्तव्य है। आराध्य अप्राप्तव्य तभी हो सकता है जब वह जीवन से परे हो। इच्छाएँ अतृप्त हैं, इसलिए प्रलुब्ध हैं।

शायद ये अतृप्त इच्छाएँ कभी भी तृप्त नहीं हो सकतीं क्योंकि आराध्य अप्राप्य है। सारी 'चेतना' के साथ देखने से बद्ध भी अबद्ध मालूम पड़ेगा। इस प्रकार महादेवी जी की काव्यवस्तु अप्राप्तव्य की अतृप्तिजन्य साधना ठहरती है।

श्री अमृतराय महादेवी के काव्य का परिचय इस प्रकार देते हैं। महादेवी ने स्वयं अपनी कविता का सबसे अच्छा परिचय दिया है—

मैं नीर भरी दुःख की बदली

उनकी इसी एक पंक्ति को मन में रखे हुए आप उनके सम्पूर्ण काव्य-साहित्य का अवलोकन कर डालिए। आप तुरन्त जान लेंगे कि यही भाव शिराओं में बहने वाले रक्त के समान उसमें सर्वत्र प्रवाहित हो रहा है।" ('नया साहित्य', भाग 4)

महादेवी जी की काव्य-वस्तु का निरूपण करने में श्री अमृतराय और दूसरे आलोचकों में कोई अन्तर नहीं है। अमृतराय जी भी और सभी आलोचकों की तरह उस काव्यवस्तु को पीड़ावादी पलायनवादी तत्त्वों से निर्मित मानते हैं। अन्तर है, उन तत्त्वों के मूल्यांकन और उनके विवेचन में लेकिन यदि महादेवी वर्मा के काव्य-साहित्य में कहीं कोई सामन्त-विरोधी जनवादी स्वस्थ जीवन के पोषक तत्त्व आए हैं, तो अमृतराय जी उतनी ही दृढ़ता से उन्हें अस्वीकार करते हैं जितनी दृढ़ता से नगेन्द्र जी या देवराजजी।

एक दूसरे लेख में वह कहते हैं—

> महादेवी वर्मा की कविता की पंक्ति-पंक्ति आँसुओं से गीली है, यहाँ तक कि उनका एक 'आँसुओं का देश' ही है, सबसे अलग। उनकी सारी कविताओं को एक में पिरोने वाली लड़ी आँसुओं की लड़ी ही हो सकती है। उन्हें आँसुओं से मोह है और उनसे वे अपना सिंगार करती हैं क्योंकि उन्हें अपनी व्यथा से मोह है। ('नई समीक्षा', पृ. 147)

एक बार यह निश्चय कर लेने पर कि महादेवी जी का काव्य पीड़ा और पलायनवादी तत्त्वों से ही निर्मित है, आलोचक इसका विश्लेषण आरम्भ करते हैं कि ये तत्त्व उनके काव्य में क्यों मौजूद हैं। नगेन्द्र जी का मत हम ऊपर देख चुके हैं जिसके अनुसार ये तत्त्व अतृप्त काम-वासना का फल हैं। कुछ लोग अतृप्ति को मानते हुए उसे आध्यात्मिक अनुभूति से जोड़ देते हैं। जो लोग काव्य को सामाजिक परिस्थितियों से परे मानते हैं, वे स्वभावतः इस पलायन का कारण सामाजिक सम्बन्धों में न देखकर कवयित्री के व्यक्तिगत जीवन में ढूँढ़ते हैं या उनके व्यक्तिगत जीवन को ही आध्यात्मिक स्तर पर प्रतिष्ठित मान लेते हैं।

श्री गंगाप्रसाद पांडेय उनके व्यक्तित्व के बारे में लिखते हैं—

> महादेवी जी का व्यक्तित्व आध्यात्मिक है, इसमें सन्देह नहीं। और महादेवी

> जी के व्यक्तित्व से तुलना करने के लिए हिमालय ही सबसे अधिक उपयुक्त भी जान पड़ता है। उनके व्यक्तित्व का वही उन्नत और दिव्य रूप, वही विराट और विशाल प्रसार, वही अमल-धवल तथा अचल-अटल धीरता-गम्भीरता, वही करुणा एवं तरलता और सबसे बढ़कर वही सुखकर शुभ्र हास। यही तो महादेवी हैं। ('आजकल', जुलाई 1955)

इसके विपरीत सुधांशु जी का मत है—

> महादेवी वर्मा के जीवन की शुष्कता ने उन्हें लोक विमुख वैराग्य देकर लोकोत्तर आलम्बन की ओर प्रेरित किया है, जिसके अनुसन्धान में कभी तृप्ति नहीं। ('जीवन के तत्त्व और काव्य के सिद्धान्त', पृ. 320)

और नगेन्द्र जी का विचार है—

> महादेवी जी का एकाकी जीवन उनके काव्य में स्पष्ट रूप से प्रतिबिम्बित है। किसी प्रभाव ने ही उनके जीवन को एकाकिनी बरसात बना दिया है, सुख और दुलार के आधिक्य ने नहीं। ('दीपशिखा')

एकाकीपन की चर्चा करते हुए श्री अमृतराय 'दीपशिखा' के बारे में लिखते हैं—

> इस तरह पुस्तक की एक टेक है एकाकीपन और दूसरी एक जिन। किसी भी साहित्यिक रचना के दो पक्ष होते हैं—एक सामाजिक और दूसरा वैयक्तिक और इसी नाते प्रकारान्तर से सामाजिक। पहले पक्ष के विवेचन के लिए फ्रायडीय प्रणाली का उपयोग आलोचना के क्षेत्र में होता है। इस कविता के एक सुसम्बद्ध फ्रायडीय विवेचन के लिए पुस्तक में अकूत सामग्री मिलेगी। ('नई समीक्षा', पृ. 147)

अमृतराय जी कविता के दो पक्ष करते हैं—सामाजिक और वैयक्तिक। वैयक्तिक पक्ष प्रकारान्तर से सामाजिक ठहरता है। पहले पक्ष के विवेचन के लिए (उनका मतलब वैयक्तिक पक्ष के विवेचन से है) आलोचना क्षेत्र में फ्रायडीय प्रणाली का उपयोग होता है। यहाँ पर यह कह देना जरूरी है कि फ्रायडीय प्रणाली के अलावा भी व्यक्ति और उसके व्यक्तित्व की परख की वैज्ञानिक पद्धतियाँ मौजूद हैं और जो लोग फ्रायडीय प्रणाली का उपयोग करके व्यक्ति की समस्याओं को परखते हैं, वे कम-से-कम साहित्य के क्षेत्र में क्रान्ति विरोधी साबित हुए हैं। अमृतराय जी एकाकीपन और जिच का जिक्र करने के बाद इनका सामाजिक विश्लेषण इस तरह करते हैं—

> अब हम एकाकीपन के सामाजिक पक्ष पर विचार करेंगे। पूँजीवाद व्यक्ति और व्यक्ति के बीच के सहज मानवोचित रिश्ते को हटाकर उसके स्थान पर एक ऐसे सम्बन्ध की प्रतिष्ठा करता है जिसमें मनुष्य एक पथ्य वस्तु के सिवा और कुछ नहीं रह जाता। और इस प्रकार मानव और मानव के बीच का सम्बन्ध एक नए बिन्दु पर पहुँच जाता है जहाँ मानव-सम्बन्धों में फिर किसी प्रकार का रस नहीं रह जाता। इस तरह एक ऐसी सामाजिक परिस्थिति पैदा होती है जिससे सहृदय व्यक्तियों के मन को ठेस लगना स्वाभाविक है। यह ठेस ही उन्हें मानसिक इच्छा पूर्ति (wish fulfilment) का मार्ग ढूँढ़ने पर विवश करती है। श्रीमती महादेवी वर्मा का वेदनामूलक रहस्यवाद भी ऐसी ही मानसिक इच्छापूर्ति है। ('नई समीक्षा', पृ. 148)

ये वाक्य पढ़ने पर मन में कई प्रश्न उठते हैं। पूँजीवाद मनुष्यों के सहज मानवोचित रिश्तों को हटाता है। पूँजीवाद से पहले के सामन्ती सम्बन्ध क्या सहज मानवोचित रिश्ते हैं?

पूँजीवादी सम्बन्धों से उत्पन्न होने वाली सामाजिक परिस्थिति में सहृदय व्यक्तियों के मन को स्वाभाविक रूप से ठेस लगती है और ठेस लगने पर वे मानसिक इच्छापूर्ति का मार्ग ढूँढ़ने पर 'विवश' होते हैं। पूँजीवाद जिस पलायनवादी साहित्य का नशा जनसाधारण में बाँटता है, क्या वह ठेस और विवशता का साहित्य है? यह साहित्य व्यक्ति की मानसिक इच्छापूर्ति का साहित्य है या एक वर्ग की भौतिक इच्छाओं-मजदूर वर्ग को गुलाम बना रखने की इच्छाओं का साहित्य है?

यदि महादेवी जी का साहित्य यूरोप के मानसिक इच्छापूर्तिवाले साहित्य जैसा है तो क्या हिन्दुस्तान में वही परिस्थितियाँ मौजूद हैं जो यूरोप में है? अथवा उन परिस्थितियों के अभाव में क्या वह यूरोप के साहित्य का प्रभाव मात्र है?

ये प्रश्न करते ही मालूम हो जाता है कि श्री अमृतराय के विश्लेषण में शब्दावली समाजशास्त्रीय है; उसका तत्त्व दरअसल कोई ठोस विश्लेषण प्रस्तुत नहीं करता।

उसी निबन्ध में वह आगे कहते हैं—

> जैसा हमने अभी ऊपर देखा कि पूँजीवादी सामाजिक प्रणाली में हर व्यक्ति दूसरे को मनुष्य नहीं बल्कि एक वस्तु समझता है जिसका वह क्रय-विक्रय कर सकता है क्योंकि पूँजीवादी उत्पादन प्रणाली में हर व्यक्ति को यह बुनियादी आजादी होती है कि वह अपनी उत्पादक शक्ति को मोल पर चढ़ाये। इस तरह सामाजिक बन्धन रोज-बरोज ढीले होते जाते हैं क्योंकि वे अब व्यक्ति और व्यक्ति के सम्बन्ध नहीं हैं, और उनका आधार भी सहयोग न होकर होड़ है। होड़ पर टिकने वाले सम्बन्ध स्थायी नहीं हो

सकते। इसी आत्मीयता की कमी के कारण कल्पना-विलासी व्यक्ति को स्वनिर्मित आत्मीयों का पल्ला पकड़ना पड़ता है। महादेवी जी ने व्यथा में ऐसा आत्मीय पाया है। (उप. पृ. 148-49)

यदि पूँजीवादी प्रणाली में हर व्यक्ति दूसरे को पण्य-वस्तु समझे जिसका वह क्रय-विक्रय कर सके तो ऐसे समाज में हर व्यक्ति एक साथ ही पूँजीपति भी होगा और मजदूर भी वास्तव में इस प्रणाली के अन्तर्गत एक 'वर्ग' खरीदने वालों का होता है और दूसरा 'वर्ग' खरीदे जाने वालों का होता है। इसीलिए पूँजीपतियों में होड़ एक दूसरे को हड़पने और विनाश की ओर बढ़ने की वृत्ति उत्पन्न करती है, वहाँ वह मजदूरों में खरीदे जाने वालों में, ऐसी जबर्दस्त आत्मीयता करती है जिसकी मिसाल पहले के इतिहास में नहीं मिलती। श्री अमृतराय अपने अवैज्ञानिक विश्लेषण से वर्गों के सम्बन्ध को मनुष्य मात्र का सम्बन्ध बना दिया है और मजदूर वर्ग की आत्मीयता, परस्पर भाई-चारे को भुला दिया है। कहना न होगा कि यह समूचा विश्लेषण हिन्दुस्तान की परिस्थितियों पर बहुत ही आंशिक रूप से लागू हो सकेगा।

इसमें सन्देह नहीं कि महादेवी जी के काव्य में पीड़ावादी पलायनवादी तत्त्व मौजूद हैं लेकिन इनकी उत्पत्ति और स्थिति का सही कारण तब हम अच्छी तरह जान सकेंगे जब हम इनके विरोधी तत्त्वों पर भी दृष्टिपात करेंगे और दोनों के परस्पर सम्बन्ध को जानने की कोशिश करेंगे।

महादेवी जी और उनकी कविता का परिचय केवल 'नीर भरी दुःख की बदली' या 'एकाकिनी बरसात' कहकर नहीं दिया जा सकता। उन्हीं के शब्दों में उनका परिचय देना हो तो मैं यह पंक्ति उद्धृत करूँगा—

रात के उर में दिवस की चाह का शर हूँ।

निराला को छोड़कर किसी भी छायावादी कवि में जीवन की इतनी चाह नहीं है, जितनी महादेवी में। निराशावाद की अँधेरी रात में जीवन प्रभात को यह चाह महादेवी की रचनाओं में बार-बार दीप्त हो उठती है। और जितना ही यह अँधेरा घना होता है, उतना ही यह चाह और भी तीव्र हो जाती है। महादेवी जी ने अलंकृत शब्दावली और मनोहर रूपकों में जीवन और सौन्दर्य की इस आकांक्षा को बार-बार व्यक्त किया है।

कंटकों की सेज जिसकी आँसुओं का ताज,
सुभग! हँस उठ, उस प्रफुल्ल गुलाब ही सा आज,
बीती रजनि प्यारे जाग!

क्या जीवन से पराङ् मुख कोई भी व्यक्ति ऐसी सुन्दर पंक्तियाँ लिख सकता है? क्या स्थूल के प्रति सूक्ष्म का विद्रोह कहने से उस ठोस जीवन आकांक्षा, मानवीय

प्रेम, मानवीय सौन्दर्य की आकांक्षा की व्याख्या हो जाती है जो इन पंक्तियों में व्यक्त हुई है?

महादेवी जी अपने गीतों में 'देवी' के रूप में नहीं, एक मानवी के रूप में दर्शन देती हैं। वह अपनी भाव-व्यंजना में इस धरती पर काम करने वाली मनुष्य नामक प्राणी ही नहीं है वरन् उसका एक भेद नारी भी है। उनका नारीत्व सामाजिक सीमाओं के अन्दर विकास के लिए पंख फड़फड़ाता है। उसकी यह व्याकुलता अनेक सांकेतिक रूपों में उनकी कविताओं में प्रकट होती है। नारी के इन तत्त्वों को निकाल दीजिए, उनका काव्य-साहित्य उतना ही नीरस और निर्जीव हो जाएगा जैसा उन कवियों का जो पुरुष होकर रमणी-कंठ की नकल करते हुए कहते हैं—

लाई हूँ फूलों का हार।
लोगी मोल, लोगी मोल!

महादेवी जी की नारी प्रकृति की एक सरस विशेषता उनका हठ है। उनके प्राण 'पागल' हैं तो हठीले भी हैं।

उन्हीं तारक फूलों में देव!
गूँथता मेरे पागल प्राण—
हठीले मेरे छोटे प्राण!

'अध्यात्मवादी' महादेवी का अभिमान देखने योग्य है जो निजत्व देने में असमर्थ होकर प्रिय से मिल नहीं सकतीं।

मिलन मन्दिर में उठा दूँ जो सुमुख से सजल गुंठन,
मैं मिटूँ प्रिय में मिटा ज्यों तप्त सिकता में सलिलकण।
सजनि मधुर निजत्व दे
कैसे मिलूँ अभिमानिनी मैं!

जीवन से पराङ्मुख कहलाने वाली इस कवयित्री की शृंगार-भावना अद्‌भुत है। 'कुमारसम्भव' के रचयिता ने सुन्दरियों के चरणस्पर्श की राह न देखकर स्वयं खिलने वाले जिस अशोक का वर्णन किया था, मानो उसी को याद करके महादेवी जी लिखती हैं—

रंजित कर दे यह शिथिल चरण ले नव अशोक का अरुण राग,
मेरे मंडन को आज मधुर ला रजनीगन्धा का पराग,
यूथी की मीलित कलियों से
अलि दे मेरी कवरी सँवार!

इतनी शृंगार-प्रियता, फिर भी असफलता! एक बार उनकी समझ में नहीं आता कि शृंगार में कौन-सी त्रुटि रह गई जिससे वह विफल-मनोरथ रहीं।

क्यों आज रिझा पाया उसको
मेरा अभिनव शृंगार नहीं?

और जब उन्हें भासित होता है कि मिलन-क्षण आ पहुँचा, तब उनकी विह्वलता और भाव-व्यंजना नारी-सुलभ शंका और उत्सुकता से चित्रमय हो उठती है।

नित सुनहली साँझ के पद से लिपट आता अँधेरा;
पुलकपंखी विरह पर उड़ आ रहा है मिलन मेरा;
कौन जाने है बसा उस पार
तम या रागमय दिन!

महादेवी जी की कविता में नारी-सुलभ शृंगार-भावना ही नहीं है, प्रेम की चुनौती विह्वलता और कष्ट सहने का साहस भी है। वह अपने एकाकी मन को चुनौती देते हुए कहती हैं—

जिसको पथ शूलों का भय हो
वह खोजे नित निर्जन, गह्वर;
प्रिय के सन्देशों के वाहक,
मैं सुख-दु:ख भेटूँगी भुजभर;
मेरी लघु पलकों से छलकी
इस कण-कण में ममता बिखरी!

जो अपनी भुजाओं में सुख-दु:ख भेंटने के लिए समान रूप से तत्पर हो, उसके लिए यह नहीं कहा जा सकता कि उसकी हर पंक्ति आँसुओं से गीली है। कभी-कभी दु:ख और सुख का अनुपात ही बदल जाता है और दु:ख घेरने वाला न बनकर स्वयं सुख से घिर जाता है।

सुख की परिधि सुनहली घेरे
दु:ख को चारों ओर,
भेंट रहा मृदु स्वप्नों से
जीवन का सत्य कठोर।
चातक के प्यारे स्वर में सौ सौ मधु रचते रास!

कहने वाले कह सकते हैं कि यह सब सौन्दर्य और जीवन की कल्पना है; वास्तव में इस कल्पना का स्रोत तो अतृप्ति ही है। यह भी एक तरह की मानसिक

इच्छापूर्ति है जो कुंठित व्यक्तित्व से उत्पन्न हुई है।

यदि जीवन और सौन्दर्य की चाह प्रकट करने वाली कविता दमित इच्छाओं के ही कारण हो तो जितने भी जीवन और सौन्दर्य के कवि हैं, वे सब दमित इच्छाओं के शिकार साबित हों और जितने भी मृत्यु और कुरूपता के कवि हैं, वे सब तृप्त इच्छाओंवाले समझे जाएँ।

महादेवी जी के व्यक्तित्व में नारी-हठ के साथ कहीं पत्थर जैसी दृढ़ता भी छिपी है, यह उनके कई गीतों से स्पष्ट हो जाता है। उनके अन्दर यह क्षमता है कि वह पीड़ा और आँसुओं के व्यापार को ही समाप्त कर दें, तितलियों के पदों की रंगीनी और मधुप की गुनगुन छोड़कर वीर नारी के समान दर्प के साथ चुनौती दें—

बाँध लेंगे क्या तुझे यह मोम के बन्धन सजीले?
पन्थ की बाधा बनेंगे तितलियों के पर रँगीले?
विश्व का क्रन्दन भुला देगी मधुप की मधुर गुनगुन,
क्या डुबा देंगे तुझे यह फूल के दल ओस-गीले?
तू न अपनी छाँह को अपने लिए कारा बनाना!
जाग तुझको दूर जाना!

क्या यह कोरी डींग है? क्या यह भी एक तरह की सांकेतिक शब्दावली है जिसका सारतत्त्व पलायन है और बाहरी अलंकार ही संघर्ष है? क्या महादेवी वर्मा को जीवन में कठिनाइयों का विशेषकर सामाजिक विरोध का सामना नहीं करना पड़ा? मेरी समझ में ऐसी बात नहीं है। महादेवी जी की कर्मठता, समाजसुधार और जनसम्पर्क की सीमाएँ हैं लेकिन इनका एकान्त अभाव हो, ऐसी बात नहीं है। 'शृंखला की कड़ियाँ', 'स्मृति की रेखाएँ', 'अतीत के चलचित्र' आदि पुस्तकें इस बात का प्रमाण हैं। महादेवी जी का कवि और गद्यकार एक-दूसरे से जुड़े हुए हैं; वे दो बिखरी हुई विरोधी इकाइयाँ नहीं हैं।

महादेवी जी के व्यक्तित्व को 'अध्यात्मवादी' मानने वाले उनके सबसे अधिक प्रशंसक गंगाप्रसाद जी पांडेय की यह भौतिकवादी बात सही मालूम होती है—

> परित्यक्त तथा उपेक्षित नारियों के पति क्रीत मुख भारतीय समाज में, काले हिन्दू लॉ के समक्ष उन्होंने स्वस्वीकृति के बिना विवाह को डंके की चोट के साथ समाज तथा संसार के कटुतम व्यंग्य प्रहार सहते हुए भी चुनौती देकर ही अपने जीवन-क्रम की नीव धरी है। उन्होंने जो उचित समझा सो किया, हठ के साथ किया। संसार का कोई भी प्रलोभन या भय उससे उन्हें विमुख नहीं कर सकता। ('आजकल', जुलाई '55)

महादेवी जी की अनेक रचनाओं से उनके सम्बन्ध में पांडेयजी की यह धारणा पुष्ट होती है। उसमें सन्देह करने का कोई कारण नहीं दिखाई देता। उनके व्यक्तित्व के बारे में इससे भिन्न एक पराजित नारी की कल्पना विशेष आधार पर टिकी नहीं जान पड़ती।

फिर क्या कारण है कि उनकी रचनाओं में पीड़ा का इतना बाहुल्य है, वे छायावाद की परिधि लाँघकर नए साहित्यिक और सामाजिक आन्दोलनों से घनिष्ठ सम्बन्ध कायम नहीं कर सकीं?

इसका कारण यह है कि संसार के प्रति उनका दृष्टिकोण विज्ञानसम्मत नहीं है और उनके मनोबल और कर्म-सम्बन्धी इच्छा शक्ति की अपनी सीमाएँ हैं। इस पर कुछ और कहने के पहले यहाँ यह प्रश्न करना अनुचित न होगा कि अधिकांश आलोचकों ने महादेवी जी के साहित्य में पीड़ावाद ही क्यों देखा है और उसे बढ़ा-चढ़ाकर अध्यात्मवाद का रूप क्यों दिया है। आज के भारतीय समाज में नारी परतंत्र है, यह कहने की बात नहीं है। उसकी परतंत्रता का कारण सामन्ती सम्बन्धों के अवशेष और समाज-संचालकों के सामन्ती संस्कार हैं। नारी की पराधीनता को यदि पीड़ावाद का रूप दे दिया जाय तो इससे सामन्ती बन्धनों और सामन्ती संस्कारों की रक्षा होती है। नारी की दासता और परवशता के सहारे जिस 'अध्यात्मवाद' की रचना हुई है, वह ढह पड़े अगर नारी इन सामन्ती बन्धनों को तोड़ने के लिए कटिबद्ध हो जाय। आज हिन्दुस्तान में सामन्ती अवशेष साम्राज्यवादी हितों के साथ घनिष्ठ रूप से जुड़े हुए हैं, इसीलिए नारी की स्वाधीनता का प्रश्न भारतीय जनसाधारण की स्वाधीनता की समस्या का ही एक अंग है, इसलिए जो लोग सेक्स में क्रान्ति की बातें करते हैं, वे इस समस्या को सुलझाने के बदले और उलझाते हैं और सामन्ती हितों को पुष्ट करते हैं। भारतीय नारी सदियों की सामन्ती दासता से तभी मुक्त हो सकेगी जब वह दोष जनता के साथ साम्राज्य-विरोधी, सामन्त-विरोधी स्वाधीनता आन्दोलन में आगे बढ़कर हिस्सा लेगी। इससे इतर मार्ग से उसकी मुक्ति सम्भव नहीं है।

सामन्ती सम्बन्धों की परिधि में पुरुष का एक अपना निहित स्वार्थ होता है। मजदूर वर्ग से बाहर अन्य वर्गों का पुरुष-जिनमें नारी स्वतंत्र श्रमिक नहीं है—सामन्ती साम्राज्यवादी बन्धनों से पीड़ित होते हुए भी, स्वयं नारी का स्वामी बनकर उसके श्रम का फल आत्मसात् कर लेता है, इसलिए ऐसे लेखक, जो सामन्त-विरोधी सामाजिक और सांस्कृतिक आन्दोलनों से दूर हैं, स्वभावतः पीड़ावाद के समर्थक बन जाते हैं। यही कारण है कि इस पीड़ावाद के खिलाफ जहाँ किसी नारी की रचनाओं में प्रेम, सौन्दर्य, जीवन और विद्रोह के तत्त्व उभर आते हैं, वे एक बार उन्हें देखकर भी नहीं देखते।

यह आकस्मिक बात नहीं है कि जहाँ प्रायः सभी पुरुष-आलोचकों ने महादेवी

जी के काव्य में पीड़ावादी पलायनवादी तत्त्वों को ही देखा है, उनका नामकरण भले ही भिन्न-भिन्न हो, वहाँ एक स्त्री-आलोचिका ने उसके द्वंद्व को, परस्पर विरोधी भावधाराओं के संघटन को, बड़ी खूबी से निर्दिष्ट किया है। अंग्रेज कवयित्री क्रिस्टिना रोजेटी और महादेवी जी की तुलना करते हुए श्रीमती शचीरानी गुर्टू अपनी पुस्तक 'साहित्य दर्शन' में लिखती हैं—

> एक ओर वैराग्य मिश्रित हल्की प्रतिध्वनि उठती है, दूसरी ओर क्रूर नियति के प्रति विवशता का क्रन्दन। कहीं प्रेम शृंखलाओं में जकड़े मनुष्य की-सी बाध्यता है, कहीं दारुण दु:ख और क्लेशों से विरत होकर अन्तश्चेतना की विश्वासमय निर्बाध गति। उनके हृदय में व्यथा की घटाटोप सघनता है, जिसे वे अपनी आन्तरिक स्फूर्ति और उद्दीप्त आत्मचेतना से विच्छिन्न करके अचिन्त्य आलोक से भरना चाहती हैं। कभी दीन-हीन खोई-सी वेदना में डूब जाती हैं, गर्बीले स्वाभिमान से सजग होकर वे लौकिक प्रेम की अवज्ञा करती हुई अलौकिक भाव जगत में पैठने का प्रयास करती हैं।

इस द्वंद्व से निकलने का एक ही मार्ग है—भारत में सामन्ती अवशेषों और साम्राज्यवादी हितों को समाप्त करना। इस मार्ग की तरफ बढ़ने में उनका वह दृष्टिकोण बाधक होता है जिस पर बौद्ध दर्शन, गांधीवाद और अन्य ऐसी विचारधाराओं का प्रभाव है जो सामन्तवाद से समझौता करना सिखाती हैं।

महादेवी जी में जनसाधारण के प्रति बौद्धिक सहानुभूति ही नहीं है, उन्हें पीड़ित जनता से हार्दिक सहानुभूति है। पन्तजी 'ग्राम्या' में बौद्धिक सहानुभूति की रेखा तक आकर वापस लौट गए। महादेवी जी अपने गद्य में इस ओर उनसे कहीं अधिक आगे बढ़ी हैं। छायावादी कवियों में केवल 'चतुरी चमार' और 'बिल्लेसुर बकरिहा' के रचयिता निराला उनसे इस बात में आगे हैं। महादेवी जी की यह सहानुभूति बड़ी मूल्यवान है। उसके बल पर वे समाज में पीड़ित जनों के अनेक मर्मस्पर्शी चित्र दे सकी हैं। फिर भी इस सहानुभूति की सीमाओं को पहचानना और नारी-समस्या के प्रति उनके दृष्टिकोण की लेनिन के दृष्टिकोण से तुलना करना अपने को और दूसरों को धोखा देना है। (देखिए, श्री अमृतराय का गद्यकार महादेवी और नारी-समस्या; नया साहित्य, भाग 4)। लेनिन ने नारी समस्या को हल करने में सोवियत सफलता का रहस्य एक वाक्य में यों बतलाया था—

> रूस में हमें स्त्री और पुरुष की समता स्थापित करने में सफलता केवल इसलिए मिली कि 7 नवम्बर 1917 को हमारे यहाँ मजदूरों का राज्य स्थापित हुआ।

महादेवी जी और उनके साथ अमृतराय जी भी अपने लेख में इस निष्कर्ष पर

नहीं पहुँचे कि भारत में नवीन जनवादी प्रजातंत्र कायम हुए बिना नारी समस्या हल नहीं हो सकती। महादेवी जी छायावाद की प्रतिनिधि कवि हैं। उनमें छायावाद का निराशावादी पलायनवादी पक्ष है तो जीवन और सौन्दर्य की आकांक्षा का स्वस्थ मानव प्रेमी और सौन्दर्यवादी पक्ष भी है। उनके अन्दर एक विद्रोही आत्मा सोती है जो दृष्टिकोण और मनोबल की सीमाओं के कारण अपना पूरा चमत्कार नहीं दिखा सकी। उन्हें जनता से हार्दिक सहानुभूति है और वे उससे सम्पर्क स्थापित करती रही हैं—यह उनका सबसे बड़ा सम्बल है। जिस दिन यह सहानुभूति सक्रिय रूप लेगी, उनके द्वंद्व का भी उस दिन अन्त हो जाएगा। महादेवी जी अपने साहित्यिक रचनाकाल में मध्याह्न वेला तक पहुँच गई हैं। यदि वे पन्तजी की तरह पीछे कदम हटाकर अन्तश्चेतनावाद की तरफ लौट चलती हैं, तो उनके कृतित्व का अन्त इस तरह होगा कि भविष्य में नारी जाति क्षोभ के साथ उनका स्मरण करेगी। यदि वे अपनी सहानुभूति को तर्कसंगत परिणाम तक ले जाती हैं और सक्रिय रूप से नारी-स्वाधीनता और जनसाधारण की स्वाधीनता के आन्दोलन के साथ आगे बढ़ती हैं, तो उनकी वाणी सतेज होकर वैसे ही मुखर हो उठेगी जैसे 'बंगदर्शन' की भूमिका में या 'सांध्य गीत' की उन अनुपम पंक्तियों में ('जाग तुझको दूर जाना' आदि)। महादेवी जी का भावी उज्ज्वल कृतित्व उन्हीं के हाथ है। उनकी काव्य-साधना से भारत-भाग्य काँटों की सेज पर सोते हुए गुलाब की तरह जागे, आलोचक यही मंगलकामना कर सकता है।

कंटकों की सेज जिसकी आँसुओं का ताज,
सुभग! हँस उठ, उस प्रफुल्ल गुलाब ही सा आज,
बीती रजनि प्यारे जाग!

[1954]

प्रगतिशील और अग्रसोची महादेवी

नामवर सिंह

महादेवी जी की जन्मशती महिला अध्ययन केन्द्र की ओर से मनाई जा रही है। शायद कुछ लोगों को इसमें विडम्बना न दिखाई पड़े लेकिन महिला अध्ययन केन्द्र की ओर से मनाने का फल यह है कि कार्यक्रम में तीन गोष्ठियाँ स्त्री विषयों से सम्बन्धित हैं। केवल एक गोष्ठी काव्य पर है। गोष्ठी की पूरी रूपरेखा देखकर मालूम होता है कि महादेवी जी इसलिए महान हैं कि उन्होंने 'शृंखला की कड़ियाँ' नाम की पुस्तक लिखी हैं। कल्पना कीजिए कि उन्होंने केवल 'शृंखला की कड़ियाँ' पुस्तक लिखी होती; 'नीहार', 'रश्मि', 'नीरजा', 'सांध्यगीत', 'दीपशिखा', 'अग्निरेखा', 'सप्तपर्णा' जैसे ग्रन्थ न लिखे होते, 'स्मृति की रेखाएँ' और 'अतीत के चलचित्र' न लिखी होती, तो कितना होता? पाद-टिप्पणी के रूप में होता या अनुक्रम में कहीं होता या पूरा का पूरा अध्याय होता, सोचिए। महादेवी को केवल स्त्री के रूप में निःशेष करना क्या ठीक है? सिर्फ इसलिए कि उन्होंने प्रयाग महिला विद्यापीठ की स्थापना की और इसलिए कि उन्होंने महिला शिक्षा के क्षेत्र में काम किया? अगर स्त्री-विमर्श और स्त्री सम्बन्धी कार्यों को ही ध्यान में रखें तो उनकी सहेली सुभद्राकुमारी चौहान का काम ज्यादा महत्त्वपूर्ण है। सुभद्रा जी के सम्पूर्ण जीवन को, स्वाधीनता आन्दोलन में उनकी भूमिका को, स्त्रियों के बारे में उनके काम को उनकी बेटी सुधा की लिखी हुई किताब 'मिला तेज से तेज' के मार्फत देखें तो मालूम पड़ेगा कि महादेवी जी से कई गुना ज्यादा स्त्री सम्बन्धी काम सुभद्राकुमारी चौहान ने किया है, इसलिए मेरी नजर में महादेवी जी पहले एक कवि थीं। यदि हम सम्पूर्ण महादेवी को ध्यान में रखकर विचार नहीं करेंगे तो गलत निष्कर्ष सामने आएँगे।

आप उनको स्त्री के रूप में, खास तौर से ध्यान में रखेंगे तो भी मेरा खयाल है कि अप्रासंगिक नहीं है, आवश्यक है। यह सही है कि सामाजिक दायरे में उनकी एक मानवीय छवि उभरकर आती है और इसमें भी स्त्री की छवि उभरती है। फिर भी मैं कहूँगा कि हम लोग कहीं उनको सिमोन द बउवार न बना दें—आज के वातावरण में यह खतरा है। महादेवी नारी थीं, लेकिन उसमें उनकी क्या विशेषता

थी? इस विशिष्टता से उनका सम्पूर्ण काव्य एक तरह से प्रभावित हुआ है। एक जमाने में लोग महादेवी को मीरा कहा करते थे। लोगों ने अब कहना छोड़ दिया है। मध्यकाल की मीरा और आधुनिक काल की महादेवी में बहुत अन्तर है। युगों का ही अन्तर नहीं है, दोनों की प्रकृति, दोनों के मानसिक गठन में अन्तर है। अब उस ब्यौरे में फिलहाल जाने की जरूरत नहीं है। 'शृंखला की कड़ियाँ' धारावाहिक रूप में रामरथ सहगल के कर्मयोगी प्रेस से 'चाँद' नामक पत्रिका से निकलती थी। यह वह पत्रिका है जिसने 'फाँसी अंक' निकाला था। महादेवी उसमें नियमित कॉलम के रूप में लिखती थीं। 'शृंखला की कड़ियाँ' लिखने का जितना श्रेय महादेवी को है, उससे ज्यादा श्रेय 'चाँद' को उसको प्रकाशित करने का है और उस दौर में निकालने का श्रेय है। यह उसकी प्रेरणा से लिखा हुआ है, इसलिए हम उस परिवेश को ध्यान में रखें। एक निश्चित दौर था सन् तीस के आसपास, जब 'चाँद' जैसी पत्रिका थी। ठीक उसके कुछ समय बाद प्रेमचन्द जी ने 'हंस' निकाला था। इसलिए हम लोग पूरे ऐतिहासिक सन्दर्भ को ध्यान में रखकर महादेवी जी के व्यक्तित्व को समझें।

सबसे महत्त्वपूर्ण चीज है कि महादेवी जी देवी नहीं थीं, न होना चाहती थीं। वह मानवी थीं। बहुत से लोगों ने महादेवी को देवी बना दिया है। इस पर व्यंग्य भी उन्होंने किया है कि अपने नाम के साथ 'महादेवी' पढ़कर मुझे बहुत बड़ा व्यंग्य विद्रूप मालूम होता है। वह मानवी हैं। जैसे ही किसी स्त्री को आप देवी बना देते हैं तो उसकी दुर्गति होती है। वह देवी नहीं, मानवी थीं और मानवी कहने का मतलब है कि बहुत-सी मानवीय दुर्बलताओं के साथ थीं। एक मनुष्य इसलिए मनुष्य है और देवता से बड़ा है कि उसमें मानवीय दुर्बलताएँ होती हैं। वह महादेवी में भी थीं। उन्होंने अपना साहित्य पूजा, अक्षत, फूल से नहीं, उन दुर्बलताओं से ही रचा है। जिसमें कमजोरियाँ नहीं होतीं, वह कविता नहीं लिख सकता और दस चीजें भले ही लिख ले।

आम तौर पर लेखक के पूरे व्यक्तित्व में से कुछ चीजें रेखांकित कर ली जाती हैं। किसी कवि या लेखक से ज्यादा जूझना पड़ता है, उसकी छवियों से। महादेवी की कुछ छवियाँ लोगों ने गढ़ रखी हैं। ये बनाई हुई छवियाँ बहुत दिनों तक हिन्दी में प्रचलित रहीं। उनकी झलक संगोष्ठी के शीर्षक 'वेदना और विद्रोह' में भी मौजूद है। महादेवी के पूरे साहित्य को आपने दो शब्दों में सिकोड़ दिया है—यानी 'मैं नीर भरी दुःख की बदली' वाली छवि में। जैसे महादेवी न हुई, सावन की बरसात हो गई, रोने-धोने वाली औरत हो गईं। औरतों के बारे में जैसे ही हम सोचते हैं तो सोचते हैं, वेदना ही होगी। महादेवी ऐसी—रोने-धोने वाली नहीं थीं, बल्कि सच्चाई इसके विपरीत है। व्यावहारिक जीवन में हम लोगों ने देखा है, वे हँसती ज्यादा थीं। उनको रोते हुए तो शायद ही कभी किसी ने देखा हो। वे बात-बात पर हँसती थीं—ठहाके लगाती थीं। आप कह सकते हैं कि मैं हँसता इसलिए हूँ कि कहीं रो न पड़ूँ। प्रेमचन्द

के बारे में कहते हैं—प्रेमचन्द भी बहुत हँसते थे। उनके हँसने का कारण यह था कि बहरे थे, ऊँचा सुनते थे। आप कुछ कहें तो जवाब देने में समय के लिए—हँसी में उड़ाते थे। हँसने के कई अर्थ होते हैं। मैं नहीं जानता कि महादेवी क्यों हँसती थीं, लेकिन रोते हुए महादेवी को किसी ने नहीं देखा। 1952-53 के आसपास शचीरानी गुर्टू ने एक किताब सम्पादित की थी 'साहित्य दर्शन' नाम से। महादेवी के सन्दर्भ में वेदना की बात से चिढ़कर डॉ. रामविलास शर्मा ने उस किताब के लिए एक लेख लिखा था। आप जानते हैं डॉ. रामविलास शर्मा को? वे प्रचलित मान्यताओं, धारणाओं को तोड़ने के लिए जाने जाते हैं। उन्होंने कहा कि महादेवी जी की 'मैं नीर भरी दु:ख की बदली' को लोग बार-बार उद्धृत करते हैं, पर उसी महादेवी ने लिखा था 'रात के उर में दिवस की चाह का शर हूँ।' अब इसका क्या जवाब है कि महादेवी 'नीर भरी दु:ख की बदली' भी लिखती हैं और 'रात के हृदय में दिवस की चाह का शर हूँ' भी लिखती हैं? यह भी छवि है, इसलिए महादेवी के स्त्री वाले व्यक्तित्व में जब वेदना पर बहुत ज्यादा जोर दिया जाता है तो कुछ दूसरे पहलू छूट जाते हैं, जिसके कारण उनकी छवि पूरी नहीं होती। महादेवी बार-बार कहती हैं—हठ। दृढ़ता उनकी तसवीर में से उभरकर आती है। वे बहुत दृढ़ थीं—

हठीले हौले-हौले बोल
मधुरित हौले-हौले बोल।

वे हठीले शब्द का प्रयोग करती हैं। हिन्दी कविता और साहित्य के इतिहास में मैंने 'हठीले' शब्द दो ही जगह प्रयुक्त देखा है। तुलसीदास ने हनुमान के लिए कहा है—हठीले हनुमान और महादेवी अपने प्रिय को हठीले कहती हैं। इसके अलावा वे अपने लिए 'अभिमानिनी' शब्द का बार-बार प्रयोग करती हैं। उनका स्वाभिमान अद्भुत है। इलाहाबाद में जवाहरलाल नेहरू के रहते हुए भी, उन लोगों के दौर में भी, महादेवी साहित्यकारों के पक्ष में अपना स्वाभिमान इस तरह रखती हैं। लिखा है उन्होंने, उन्हीं की पंक्ति है—

सजनि, मधुर निजत्व दे कैसे मिलूँ अभिमानिनी मैं

अपना मधुर निजत्व देकर किसी से कैसे मिलूँ? यही मधुर निजत्व न देने के कारण महादेवी ने आजीवन अकेलापन झेला। इस अभिमानी स्वरूप, हठ और दृढ़ता की ओर ध्यान जब तक नहीं जाएगा, तब तक महादेवी के उस व्यक्तित्व को हम पूरा-पूरा नहीं जान पाएँगे।

इसीलिए विद्रोह की मंजिल को रेखांकित करने से पहले हमें देखना चाहिए कि वह व्यक्तित्व था क्या? और ये चीजें 'शृंखला की कड़ियाँ' से नहीं मालूम होती हैं, ये चीजें उनकी कविता से मालूम होती हैं। जिस कविता को आप पिघली हुई मोम

समझते हैं, उस कविता से प्रकट होता है कि वे कितनी अभिमानिनी थीं, कितनी हठीली थीं। जीने की कितनी चाह थी उनमें। वे लिखती हैं—

कंटकों की सेज जिसकी आँसुओं का ताज
सुभग! हँस उठ उस प्रफुल्ल गुलाब ही सा आज

'कंटकों की सेज' के साथ यह 'प्रफुल्ल गुलाब' जैसी चीज देखना स्त्रीत्व का उदाहरण है। महादेवी के स्त्रीत्व का सबसे बड़ा उदाहरण है—उनकी अधिकांश कविताओं में मिलने वाली श्रृंगारप्रियता। स्त्री सचमुच यदि स्त्री है तो श्रृंगारप्रियता होगी, श्रृंगार रस नहीं कह रहा हूँ, साज-श्रृंगार के अर्थ में कह रहा हूँ। पति को त्यागकर वे आई थीं, कायदे से सादगी होनी चाहिए व्यवहार में। वे रंगीन चीजें नहीं पहनती थीं। व्यवहार में ऊपर चाहे कितनी सादगी दिखाई पड़े, उनकी कविताओं में रंगने की, रंग की, रूप-श्रृंगार की अनेक पंक्तियाँ मिलती हैं। कुछ उदाहरण मैं दे रहा हूँ आपको। एक जगह लिखा है—'राग धीमी मैं सजनि विश्वास भी तेरे रंगीले।' उनकी कविताओं में सन्ध्या सम्बन्धी चित्र देखें। खास तौर से उनके चित्रों को देखें तो चित्रों में जो रंगकारी की है, उन रंगों से पता चलता है कि रंगों से किस तरह वे खेलती हैं। उनकी कविताओं में जो चित्र आते हैं, वे रंगों से भरे हुए हैं। स्वयं अपने व्यक्तित्व की उपमा देते हुए उन्होंने कहा है—'कमल दल पर किरन अंकित चित्र हूँ मैं।' स्वयं महादेवी अपने-आपको चित्र मानती हैं। बनाने वाला एक चित्रकार है, चितेरा है, जिसने कमल दल पर यह चित्र किरणों से बनाया है। इस तरह से अपने-आपको देखती हैं कि मैं मूर्ति नहीं, बल्कि चित्र हूँ, तसवीर हूँ जो रंगों से बनाई गई है। इसीलिए, रंगों से अलग करके महादेवी को नहीं देखा जा सकता। इस दुनिया में, फूलों से, रंगों से भरे हुए जगत में इसके बिना, इस सौन्दर्य के बिना वे सूखी काठ कठोरी, किसी आर्यसमाजी महिला के समान दिखने लगेंगी। लोगों ने ऐसे उनकी छवि बनाई है जैसे वे किसी आर्यसमाजी अनाथालय की महिला हों या गांधी आश्रम में सूत कातने वाली हों। वे गांधी जी को मानती थीं पर सूत कातने वाली नहीं थीं और आर्यसमाजी अनाथालय वाली महिला भी नहीं थीं। इसलिए उनका मन राग रस से भरा हुआ है। इस सुन्दर विश्व को सुन्दर बनाने का उनका खास तरह का संघर्ष है। जिसके हृदय में प्रेम हो, राग हो, पशुओं के प्रति, पक्षियों के प्रति, मनुष्यों के प्रति और वह सारे समाज को बाँट देना चाहे-ऐसी थीं वे। सारी मानवता, जो उनको जीवन में नहीं मिल पाई थी, वह सब वे सबको देना चाहती थीं।

आजकल की अंग्रेजी पढ़ने वाली महिलाएँ जो स्त्री विमर्श कर रही हैं और जो स्त्रीवादी आन्दोलन में हैं, उससे बिलकुल भिन्न छवि है महादेवी की। स्त्री-पुरुष सम्बन्धों के बारे में उनकी एक गहरी भारतीय समझ है। जब मैं भारतीय कह रहा हूँ तो इसका मतलब भारतीय जनता पार्टी नहीं है, विश्व हिन्दू परिषद् नहीं है,

आर.एस.एस. नहीं है। आर.एस.एस. वाले तो बेचारे कह ही नहीं सकते। वहाँ तो शाखा में लड़कियों का प्रवेश ही नहीं है। वे क्या जानें! लेकिन गहरे अर्थ में भारतीय जब मैं कह रहा हूँ तो महादेवी अपने दौर के लोगों में तो महत्त्वपूर्ण हैं ही लेकिन आज भी उन जैसे कम लोग मिलेंगे। भारतीय वाङ्मय पर उतना छोटा और गम्भीर निबन्ध मैंने नहीं पढ़ा है जो महादेवी जी ने लिखा था। भारतीय साहित्य पर अंग्रेजी में बहुत किताबें हैं, इसके बावजूद यह निबन्ध अत्यन्त महत्त्वपूर्ण है। ऋक की ऋचाओं से शुरू करके अथर्ववेद से होते हुए वे आती हैं पालि में लिखी हुई थेरी गाथाओं तक। उस पूरी परम्परा में उष:गीत आप पढ़ें। उष:गीत तो दो हैं, 'उष:गीत' और 'ज्योतिष्पदी' नाम से। उनको पढ़ें तो लगता है कि महादेवी नारी को किस रूप में देखती थीं। उनकी नारी सम्बन्धी समझ थेरी गाथाओं पर लिखते हुए बहुत महत्त्वपूर्ण ढंग से उभरती है। उन रचनाओं को पढ़ते हुए लगता है कि नारी की क्या छवि थी महादेवी की। कालिदास में पढ़ें आप, वाल्मीकि की सीता को पढ़ें, फिर भवभूति की सीता के बारे में देखें, जयदेव के 'गीत गोविन्द' में पढ़ें। महादेवी के मन में नारी की छवि भारत की परम्परा से छनकर आती है, यह वह परम्परा नहीं है जो फ्रांस में सिमोन द बोउवार ने कही थी या अमेरिका में दूसरी महिलाओं ने। इसलिए महादेवी के यहाँ स्त्री-पुरुष सम्बन्ध भी अलग दिखाई पड़ते हैं। सम्पूर्ण लेखन में कहीं भी महादेवी जी ने जिस व्यक्ति से उनकी शादी हुई थी, उसके बारे में एक भी कटु शब्द नहीं लिखा है। आजकल दो कहानीकारों, स्त्री और पुरुष के बीच में जो लिखा-पढ़ी हो रही है, वह आप पढ़ ही रहे होंगे। कोई बख्शता नहीं है, इसलिए महादेवी के स्त्री-विमर्श पर बात करते हुए यह बात बराबर ध्यान में रहे।

महादेवी एक नहीं थीं, कम-से-कम दो तो थीं ही। मुझे लगता है कि तीन महादेवी थीं और तीनों में टकराव नहीं था। वे एक-दूसरे की पूरक थीं। इसमें नियामक और केन्द्रीय भूमिका थी कवि महादेवी की। महादेवी का कवि रूप—आश्चर्यजनक है, एक करिश्मा है। उनका सारा का सारा लेखन तीस-बत्तीस साल से कम की उम्र का था। वे बत्तीस वर्ष की उम्र तक अपना श्रेष्ठ साहित्य लिख चुकी थीं। बारह-तेरह वर्षों में उन्होंने लिखा-और यह भी तय कर लिया था कि अब नहीं लिखना है। महादेवी ने सिर्फ गीत लिखे। निराला गीत भी लिखते थे और नज्में भी। रामचन्द्र शुक्ल ने महादेवी के गीतों की प्रशंसा की है। उन्होंने अपने इतिहास में साफ लिखा। पन्त, प्रसाद और निराला पर लिखने के बावजूद महादेवी पर लिखा है—'गीत रचना में जैसी सफलता महादेवी को मिली, ऐसी किसी को नहीं मिली'—ऐसा बिना हिचक उन्होंने लिखा। स्निग्ध भाषा, प्रांजल प्रवाह, भावव्यंजना आदि पर पूरा एक पैराग्राफ लिखा। उन्होंने जिस तरह महादेवी की प्रशंसा की, उतनी प्रशंसा न पन्त की न प्रसाद की, न निराला की। निराला के गीतों के लिए उन्होंने कहा कि संगीत का प्रभाव बहुत ज्यादा है। विधा के रूप में सिर्फ गीत का चुनाव-यह साबित

करता है कि महादेवी ने अपनी सीमा समझ ली थी। जो आदमी अपनी सीमा समझ लेता है, वही आदमी उस सीमा में उसकी समस्त सम्भावनाओं को निचोड़कर कुछ असीम की रचना कर सकता है। जो हर जगह हाथ-पाँव मारता है, वह कुछ नहीं कर पाता। इसीलिए महादेवी ने अपनी सीमाओं को समझते हुए, भारतीय नारी के रूप में सीमाओं को समझते हुए, स्त्रियों के लिए जो सीमाएँ निर्धारित कर देता है—उन सीमाओं में रहते हुए जो रचा, जो एक्टीविज्म किया, वह अतुलनीय है। सारे छायावादियों में महादेवी जैसा एक्टिविस्ट कोई नहीं। उन्होंने साहित्यकार संसद बनाई, नैनीताल के पास रामगढ़ में एक आश्रम बनाया, रसूलपुर में गंगा किनारे निराला जी के रहने के लिए घर बनाया। इमर्जेंसी के जमाने में उनका एक्टिविज्म देखिए। उनके एक्टिविज्म का हिस्सा ही था—माघ के महीने में झूँसी में जाकर महीने भर का कल्पवास। कल्पवास वे पूजा-पाठ के लिए नहीं करती थीं। इसमें लिखने-पढ़ने का काम तो करती ही थीं। ये कल्पवास सारे देश से आए स्त्रियों पुरुषों-साधारणजनों से मिलने के लिए था।

एक ओर सार्वजनिक जीवन में ऐसा एक्टिविज्म और दूसरी ओर रचना के बारे में एक चौहद्दी खींच दी और उसी में उन्होंने खड़ी बोली की पूरी रंगीन दुनिया रची। यह दुनिया भारत की एक नारी ने रची थी जो दूसरों की नजर में पीड़ित, प्रताड़ित, उपेक्षित, परित्यक्ता थी लेकिन अपनी नजर में वह अपनी उस दुनिया की रानी थी और रानी की तरह रही। आज जन्मशती मनाते समय उन पर आँसू बहाने की जरूरत नहीं है, अपने पर बहाना हो तो बहाइए। महादेवी किसी की दया की मोहताज नहीं हैं। उनके नाम पर कोई स्त्रीवादी आन्दोलन चलाना चाहें तो किसी और के नाम पर चला लें, इन्दिरा गांधी के नाम पर चला लें, मायावती के नाम पर चला लें, लेकिन कम-से-कम बख्शिए महादेवी को उन्हें हिन्दी की एक विशिष्ट कवयित्री और लेखिका के रूप में याद कीजिए, जिसका स्वाभिमान अपने बारे में किसी को अतिरिक्त एक भी फालतू शब्द कहने से वर्जित करता है।

देखना चाहिए कि महादेवी हमारी पूरी परम्परा में कहाँ हैं, उनकी क्या भूमिका रही है और विशिष्ट अवदान क्या है—इस निष्कर्ष पर पहुँचने की कोशिश होनी चाहिए। पहली उल्लेखनीय बात जो मुझे लगती है कि उनके समय में लगभग चार शताब्दियों के बाद रचनाकारों की एक श्रृंखला दिखाई देती है यानी चार शताब्दी पहले कबीर, जायसी, सूर, तुलसी और मीरा जैसी हिन्दी की महान विभूतियाँ भक्ति आन्दोलन के लोकजागरण के साथ पहली बार उदित हुई थीं। यह लोकजागरण केवल हिन्दी की घटना नहीं है, बल्कि यह सौ-दो सौ साल आगे-पीछे भारत की सभी भाषाओं में हुआ है। दक्षिण में तमिल की परम्परा सम्भवतः सबसे पुरानी है। हिन्दी से थोड़ी और पुरानी तो मराठी में है। ज्ञानेश्वर और नामदेव पहले हो चुके हैं। इस तरह ठेठ महाराष्ट्र में परम्परा पहले शुरू हो चुकी थी। हिन्दी में उसके

बाद शुरू हुई। दो सौ साल लग गए। नामदेव, ज्ञानेश्वर उत्तर में आए और आकर उत्तर में इस परम्परा को बढ़ाने में योग दिया। भक्ति आन्दोलन कन्नड़ में हुआ है, तेलगू में हुआ है, कश्मीर में हुआ है, इसलिए वह महान युग था। डॉ. रामविलास शर्मा ने उचित ही उसे लोकजागरण का युग कहा है। लोकजागरण इसलिए कि इस आन्दोलन से पहले संस्कृत की परम्परा थी और इसके साथ भारत की लोकभाषाओं में ऐसा साहित्य उदित हुआ जिसने संस्कृति की महान परम्परा के सम्मुख एक बहुत बड़ी चुनौती खड़ी की। अनपढ़, गँवार, देहात में रहने वाले लोगों ने वह साहित्य रचा जिसके माध्यम से क्रान्ति हुई है—भारतीय साहित्य के इतिहास में, संस्कृति के इतिहास में इस नए लोकजागरण में लोकभाषाएँ साहित्य की भाषा बनीं और यह महान परम्परा शुरू हुई।

चार सौ साल बाद बीसवीं शताब्दी में फिर वही परम्परा एक नए तेवर के साथ उभरी, जिसे नया राष्ट्रीय नवजागरण भी कहते हैं। इस राष्ट्रीय नवजागरण में भारत की सभी भाषाओं में नए स्वर सुनाई दिए। बांग्ला में शुरुआत पहले हुई। वहाँ उन्नीसवीं शताब्दी में ही शुरुआत हो गई थी। क्यों हुई? कारण आप लोग अच्छी तरह से जानते हैं। ईस्ट इंडिया कम्पनी का इतिहास और बाकी चीजें इस क्रम में आप देखेंगे। इसलिए वहाँ बँकिम, रवीन्द्र पहले हुए। धीरे-धीरे उसी क्रम से आगे बढ़ा। उस हिसाब से देखें तो तीन प्रेसीडेंसी बनी थीं—कलकत्ता, मद्रास (जो चेन्नई कहलाता है) और मुम्बई—ये तीन जो समन्दर के किनारे वाले शहर थे—ये व्यापार के केन्द्र बने इसलिए नवजागरण आप देखेंगे कि समुद्र के किनारे की भाषाओं से जुड़े लोगों में पहले आया। तमिल, बांग्ला और मराठी में पहले शुरू हुआ। हिन्दी समुद्र से दूर है इसलिए हिन्दी में बाद में शुरू हुआ लेकिन राष्ट्रीय जागरण पूरे तेज के साथ इस हिन्दी भाषा-भाषी प्रदेश में रहा, क्योंकि 1857 का केन्द्र यहीं था इसीलिए 1857 के तेवर से जो चीज हिन्दी में पैदा हुई, वह बाकी भाषाओं में तब नहीं शुरू हुई, भले ही बैरकपुर में मंगल पांडे को फाँसी पर चढ़ाया गया हो। लगभग चार सौ साल बाद बीसवीं शताब्दी में फिर, जिसको अंग्रेजी में गैलेक्सी कहते हैं, दिखाई पड़ती है। उस गैलेक्सी में साहित्य की विभूतियाँ हैं—प्रेमचन्द, प्रसाद, निराला, पन्त और महादेवी। यह सूची बढ़ाई जा सकती है। इस राष्ट्रीय नवजागरण के उन लेखकों में एक बात पुराने लोकजागरण के लेखकों के समान ही है। प्रत्येक बड़े साहित्यकार की अपनी अलग विशिष्ट पहचान है। उसका तेवर अलग दिखाई पड़ेगा, भाषा अलग दिखाई पड़ेगी, अन्दाज अलग दिखाई पड़ेगा। इस पर जोर देना जरूरी है। उस दौर में ऐसी कविताएँ भी हैं, इन लोगों की नकल करने वाले कवि भी थे। लेकिन जो पहचान इन्होंने बनाई इनकी विशिष्टता भक्तों की तरह से थी। कबीर और तुलसी में, मीरा और सूर आपको कहीं भ्रम नहीं हो सकता। यही बात इन साहित्यकारों में है। अब क्यों ऐसा हुआ? इन दोनों में क्या

सम्बन्ध है?—ऐतिहासिक विस्तार से यह विश्लेषण की वस्तु है और उसकी चर्चा मैं नहीं करूँगा। आप प्रबुद्ध लोग हैं, मुझसे बेहतर जानते हैं।

हमारे यहाँ जिसको लिरिक (Lyric) कहते हैं, वह पहली बार लोकसाहित्य में, लोकभाषाओं के साहित्य में पैदा हुआ है। पहले छन्दस हुआ करता था, लेकिन गीत जिसको कहते हैं, वह नहीं था। ये भक्त न होते तो मल्लिकार्जुन मंसूर या भीमसेन जोशी या कुमार गन्धर्व न होते। हमारे यहाँ शास्त्रीय संगीत में संस्कृत के छन्द गाए जा सकते, इसलिए इन लोकभाषाओं ने वह संगीत दिया, जिसको आज हम हिन्दुस्तानी संगीत कहते हैं। यह ध्रुपद से अलग है। इस तरह ये चीजें नए संगीत का आधार बनीं। इस क्रम में एक बात यह भी देखें कि गीत के साथ भारत की परम्परा आख्यान (नैरेटिव) की रही है, महाकाव्य (Epic) की भी रही है। पुराने लोगों में तुलसीदास ने 'रामचरितमानस' लिखा। सूर ने नहीं लिखा, लेकिन 'सूरसागर' के पद भी नैरेटिव ही हैं। कहानी भी उसमें जुड़ी हुई है। सूफियों की पूरी की पूरी दास्तान आख्यान है। मैं इसलिए कह रहा हूँ कि वह परम्परा यहाँ आकर छायावाद के समय में एक नया रूप लेती है। अब लगा कि आख्यान कहानी और उपन्यास में तो चल सकता है, कविता में नहीं चलेगा। आख्यान तो गद्य की चीज है, इसलिए आख्यान वाली परम्परा उपन्यास और कहानी के रूप में चली। जिस किसी ने पुराने ढंग का महाकाव्य लिखने की कोशिश की, उसकी गति या दुर्गति वही हुई जो 'साकेत' लिखकर मैथिलीशरण गुप्त की हुई। आख्यान कहानी और उपन्यास की चीज है, गद्य की चीज है। प्रबन्ध काव्य लिखने की कोशिश करोगे तो वही गति होगी जो 'साकेत' की हुई। 'रामचरितमानस' के सामने 'साकेत' मनोरंजन की चीज है। प्रसाद जी सावधान थे, इसलिए जब उन्होंने 'कामायनी' को लिखा, वे उसे उस धरातल पर ले गए जहाँ उन्होंने कहानी कहने की कोशिश ही नहीं की। और 'कामायनी' एक तरह से अलग-अलग गीतों का एक समूह है। सब लोग उसे उसी तरह पढ़ते हैं, जैसे 'लहर' को पढ़ते हैं, जैसे 'आँसू' को पढ़ते हैं। यह इन कवियों ने सबक लिया। युग के साथ भाषा ही नहीं बदली, छन्द ही नहीं बदला, साहित्य का रूप भी बदल गया। सबकी भाषा अलग है। पन्त और महादेवी की दो कविताएँ रखकर देखिए। आपको कभी भ्रम नहीं होगा—महादेवी की कविता को देखकर कि ये पन्त की हैं। निराला को देखकर बिलकुल नहीं लग सकता है। प्रसाद अलग पहचाने जा सकते हैं।

छायावादी कवियों के यहाँ जीवन को सांगोपांग रखने की वृत्ति है। सभी सुपठित थे। संस्कृत की परम्परा जानते थे। पन्त जी के सामने तो आप्टे की संस्कृत डिक्शनरी बराबर रहा करती थी। दिखाते थे कि जब मुझे शब्द की आवश्यकता होती है, इसे रखता हूँ। निराला जिस तरह से 'चौर पंचाशिका' से उद्धरण देते हैं, लगता है, संस्कृत भली भाँति जानते होंगे। अंग्रेजी तो सब जानते थे। प्राचीन साहित्य

का ज्यादा अध्ययन दो व्यक्तियों ने किया था। महादेवी ने विधिवत् अध्ययन किया था—ऋग्वेद से लेकर आगे तक अनुवाद करके दिखा दिया। और जयशंकर प्रसाद आठवीं पास एक आदमी। 'काव्य-कला तथा अन्य निबन्ध' पढ़ते हुए, 'कामायनी' पढ़ते हुए आपको मालूम होगा कि उन्हें कितनी जानकारी थी। बिना वेद का अध्ययन किए, बिना 'शतपथ ब्राह्मण' का अध्ययन किए कोई मनु का आख्यान लिख नहीं सकता था। इन सबको अपनी जड़ों का गहरा ज्ञान था। मैं इसलिए कहना चाहता हूँ कि आजकल जो कवि लिख रहे हैं, वे छायावादियों की बराबरी करते हैं—करते समय देखें कि वे कितनी संस्कृत जानते हैं, कितनी संस्कृत की परम्परा जानते हैं? छायावाद से सौ कदम, पाँच सौ कदम आगे निकल गए हैं—कहने वाले लोग रोमांटिक कवियों से अपनी समानता करते समय यह ध्यान रखें कि छायावादियों की तुलना में वे अपनी जड़ों से, भाषा की जड़ों से कितने जुड़े हैं। संगीत का अच्छा ज्ञान जयशंकर प्रसाद को था। नाटकों में उन्होंने अपने हर गीत के लिए धुन बनाकर दी है—टेक्निकली। निराला तो बाकायदा सीखते थे और गाते थे। इसी बनारस में निराला जी को हारमोनियम पर अपने दो गीत क्लासिकल तेवर में गाते हुए मैंने सुना है। जब इसी भदैनी पर उनकी स्वर्ण जयन्ती मनाई गई थी। बिलकुल सुर ताल में गाया था 'प्रात: तब द्वार पर आया शरण नर अन्ध पथ पार कर' और 'टूटे सकल बन्ध कलि के दिशा ज्ञान गत हो गए।' ये लोग अपने गीत-संगीत की पुरानी परम्परा में गाते थे जैसे कि भक्तों के गीत गाए जा सकते थे।

इन परम्पराओं के केन्द्र दो ही थे—काशी और प्रयाग। स्वस्थ होड़ रही है काशी और प्रयाग में—एक लम्बे अरसे से प्रेमचन्द और प्रसाद काशी के थे। महादेवी ने इलाहाबाद चुना-वे टिक ही नहीं सकती थीं बनारस में। ठीक ही जगह चुनी उन्होंने। उनका इलाहाबाद जाना ठीक था। अब निराला जी भटकते हुए कलकत्ता से, अवध से, उन्नाव से, लखनऊ से इलाहाबाद आए। विचित्र बात है कि फिर भी ये सभी लोग काशी जरूर मिलने के लिए आते थे। आकर्षण था मन में। महादेवी जी ने भी लिखा है : निराला आए थे और विनोद शंकर व्यास को प्रमाण मानें तो ('रात और दिन' नाम की उनकी एक पुस्तक है) निराला जी को कलकत्ता में छूत की बीमारी लग गई थी। उसका इलाज कराने के लिए प्रसाद जी ने कहा। इसका उल्लेख शायद रायकृष्ण दास की किताब में भी है। विनोद शंकर व्यास ने मीरघाट पर उनको तीन-चार महीने रखकर इलाज करवाया था। निराला रहे हैं काशी में। निराला की स्वर्ण जयन्ती काशी में ही मनाई गई, इलाहाबाद में नहीं मनाई गई। हो सकता है, काशी का होने के कारण मैं काशी वालों के साथ कुछ पक्षपात कर बैठूँ, लेकिन भरसक जो सच्चाई है, वह सामने आनी चाहिए।

इन सभी लोगों ने गीत लिखे, गीतों के अलावा कविताएँ लिखीं—जिसको उर्दू में नज्म कहते हैं, प्रबन्ध काव्य लिखे। सभी ने नहीं तो कम-से-कम निराला

ने और प्रसाद ने तो लिखे ही। 'तुलसीदास', जिसे खंडकाव्य न भी कहिए, किन्तु प्रबन्धात्मक रचना है। और इस रूप में देखें तो अपनी बेटी पर एक लम्बी कविता लिखी है 'सरोज स्मृति'। 'राम की शक्ति-पूजा' जैसी कविता लिखी है। पूरी रामायण न लिखकर 'राम की शक्ति-पूजा' लिखकर इन्होंने दिखा दिया कि आज के युग में भी तुलसी की परम्परा में राम की नए ढंग से प्रस्तुति हो सकती है। मैथिलीशरण गुप्त को चुनौती दी कि इस युग में 'साकेत' नहीं लिखी जा सकती, 'राम की शक्ति-पूजा' लिखी जा सकती है। कविता में गीत और मुक्तक के अलावा लम्बी कविताएँ लिखीं, जो आगे चलकर मुक्तिबोध ने लिखीं, रघुवीर सहाय ने लिखीं। विविध काव्य-रूप सबने लिखे—प्रसाद ने लिखे, निराला ने लिखे। महादेवी ने केवल गीत लिखा—गीत से बाहर वे गई ही नहीं। उनके मूल्यांकन की भूमि तैयार करते समय इसका ध्यान रखना पड़ेगा। सबने किसी-न-किसी रूप में गद्य लिखा। अधिकांश ने उपन्यास लिखे, प्रेमचन्द ने उपन्यास लिखे, प्रसाद ने उपन्यास लिखे। महादेवी ने भी कहानियों और संस्मरण के रूप में गद्य लिखा। निराला ने उपन्यास भी लिखे, कहानियाँ भी लिखीं। सबने आलोचनात्मक निबन्ध लिखे। आलोचना, उपन्यास, कहानी, कविता-कई तरह की चीजें लिखीं। एक चीज थी नाटक—दो ने केवल लिखे। पन्त जी ने 'ज्योत्स्ना' लिखा। जयशंकर प्रसाद ने सबसे ज्यादा नाटक लिखे। अब ये विविध आयाम, अनेक साहित्य रूप और सम्पूर्ण जीवन का शहर हो, गाँव हो—यथार्थ चित्रण—इन तमाम लोगों ने करने की कोशिश की। अब कुल मिलाकर आप देखें।

अपनी विशिष्ट पहचान और विशिष्ट योगदान करते हुए भी इसको रेखांकित किया जाना चाहिए कि अपने विषय में महादेवी की विशिष्ट देन क्या है? और फिर इन सबमें महादेवी का स्थान क्या है? और इसमें कोई शक नहीं कि भक्तों में जो स्थान मीरा का है—इसीलिए नहीं कह रहा हूँ कि स्त्री-विमर्श वाले मुझसे नाराज न हों—प्राचीन साहित्य में जो स्थान मीरा का है, इस आधुनिक दौर में, समग्रता की दृष्टि से वही स्थान महादेवी का है। प्रसाद को सबसे कम उम्र मिली, प्रेमचन्द को छोटी उम्र मिली। लम्बी उम्र मिली पन्त जी को, महादेवी जी को। महादेवी तो उनके बाद भी जीवित रहीं, उन्हें सबसे लम्बी उम्र मिली। भक्तों के बारे में नहीं जानते—यह बहस भी है—मृत्यु-तिथि किसी की नहीं मालूम, किसी की जन्म तिथि नहीं मालूम इसीलिए लम्बी उम्र भक्तों में कबीर को ज्यादा मिली या तुलसीदास को—कहना कठिन है। सूर के बारे में नहीं जानते हैं। मीरा को सबसे कम उम्र मिली थी। उसकी तुलना में महादेवी को बहुत ज्यादा मिली। ये हिसाब-किताब की चीजें हैं, लेकिन हिसाब-किताब को अलग करके देखें, तब भी कुल मिलाकर जो सम्पूर्ण कृतित्व या अवदान है, इसको स्वीकार करना पड़ेगा कि इतनी कम उम्र मिलने के बावजूद कई बातों में जयशंकर प्रसाद का सम्पूर्ण अवदान महादेवी से कहीं अधिक

है। जीवनानुभवों को, साहित्य-रूपों को, चिन्तन में नई देन को जितना वे समेटते हैं, महादेवी नहीं समेट पाती। मैं उस बारे में नहीं जाना चाहता।

अब सवाल यह है कि पन्त जी और महादेवी में यदि तुलना करेंगे तो क्या निष्कर्ष होगा? एक स्तर है, महादेवी जिससे नीचे नहीं आतीं। पन्त जी का रचना-कर्म बहुत विषम है। दुर्भाग्य से उन्होंने प्रबन्ध काव्य भी लिख दिया था, जिसको हमारे मित्र विजयदेव नारायण साही ने कहा कि न पढ़ा है, न पढूँगा। उन्हें क्या पता कि उसे दुबारा पन्त जी ने भी कभी नहीं पढ़ा होगा! बोध ही नहीं था कि कवि को क्या लिखना है, क्या नहीं। सम्भव है, महादेवी जी ने और बहुत कुछ लिखा हो, लेकिन उसे छाँटकर निकाल दिया। कोई नहीं जानता कि महादेवी ने कुछ कमजोर चीजें भी लिखी हैं। जो सामने हैं, उनमें एक भी चीज कच्ची नहीं है। पन्त जी का जितना अच्छा है, उसका तीन-चौथाई कूड़ा है। उनकी रचनावली देखिए, उन्होंने काफी खराब लिखा है, इसलिए मुझे पन्त और महादेवी में चुनना हो तो मैं तो कहूँगा कि महादेवी में यह विवेक, यह बोध था, स्वयं उनका चयन बताता है। इस सिलसिले में मैं मीर और ग़ालिब का नाम लूँगा। मैं आप लोगों के सामने केवल सवाल रख रहा हूँ, जरूरी नहीं कि आप सहमत हों। ये मीर और ग़ालिब का फर्क है। मीर को उर्दू में 'खुदा-ए-सुखन' कहा जाता है। यदि मीर न हुए होते तो गालिब नहीं होते। लेकिन मीर के दीवान और सारी चीजों में देखने में काफी कूड़ा मिलेगा। ग़ालिब ने एक भी कच्चा शेर नहीं आने दिया अपने दीवान में। यह सावधानी बरती थी। लगभग वही स्थिति पन्त और महादेवी की है। महादेवी जी के प्रकाशित संग्रहों में कोई कच्ची और हल्की चीज नहीं है। उन्होंने एक स्टैंडर्ड बनाए रखा था। इसलिए महादेवी को पन्त से ऊँचा स्थान देना होगा। यद्यपि रामचन्द्र शुक्ल ने 'इतिहास' में पन्त की बड़ी प्रशंसा की है। महादेवी पर उतना लम्बा नहीं लिखा है, लेकिन यह कह दिया है कि गीत लिखने में जो सफलता इनको मिली है, वह किसी को नहीं मिली। यह उनको कहना ही पड़ा। सबसे कमजोर स्थिति पन्त की है। गहराई नहीं है, व्यापकता चाहे जितनी हो।

सबसे बड़ी चुनौती निराला में है। बेजोड़ है वह आदमी, जिसने 'तुलसीदास' जैसा काव्य लिखा है। प्रेमचन्द को शामिल करते हुए कहा जा सकता है कि इस तरह जो स्थान तुलसीदास का है, लगभग वही स्थान निराला का है। मैं ग्रेडिंग नहीं करता, लेकिन मिश्र-बन्धुओं वाला मामला याद आता है। चूँकि जयन्ती महादेवी की मनाई जा रही है और क्षमा करें महिलाएँ, इस विमर्श में यह स्वीकार करना पड़ेगा इतिहास निर्मम है—बहुत महत्त्वपूर्ण स्थान महादेवी का है लेकिन विवेचित रूप से निराला और प्रसाद के बाद ही महादेवी आएँगी। यह बात मैं आपके विचार के लिए भी रख रहा हूँ, क्योंकि मेरा तो काम ही है, कोई विवाद छेड़ के जाना। इनका तात्कालिक मूल्यांकन हमारे जेहन में होना ही चाहिए। एक स्वर से सबकी प्रशंसा करना काव्य विवेक नहीं है।

जहाँ तक जीवन-दृष्टि का सवाल है, जीवन-दृष्टि में, अपने विचारों में महादेवी प्रगतिशील थीं। सुविधा के लिए 'प्रगतिशील' शब्द कह रहा हूँ, प्रगतिशील लेखक संघ के प्रगतिशील के अर्थ में नहीं, व्यापक अर्थ में। वे बहुत अग्रसोची थीं, क्रान्तिकारी थीं। निराला से भी अधिक। मैंने जिक्र किया था उनके एक लेख 'ठकुरी बाबा' का। उसके अन्त का एक छोटा-सा अंश मैं सुनाना चाहता हूँ। वे कल्पवास करने के लिए झूँसी जाती थीं। महादेवी जी कहती हैं, 'बरसों बाद जब ठकुरी बाबा दुबारा मिले, हाल-चाल पूछने पर कहा—अब चला चली की बेर है। मैंने हँसी में पूछा—तुम स्वर्ग में कैसे रहोगे बाबा? स्वर्ग में गन्धर्व और अप्सराएँ हैं, तो गन्धर्व और अप्सराओं में तो जँचोगे नहीं? —मजाक कर रही हैं देवी जी। —ठकुरी बाबा बहुत प्रसन्न हो गए। कहने लगे, सो तो हम जानित हैं बिटिया, हम उहाँ अस शोर मचाउब कि भगवान भी खुद धरती पर टरकाए दिहें। हम फिर धान रोपव, कियारी बनाउव, चिकारा बजाउब, बजाय के आल्हा-ऊदल के कथा सुनाउब सरग हमका न चाही मुदा हम दूसर नवा सरीर माँगे बढ़े जाब जरूर। ई ससुर तौ बनाय के जर्जर होइगा। और वे गा उठे—'चलत प्राण काया काहे रोई राम।' निष्कर्ष निकालती हैं महादेवी। ये हैं महादेवी जी, 'अथर्व के जो गायक अपने-आपको धरती का पुत्र कहते थे, ठकुरी बाबा उन्हीं के सजातीय कहे जा सकते हैं। इनके लिए जीवन धरती का वरदान है, काव्य उसके सौन्दर्य की अनुभूति है, प्रेम उसके आकर्षण की गति है'—प्रेम को गति कहा है, 'शक्ति उसकी प्रेरणा का नियामक होती है। ऐसे व्यक्ति मुक्ति की ऊँची से ऊँची कल्पना को धूल में खिले नीचे से नीचे फूल पर न्यौछावर कर देते हैं।' ये महादेवी हैं। स्वर्ग को दुत्कार कर इस धरती को प्यार करने वाला आदमी और इस धरती पर जीवन, काव्य, प्रेम, शक्ति और मुक्ति की ऊँची से ऊँची कल्पना को धूल पर न्यौछावर कर देने वाला आदमी। यह लोकोन्मुखी दृष्टि है। ठेठ जमीन से जुड़ती है और यह चीज है जो महादेवी को प्रेमचन्द से जोड़ती है। प्रेमचन्द के निकट लाती है। प्रेमचन्द की भूमि पर ले जाती है। महादेवी जी पर गहराई से विचार करना चाहिए। इस ध्यान से विचार करना चाहिए। खास तौर पर स्त्रियों के बारे में निराला जी के जो विचार थे, महादेवी जी के विचारों की तुलना में कहीं-कहीं काफी दकियानूस मालूम पड़ते हैं। कहीं-कहीं, सर्वत्र नहीं।

[काशी हिन्दू विश्वविद्यालय के महिला अध्ययन केन्द्र की ओर से 5-6 मई, 2007 को आयोजित राष्ट्रीय संगोष्ठी महादेवी वेदना और विद्रोह के दो व्याख्यानों का समेकित रूप। वसुधा अंक 73, अप्रैल-जून, 2007 में प्रकाशित।]

आत्मकथन

काव्य कला

महादेवी वर्मा

सत्य पर जीवन का सुन्दर ताना-बाना बुनने के लिए कला-सृष्टि ने स्थूल-सूक्ष्म सभी विषयों को अपना उपकरण बनाया। वह पाषाण की कठोर स्थूलता से रंग-रेखाओं की निश्चित सीमा, उससे ध्वनि की क्षणिक स्थिति और तब शब्द की सूक्ष्म व्यापकता तक पहुँची अथवा किसी और क्रम से, यह जान लेना बहुत सहज नहीं। परन्तु शब्द के विस्तार में कला-सृजन को, पाषाण की मूर्तिमत्ता, रंग-रेखा की सजीवता, स्वर का माधुर्य सब कुछ एकत्र कर लेने की सुविधा प्राप्त हो गई। काव्य में कला का उत्कर्ष एक ऐसे बिन्दु तक पहुँच गया, जहाँ से वह ज्ञान को भी सहायता दे सका, क्योंकि सत्य काव्य का साध्य और सौन्दर्य उसका साधन है। एक अपनी एकता में असीम रहता है और दूसरी अपनी अनेकता में अनन्त, इसी से साधन के परिचय-स्निग्ध खंड-रूप से साध्य की विस्मयभरी अखंड स्थिति तक पहुँचने का क्रम आनन्द की लहर पर लहर उठाता हुआ चलता है।

इस व्यापक सत्य के साथ हमारी सीमा का सम्बन्ध कुछ जटिल-सा है। हमारी दृष्टि के सामने क्षितिज तक जो अनन्त विस्तार फैला है, वह मिट नहीं सकता, पर हम अपनी आँख के सामने एक छोटा-सा तिनका भी खड़ा करके उसे इन्द्रजाल के समान ही अपने लिए लुप्त कर सकते हैं। फिर जब तक हम उसे अपनी आँख से कुछ अन्तर पर एक विशेष स्थिति में, उस विस्तार के साथ रखकर न देखें, तब तक हमारे लिए वह क्षितिजव्यापी विस्तार नहीं के बराबर है। केवल तिनका ही हमारी दृष्टि की सीमा को सब ओर से घेरकर विराट बन जाएगा। परन्तु उस तृण-विशेष पर ही नहीं, लता, वृक्ष, खेत, वन आदि सभी खंडरूपों पर ठहरती हुई हमारी दृष्टि उस विस्तार का ज्ञान करा सकती है। बिना रूपों की सीमा के उस असीम विस्तार का बोध होना कठिन है और विस्तार की व्यापक पीठिका के अभाव में उन रूपों की अनेकात्मकता की अनुभूति सम्भव नहीं। अखंड सत्य के साथ हमारी स्थिति भी कुछ ऐसी ही रहती है। उसका जितना अंश हम अपनी सीमा से घेर सकते हैं, उसे ऐसी स्थिति में रखकर देखना

आवश्यक हो जाता है जहाँ वह हमारी सीमा में रहकर भी सत्य की व्यापकता में अपनी निश्चित स्थिति बनाए रहे।

व्यक्ति की सीमा में तो सत्य की ऐसी दोहरी स्थिति सहज ही नहीं स्वाभाविक भी है, अन्यथा उसे तत्त्वतः ग्रहण करना सम्भव न हो सकेगा। परन्तु खंड में अखंड की इस स्थिति को प्रेषणीय बना लेना दुष्कर नहीं तो कठिन अवश्य है। आकार की रेखाओं की संख्या, लम्बाई-चौड़ाई, हल्का-भारीपन आदि गणित के अंकों में बाँधे जा सकते हैं, परन्तु रेखा से परिमाण तक व्याप्त सजीवता का परिचय संख्या, मात्रा या तोल से नहीं दिया जा सकता। आकार को ठीक नाप-जोख के साथ दूसरे तक पहुँचा देना जितना सहज है, जीवन को सम्पूर्ण अतुलनीयता के साथ को दे सकना उतना ही कठिन।

सत्य की व्यापकता में से हम चाहे जिस अंश को ग्रहण करें, वह हमारी सीमा में बँधकर व्यष्टिगत हो जाता है और इस स्थिति में हमारी सीमा के साथ सापेक्ष पर अपनी व्यापकता में निरपेक्ष बना रहता है। दूसरे के निकट हमारी सीमा से घिरा सत्य हमारा रहकर ही अपना परिचय देना चाहता है और दूसरा हमें तौलकर ही उस सत्य का मूल्य आँकने की इच्छा रखता है। इतना ही नहीं उसकी तुला पर, रुचि-वैचित्र्य, संस्कार, स्वार्थ आदि के जाने कितने पासंगों की उपस्थिति भी सम्भव है, अतः सत्य के सापेक्ष ही नहीं, निरपेक्ष मूल्य के सम्बन्ध में भी अनेक मतभेद उत्पन्न हो जाते हैं।

इसके अतिरिक्त मनुष्य की चिर अतृप्त जिज्ञासा भी कुछ कम नहीं रोकती-टोकती। 'हमने अमुक वस्तु को अमुक स्थिति में पाया' इतना कथन ही पर्याप्त नहीं, क्योंकि सुनने वाला कहाँ-कहाँ कहकर उसे अपने प्रत्यक्ष ज्ञान की परिधि में बाँध लेने को व्याकुल हो उठेगा। अब यदि वह हमारी ही स्थिति में, हमारे ही दृष्टिकोण से उसे न देख सके तो वह वस्तु कुछ भिन्न भी लग सकती है और तब विवाद की कभी न टूटने वाली शृंखला में नित्य नई कड़ियाँ जुड़ने लगेंगी। बाह्य जीवन में तो यह समस्या किसी अंश तक सरल की भी जा सकती है, परन्तु अन्तर्जगत में उसे सुलझा लेना सदा ही कठिन रहा है।

इस सत्य सम्बन्धी उलझन को सुलझाने के लिए जीवन न ठहर सकता है और न इसे छोड़कर आगे बढ़ सकता है, अतः वह सुलझाता हुआ चलता है। बाह्य जीवन में, राजनीति, समाज-शासन, धर्म आदि इतिवृत्त के समान सत्य का परिचय भर देते चलते हैं। मनुष्य की हठीली जिज्ञासा किसी ग्रन्थि को पकड़कर रुक न जाए, इस भय से उन्होंने प्रत्येक ग्रन्थि पर अनुग्रह और दंड की इतनी चिकनाहट लगा दी है, जिससे हाथ फिसल भर जावे। कहीं महाभाष्य के समान बहुत विस्तार में उलझे हुए और कहीं सूत्रों के समान संक्षिप्त रूप में सुलझे हुए सिद्धान्त कभी सत्य के संग्रहालय जैसे जान पड़ते हैं और कभी अस्त्रागार जैसे; कहीं सत्य की

विकलांग मूर्तियों का स्मरण करा देते हैं और कहीं अधूरे रेखाचित्रों का; पर व्यापक स्पन्दित सत्य का अभाव नहीं दूर कर पाते। मनुष्य के बाह्य जीवन की निर्धनता देखने के लिए वे सहस्राक्ष बनने पर बाध्य हैं और उसके अन्तर्जगत के वैभव के लिए धृतराष्ट्र होने पर विवश।

हमारी बुद्धिवृत्ति बाहर के स्थूलतम बिन्दु से लेकर भीतर के सूक्ष्मतम बिन्दु तक जीवन को एक अर्द्धवृत्त में घेर सकती है, परन्तु दूसरा अर्द्धवृत्त बनाने के लिए हमारी रागात्मिका वृति ही अपेक्षित रहेगी। हमारे भावक्षेत्र और ज्ञानक्षेत्र की स्थिति पृथ्वी के दो गोलार्द्धों के समान है, जो मिलकर भूगोल को पूर्णता देते हैं और अकेले आधा संसार ही घेर सकते हैं। एक ओर का भूखंड दूसरे का पूरक बना रहने के लिए ही उसे अन्तर पर रखकर अपनी दृष्टि का विषय नहीं बना पाता; परन्तु इससे दोनों में से किसी की भी स्थिति सन्दिग्ध नहीं हो जाती।

हमारी बुद्धि और रागात्मिका वृत्ति के दो अर्द्धवृत्तों से घिरे सत्य के सम्बन्ध में भी यही सत्य रहेगा। हमारे व्यावहारिक जीवन का प्रत्येक कार्य संकल्प-विकल्प, कल्पना-स्वप्न, सुख-दु:ख आदि की भिन्नवर्णी कड़ियोंवाली शृंखला के एक सिरे में झूलता रहता है। इस शृंखला की प्राय: सभी कड़ियों की स्थिति अन्तर्जगत में ही सम्भव है। व्यवहारजगत केवल कार्य से सम्बन्ध रखता है, बुद्धि कार्य के स्थूल ज्ञान से लेकर उसे जन्म देने वाले सूक्ष्म विचार तक जानती है और हृदय तज्जनित सुख-दु:ख से लेकर स्वप्न-कल्पना तक की अनुभूतियाँ संचित करता है। इस प्रकार बाह्य जीवन की सीमा में वामन जैसा लगने वाला कार्य भी हमारे अन्तर्जगत की असीमता में बढ़ते-बढ़ते विराट हो सकता है।

बहिर्जगत से अन्तर्जगत तक फैले और ज्ञान तथा भावक्षेत्र में समान रूप से व्याप्त सत्य की सहज अभिव्यक्ति के लिए माध्यम खोजते-खोजते ही मनुष्य ने काव्य और कलाओं का आविष्कार कर लिया होगा। कला सत्य को ज्ञान के सिकता-विस्तार में नहीं खोजती, अनुभूति की सरिता के तट से एक विशेष बिन्दु पर ग्रहण करती है। तट पर एक ही स्थान पर बैठे रहकर भी हम असंख्य नई तरंगों को सामने आते और पुरानी लहरों को आगे जाते देखकर नदी से परिचित हो जाते हैं। वह किस पर्वतीय उद्गम से निकलकर, कहाँ-कहाँ बहती हुई, किस समुद्र की अगाध तरलता में विलीन हो जाती है, यह प्रत्यक्ष न होने पर भी हमारी अनुभूति में नदी पूर्ण है और रहेगी। जब हम कहते हैं कि हमने एक ओर चाँदी की धूल जैसी झिलमिलाती बालू और दूसरी ओर दूर हरीतिमा में तटरेखा बनाती हुई, अथाह नील जल से भरी नदी देखी, तब सुनने वाला कोई प्रचलित नाप-जोख नहीं माँगता। हमने इतने गज प्रवाह नापा है, इतने सौ लहरें गिनी हैं, इतने फीट गहराई नापी है, इतने सेर पानी तोला है आदि आदि, नाप-तोल न बताकर ही हम नदी का ठीक परिचय दूसरे के हृदय तक पहुँचा देते हैं। सुनने वाला उस नदी को ही नहीं, उसके शाश्वत

सौन्दर्य को भी प्रत्यक्ष पाकर एक ऐसे आनन्द की स्थिति में पहुँच जाता है जहाँ गणित के अंकों में बँधी नाप-जोख के लिए स्थान नहीं।

मस्तिष्क और हृदय परस्पर पूरक रहकर भी एक ही पथ से नहीं चलते। बुद्धि में समानांतर पर चलने वाली भिन्न-भिन्न श्रेणियाँ हैं और अनुभूति में एकतारता लिए गहराई। ज्ञान के क्षेत्र में एक छोटी रेखा के नीचे उससे बड़ी रेखा खींचकर पहली का छोटा और भिन्न अस्तित्व दिखाया जा सकता है। इसके असंख्य उदाहरण, विज्ञान जीवन की स्थूल सीमा में और दर्शन जीवन की सूक्ष्म असीमता में दे चुका है। हम अनुभूति के क्षेत्र में एक की स्थिति से नीचे और अधिक गहराई में उतर कर भी उसके साथ एक ही रेखा पर रहते हैं। एक वस्तु को एक व्यक्ति अपनी स्थिति-विशेष में अपने विशेष दृष्टि-बिन्दु से देखता है, दूसरा अपने धरातल पर अपने से और तीसरा अपनी सीमारेखा पर से। तीनों ने वस्तुविशेष को जिन विशेष दृष्टिकोणों से जिन विभिन्न परिस्थितियों में देखा है, वे उनके तद्विषयक ज्ञान को भिन्न रेखाओं में घेर लेंगी। इन विभिन्न रेखाओं के नीचे ज्ञान के एक सामान्य धरातल की स्थिति है अवश्य, परन्तु वह अपनी एकता के परिचय के लिए ही इस अनेकता को सँभाले रहती है।

अनुभूति के सम्बन्ध में यह कठिनाई सरल हो जाती है। एक व्यक्ति अपने दु:ख को बहुत तीव्रता से अनुभव कर रहा है, उसके निकट आत्मीय की अनुभूति में तीव्रता की मात्रा कुछ घट जाएगी और साधारण मित्र में उसका और भी न्यून हो जाना सम्भव है; पर जहाँ तक दु:ख के सामान्य संवेदन का प्रश्न है, वे तीनों एक ही रेखा पर, निकट, दूर, अधिक दूर, की स्थिति में रहेंगे। हाँ, जब उनमें कोई उस दु:ख को, अनुभूति के क्षेत्र से निकालकर बौद्धिक धरातल पर रख लेगा तब कथा ही दूसरी हो जाएगी। अनुभूति अपनी सीमा में जितनी सबल है उतनी बुद्धि नहीं। हमारे स्वयं जलने की हल्की अनुभूति भी दूसरे के राख हो जाने के ज्ञान से अधिक स्थायी रहती है।

बुद्धिवृत्ति अपने विषय को ज्ञान के अनन्त विस्तार के साथ रखकर देखती है; अत: व्यष्टिगत सीमा में उसका सन्दिग्ध हो उठना स्वाभाविक ही रहेगा। 'अमुक ने धूम देकर अग्नि पाई' की जितनी आवृत्तियाँ होंगी, हमारा धूम और अग्नि का सापेक्षता विषयक ज्ञान उतनी ही निश्चित स्थिति पा सकेगा। पर अपने विषय पर केन्द्रित होकर उसे जीवन की अनन्त गहराई तक समान अनुभूति का लक्ष्य रहता है, इसी से हमारी व्यक्तिगत अनुभूति जितनी निकट और तीव्र होगी, दूसरे का अनुभूत सत्य हमारे समीप उतना ही असन्दिग्ध होकर आ सकेगा। तुमने जिसे पानी समझा वह बालू की चमक है, तुमने जिसे काला देखा वह नीला है, तुमने जिसे कोमल पाया वह कठोर है, आदि-आदि, कहकर हम दूसरे में, स्वयं उसी के इन्द्रियजन्य ज्ञान के प्रति, अविश्वास उत्पन्न कर सकते है, परन्तु 'तुम्हे जो काँटा चुभने की

पीड़ा हुई वह भ्रान्ति है' यह हमसे असंख्य बार सुनकर भी कोई अपनी पीड़ा के अस्तित्व में सन्देह नहीं करेगा।

जीवन के निश्चित बिन्दुओं को जोड़ने का कार्य हमारा मस्तिष्क कर लेता है, पर इस क्रम से बनी परिधि में सजीवता के रंग भरने की क्षमता हृदय में ही सम्भव है। काव्य या कला मानो इन दोनों का संधिपत्र है, जिसके अनुसार बुद्धिवृत्ति झीने वायुमंडल के समान बिना भार डाले हुए ही जीवन पर फैली रहती है और रागात्मिका वृत्ति उसके धरातल पर, सत्य को अनन्त रंग-रूपों में चिर नवीन स्थिति देती रहती है। अतः काव्यकला का सत्य जीवन की परिधि में सौन्दर्य के माध्यम द्वारा व्यक्त अखंड सत्य है।

सौन्दर्य सम्बन्धी समस्या भी कुछ कम उलझी हुई नहीं है। बाह्यजगत अनेक रूपात्मक है और उन रूपों का, सुन्दर तथा कुरूप में एक व्यावहारिक वर्गीकरण भी हो चुका है। क्या कला इस वर्गीकरण की परिधि में आने वाले सौन्दर्य को ही सत्य का माध्यम बनाकर शेष को छोड़ दें? केवल बाह्य रेखाओं और रंगों का सामंजस्य ही सौन्दर्य कहा जाए तो प्रत्येक भूखंड का मानव-समाज ही नहीं, प्रत्येक व्यक्ति भी अपनी रुचि में दूसरे से भिन्न मिलेगा। किसके रुचि-वैचित्र्य के अनुसार सामंजस्य की परिभाषा बनाई जाए, यह प्रश्न सत्य से भी अधिक जटिल हो उठेगा।

सत्य की प्राप्ति के लिए काव्य और कलाएँ जिस सौन्दर्य का सहारा लेते हैं वह जीवन की पूर्णतम अभिव्यक्ति पर आश्रित है, केवल बाह्य रूपरेखा पर नहीं। प्रकृति का अनन्त वैभव, प्राणिजगत की अनेकात्मक गतिशीलता, अन्तर्जगत की रहस्यमयी विविधता, सब कुछ उनके सौन्दर्य-कोष के अन्तर्गत है और इसमें से क्षुद्रतम वस्तु के लिए भी ऐसे मुहूर्त आ उपस्थित होते हैं, जिनमें वह पर्वत के समकक्ष खड़ी होकर ही सफल हो सकती है और गुरुतम वस्तु के लिए भी ऐसे लघु क्षण आ पहुँचते हैं, जिनमें वह छोटे तृण के साथ बैठकर ही कृतार्थ बन सकती है।

जीवन का जो स्पर्श विकास के लिए अपेक्षित है उसे पाने के उपरान्त छोटा, बड़ा, लघु, गुरु, सुन्दर, विरूप, आकर्षक, भयानक, कुछ भी कलाजगत से बहिष्कृत नहीं किया जा जाता। उजले कमलों की चादर जैसी चाँदनी में मुस्कराती हुई विभावरी अभिराम है, पर अँधेरे के स्तर पर स्तर ओढ़कर विराट बनी हुई काली रजनी भी कम सुन्दर नहीं। फूलों के बोझ से झुक-झुक पड़ने वाली लता कोमल है, पर शून्य नीलिमा की ओर विस्मित बालक-सा ताकने वाला ठूँठ भी कम सुकुमार नहीं। अविरत जलदान से पृथ्वी को कँपा देने वाला बादल ऊँचा है, पर एक बूँद आँसू के भार से नत और कम्पित तृण भी कम उन्नत नहीं। गुलाब के रंग और नवनीत की कोमलता में कंकाल छिपाए हुए रूपसी कमनीय है, पर झुर्रियों में जीवन का विज्ञान लिखे हुए वृद्ध भी कम आकर्षक नहीं। बाह्य जीवन की कठोरता, संघर्ष, जय-पराजय सब मूल्यवान हैं, पर अन्तर्जगत की कल्पना, स्वप्न, भावना आदि भी कम अनमोल नहीं।

सत्य पर जीवन का सुन्दर ताना-बाना बुनने के लिए कला-सृष्टि ने स्थूल-सूक्ष्म सभी विषयों को अपना उपकरण बनाया। वह पाषाण की कठोर स्थूलता से रंग-रेखाओं की निश्चित सीमा, उससे ध्वनि की क्षणिक स्थिति और तब शब्द की सूक्ष्म व्यापकता तक पहुँची अथवा किसी और क्रम से, यह जान लेना बहुत सहज नहीं। परन्तु शब्द के विस्तार में कला-सृजन को पाषाण की मूर्तिमत्ता, रंग-रेखा की सजीवता, स्वर का माधुर्य सब कुछ एकत्र कर लेने की सुविधा प्राप्त हो गई। काव्य में कला का उत्कर्ष एक ऐसे बिन्दु तक पहुँच गया, जहाँ से वह ज्ञान को सहायता दे सका।

उपयोग की कला और सौन्दर्य की कला को लेकर बहुत से विवाद सम्भव होते रहे, परन्तु यह भेद मूलतः एक दूसरे से बहुत दूरी पर नहीं ठहरते।

कला शब्द से किसी निर्मित पूर्ण खंड का ही बोध होता है और कोई भी निर्माण अपनी अन्तिम स्थिति में जितना सीमित है आरम्भ में उतना ही फैला हुआ मिलेगा। उसके पीछे स्थूल जगत का अस्तित्व, जीवन की स्थिति, किसी अभाव की अनुभूति, पूर्ति का आदर्श, उपकरणों की खोज, एकत्रीकरण की कुशलता आदि-आदि का जो इन्द्रजाल रहता है, उसके अभाव में निर्माण की स्थिति शून्य के अतिरिक्त कौन-सी संज्ञा पा सकेगी। चिड़िया का कलरव कला न होकर कला का विषय हो सकेगा, पर मनुष्य के गीत को कला कहना होगा। एक में वह सहज प्रवृत्ति मात्र है, पर दूसरे ने सहज प्रवृत्ति के आधार पर अनेक स्वरों को विशेष सामंजस्यपूर्ण स्थिति में रखकर एक विशेष रागिनी की सृष्टि की है, जो अपनी सीमा में जीवनव्यापी सुख-दुःखों की अनुभूति को अक्षय रखती है। इस प्रकार प्रत्येक कलाकृति के लिए निर्माण सम्बन्धी विज्ञान की भी आवश्यकता होगी और उस विज्ञान की सीमित रेखाओं में व्यक्त होने वाले जीवन के व्यापक सत्य की अनुभूति की भी। जब हमारा ध्यान किसी एक पर ही केन्द्रित हो जाता है तब दोनों को जोड़ने वाली कड़ियाँ अस्पष्ट होने लगती हैं।

एक कृति को ललित कहकर चाहे हम जीवन के, दृष्टि से ओझल शिखर पर प्रतिष्ठित कर आवें और दूसरी को उपयोगी का नाम देकर चाहे जीवन के धूलभरे प्रत्यक्ष चरणों पर रख दें, परन्तु उन दोनों ही की स्थिति जीवन से बाहर सम्भव नहीं। उनकी दूरी हमारे विकास-क्रम से बनी है, कुछ उनकी तात्विक भिन्नता से नहीं। नीचे की पहली सीढ़ी से चढ़कर जब हम ऊपर की अन्तिम सीढ़ी पर खड़े हो जाते हैं, तब उन दोनों की दूरी हमारे आरोह-क्रम की सापेक्ष है—स्वयं एक-एक तो न वे नीची हैं, न ऊँची।

व्यावहारिक जगत में हमने पहले खाद्य, आच्छादन, छाया आदि की समस्याओं को जिन मूल स्वरूपों में सुलझाया था उन्हें यदि आज के व्यंजन, वस्त्राभूषण और भवन के ऐंद्रजालिक विस्तार में रखकर देखें, तो वे कला के स्थूल और सूक्ष्म उपयोग से भी अधिक रहस्यमय हो उठेंगे। जो बाह्य जगत में सहज था, वह अन्तर्जगत में भी

स्वाभाविक हो गया, अत: उपयोग सम्बन्धी स्थूलता सूक्ष्म होते-होते एक रहस्यमय विस्तार में हमारी दृष्टि से ओझल हो गई—और तब हम उसका निकटवर्ती छोर पकड़ कर दूसरे को अस्तित्वहीन कहकर खोजने की चिन्ता से मुक्त होने लगे।

सत्य तो यह है कि जब तक हमारे सूक्ष्म अन्तर्जगत का बाह्य जीवन में पग-पग पर उपयोग होता रहेगा, तब तक कला का, सूक्ष्म उपयोग सम्बन्धी विवाद भी विशेष महत्त्व नहीं रख सकता। हमारे जीवन में सूक्ष्म और स्थूल की जैसी समन्वयात्मक स्थिति है, वही कला को, केवल स्थूल या केवल सूक्ष्म में निर्वासित न होने देगी। जब हम एक व्यक्ति के कार्य को स्वीकार करेंगे, तब उसकी पटभूमिका बने हुए वायवी स्वप्न, सूक्ष्म आदर्श, रहस्यमयी भावना आदि का भी मूल्य आँकना आवश्यक हो जाएगा और कला यदि उस वातावरण का ऐसा परिचय देती है जो कार्य से न दिया जा सकेगा तो जीवन को उसके लिए भीतर-बाहर के सभी द्वार खोलने पड़ेंगे।

उपयोग की ऐसी निम्नोन्नत भूमियाँ हो सकती हैं, जो अपने बाह्य रूपों में एक दूसरी से सर्वथा ही भिन्न जान पड़ें, परन्तु जीवन के व्यापक धरातल पर उनके मूल्य में विशेष अन्तर नहीं रहता।

हमारी शिराओं में संचरित जीवन-रस और दूर मिट्टी में उत्पन्न अन्न के उपयोग से प्रत्यक्षत: कितना अन्तर और अप्रत्यक्षत: कैसी एकता है, यह कहने की आवश्यकता नहीं। रोगी की व्याधिविशेष के लिए शस्त्र-विशेष उपयोगी हो सकता है, परन्तु उसके सिरहाने किसी सहृदय द्वारा रखा हुआ अधखिला गुलाब का फूल भी कम उपयोगी नहीं। अपनी वेदना में छटपटाता हुआ वह, उस फूल की धीरे-धीरे खिलने और हौले-हौले झड़ने वाली पंखड़ियों को देख-देख कर, कई बार विश्राम की साँस लेता, किस प्रकार अपने अकेलेपन को भर देता है, कितने भावों की सम-विषम भूमियों के पार आता जाता है और कैसे चिन्तन के क्षणों में अपने आपको खोता है, पाता है, वह चाहे हमारे लिए प्रत्यक्ष न हो, परन्तु रोगी के जीवन में तो सत्य रहेगा ही। चतुर चिकित्सक, रोग का निदान, उपयुक्त औषधि और पथ्य आदि का उपयोग स्पष्ट है, परन्तु रोगी की स्वस्थ इच्छाशक्ति, वातावरण का अनिर्वचनीय सामंजस्य, सेवा करने वाले का हृदयगत स्नेह, सद्भाव आदि उपयोग में अप्रत्यक्ष होने के कारण कम महत्त्वपूर्ण हैं, यह कहना अपनी भ्रान्ति का परिचय देना होगा।

जब केवल शारीरिक स्थिति से सम्बन्ध रखने वाला उपयोग भी इतना जटिल है, तब महत्त्वपूर्ण जीवन को अपनी परिधि में घेरने वाले उपयोग का प्रश्न कितना रहस्यमय हो सकता है, यह स्पष्ट है।

जिस प्रकार एक वस्तु के स्थूल से लेकर सूक्ष्म तक असंख्य उपयोग हैं, उसी प्रकार एक जीवन को सूक्ष्मतम से लेकर स्थूलतम तक अनन्त परिस्थितियों के बीच से आगे बढ़ना होता है। इसके अतिरिक्त मनुष्य के अभाव और उनकी पूर्तियों में इतनी संख्यातीत विविधता है, उसके कार्य-कारण के सम्बन्ध में इतनी मापहीन

व्यापकता है कि उपयोग विशेष की एक रेखा से समस्त जीवन को घेर लेने का प्रयास असफल ही रहेगा। मनुष्य का जीवन इतना एकांगी नहीं कि उसे हम केवल अर्थ, केवल काम या ऐसी ही किसी एक कसौटी पर रखकर सम्पूर्ण रूप से खरा या खोटा कह सकें। कपटी से कपटी लुटेरा भी अपने साथियों के साथ जितना सच्चा है उसे देखकर महान सत्यवादी भी लज्जित हो सकता है। कठोर से कठोर अत्याचारी भी अपनी सन्तान के प्रति इतना कोमल है कि कोई भावुक भी उसकी तुलना में न ठहरेगा। उद्धत से उद्धत बर्बर भी अपने माता-पिता के सामने इतना विनत मिलता है, कि उसे नम्र शिष्य की संज्ञा देने की इच्छा होती है। सारांश यह कि जीवन के एक छोर से दूसरे छोर तक जो, एक स्थिति में रह सके ऐसा जीवित मनुष्य सम्भव ही नहीं, अतः एकान्त उपयोग की एक कल्पना ही सहज है।

जिस चढ़े हुए धनुष की प्रत्यंचा कभी नहीं उतरती, वह लक्ष्यवेध के काम का नहीं रहता। जो नेत्र एक भाव में स्थिर हैं, जो ओठ एक मुद्रा में जड़ हैं, जो अंग एक स्थिति में अचल हैं वे चित्र या मूर्ति में ही अंकित रह सकते हैं। जीवन की गतिशीलता में विश्वास कर लेने पर, मनुष्य की असंख्य परिस्थितियों और विविध आवश्यकताओं में विश्वास करना अनिवार्य हो उठता है और अभाव की विविधता से उपयोग की बहुरूपता एक अविच्छिन्न सम्बन्ध में बँधी है। यह सत्य है कि जीवन में किसी आवश्यकता का अनुभव नित्य होता रहता है और किसी का यदा कदा; परन्तु निरन्तर अनुभूत अभावों की पूर्ति ही पूर्ति है और जिनका अनुभव ऐसा नियमित नहीं वे अभाव ही नहीं, ऐसी धारणा भ्रान्तिपूर्ण है।

कभी-कभी एकरस अनेक वर्षों की तुलना में सहानुभूति, स्नेह, सुख-दुःख के कुछ क्षण कितने मूल्यवान ठहरते हैं, इसे कौन नहीं जानता। अनेक बार व्यक्ति के जीवन में एक छंद, एक चित्र या एक घटना ने अभूतपूर्व परिवर्तन सम्भव कर दिया है। कारण स्पष्ट है। जब कवि, चित्रकार या संयोग के मार्मिक सत्य ने, उस व्यक्ति को, एक क्षणिक कोमल मानसिक स्थिति में, छू पाया, तब वे क्षण अनन्त कोमलता और करुणा के सौन्दर्य-द्वार खोलने में समर्थ हो सके। ऐसे कुछ क्षण युगों से अधिक मूल्यवान, अतः उपयोगी मान लिए जाएँ तो आश्चर्य की बात नहीं।

वास्तव में जीवन की गहराई की अनुभूति के कुछ क्षण होते हैं, वर्ष नहीं। परन्तु वे क्षण निरन्तरता से रहित होने के कारण कम उपयोगी नहीं कहे जा सकते। जो क्रूर मनुष्य सौ-सौ शास्त्रों के नित्य मनन से कोमल नहीं बन पाता, वह यदि एक छोटे से निर्दोष बालक के सरल और आकस्मिक प्रश्न मात्र से द्रवित हो उठता है, तो वह क्षणिक प्रश्न शास्त्रमनन की निरन्तरता से अधिक उपयोगी क्यों न माना जावे! एक बाण-विद्ध क्रौंच से प्रभावित ऋषि 'मा निषाद प्रतिष्ठां त्वं'—कहकर यदि प्रथम श्लोक और आदिकाव्य की रचना में समर्थ हो सका, तो उस क्षुद्र पक्षी की व्यथा को, मनीषी की ज्ञान-गरिमा से अधिक मूल्य क्यों न दिया जावे! यदि एक

वैज्ञानिक, फल के गिरने से पृथ्वी की आकर्षण-शक्ति का पता लगा सका, तो उस तुच्छ फल का टूटना, पर्वतों के टूटने से अधिक महत्त्वपूर्ण क्यों न समझा जावे।

यदि नित्य और नियमित स्थूल ही उपयोग की कसौटी रहे, तो शरीर की कुछ आवश्यकताओं के अतिरिक्त और कुछ भी, महत्त्व की परिधि में नहीं आता। परन्तु हमारे इस निष्कर्ष को जीवन तो स्वीकार करे! बुद्धि ने अपनी सीमा में स्थूलतम से सूक्ष्मतम तक सब कुछ ज्ञेय माना है और हृदय ने अपनी परिधि में इसे संवेदनीय। जीवन ने इन दोनों को समान रूप से स्वीकृति देकर इस दोहरे उपयोग को असंख्य विभिन्न और ऊँचे-नीचे स्तरों में विभाजित कर डाला है। जब इनमें से एक को लक्ष्य बनाकर हम जीवन का विकास चाहते हैं, तब हमारा प्रयास अपनी दिशा में गतिशील होकर भी सम्पूर्ण जीवन को सामंजस्यपूर्ण गति नहीं देता।

जीवन की अनिश्चित से अनिश्चित स्थिति भी उपयोग के प्रश्न को एकांगी नहीं बना सकती। युद्ध के लिए प्रस्तुत सैनिक की स्थिति से अधिक अनिश्चित स्थिति और किसी की सम्भव नहीं, परन्तु इस स्थिति में भी जीवन भोजन, आच्छादन और अस्त्रशस्त्र के उपयोग में ही सीमित नहीं हो जाता। मस्तिष्क और हृदय को क्षण भर विश्राम देने वाले सुख के साधन, प्रियजनों के स्नेह भरे सन्देश, रक्षणीय वस्तुओं के सम्बन्ध में ऊँचे-ऊँचे आदर्श, जय के सुनहले-रुपहले स्वप्न, अडिग साहस और विश्वास की भावना, अन्तश्चेतना का अनुशासन आदि, मिलकर ही तो वीर को वीरता से मरने और सम्मान से जीने की शक्ति दे सकते हैं। पौष्टिक भोजन, झिलमिलाते कवच और चकाचौंध उत्पन्न करने वाले अस्त्रशस्त्र मात्र वीर-हृदय का निर्माण नहीं करते; उसके निर्मायक उपकरण तो अन्तर्जगत में छिपे रहते हैं। यदि हम अन्तर्जगत के वैभव को अनुपयोगी सिद्ध करना चाहें तो कवच में यंत्रचालित काठ के पुतले भी खड़े किए जा सकते हैं, क्योंकि जीवित मनुष्य की तुलना में उनकी आवश्यकताएँ नहीं के बराबर और उपयोग सहस्रगुण अधिक रहेंगे।

उपयोग की ऐसी ही भ्रान्ति पर तो हमारा यंत्र-युग खड़ा है। परन्तु संसार ने हँसने-रोने, थकने-मरने वाले मनुष्य को खोकर जो वीतराग, अथक और अमर देवता पाया है उसने जीवन को, आत्महत्या का वरदान देने के अतिरिक्त और क्या किया? समाज और राष्ट्र में मनुष्य की स्थिति न केवल तात्कालिक है और न अनिश्चित; अतः उसके जीवन से सम्बन्ध रखने वाले उपयोग को, अधिक व्यापक धरातल पर स्थायित्व की रेखाओं में देखना होगा।

उपयोगिता के प्रश्न के साथ एक कठिनाई और है। जैसे-जैसे उपयोग की भूमि ऊँची होती जाती है, वैसे-वैसे वह प्रत्यक्षता में न्यून और व्यापकता में अधिक होती चलती है। सबसे नीची भूमि जिस अंश तक सापेक्ष है, सबसे ऊँची उसी अंश तक निरपेक्ष। उपयोगिता की दृष्टि से खाद्य, भिन्न-भिन्न व्यक्तियों के स्वास्थ्य, रुचि आदि की अपेक्षा रखता है; परन्तु उससे बना रस, रोगी, स्वस्थ आदि सभी प्रकार

के व्यक्तियों के लिए समान रूप से उपयोगी रहेगा। इसी से उपयोग की प्रत्यक्ष और निम्न भूमि पर जैसी विभिन्नता मिलती है, वैसी उन्नत पर अप्रत्यक्ष भूमि पर सहज नहीं।

'दूसरे के दुःख से सहानुभूति रखो' यह सिद्धान्त जब व्यावहारिक जीवन में केवल विधि-निषेध के रूप में आता है, तब भिन्न-भिन्न व्यक्तियों में इसके प्रयोग के रूप विभिन्न रहते हैं और प्रयोग से छुटकारा देने वाले तर्क विविध। परन्तु जब यही इतिवृत्त, हमारी भावभूमि पर, हृदय की प्रेरणा बनकर उपस्थित होता है, तब न प्रयोगों में इतनी विभिन्नता दिखाई देती है और न तर्क की आवश्यकता रहती है। किसी का दुःख जब हमारे हृदय को स्पर्श कर चुका, तब हम उसके और अपने सम्बन्ध को, साधारण लौकिक आदान-प्रदान की तुला पर तोलने में असमर्थ ही रहेंगे।

यदि हम किसी के दुःख को बँटा लेंगे तो दूसरा भी हमारे दुःख में सहभागी होगा, यह सामाजिक नियम न हमें स्मरण रहता है और न हम स्मरण करना चाहेंगे। इसी से महानतम त्यागों के पीछे विधिनिषेधात्मक नैतिकता के संस्कार चाहे रहें, परन्तु स्वयं विधि निषेध की सतर्क चेतना सम्भव नहीं रहती। सत्य बोलना उचित है, इस सिद्धान्त को गणित के नियम के समान रट-रटकर जो सत्य बोलने की शक्ति पाता है, वह सच्चा सत्यवादी नहीं। सत्यवादी तो उसे कहेंगे, जिसमें सत्य बोलना, विधिनिषेध की सीमा पार कर स्वभाव ही बन चुका है। उपयोग की इस सूक्ष्म, पर व्यापक भूमि पर सत्य में जैसी एकता है, स्थूल और संकीर्ण धरातल पर वैसी ही अनेकता। इसी कारण संसार-भर के दार्शनिक, धर्म-संस्थापक, कवि आदि के सत्य में, देशकाल और व्यक्ति की दृष्टि से विभिन्नता होने पर भी मूलगत एकता मिलती है।

सत्य तो यह है कि उपयोग का प्रश्न जीवन के समान ही निम्न-उन्नत, सम-विषम, प्रत्यक्ष-अप्रत्यक्ष भूमियों में समान रूप से व्याप्त है और रहेगा।

जहाँ तक काव्य तथा अन्य ललित कलाओं का सम्बन्ध है, वे उपयोग की उस उन्नत भूमि पर स्थायी हो पाती हैं, जहाँ वह प्रत्येक श्रोता के हृदय में एक करुण भाव जाग्रत करके ही सफल हो सकेगी, हर्ष या उल्लास का नहीं। व्यक्ति के संस्कार, परिस्थिति, मानसिक स्थिति आदि के अनुसार उसकी मात्राओं में न्यूनाधिक्य हो सकता है; परन्तु इसके उपयोग में इतनी विभिन्नता सम्भव नहीं कि एक में हर्ष का संचार हो और दूसरे में विषाद का उद्रेक।

जीवन को गति देने के दो ही प्रकार हैं—एक तो बाह्य अनुशासनों का सहारा देकर उसे चलाना और दूसरे, अन्तर्जगत में ऐसी स्फूर्ति उत्पन्न कर देना जिससे सामंजस्यपूर्ण गतिशीलता अनिवार्य हो उठे। अन्तर्जगत में प्रेरणा बनने वाले साधनों की स्थिति, उस बीज के समान है, जिसे मिट्टी को, रंग-रूप-रस आदि में व्यक्त होने की सुविधा देने के लिए, स्वयं उसके अन्धकार में समाकर दृष्टि से ओझल हो जाना पड़ता है।

विधि-निषेध की दृष्टि से महान कलाकार के पास उतना भी अधिकार नहीं जितना चौराहे पर खड़े सिपाही को प्राप्त है। वह न किसी को आदेश दे सकता है और न उपदेश, और यदि देने की नासमझी करता भी है तो दूसरे उसे न मानकर समझदारी का परिचय देते हैं। वास्तव में कलाकार तो जीवन का ऐसा संगी है, जो अपनी आत्म-कहानी में, हृदय की कथा कहता है और स्वयं चलकर पग-पग के लिए पथ प्रशस्त करता है। वह बौद्धिक परिणाम नहीं, किन्तु अपनी अनुभूति दूसरे तक पहुँचाता है और वह भी एक विशेषता के साथ। काँटा चुभाकर काँटे का ज्ञान तो संसार दे ही देगा, परन्तु कलाकार बिना काँटा चुभने की पीड़ा दिए हुए ही उसकी कसक की तीव्रमधुर अनुभूति, दूसरे तक पहुँचाने में समर्थ है। अपने अनुभवों की गहराई में, वह जिस जीवन-सत्य से साक्षात् करता है, उसे दूसरे के लिए संवेदनीय बनाकर कहता चलता है 'यह सौन्दर्य तुम्हारा ही तो है, पर मैं आज देख पाया'। जीवन को स्पर्श करने का उसका ढंग ऐसा है कि हम उसके सुख-दुःख, हर्ष-विषाद, हार-जीत सब कुछ प्रसन्नतापूर्वक ही स्वीकार करते हैं—दूसरे शब्दों में हम बिना खोजने का कष्ट उठाए हुए ही कलाकार के सत्य में अपने आपको पाते हैं। दूसरे के बौद्धिक निष्कर्ष तो हमें अपने भीतर उनका प्रतिबिम्ब खोजने पर बाध्य करते हैं, परन्तु अनुभूति हमारे हृदय से तादात्म्य करके प्राप्ति का सुख देती है।

उपदेशों के विपरीत अर्थ लगाए जा सकते हैं, नीति के अनुवाद भ्रान्त हो सकते हैं, परन्तु सच्चे कलाकार की सौन्दर्य-सृष्टि का अपरिचित रह जाना सम्भव है, बदल जाना सम्भव नहीं। मनु की जीवन-स्मृतियों में अनर्थ की सम्भावना है, पर वाल्मीकि का जीवन-दर्शन श्लेषहीन ही रहेगा। इसी से कलाकारों के मठ नहीं निर्मित हुए, महंत नहीं प्रतिष्ठित हुए, साम्राज्य नहीं स्थापित हुए और सम्राट नहीं अभिषिक्त हुए। कवि या कलाकार अपनी सामान्यता में ही सबका ऐसा अपना बन गया कि समय-समय पर, धर्म, नीति आदि को, जीवन के निकट पहुँचने के लिए, उससे परिचय-पत्र माँगना पड़ा।

कवि में दार्शनिक को खोजना बहुत साधारण हो गया है। जहाँ तक सत्य के मूल रूप का सम्बन्ध है, वे दोनों एक दूसरे के अधिक निकट हैं अवश्य; पर साधन और प्रयोगों की दृष्टि से उनका एक होना सहज नहीं। दार्शनिक बुद्धि के निम्न स्तर से अपनी खोज आरम्भ करके उसे सूक्ष्म बिन्दु तक पहुँचाकर सन्तुष्ट हो जाता है—उसकी सफलता यही है कि सूक्ष्म सत्य के उस रूप तक पहुँचने के लिए वही बौद्धिक दिशा सम्भव रहे। अन्तर्जगत का सारा वैभव परख कर सत्य का मूल्य आँकने का उसे अवकाश नहीं, भाव की गहराई में डूबकर जीवन की थाह लेने का उसे अधिकार नहीं। वह तो चिन्तन-जगत का अधिकारी है। बुद्धि, अन्तर का बोध कराकर एकता का निर्देश करती है और हृदय एकता की अनुभूति देकर अन्तर की ओर संकेत करता है। परिणामतः चिन्तन की विभिन्न रेखाओं का समानान्तर रहना

अनिवार्य हो जाता है। सांख्य जिस रेखा पर बढ़कर लक्ष्य की प्राप्ति करता है, वह वेदान्त को अंगीकृत न होगी और वेदान्त जिस क्रम से चलकर सत्य तक पहुँचता है, उसे योग स्वीकार न कर सकेगा।

काव्य में बुद्धि हृदय से अनुशासित रहकर ही सक्रियता पाती है, इसी से उसका दर्शन न बौद्धिक तर्कप्रणाली है और न सूक्ष्म बिन्दु तक पहुँचाने वाली विशेष विचार-पद्धति। वह तो जीवन को, चेतना और अनुभूति के समस्त वैभव के साथ, स्वीकार करता है। अतः कवि का दर्शन, जीवन के प्रति उसकी आस्था का दूसरा नाम है। दर्शन में, चेतना के प्रति नास्तिक की स्थिति भी सम्भव ही है, परन्तु काव्य में अनुभूति के प्रति अविश्वासी कवि की स्थिति असम्भव ही रहेगी। जीवन के अस्तित्व को शून्य प्रमाणित करके भी दार्शनिक बुद्धि के सूक्ष्म बिन्दु पर विश्राम कर सकता है; परन्तु यह अस्वीकृति कवि के अस्तित्व को, डाल से टूटे पत्ते की स्थिति देती है।

दोनों का मूल अन्तर न जानकर ही हम किसी भी कलाकार में बुद्धि की एक रूप, एक दिशावाली रेखा ढूँढ़ने का प्रयास करते हैं और असफल होने पर खीझ उठते हैं। इसका यह अर्थ नहीं कि दर्शन और कवि की स्थिति में विरोध है। कोई भी कलाकार दर्शन ही क्या, धर्म नीति आदि का विशेषज्ञ होने के कारण ही कला-सृजन के उपयुक्त या अनुपयुक्त नहीं ठहरता। यह समस्या तो तब उत्पन्न होती है जब वह अपनी कला को ज्ञानविशेष का एकांगी, शुष्क और बौद्धिक अनुवाद मात्र बनाने लगता है।

कवि का वेदान्त-ज्ञान, जब अनुभूतियों से रूप, कल्पना से रंग और भाव-जगत से सौन्दर्य पाकर साकार होता है, जब उसके सत्य में जीवन का स्पन्दन रहेगा, बुद्धि की तर्क-शृंखला नहीं। ऐसी स्थिति में उसका पूर्ण परिचय न अद्वैत दे सकेगा और न विशिष्टाद्वैत। यदि कवि ने इतनी सजीव साकारता के बिना ही, अपने ज्ञान को कला के सिंहासन पर अभिषिक्त कर दिया, तो वह विकलांग मूर्ति के समान न निरा देवता है और न कोरा पाषाण। कला जीवन की विविधता समेटती हुई आगे बढ़ती है, अतः सम्पूर्ण जीवन को गला-पिघलाकर तर्कसूत्र में परिणत कर लेना, उसका लक्ष्य नहीं हो सकता।

व्यष्टि और समष्टि में समान रूप से व्याप्त जीवन के, हर्ष-शोक, आशा निराशा, सुख-दुःख आदि की संख्यातीत विविधता को स्वीकृति देने ही के लिए कला-सृजन होता है। अतः कलाकार के जीवन-दर्शन में हम उसका जीवनव्यापी दृष्टिकोण मात्र पा सकते हैं। जो सम-विषम परिस्थितियों की भीड़ में नहीं मिल जाता, सरल-कठिन संघर्षों के मेले में नहीं खो जाता और मधुर-कटु सुख-दुःखों की छाया में नहीं छिप जाता, वही व्यापक दृष्टिकोण कवि का दर्शन कहा जाएगा। परन्तु ज्ञान-क्षेत्र और काव्यजगत के दर्शन में उतना ही अन्तर रहेगा, जितना दिशा की शून्य सीधी रेखा और अनन्त रंग-रूपों से बसे हुए आकाश में मिलता है।

काव्य की परिधि में बाह्य और अन्तर्जगत दोनों आ जाने के कारण, अभिव्यक्ति के स्वरूप मतभेदों को जन्म देते रहे हैं। केवल बाह्य-जगत की यथार्थता काव्य का लक्ष्य रहे अथवा उस यथार्थ के साथ सम्भाव्य यथार्थ अर्थात आदर्श भी व्यक्त हो, यह प्रश्न भी उपेक्षणीय नहीं। यथार्थ और आदर्श दोनों को यदि चरम सीमा पर रखकर देखा जाए, तो एक प्रत्यक्ष इतिवृत्त में बिखर जाएगा और दूसरा असम्भव कल्पनाओं में बँध जाएगा। ऐसे यथार्थ और आदर्श की स्थिति जीवन में ही कठिन हो जाती है, फिर उसकी काव्य-स्थिति के सम्बन्ध में क्या कहा जावे!

काव्य में गोचर जगत तो सहज स्वीकृति पा लेता है, पर स्थूल जगत में व्याप्त चेतन और प्रत्यक्ष सौन्दर्य में अन्तर्हित सामंजस्य की स्थिति बहुत सहज नहीं।

हमारे प्राचीन काव्य ने बौद्धिक तर्कवाद से दूर, उस आत्मानुभूत ज्ञान को स्वीकृति दी है, जो इन्द्रियजन्य ज्ञान-सा अनायास, पर उससे अधिक निश्चित और पूर्ण माना गया है। इस ज्ञान के आधार सत्य की तुलना, उस आकाश से की जा सकती है, जो ग्रहण शक्ति की अनुपस्थिति में अपना शब्दगुण नहीं व्यक्त करता। इसी कारण ऐसे ज्ञान की उपलब्धि आत्मा के उस संस्कार पर निर्भर है, जो सामान्य सत्य को विशिष्ट सीमा में ग्रहण करने की शक्ति भी देता है और उस सीमित ज्ञानानुभूति को जीवन की व्यापक पीठिका देने वाला सौन्दर्यबोध भी सहज कर देता है।

जैसे रूप, रस, गंध आदि की स्थिति होने पर भी, करण (इन्द्रिय) के अभाव या अपूर्णता में, कभी उनका ग्रहण सम्भव नहीं होता और कभी वे अधूरे ग्रहण किए जाते हैं, वैसे ही आत्मानुभूत ज्ञान, आत्मा के संस्कार की मात्रा और उससे उत्पन्न ग्रहणशक्ति की सीमा पर निर्भर रहेगा। कवि को द्रष्टा या मनीषी कहने वाले युग के सामने यही निश्चित तर्कक्रम से स्वतंत्र ज्ञान रहा।

यह ज्ञान व्यक्तिसामान्य नहीं, यह कहकर हम उसकी उपेक्षा नहीं कर सकते, क्योंकि हमारा प्रत्यक्ष जगत सम्बन्धी ज्ञान भी इतना सामान्य नहीं। विज्ञान का भौतिक ज्ञान ही नहीं, नित्य का व्यवहार-ज्ञान भी व्यक्ति की सापेक्षता नहीं छोड़ता। व्यक्तिगत रुचि, संस्कार, पूर्वार्जित ज्ञान-कारणों की पूर्णता, अपूर्णता, अभाव आदि मिलकर स्थूल जगत के ज्ञान को इतनी विविधता देते रहते हैं कि हम व्यक्ति के महत्त्व से ज्ञान का महत्त्व निश्चित करने पर बाध्य हो जाते हैं। जो ऊँचा सुनता या जो स्टेथेस्कोप की सहायता से फेफड़ों का अस्फुट शब्द मात्र सुनता है, वे दोनों हमारे स्वर-सामंजस्य के सम्बन्ध में कोई निष्कर्ष नहीं दे सकते। पर जो आहट की ध्वनि से लेकर मेघ के गर्जन तक, सब स्वर सुनने की क्षमता भी रखता है और विभिन्न स्वरों में सामंजस्य लाने की साधना भी कर चुका है, वही इस दिशा में हमारा प्रमाण है।

समाज, नीति आदि से सम्बन्ध रखने वाले इन्द्रियानुभूत ज्ञान ही नहीं, सूक्ष्म बौद्धिक ज्ञान के सम्बन्ध में भी अपने से अधिक पूर्ण व्यक्तियों को प्रमाण मानकर

मनुष्य विकास करता आया है। अत: अध्यात्म के सम्बन्ध में ही ऐसा तर्कवाद क्यों महत्त्व रखेगा! फिर यह आत्मानुभूत ज्ञान इतना विच्छिन्न भी नहीं, जितना समझा जाता है। साधारणत: तो प्रत्येक व्यक्ति किसी न किसी अंश तक इसका उपयोग करता रहता है। प्रत्यक्ष ज्ञान के साथ इस ज्ञान का वैसा ही अज्ञात सम्बन्ध और अव्यक्त स्पर्श है जैसा प्रकृति की प्रत्यक्ष और प्रशान्त नि:स्तब्धता के साथ आँधी के अव्यक्त पूर्वाभास का हो सकता है, जो स्थितिहीनता में भी स्थिति रखता है। इसके अव्यक्त स्पर्श का अनुभव कर अनेक बार मनुष्य प्रत्यक्ष प्रमाण, बौद्धिक निष्कर्ष और अनुकूल परिस्थितियों की सीमाएँ पार कर लेने के लिए विवश हो उठता है।

कठोर विज्ञानवादी के पास भी ऐसा बहुत कुछ बच जाता है, जो कार्य-कारण से बाँधा जा सकता, स्थूलता के एकान्त उपासक के पास भी बहुत कुछ शेष रह जाता है, जो उपयोग की कसौटी पर नहीं परखा जा सकता। और यदि केवल संख्या ही महत्त्व रखती हो, तो संसार के सब कोनों में ऐसे व्यक्तियों की स्थिति सम्भव हो सकी है, जो आत्मानुभूत ज्ञान का अस्तित्व सिद्ध करते रहे।

अगोचर जगत से सम्बन्ध रखने वाली रहस्यानुभूति की स्थिति भी ऐसी ही है। जहाँ तक अनुभूति का प्रश्न है, वह तो स्थूल और गोचर जगत में भी सामान्य नहीं। प्रत्येक व्यक्ति की दृष्टि फूल को फूल ग्रहण कर ले, यह स्वाभाविक है, परन्तु सबके अन्तर्जगत में अनुभूति एक सी स्थिति नहीं पा सकती। अपने संस्कार, रुचि के अनुसार कोई फूल से तादात्म्य प्राप्त कर के भावतन्मय हो सकेगा, कोई उदासीन दर्शक मात्र रह जाएगा। स्थूल जगत के सम्पर्क का रूप भी अनुभूति की मात्रा निश्चित कर सकता है। जिसने अंगारे उठा-उठा कर हाथ को कठोर कर लिया है, उसकी उँगलियाँ अंगारे पर पड़ कर भी जलने की तीव्र अनुभूति नहीं उत्पन्न करेंगी; पर जिसका हाथ अचानक अंगारे पर पड़ गया है, उसे छाले का तीव्र मर्मानुभव करना पड़ेगा। जिसने काँटों पर लेटने का अभ्यास कर लिया है, उसके शरीर में अनेक काँटों का स्पर्श तीव्र व्यथा नहीं उत्पन्न करता; पर जो चलते-चलते अचानक काँटे पर पैर रख देता है, उसके लिए एक काँटा ही तीव्र दु:खानुभूति का कारण बन जाता है।

परन्तु इन सब खंडश: अनुभूतियों के पीछे हमारे अन्तर्जगत में एक ऐसा व्यापक, अखंड और संवेदनात्मक धरातल भी है, जिस पर सारी विविधताएँ ठहर सकती हैं। काव्य इसी को स्पर्श कर संवेदनीयता प्राप्त करता है। इसी कारण जिन सुख-दु:खों की प्रत्यक्ष स्थिति भी हमें तीव्र अनुभूति नहीं देती, उन्हीं की काव्यस्थिति से साक्षात् कर हम अस्थिर हो उठते हैं।

व्यापक अर्थ में तो यह कहा जा सकता है कि प्रत्येक सौन्दर्य या प्रत्येक सामंजस्य की अनुभूति भी रहस्यानुभूति है। यदि एक सौन्दर्य-अंश या सामंजस्य-खंड हमारे सामने किसी व्यापक सौन्दर्य या अखंड सामंजस्य का द्वार नहीं खोल देता, तो हमारे अन्तर्जगत का उल्लास से आन्दोलित हो उठना सम्भव नहीं। इतना

ही नहीं किसी कर्म के सौन्दर्य और सामंजस्य की अनुभूति भी रहस्यात्मक हो सकती है, इसी से मनुष्य ऐसे कर्मों को आलोक-स्तम्भ बना-बनाकर जीवन-पथ में स्थापित करता रहा है।

सौन्दर्य अपने समर्थन के लिए जिस सामंजस्य की ओर इंगित करता है, विरूपता भी अपने विरोध के लिए उसी की ओर संकेत करती है; पर दोनों के संकेत में अन्तर है। प्रत्येक सौन्दर्य खंड अखंड सौन्दर्य से जुड़ा है और इस तरह हमारे हृदयगत सौन्दर्यबोध से भी जुड़ा है; पर विरूप, व्यापक सामंजस्य का विरोधी होने के कारण, हमारे भीतर कोई स्वभावगत स्थिति नहीं रखता। सौन्दर्य से हमारा वह परिचय है, जो अनन्त जलराशि में एक लहर का दूसरी लहर से होता है; पर विरूपता से हमारा वैसा ही मिलन है, जैसा पानी में फेंके हुए पत्थर और उससे उठी लहर में सहज है। सौन्दर्य चिरपरिचय में भी नवीन है, पर विरूपता अति परिचय में नितान्त साधारण बन जाती है; इसी से सौन्दर्य की रहस्यानुभूति ही, अन्तहीन काव्यकथा में नए परिच्छेद जोड़ती रही है।

आधुनिक युग में कलाकार की सीमाएँ जानने के लिए जीवन-व्यापी वातावरण की विषमताओं से परिचित होना अपेक्षित रहेगा।

हमारी सामाजिक परिस्थिति में अभी तक प्रतिक्रियात्मक ध्वंस-युग ही चल रहा है। उसके सम्बन्ध में ऐसा कोई स्वस्थ और पूर्ण चित्र अंकित नहीं किया जा सका, जिसे दृष्टि का केन्द्र बनाकर निर्माण का क्रम आरम्भ किया जा सकता। इस दिशा में हम अपने व्यक्तिगत स्वार्थ और सुविधा के अनुसार ही तोड़ने-फोड़ने का कार्य करते चलते हैं—अतः कहीं चट्टान पर सुनार की हथौड़ी का हल्का स्पर्श होता है और कहीं राख के ढेर पर लोहार की गहरी चोट। क्या संस्कृति, क्या आदर्श, सब में हमारी शक्तियों का विक्षिप्त जैसा प्रयोग है, इसी से जो टूट जाता है, वह हमारी ही आँखों की किरकिरी बनने के लिए वायुमंडल में मँडराने लगता है और जो हमारे प्रहार से नहीं बिखरता, वह विषम तथा विरूप बनकर हमारे ही पैरों को आहत और गति को कुंठित करता रहता है। निर्माण की दिशा में किसी सामूहिक लक्ष्य के अभाव में व्यक्तिगत प्रयास, अराजकता के आकस्मिक उदाहरणों से अधिक महत्त्व नहीं पाते।

किसी भी उत्थानशील समाज और उसके प्रबुद्ध कलाकारों में जो सक्रिय सहयोग और परस्पर पूरक आदान-प्रदान स्वाभाविक है, वह हमारे समाज के लिए कल्पनातीत बन गया। समाज की एक बिन्दु पर अचलता और कलाकार की लक्ष्यहीन गति-विह्वलता ने उसे एक प्रकार से असामाजिक प्राणी की स्थिति में डाल दिया है।

प्रत्येक सच्चे कलाकार की अनुभूति, प्रत्यक्ष सत्य ही नहीं, अप्रत्यक्ष सत्य का भी स्पर्श करती है; उसका स्वप्न वर्तमान ही नहीं, अनागत को भी रूपरेखा में बाँधता है और उसकी भावना यथार्थ ही नहीं, सम्भाव्य यथार्थ को भी मूर्तिमत्ता देती

है। परन्तु इन सबकी व्यक्तिगत और अनेक रूप अभिव्यक्तियाँ दूसरों तक पहुँचकर ही तो जीवन की समष्टिगत एकता का परिचय देने में समर्थ हैं।

कलाकार के निर्माण में जीवन के निर्माण का लक्ष्य छिपा रहता है, जिसकी स्वीकृति के लिए जीवन की विविधता आवश्यक होगी। जब समाज उसके किसी भी स्वप्न का मूल्य नहीं आँकता, किसी भी आदर्श को जीवन की कसौटी पर परखना स्वीकार नहीं करता, तब साधारण कलाकार तो सब कुछ धूल में फेंककर रूठे बालक के समान क्षोभ प्रकट कर देता है और महान समाज की उपस्थिति ही भुलाने लगता है। हमारे कला क्षेत्र में जो एक उच्छृंखल गति है, उसके मूल में निर्माण की सन्तुलित सक्रियता से अधिक, विवश क्षोभ की अस्थिरता ही मिलेगी।

एक ओर समाज पक्षाघात से पीड़ित है और दूसरी ओर धर्म विक्षिप्त। एक चल ही नहीं सकता, दूसरा वृत्त के भीतर वृत्त बनाता हुआ एक पैर से दौड़ लगा रहा है। गर्म और ठंडे जल से भरे पात्रों की निकटता जैसे उनका तापमान एक-सा कर देती है, उसी प्रकार हमारे धर्म और समाज की सापेक्ष स्थिति, उन्हें एक-सी निर्जीवता देती रहती है। आज तो बाह्य और आन्तरिक विकृति ने धर्म को ऐसी परिस्थिति में पहुँचा दिया है, जहाँ रूढ़िग्रस्त रहने का नाम निष्ठा और रीतिकालीन प्रवृत्तियों की चंचल क्रीड़ा ही गतिशीलता है। इतना ही नहीं, इस स्वर्ग के खंडहर का द्वारपाल अर्थ बन गया है। कलाकार यदि धर्म के क्षेत्र में प्रवेश चाहे तो उसे हाथी पर गंगा-यमुनी काम की अम्बारी में जाना होगा, जो उसकी निर्धनता में सम्भव नहीं।

हमारी संस्कृति ने धर्म और कला का ऐसा ग्रन्थिबन्धन किया था, जो जीवन से अधिक मृत्यु में दृढ़ होता गया। क्या काव्य, क्या मूर्ति, क्या चित्र सब की यथार्थ रेखाओं और स्थल रूपों में अध्यात्म ने सूक्ष्म आदर्श की प्रतिष्ठा की। परन्तु जब ध्वंस के असंख्य स्तरों के नीचे दबकर वह अध्यात्म-स्पन्दन रुक गया, तब धर्म के निर्जीव कंकाल में हमें मृत्यु का ठंडा स्पर्श मिलने लगा।

शरीर को चलाने वाली चेतना का अशरीरी गमन तो प्रत्यक्ष नहीं होता, परन्तु उसके अभाव में अचल शरीर का गल-गल कर नष्ट होना प्रत्यक्ष भी रहेगा और वातावरण को दूषित भी करेगा। समन्वयात्मक अध्यात्म कब खो गया, यह तो हम न जान सके, परन्तु व्यावहारिक धर्म की विविध विकृतियाँ हमारे जीवन के साथ रहीं। ऐसी स्थिति में काव्य तथा कलाओं की स्वस्थ गतिशीलता असम्भव हो उठी। निर्माण युग में जो कलासृष्टि अमृत की संजीवनी देकर ही सफल हो सकती थी, वही पतन-युगों में मदिरा की उत्तेजना मात्र बनकर विकासशील मानी गई। मदिरा का उपयोग तो स्वयं को भुलाने के लिए है, स्मरण करने के लिए नहीं और जीवन का सृजनात्मक विकास अपनेपन की चेतना में ही सम्भव है। परिणामत: कलाएँ और काव्य जैसे-जैसे हममें विक्षिप्त की चेष्टाएँ भरने लगे, वैसे-वैसे हम विकास-पथ पर लक्ष्यभ्रष्ट होते गए।

जागरण के प्रथम चरण में हमारी राष्ट्रीयता ने अपनी व्यापकता के लिए जिस अध्यात्म का आह्वान किया, काव्य ने सौन्दर्य-काया में उसी की प्राण-प्रतिष्ठा कर दी। कवि ने धर्म के धरातल पर किसी विकृत रूढ़ि को स्वीकार नहीं किया, परन्तु सक्रिय विरोध के साधनों का अभाव-सा रहा।

कुछ ने सम्प्रदायों की संकीर्णता के बाहर रहकर, आदर्श-चरित्रों को नवीन रूपरेखा में ढाला और इस प्रकार पुरानी सांस्कृतिक परम्परा और नई लोक-भावना का समन्वय उपस्थित किया। कुछ ने धर्म के मूलगत अध्यात्म को, व्यक्तिगत साधना के उस धरातल पर स्थापित कर दिया जहाँ वह हमारे अनेकरूप जीवन की, अरूप एकता का आधार भी बन सका और सौन्दर्य की विविधता की व्यापक पीठिका भी।

कुछ ने उसे स्वीकार ही नहीं किया; परन्तु उनके स्थान में किसी अन्य व्यापक आदर्श की प्रतिष्ठा न होने के कारण यह अस्वीकृति एक उच्छृंखल विरोध प्रदर्शन मात्र रह गई। नास्तिकता उसी दशा में सृजनात्मक विकास दे सकती है, जब ईश्वरता से अधिक सजीव और सामंजस्यपूर्ण आदर्श जीवन के साथ चलता रहे। जहाँ केवल अविश्वास ही उसका सम्बल है, वहाँ वह जीवन के प्रति भी अनास्था उत्पन्न किए बिना नहीं रहती और जीवन के प्रति व्यर्थता की भावना और निराशा ही होती है। इसी से सच्चा कवि या कलाकार किसी न किसी आदर्श के प्रति आस्थावान रहेगा।

धर्म ने यदि अपने आपको कूप के समान पत्थरों से बाँध लिया है तो राजनीति ने धरती के ढाल पर पड़े पानी के समान अनेक धाराओं में विभक्त होकर शक्ति को बिखरा डाला है।

पिछले पच्चीस वर्षों में विश्व के राजनीतिक जीवन में जो जो आदर्श उपस्थित किए गए उनमें से एक को भी अभी तक पूर्ण विकास का अवसर नहीं मिल सका। पुराना पर स्वार्थी साम्राज्यवाद, नवीन पर क्रूर नात्सीज्म और फासिज्म, अध्यात्म-प्रधान गांधीवाद, जनसत्तात्मक साम्यवाद, समाजवाद आदि सब रेल के तीसरे दर्जे के छोटे डिब्बे में ठसाठस भरे उन यात्रियों जैसे हो रहे हैं, जो एक-दूसरे के सिर पर सवार होकर ही खड़े रहने का अवकाश और लड़ने-झगड़ने में ही मनोरंजन के साधन पा सकते हैं। इनमें से मानव-कल्याण पर केन्द्रित विचार-धाराओं को भी शताब्दियाँ तो दूर रहीं, अभी विकास के लिए पचास वर्ष भी नहीं मिल सके। एक की सीमाएँ स्पष्ट हुए बिना ही दूसरी अपने लिए स्थान बनाने लगती हैं और इस प्रकार विश्व का राजनीतिक जीवन परस्पर विरोधिनी शक्तियों का मेल मात्र रह गया है।

हमारा राजनीतिक वातावरण भी कुछ कम विषम और छिन्न-भिन्न नहीं। वास्तव में हमारी राष्ट्रीयता जनता की पुत्री होने के साथ-साथ धर्म और पूँजी की पोष्य पुत्री भी तो है; अतः दोनों ओर के गुण-अवगुण उसे उत्तराधिकार में मिलते रहे हैं। उसकी छाया में धार्मिक विरोध भी पनप सके और आर्थिक वैषम्य से उत्पन्न बौद्धिक मतभेद भी विकास पाते रहे।

इसके अतिरिक्त हमारी राष्ट्रीयता की गतिशीलता के लिए आध्यात्मिक धरातल पर भी एक सैनिक-संगठन अपेक्षित था और सैनिक-संगठन की कुछ अपनी सीमाएँ रहेंगी ही। सेना में सब वीर और जय के विश्वासी ही रहें, ऐसी सम्भावना सत्य नहीं हो सकती। पर जो व्यक्ति, स्वार्थ या परार्थ के लिए, विवशता या अन्तर की प्रेरणा से, यथार्थ की असुविधा या आदर्श की चेतना के कारण, सेना की परिधि में आ गए, उन सभी को बाह्य वेश-भूषा और गति की दृष्टि से एक-सा रहना पड़ेगा। इस प्रकार सैनिक-संगठन में बाह्य एकता का जो महत्त्व है, वह आन्तरिक विशेषता का नहीं, और यह त्रुटि हमारी राष्ट्रीयता में अनजाने ही, अपना स्थान बनाने लगी।

यह कुछ संयोग की ही बात नहीं कि इस युग में कोई महान कलाकार राजनीति की कठिन रेखा के भीतर स्वच्छंदता की साँस न ले सका। जहाँ तक हमारी कविता और कलाओं का प्रश्न है, वे अनाथालय के जीवों के समान संब द्वारों पर अपना अनाथपन गाने को स्वतंत्र नहीं; परन्तु हर द्वार पर उनके गीत के लिए स्वर-ताल निर्दिष्ट और विषय निश्चित थे। जो नीति ने सुनना चाहा, वह समाज को नहीं भाया और जो समाज को रुचिकर हुआ, वह राष्ट्रीयता की स्वीकृति न पा सका।

ऐसी स्थिति में कलाकार यदि नवीन प्रेरणाओं को, जीवन की व्यापक पीठिका पर प्रतिष्ठित कर सकता तो उसका लक्ष्य स्पष्ट और पथ परिष्कृत हो जाता; परन्तु हमारे समाज की छिन्न-भिन्नता ने यह कार्य सहज नहीं रहने दिया। इस विषम मानव-समष्टि में, सौ में चौरानवे मनुष्य तो जड़ और निर्धन श्रमजीवी हैं, जिनकी स्थिति का एकमात्र उपयोग शेष छः के लिए सुविधाएँ जुटाना है और शेष छः में अकर्मण्य धनजीवी, उच्च बुद्धिजीवी, बुद्धिजीवी श्रमिक आदि इस प्रकार एकत्र हैं कि एक की विकृति से दूसरा गलता-छीजता रहता है।

केवल धनजीवियों में, किसी जाति की स्वस्थ विशेषताओं और व्यापक गुणों को खोजना व्यर्थ का प्रयास है। उनकी स्थिति तो उस रोग के समान है, जो जितना अधिक स्थान घेरता है, उतना ही अधिक स्वास्थ्य का अभाव प्रकट करता है और जैसे-जैसे तीव्र होता है वैसे-वैसे जीवन के संकट का विज्ञापन बनता जाता है। नितान्त निर्धन बुद्धिजीवी वर्ग जैसे एक ओर उच्च बनने की आकांक्षा और दूसरी ओर अभाव की शिलाओं से दबकर टूट जाता है, उसी प्रकार सर्वथा समृद्ध भी, उच्चता-जनित गर्व और सुविधाओं के दृढ़ साँचे में पथराता रहता है।

जिस बुद्धिजीवी वर्ग को इस विराट पर निश्चेष्ट जाति का मस्तिष्क बनने का अधिकार है, उसने धनजीवी की सुख-लिप्सा और अपने समाज की संकीर्णता के साथ ही नवजागरण को स्वीकृति दी है। अतः एक शरीर में दो प्रेतात्माओं के समान, उसके जीवन में दो भिन्न प्रवृत्तियाँ उछल-कूद मचाती रहती हैं। विषमताओं से उत्पन्न और संकीर्णता से पोषित स्वभाव को, इस युग की विशेषताओं ने ऐसा रूप दे दिया है, जिसमें पुराना स्वार्थ घनीभूत है और नवीन ज्ञान पुंजीभूत।

विज्ञान के चरम विकास ने हमारी आधुनिकता को एकांगी बुद्धिवाद में इस तरह सीमित किया है कि आज जीवन के किसी भी आदर्श को उसके निरपेक्ष सत्य के लिए स्वीकार करना कठिन है। परिणामतः एक निस्सार बौद्धिक उलझन भी हमारे हृदय की सम्पूर्ण सरल भावनाओं से अधिक सारवती जान पड़े तो आश्चर्य ही क्या है! इस ज्ञान-व्यवसायी युग में बिना स्थायी पूँजी के ही सिद्धान्तों का व्यापार सहज हो गया है; अतः न अब हमें किसी विश्वास का खरापन जाँचने के लिए अपने जीवन को कसौटी बनाना पड़ता है और न किसी आदर्श का मूल्य आँकने के लिए जीवन की विविधता समझने की आवश्यकता होती है। हमारा बिखरा जीवन इतना व्यक्ति-प्रधान है कि प्रायः वैयक्तिक भ्रान्तियाँ भी समष्टिगत सत्य का स्थान ले लेती हैं और स्वार्थ-साधन के प्रयास ही व्यापक गतिशीलता के पर्याय बन जाते हैं।

जहाँ तक जीवन का प्रश्न है, उसे सजीवता के वैभव में देखने का न बुद्धिवादी को अवकाश है न इच्छा। वह तो उसे दर्पण की छाया के समान स्पर्श से दूर रखकर देखने का अभ्यास करते-करते स्वयं इतना निर्लिप्त हो गया है कि उसे ज्ञान का रजिस्टर मात्र कहना चाहिए। जीवन के व्यापक स्पन्दन से वह जितना दूर हटता जाता है उतना ही विकास के मूलतत्त्वों से अपरिचित बनता जाता है और अन्त में उसका भारी पर अज्ञानात्मक ज्ञान उसी के जीवन की उष्णता को ऐसे दबा देता है जैसे छोटी-सी चिंगारी को राख का ढेर। आज की आवश्यकताओं के अनुसार वह संसार भर के सम्बन्ध में बहुत कुछ ज्ञातव्य जानता है परन्तु अपनी धरती की अनुभूति के बिना यह ज्ञान-बीज घुनते रहने के लिए ही उनके मस्तिष्क की सारी सीमा घेरे रहते हैं।

हमारे बुद्धिजीवी वर्ग में अधिकांश तो मानसिक हीनता की भावना में ही पलते और बढ़ते हैं। उनका बाह्य जीवन ही, समुद्र पार के कतरे-ब्योंते आच्छादनों से अपनी नग्नता नहीं छिपाए है, अन्तर्जगत को भी वहीं से लोहार की धौंकनी जैसा स्पन्दन मिल रहा है। उनका पंगु से पंगु स्वप्न भी विदेशी पंख लगा लेने पर स्वर्ग का सन्देश-वाहक मान लिया जाता है। उनका विरूप से विरूप आदर्श भी पश्चिमीय साँचे में ढलकर सुन्दरतम के अतिरिक्त और कोई संज्ञा नहीं पाता। उनका मूल्यहीन से मूल्यहीन सिद्धान्त भी दूसरी संस्कृति की छाया का स्पर्श करते ही पारसों का शिरोमणि कहलाने लगता है। उनका दरिद्र से दरिद्र विचार भी देशी परिधान में विदेशी पैबन्द लगाकर समस्त विचार-जगत का एकछत्र सम्राट स्वीकार कर लिया जाता है।

ऐसे अव्यवस्थित बुद्धिजीवियों में संस्कृति की रेखाएँ टूटी हुई और जीवन का चित्र अधूरा ही मिलेगा।

केवल श्रम ही जिसे स्पन्दन देता है, उस विशाल मानवसमूह की कथा कुछ दूसरी ही है। बुद्धिजीवियों से उसका सम्पर्क छूटे हुए कितना समय बीता होगा,

उसका अनुमान, बिन्दु-बिन्दु से समुद्र बने हुए उसके अज्ञान और तिल-तिल करके पहाड़ बने हुए उसके अभावों से लगाया जा सकता है। आज उसकी जड़ता की खाई इतनी गहरी और चौड़ी हो गई है कि बुद्धिजीवी उस ओर झाँकने के विचार मात्र से सभीत हो जाता है, पार करना तो दूर की बात है।

साधारणत: शारीरिक श्रम और बुद्धि-व्यवसाय एक दूसरे की गति के अवरोधक हैं, इसी से प्राय: विचारों की उलझन से छुटकारा पाने का इच्छुक एक न एक श्रम का कार्य आरम्भ कर देता है। इसके अतिरिक्त और भी एक स्पष्ट अन्तर है। बुद्धि जीवन को सूक्ष्मता से स्पर्श करती है, परन्तु उसकी सम्पूर्णता पर एक व्यापक अधिकार बनाए रखना नहीं भूलती। इसके विपरीत, श्रम पूरा भार डाल कर ही जीवन को अपना परिचय देता है, परन्तु उसकी सम्पूर्णता को सब ओर से नहीं घेरता। प्राय: बुद्धि-व्यवसाय जितनी शीघ्रता से जीवनीशक्ति का क्षय कर सकता है, उतनी शीघ्रता की क्षमता श्रम में नहीं। इसी से जीवन के व्यावहारिक धरातल पर, बुद्धिव्यवसायी का कुछ शिथिल और अस्तव्यस्त मिलना जितना सम्भव है श्रमिक का दृढ़ और व्यवस्थित रहना उतना ही निश्चित। नैतिकता की दृष्टि से भी श्रम मनुष्य को नीचे गिरने की इतनी सुविधा नहीं देता, जितनी बुद्धि दे सकती है, क्योंकि श्रमिक के श्रम के साथ उसकी आत्मा का बिक जाना सम्भाव्य ही है, परन्तु बुद्धि विक्रेता की तुला पर उसकी आत्मा का चढ़ आना अनिवार्य रहता है।

श्रम की स्फूर्तिदायक पवित्रता के कारण ही सब देशों में सब युगों के सन्देश-वाहक और साधक उसे महत्त्व दे सके हैं। अनेक तो जीवन के आदि से अन्त तक उसी को आजीविका का साधन बनाए रहे। इस प्रकार जहाँ कहीं जीवन की स्वच्छ और स्वाभाविक गति है। वहाँ श्रम की किसी न किसी रूप में स्थिति आवश्यक रहती है।

केवल श्रम ही श्रम के भार और विश्राम देने वाले साधनों के नितान्त अभाव ने हमारे श्रमजीवी जीवन का समस्त सौन्दर्य नष्ट कर दिया है। यह स्वाभाविक भी था। जिस मिट्टी से घर बनाकर हम आँधी, पानी, धूप, अन्धड़ आदि से अपनी रक्षा करते हैं, वही जब अपनी निश्चित स्थिति छोड़कर हमारे ऊपर ढह पड़ती है, तब वज्रपात से कम संहारक नहीं होती। इस मानव-समष्टि में ज्ञान के अभाव ने रूढ़ियों को अतल गहराई दे दी है, यह मिथ्या नहीं और अर्थ-वैषम्य ने उसकी दयनीयता को असीम बना डाला है, यह सत्य है; परन्तु सब कुछ कह सुन चुकने पर इतना तो स्वीकार करना ही होगा कि श्रम का यह उपासक, केवल बुद्धि-व्यापारी से अधिक स्वाभाविक मनुष्य भी है और जातीय गुणों का, उससे अधिक विश्वसनीय रक्षक भी। इतना ही नहीं, युगों से सूक्ष्म परिष्कार और सीमित विस्तार पाने वाली, नृत्य, गीत, चित्र आदि कलाओं के मूलरूप भी वह सँजोये है और उपयोगी शिल्पों की विविध व्यावहारिकता भी वह सँभाले है। जीवन के संघर्ष में ठहरने की वह

जितनी क्षमता रखता है उतनी किसी बुद्धिवादी में सम्भव नहीं। वास्तव में उसके पारस-प्रसाद के लिए बुद्धिजीवी ही विभीषण बन गया, अन्यथा उसके जीवन में, विकृतियों की इतनी बिखरी सेना का प्रवेश, सहज न हो पाता।

हमारे कवि, कलाकार आदि बुद्धिजीवियों के विभिन्न स्तरों में उत्पन्न हुए और वहीं पले हैं। अतः अपने वर्ग के संस्कारों का अंशभागी और गुण-अवगुणों का उत्तराधिकारी होना, उनके लिए स्वाभाविक ही रहेगा। उनके मस्तिष्क ने अपने वातावरण की विषमता का ज्ञान, बहुत विस्तार से संचित किया और उनके हृदय ने व्यक्तिगत सीमा में सुख-दुःखों को बहुत तीव्रता से अनुभव किया। विभिन्न संस्कारों की धूप-छाया, विविधता भरी भावभूमि और चिन्तन की अनेक दिशाओं ने मिलकर उनके जीवन को एक सीमित स्थिति दे दी थी। परन्तु उस एक स्थिति को सम्पूर्ण वातावरण में सार्थकता देने के लिए समष्टि का वही स्पर्श अपेक्षित था जो फूल को समीर से मिलता है—सजीव, निश्चित पर व्यापक। जिस समाज में उनकी स्वाभाविक स्थिति थी, वह विषमताओं में बिखर चुका था, उससे ऊँचे वर्ग के अहंकार और कृत्रिमता ने उससे परिचय असम्भव कर दिया था और निम्न में उतरने पर उन्हें आभिजात्य के खो जाने का भय था। फलतः उन्होंने अपने एकाकीपन के शून्य को, अपनी ही प्यास की आग और निराशा के पाले से, इस तरह भर लिया कि उनका हर स्वप्न मुकुलित होते ही झुलस गया और प्रत्येक आदर्श अंकुरित होते ही ठिठुर चला।

बीज केवल अकेले रहने के लिए, अन्य बीजों की समष्टि नहीं छोड़ता। वह तो नूतन समष्टि सम्भव करने के लिए ही ऐसी पृथक स्थिति स्वीकार करता है। यदि वही बीज पुरानी धरती और सनातन आकाश की अवज्ञा करके, अपनी असाधारणता बनाए रखने के लिए वायु पर उड़ता ही रहे तो संसार के निकट अपना साधारण परिचय भी खो बैठेगा।

कवि, कलाकार, साहित्यकार सब, समष्टिगत विशेषताओं को नव-नव रूपों में साकार करने के लिए ही उससे कुछ पृथक खड़े जान पड़ते हैं, परन्तु यदि वे अपनी असाधारण स्थिति को, जीवन की व्यापकता में साधारण न बना सकें तो आश्चर्य की वस्तुमात्र रह जाएँगे। महान से महान कलाकार भी हमारे भीतर कौतुक का भाव न जगाकर एक परिचय भरा अपनापन ही जगाएगा, क्योंकि वह धूमकेतु-सा आकस्मिक और विचित्र नहीं, किन्तु ध्रुव-सा निश्चित और परिचित रह कर ही हमें मार्ग दिखाने में समर्थ है।

आज कलाकार समष्टि का महत्त्व समझता है; परन्तु इस बोध के साथ भी उसके सम्पूर्ण जीवन की स्वीकृति नहीं है। बौद्धिक धरातल पर चिर उपेक्षित मानवों की प्रतिष्ठा करते समय उसे अपनी विशालता की जितनी चेतना है, उतनी अपने देवताओं की नहीं। ऐसी स्थिति बहुत स्पृहणीय नहीं; क्योंकि वह सिद्धान्तों को व्यापार

का सहज साधन बन जाने की सुविधा दे देती है। जीवन के स्पन्दन से शून्य होकर सिद्धान्त जब धर्म, समाज, नीति आदि की संकीर्ण पीठिका पर प्रतिष्ठित हो जाते हैं, तब वे व्यवसाय-वृत्ति को जैसी स्वीकृति देते हैं वैसी जीवन के विकास को नहीं दे पाते। साहित्य, काव्य आदि के धरातल पर भी इस नियम का अपवाद नहीं मिलेगा।

नवीन साहित्यकार और कवि के बुद्धिवैभव और अनुभूति की दरिद्रता ने, ऐसी क्रियाशीलता को जन्म दे दिया है जो सिद्धान्तों को माँज धोकर रात-दिन चमकाती रहती है, पर जीवन में जंग लग जाने देती है। वे अपने जीवन से बिना कुछ दिए ही एक पक्ष से सब कुछ ले आना चाहते हैं और दूसरे को, बहुत मूल्य पर देने की इच्छा रखते हैं। इस बनजारा-वृत्ति से उन दोनों पक्षों को लाभ होने की सम्भावना कम रहती है। काव्य में तो जीवन का निरन्तर स्पर्श और उसकी मार्मिक अनुभूति सबसे अधिक अपेक्षित है; अतः यह प्रवृत्ति न उसे गहराई देती है न व्यापकता। यह गुण यथार्थवादी है; अतः जीवन के स्पन्दन के बिना उसका यथार्थ इतना शीतल हो उठता है कि अश्लील उत्तेजनाओं से उसमें कृत्रिम उष्णता भरी जाती है।

काव्य की उत्कृष्टता किसी विशेष विषय पर निर्भर नहीं; उसके लिए हमारे हृदय को ऐसा पारस होना चाहिए जो सबको अपने स्पर्श-मात्र से सोना कर दे। एक पागल से चित्रकार को जब फटा कागज, टूटी तूलिका और धब्बे डाल देने वाला रंग मिल जाता है, तब क्षण भर में वह निर्जीव कागज जीवित हो उठता है, रंगों में कल्पना साकार हो उठती है, रेखाओं में जीवन प्रतिबिम्बित हो उठता है, उस पार्थिव वस्तु के अपार्थिव रूप के साथ हम हँसते हैं, और उसे मानवीय सम्बन्धों में बाँध रखना चाहते हैं। एक निरर्थक झनझन से पूर्ण टूटे एकतारे के जर्जर तारों में गायक की कुशल उँगलियाँ उलझ जाने पर, उन्हीं तारों में हमारे सारे सुख-दुःख, रो-हँस उठते हैं, सारी सीमा के संकीर्ण बन्धन छिन्न-भिन्न होकर बह जाते हैं और हम किसी अज्ञात सौन्दर्य-लोक में पहुँचकर चकित से, मुग्ध से उसे सदा सुनते रहने की इच्छा करने लगते हैं। निरन्तर पैरों से ठुकराए जाने वाले कुरूप पाषाण से शिल्पी के कुशल हाथ का स्पर्श होते ही, वही पाषाण मोम के समान अपना आकार बदल डालता है, उसमें हमारे सौन्दर्य के, शक्ति के आदर्श जाग उठते हैं और तब उसी को हम देवता के समान प्रतिष्ठित कर चन्दन-फूल से पूजकर अपने को धन्य मानते हैं। जल का एक रंग भिन्न-भिन्न रंगवाले पात्रों में जैसे अपना रंग बदल लेता है उसी प्रकार चिरन्तन सुख-दुःख हमारे हृदयों की सीमा और रंग के अनुसार बनकर प्रकट होते हैं। हमें अपने हृदयों की सारी अभिव्यक्तियों को एक ही रूप देने को आकुल न होना चाहिए, क्योंकि यह प्रयत्न हमें किसी भी दिशा में सफल न होने देगा।

मनुष्य स्वयं एक सजीव कविता है। कवि की कृति तो उस सजीव कविता का शब्दचित्र मात्र है जिससे उसका व्यक्तित्व और संसार के साथ उसकी एकता

जानी जाती है। वह एक संसार में रहता है और उसने अपने भीतर एक और इस संसार से अधिक सुन्दर, अधिक सुकुमार संसार बसा रखा है। मनुष्य में जड़ और चेतन दोनों एक प्रगाढ़ आलिंगन में आबद्ध रहते हैं। उसका बाह्याकार पार्थिव और सीमित संसार का भाग है और अन्तस्तल अपार्थिव असीम का-एक उसको विश्व से बाँध रखता है तो दूसरा उसे कल्पना-द्वारा उड़ाता ही रहना चाहता है।

जड़ चेतन के बिना विकास शून्य है और चेतन जड़ के बिना आकार-शून्य। इन दोनों की क्रिया और प्रतिक्रिया ही जीवन है। चाहे कविता किसी भाषा में हो चाहे किसी 'वाद' के अन्तर्गत, चाहे उसमें पार्थिव विश्व की अभिव्यक्ति हो चाहे अपार्थिव की और चाहे दोनों के अविच्छिन्न सम्बन्ध की, उसके अमूल्य होने का रहस्य यही है कि वह मनुष्य के हृदय से प्रवाहित हुई है। कितनी ही भिन्न परिस्थितियों में होने पर भी हम हृदय से एक ही हैं; यही कारण है कि दो मनुष्यों के देश, काल, समाज आदि में समुद्र के तटों जैसा अन्तर होने पर भी वे एक दूसरे के हृदयगत भावों को समझने में समर्थ हो सकते हैं। जीवन की एकता का यह छिपा हुआ सूत्र ही कविता का प्राण है। जिस प्रकार वीणा के तारों के भिन्न स्वरों में एक प्रकार की एकता होती है, जो उन्हें एक साथ मिलकर चलने की और अपने साम्य से संगीत की सृष्टि करने की क्षमता देती है, उसी प्रकार मानव हृदयों में एकता छिपी हुई है। यदि ऐसा न होता तो विश्व का संगीत ही बेसुरा हो जाता।

फिर भी न जाने क्यों हम लोग अलग-अलग छोटे-छोटे दायरे बनाकर उन्हीं में बैठे-बैठे सोचा करते हैं कि दूसरा हमारी पहुँच से बाहर है। एक कवि विश्व का या मानव का बाह्य-सौन्दर्य देखकर सब कुछ भूल जाता है, सोचता है उसके हृदय से निकला हुआ स्वर अलग एक संगीत की सृष्टि करेगा; दूसरा विश्व की आन्तरिक वेदनाबहुल-सुषमा पर मतवाला हो उठता है, समझता है उसके हृदय से निकला हुआ स्वर सबसे अलग एक निराले संगीत की सृष्टि कर लेगा। परन्तु वे नहीं सोचते कि उन दोनों के स्वर मिलकर ही विश्व-संगीत की सृष्टि कर रहे हैं।

मनुष्य चाहे प्रकृति के जड़ उपादानों का संघात विशेष माना जावे और चाहे किसी व्यापक चेतना का अंशभूत; परन्तु किसी भी अवस्था में उसका जीवन इतना सरल नहीं है कि हम उसकी पूर्ण तृप्ति के लिए गणित के अंकों के समान एक निश्चित सिद्धान्त दे सकें। जड़ द्रव्य से अन्य पशु तथा वनस्पति जगत के समान ही उसका शरीर निर्मित और विकसित होता है; अत: प्रत्यक्ष रूप से उसकी स्थिति बाह्य जगत में ही रहेगी और प्राणिशास्त्र के सामान्य नियमों से संचालित होगी। यह सत्य है कि प्रकृति में जीवन के जितने रूप देखे जाते हैं, मनुष्य उनमें इतना विशिष्ट जान पड़ता है कि सृजन की स्थूल समष्टि में भी उसका निश्चित स्थान खोज लेना कठिन हो जाता है; परन्तु इस कठिनाई के मूल में तत्त्वत: कोई अन्तर न होकर विकास-क्रम में मनुष्य का अन्यतम और अन्तिम होना ही है।

यदि सबके लिए सामान्य यह बाह्य संसार ही, उसके जीवन को पूर्ण कर देता तो शेष प्राणिजगत के समान वह बहुत-सी जटिल समस्याओं से बच जाता परन्तु ऐसा हो नहीं सका। उसके शरीर में जैसा भौतिक जगत का चरम विकास है, उसकी चेतना भी उसी प्रकार प्राणिजगत की चेतना का उत्कृष्टतम रूप है।

मनुष्य का निरन्तर परिष्कृत होता चलने वाला यह मानसिक जगत वस्तु-जगत के संघर्ष से प्रभावित होता है, उसके संकेतों में अपनी अभिव्यक्ति चाहता है, परन्तु उसके बन्धनों को पूर्णता में स्वीकार नहीं करना चाहता। अत: जो कुछ प्रत्यक्ष है, केवल उतना ही मनुष्य नहीं कहा जा सकता-उसके साथ-साथ उसका जितना विस्तृत और गतिशील अप्रत्यक्ष जीवन है उसे भी समझना होगा, प्रत्यक्ष जगत में उसका भी मूल्यांकन करना होगा, अन्यथा मनुष्य के सम्बन्ध में हमारा सारा ज्ञान अपूर्ण और सारे समाधान अधूरे रहेंगे।

मनुष्य के इस दोहरे जीवन के समान ही उसके निकट बाह्य जगत की सब वस्तुओं का उपयोग भी दोहरा है। ओस की बूँदों से जड़े गुलाब के दल जब हमारे हृदय में सुप्त, एक अव्यक्त सौन्दर्य और सुख की भावना को जाग्रत कर देते हैं, उनकी क्षणिक सुषमा हमारे मस्तिष्क को चिन्तन की सामग्री देती है, तब हमारे निकट उनका जो उपयोग है वह उस समय के उपयोग से सर्वथा भिन्न होगा, जब हम उन्हें मिश्री में गलाकर और गुलकंद नाम देकर औषध के रूप में ग्रहण करते हैं। समय, आवश्यकता और वस्तु के अनुसार इस दोहरे उपयोग की मात्रा तथा तज्जनित रूप कभी-कभी इतने भिन्न हो जाते हैं कि हमारा अन्तर्जगत बहिर्जगत का पूरक होकर भी उसका विरोधी जान पड़ता है और हमारा बाह्य जीवन मस्तिष्क से संचालित होकर भी उसके सर्वथा विपरीत।

मनुष्य के अन्तर्जगत का विकास उसके मस्तिष्क और हृदय का परिष्कृत होते चलना है, परन्तु इस परिष्कार का क्रम इतना जटिल होता है कि वह निश्चित रूप से केवल बुद्धि या भावना का सूत्र पकड़ने में असमर्थ ही रहता है। अभिव्यक्ति के बाह्य रूप में बुद्धि या भावपक्ष की प्रधानता ही हमारी इस धारणा का आधार बन सकती है कि हमारे मस्तिष्क का विशेष परिष्कार चिन्तन में हो सका है और हृदय का जीवन में। एक में हम बाह्य जगत के संस्कारों को अपने भीतर लाकर उनका निरीक्षण परीक्षण करते हैं और दूसरे में अपने अन्तर्जगत की अनुभूतियों को बाहर लाकर उनका मूल्य आँकते हैं।

चिन्तन में हम अपनी बहिर्मुखी वृत्तियों को समेटकर किसी वस्तु के सम्बन्ध में अपना बौद्धिक समाधान करते हैं, अत: कभी-कभी वह इतना एकान्तिक होता है कि अपने से बाहर प्रत्यक्ष जगत के प्रति हमारी चेतना पूर्ण रूप से जागरूक ही नहीं रहती और यदि रहती है तो हमारे चिन्तन में बाधक होकर। दार्शनिक में हम बुद्धि-वृत्ति का ऐसा ही एकान्तिक विकास पाते हैं जो उसे जैसे-जैसे संसार के

अव्यक्त सत्य की गहराई तक बढ़ाता चलता है वैसे-वैसे उसके व्यक्त रूप के प्रति वीतराग करता जाता है। वैज्ञानिक के निरन्तर अन्वेषण के मूल में भी यही वृत्ति मिलेगी; अन्तर केवल इतना ही है कि उसके चिन्तनमय मनन का विषय सृष्टि के व्यक्त विविध रूपों की उलझन है, इन रूपों में छिपा हुआ अव्यक्त सूक्ष्म नहीं। अपनी-अपनी खोज में दोनों ही वीतराग हैं, क्योंकि न दार्शनिक अव्यक्त सत्य से रागात्मक सम्बन्ध स्थापित करने की प्रेरणा पाता है और न वैज्ञानिक व्यक्त जड़द्रव्य के विविध रूपों में रागात्मक स्पर्श का अनुभव करता है। एक व्यक्त के रहस्य की गहराई तक पहुँचना चाहता है, दूसरा उसी के प्रत्यक्ष विस्तार की सीमा तक; परन्तु दोनों ही दिशाओं में बुद्धि से अनुशासित हृदय को मौन रहना पड़ता है, इसी से दार्शनिक और वैज्ञानिक जीवन का वह सम्पूर्ण चित्र जो मनुष्य और शेष सृष्टि के रागात्मक सम्बन्ध से अनुप्राणित है, नहीं दे सकते।

मनुष्य के ज्ञान की कुछ शाखाएँ, दर्शन, विज्ञान आदि के समान अपनी दिशा में व्यापक न रहकर जीवन के किसी अंश विशेष से सम्बन्ध रखती हैं, अत: जहाँ वे आगे बढ़ते हैं वहाँ ये जीवन की परिवर्तित परिस्थितियों के साथ परिवर्तित हो कर अपनी तात्कालिक नवीनता में ही विकसित कहलाती हैं।

मनुष्य एक ओर अपने मानसिक जगत की दुरूहता को स्पष्ट करता चलता है, दूसरी ओर अपने बाह्य संसार की समस्याओं को सुलझाने का प्रयत्न करता है। उसके समाजशास्त्र, राजनीति आदि उसकी बाह्य स्थिति की व्याख्या हैं, उसका विज्ञान प्रकृति के मूलतत्त्वों से उसके संघर्ष का इतिहास है, उसका दर्शन उसके तथा सृष्टि के रहस्यमय जीवन का बौद्धिक निरूपण है और उसका साहित्य उसके इस समग्र जीवन का सजीव चित्र है, जो राजनीति से शासित, समाजशास्त्र से नियमित, विज्ञान से विकसित तथा दर्शन से व्यापक हो चुका है।

साहित्य में मनुष्य की बुद्धि और भावना इस प्रकार मिल जाती हैं जैसे धूपछाही वस्त्र में दो रंगों के तार, जो अपनी-अपनी भिन्नता के कारण ही अपने रंगों से भिन्न एक तीसरे रंग की सृष्टि करते हैं। हमारी मानसिक वृत्तियों की ऐसी सामंजस्यपूर्ण एकता साहित्य के अतिरिक्त और कहीं सम्भव नहीं। उसके लिए न हमारा अन्तर्जगत त्याज्य है और न बाह्य, क्योंकि उसका विषय सम्पूर्ण जीवन है, आंशिक नहीं।

मनुष्य के बाह्य जीवन में जो कुछ ध्वंस और निर्माण हुआ है, उसकी शक्ति और दुर्बलता की जो परीक्षाएँ हुई हैं, जीवन-संघर्ष में उसे जितनी हार-जीत मिली है, केवल उसी का ऐतिहासिक विवरण दे देना, साहित्य का लक्ष्य नहीं। उसे यह भी खोजना पड़ता है कि इस ध्वंस के पीछे कितनी विरोधी मनोवृत्तियाँ काम कर रही थीं, निर्माण मनुष्य की किस सृजनात्मक प्रेरणा का परिणाम था, उसकी शक्ति के पीछे कौन-सा आत्मबल अक्षय था, दुर्बलता उसके किस अभाव से प्रसूत थी, हार उसकी किस निराशा की संज्ञा थी और जीत में उसकी कौन-सी कल्पना साकार हो गई।

जीवन का वह असीम और चिरन्तन सत्य जो परिवर्तन की लहरों में अपनी क्षणिक अभिव्यक्ति करता रहता है, अपने व्यक्त और अव्यक्त दोनों ही रूपों की एकता लेकर साहित्य में व्यक्त होता है। साहित्यकार जिस प्रकार यह जानता है कि बाह्य जगत में मनुष्य जिन घटनाओं को जीवन का नाम देता है, वे जीवन के व्यापक सत्य की गहराई और उसके आकर्षण की परिचायक हैं, जीवन नहीं; उसी प्रकार यह भी उससे छिपा नहीं कि जीवन के जिस अव्यक्त रहस्य की वह भावना कर सकता है उसी की छाया इन घटनाओं को व्यक्त रूप देती है। इसी से देश और काल की सीमा में बँधा साहित्य रूप में एकदेशीय होकर भी अनेक देशीय और युगविशेष से सम्बद्ध रहने पर भी युग-युगांतर के लिए संवेदनीय बन जाता है।

साहित्य की विस्तृत रंगशाला में हम कविता को कौन-सा स्थान दें, यह प्रश्न भी स्वाभाविक ही है। वास्तव में जीवन में कविता का वही महत्त्व है जो कठोर भित्तियों से घिरे कक्ष के वायुमंडल को अनायास ही बाहर के उन्मुक्त वायुमंडल से मिला देने वाले वातायन को मिला है। जिस प्रकार वह आकाश-खंड को अपने भीतर बन्दी कर लेने के लिए अपनी परिधि में नहीं बाँधता, प्रत्युत हमें उस सीमा-रेखा पर खड़े होकर क्षितिज तक दृष्टि-प्रसार की सुविधा देने के लिए; उसी प्रकार कविता हमारे व्यष्टि-सीमित जीवन को समष्टि-व्यापक जीवन तक फैलाने के लिए ही व्यापक सत्य को अपनी परिधि में बाँधती है। साहित्य के अन्य अंग भी ऐसा करने का प्रयत्न करते हैं, परन्तु न उनमें सामंजस्य की ऐसी परिणति होती है न आयास-हीनता। जीवन की विविधता में सामंजस्य को खोज लेने के कारण ही कविता उन ललित कलाओं में उत्कृष्टतम स्थान पा सकी है, जो गति की विभिन्नता, स्वरों की अनेकरूपता या रेखाओं की विषमता के सामंजस्य पर स्थित हैं।

कविता मनुष्य के हृदय के समान ही पुरातन है, परन्तु अब तक उसकी कोई ऐसी परिभाषा न बन सकी, जिसमें तर्क-वितर्क की सम्भावना न रही हो। धुँधले अतीत भूत से लेकर वर्तमान तक और 'वाक्यं रसात्मकं काव्यम्' से लेकर आज के शुष्क बुद्धिवाद तक, जो कुछ काव्य के रूप और उपयोगिता के सम्बन्ध में कहा जा चुका है, वह परिणाम में कम नहीं; परन्तु अब तक न मनुष्य के हृदय का पूर्ण परितोष हो सका है और न उसकी बुद्धि का समाधान। यह स्वाभाविक भी है, क्योंकि प्रत्येक युग अपनी विशेष समस्याएँ लेकर आता है, जिनके समाधान के लिए नई दिशाएँ खोजती हुई मनोवृत्तियाँ उस युग के काव्य और कलाओं को एक विशिष्ट रूपरेखा देती हैं। मूलतत्त्व न जीवन के कभी बदले हैं और न काव्य के, कारण वे उस शाश्वत चेतना से सम्बद्ध हैं, जिसके तत्त्वत: एक रहने पर ही जीवन की अनेकरूपता निर्भर है।

अतीत युगों के जितने संचित ज्ञानकोष के हम अधिकारी हैं, उसके आधार पर कहा जा सकता है कि कविता मानव-ज्ञान की अन्य शाखाओं की सदैव अग्रजा रही

है। यह क्रम अकारण और आकस्मिक न होकर सकारण और निश्चित है, क्योंकि जीवन में चिन्तन के शैशव में ही भावना तरुण हो जाती है। मनुष्य बाह्य संसार के साथ कोई बौद्धिक समझौता करने के पहले ही, उसके साथ एक रागात्मक सम्बन्ध स्थापित कर लेता है, यह उसके शिशु जीवन से ही स्पष्ट हो जाएगा। यदि हम मनुष्य के मस्तिष्क के विकास की तुलना फल के विकास से करें, जो अपनी सरसता में सदा ही परिमित है, तो उसके हृदय के विकास को फूल का विकास कहना उचित होगा, जो अपने सौरभ में अपरिमित होकर ही खिला हुआ माना जाता है। एक अपनी परिपक्वता में पूर्ण है और दूसरा अपने विस्तार में।

यह सत्य है कि मनुष्य के ज्ञान की समष्टि में कविता को और विशेषतः उसके बाह्य रूप को इतना महत्त्व मनुष्य की भावुकता से नहीं, उसके व्यावहारिक दृष्टिकोण से भी मिला था। जिस युग में मानव जाति के समस्त ज्ञान को एक कंठ से दूसरे कंठ में संचरण करते हुए ही रहना पड़ता था, उस युग में उसकी प्रत्येक शाखा को अपने अस्तित्व के लिए छंदबद्धता के कारण स्मृति-सुलभ पद्य का ही आश्रय लेना पड़ा। इसके अतिरिक्त शुष्क ज्ञान ने, अधिक ग्राह्य होने के लिए भी, पद्य की रूपरेखा का वह बन्धन स्वीकार किया, जिसमें विशेष ध्वनि और प्रवाह से युक्त शब्द अधिक प्रभावशाली हो जाते हैं। कहना व्यर्थ होगा कि काव्य के उस धुँधले आदिम काल से लेकर जब आवश्यकतावश ही मनुष्य प्राय: अपने बौद्धिक निरूपणों को भी काव्य-काया में प्रतिष्ठित करने के लिए बाध्य हो जाता था, आज गद्य के विकास-काल तक ऐसी कविता का अभाव नहीं रहा।

साधारणतः हमारे विचार विज्ञापक होते हैं और भाव संक्रामक; इसी से एक की सफलता पहले मननीय होने में है और दूसरे की पहले संवेदनीय होने में। कविता अपनी संवेदनीयता में ही चिरन्तन है, चाहे युग-विशेष के स्पर्श से उसकी बाह्य रूपरेखा में कितना ही अन्तर क्यों न आ जावे और यह संवेदनीयता भाव पक्ष ही में अक्षय है।

शिक्षा का उद्देश्य

महादेवी वर्मा

स्नातक अनुजों को उपेदश देने की स्थिति में मैं अपने आपको नहीं पाती, क्योंकि मैं स्वयं एक जिज्ञासु विद्यार्थिनी हूँ। जीवन की पुस्तक का अभी एक पृष्ठ भी मैं समाप्त नहीं कर पाई। वैसे मेरे विचार से, मनुष्य चिन्तन और अनुभूति की चिर नवीन उद्भावनाओं की दृष्टि से आजीवन विद्यार्थी ही रहता है। इस स्थिति में परिवर्तन के लिए उसे बुद्धि और हृदय के द्वार ही बन्द कर लेने पड़ते हैं।

भारत अपने भौगोलिक परिवेश में जितना विविध रूपात्मक है, सांस्कृतिक दृष्टि से उतना ही संश्लिष्ट। और उसके सांस्कृतिक मूल्य जीवन के लिए मंगलविधायक तथा आलोकवाही रहे हैं।

जिन युगों तक इतिहास की किरणें नहीं पहुँच पातीं, उन युगों में भी भारत ने आचार्यकुलों को अपनी मूल्यात्मक उपलब्धियों का संरक्षक तथा अन्तेवासियों को उनका उत्तराधिकारी स्वीकार कर दोनों को समान महत्त्व दिया था।

जन्म से लेकर शिक्षा की समाप्ति तक व्यक्ति के निर्माण के लिए, जो जटिल, परन्तु गम्भीर संवेदनमयी व्यवस्था की शृंखला मिलती है, उसकी प्रत्येक कड़ी दीर्घ चिन्तन और परीक्षण का परिणाम है।

तत्कालीन दीक्षांत अनुष्ठान ऐसी संधि-वेला थी, जिसमें शिष्य की परीक्षा समाप्त और गुरु की परीक्षा का आरम्भ होता था। स्नातक में कुलगुरु का ज्ञान ही नहीं, उसकी महिमा भी संक्रमित होती थी। इसी से स्नातक अपने आचार्य कुल से ही पहचाना जाता था। उनमें अनेक कुलगुरु अपनी अत्यन्त क्रान्तिकारिणी जीवन-दृष्टि के लिए प्रख्यात थे और उनकी शिष्य परम्परा समाज को गतिरुद्ध करने वाली रूढ़ियों को खंड-खंड करने का संकल्प लेकर कर्मक्षेत्र में प्रवेश करती थी—

सा विद्या या विमुक्तये

(वही विद्या है जो मुक्ति के लिए है) विद्या की उपर्युक्त परिभाषा से अधिक प्रगतिशील परिभाषा खोज लेना कठिन होगा।

शिक्षा-संस्थानों में राष्ट्र बनता है, अतः आश्चर्य का विषय नहीं है कि भारतीय मनीषा ने, प्रत्येक अतीत युग में, शिक्षा के क्षेत्र को विशेष सम्मान की दृष्टि से देखा तथा तत्कालीन शासन-व्यवस्था के नियंत्रण से उसे मुक्त रखा।

सहस्त्रों वर्ष पूर्व की शैक्षणिक उपलब्धियों का आज क्या उपयोग है यह जिज्ञासा भी स्वाभाविक है। यह निर्विवाद सत्य है कि हम अतीत युगों के जीवन और परिस्थितियों की आवृत्ति नहीं कर सकते। जब एक बीते क्षण, एक तीव्र संवेदन तक को लौटा लेना सम्भव नहीं है, तब सुदूर अतीत में जीने का प्रश्न कल्पनातीत है।

परन्तु मानव के अतीत, वर्तमान और भावी संवेदनों को सँभालने वाला समय तो अखंड ही रहता है।

विकास-क्रम में एक युग का मानव-समूह अपने पूर्वजों से जो उत्तराधिकार पाता है, वह शारीरिक, मानसिक, सामाजिक, सांस्कृतिक आदि दृष्टियों से विविध और उपयोग के परिप्रेक्ष्य में चिर नूतन ही रहता है। जब अतीत युगों के दर्शन, कला, साहित्य आदि, भिन्न वर्तमानयुगीन परिस्थितियों में जीवन को समृद्ध कर सकते हैं, तब उन्हें जन्म देने वाली दृष्टि और सामाजिक संस्थाओं का ज्ञान भी उपयोगी हो सकता है।

विकासक्रम में यह सत्य और भी स्पष्ट हो जाता है। व्यापक अर्थ में विश्व का समस्त मानव-समूह एक परिवार है, परन्तु विभिन्न प्राकृतिक परिवेशों में विकास के कारण वह वर्ण, आकृति, संस्कार, जीवन-पद्धति आदि की दृष्टि से अनेक जातियों में विभाजित हो गया है।

अपने विशेष भौगोलिक परिवेश के रागात्मक लगाव, संस्कार-क्रम में उत्पन्न जीवन पद्धतियों की समानता आदि ही किसी मानव समूह को राष्ट्र की संज्ञा से अभिषिक्त करते हैं। नदी-पर्वत-समतल मात्र राष्ट्र नहीं बन जाते और न मानवों की विषम भीड़ ही राष्ट्र की गरिमा की अधिकारिणी हो जाती है।

वस्तुतः राष्ट्र शब्द से प्रबुद्ध चेतन, किन्तु, स्वेच्छया एकताबद्ध मानव-समूह और उसका परिवेश दोनों का बोध होता है—

माता भूमिः पुत्राऽहम् पृथिव्याः

—अथर्व.

से लेकर 'मुकुट शुभ्र हिमतुषार' तक जो भाव-समुद्र लहरा रहा है, उसका तट बनाने की क्षमता किसी युग को प्राप्त नहीं हो सकी है।

अनेक बौद्धिक उपलब्धियों के सम्बन्ध में भी यही सत्य है। वास्तव में किसी भी युग में जीवन अपने आपको धोई-पोंछी स्लेट के समान नहीं प्रस्तुत करता। उसमें अनिवार्यतः अनेक विगत युगों के भौतिक, मानसिक, सामाजिक, आदि संस्कारों के चिह्न रहना स्वाभाविक है। जिन संस्कारों की रेखाओं में मानव-प्रगति का इतिहास

निबद्ध है, उन्हें नवीन युग की परिस्थितियों से जोड़कर हम दीर्घ विकास की स्वर्णिम शृंखला में नवीन कड़ी जोड़ते हैं, उसे तोड़ते नहीं।

माला में चाहे मोती गुम्फित हों चाहे फूल, उन्हें सँभालने का कार्य सूत्र ही करता है। जिसके टूटने पर बहुमूल्य और सुन्दर सब कुछ धूल में बिखर जाता है।

अपनी धरती की गहराई में जड़ें रखने वाले पौधे किसी भी दिशा से आने वाले पवन के उष्ण या शीतल झोंकों से खेल लेते हैं। वर्षा की झड़ी और कठिन धूप को भेंट लेते हैं। यदि वे अपनी धरती का आधार छोड़ दें तो न मलय समीर उन्हें जीवित रख सकेगा और न वर्षा का अमृत जल। धनुष पर बाण को सन्धान कर जब तक उसे पीछे तक नहीं खींचा जाता, तब तक उससे लक्ष्यवेध सम्भव नहीं होता। पीछे का पग धरती पर जमाए बिना न आगे का उठाया जा सकता है और न एक डग आगे बढ़ा जा सकता है।

गत युगों की उपलब्धियों के प्रति उपेक्षा-भाव को, अपनी भावी प्रगति की शपथ मानकर हमने अपने-आपको दिग्भ्रान्त ही किया है, क्योंकि बिना वर्तमान के अतीत गतिहीन है और अतीत से विच्छिन्न वर्तमान दिशा-निर्देशहीन हो जाता है।

मानव के सूक्ष्म मनोजगत से लेकर उसके प्रत्यक्ष कर्म तक जो परिष्कार-क्रम आदिमयुग से चलता आ रहा है, वही मानव-संस्कृति है और यह समः कृति निर्मित वस्तु न होकर निर्माण-परम्परा ही रहती है।

ऐसी स्थिति में एक युग की उपलब्धियाँ दूसरे युग में संक्रमित होकर ही सार्थकता पाती हैं। इस संक्रमण क्रम के टूटने पर अनेक संस्कृतियाँ तिरोहित हो चुकी हैं, यह तथ्य इतिहास से प्रमाणित हो सकता है।

संस्कृति का स्वभाव मूल्यात्मक या धनात्मक ही होने के कारण उसे निषेधात्मक या ऋणात्मक रूप में अनुभव नहीं किया जा सकता। हम किसी भी सांस्कृतिक मूल्य को उसके अभाव में नहीं अनुभव करते। उदाहरण के लिए, हम सामाजिक मूल्य के रूप में सत्य का अनुभव कर सकते हैं, परन्तु उसका अभाव, असत्य हमारे अनुभूति क्षेत्र से बाहर बुद्धि का विषय है।

संस्कृति के विकास-क्रम में प्राप्त मूल्य, नैतिक, सामाजिक, आध्यात्मिक, राजनीतिक आदि विविध क्षेत्रों में विभाजित होकर भी व्यक्ति और समष्टि की दृष्टि से एक संश्लिष्ट और व्यापक प्रभाव उत्पन्न करते हैं।

इन जीवन मूल्यों के साथ अनेक मान्यताओं तथा प्रयोगजनित रूढ़ियों का संक्रमित हो जाना अनिवार्य है। अतः प्रत्येक युग में नवीन परिस्थितियों की कसौटी पर खरे उतरने पर ही वे अपने मूलरूप में प्रतिष्ठित हो पाते हैं।

भारत विशाल और पुरातन महादेश है और उसकी सहस्त्रमुखी संस्कृति गंगोत्री के गोमुख से समुद्र तक प्रवाहित गंगा के समान अनेक धाराओं को समेटती रही है। उसे अन्धकार के ऐसे अनेक प्रहर पार करने पड़े हैं, जिनमें किसी जीवन-मूल्य

तथा मान्यता की परीक्षा से अधिक आवश्यक उसका संरक्षण था। परिणामतः कहीं मूल्यवान खो गया, कहीं मूल्यहीन संरक्षित हो गया।

राष्ट्र-जीवन के जिन क्षेत्रों को कुछ मूल्यवान खोना पड़ा है, उनमें शिक्षा का क्षेत्र विशेष स्थिति रखता है। शिक्षा किसी भी राष्ट्र का मेरुदंड कही जा सकती है। वह अतीत युगों की उपलब्धियों तथा वर्तमान परिस्थितियों का संधि-स्थल ही नहीं, ऐसा आलोक भी है, जिसमें भविष्य की रूपरेखा निखरती और स्पष्ट से स्पष्टतर होती चलती है।

जिस प्रकार शरीर में हृदय सब अंगों को स्वस्थ रक्त पहुँचाने का कार्य करता है, उसी प्रकार शिक्षा-क्षेत्र समाज, शासन, विज्ञान, कला, साहित्य आदि सभी क्षेत्रों में नवीन प्रतिभाएँ भेजता है। यदि शिक्षा-क्षेत्र द्वारा पहुँचाया गया नवीन रक्त स्वस्थ है, तो सभी क्षेत्र स्वस्थ और क्रियाशील रहते हैं। यदि नवीन रक्त में व्याधियों के कीटाणु प्रवेश कर जाते हैं, तो राष्ट्र-जीवन के सभी क्षेत्र सांघातिक रूप से पीड़ित हो उठते हैं।

प्रबुद्ध राष्ट्र की जीवन पद्धति में शिक्षा-क्षेत्र का उत्तरदायित्व विद्वानों, चिन्तकों और आचार्यकुलों पर रहता है।

शिक्षाक्षेत्र के अन्तःगठन में दो परस्पर पूरक पक्ष अनिवार्य हैं—ज्ञातव्य, विषय या विद्या और उसका सम्प्रेषण या शिक्षा और उसके बहिर्गठन में गुरु, शिष्य, पाठ्यक्रम और परिवेश अन्योन्याश्रित महत्त्वपूर्ण स्थिति रखते हैं।

शिक्षा कमल के इन षट्दलों को संग्रथित रखने वाला कडमल भाषा है, जिसके अभाव में सब दल बिखर जाते हैं।

भारत के तत्त्वदर्शी चिन्तकों ने जीवन के किसी भी क्षेत्र या लक्ष्य को इतनी सावधानी से गठित नहीं किया है, जितनी शिक्षा क्षेत्र के गठन में मिलती है। कारण स्पष्ट है। इस क्षेत्र में मानव का दुहरा निर्माण होता है। अन्य क्षेत्रों में जब वह पहुँचता है, तब बुद्धि और हृदय से प्रबुद्ध और संवेदनशील सदस्य के रूप में प्रतिष्ठित होने योग्य बन चुकता है; परन्तु शिक्षा के क्षेत्र में वह समस्त अनगढ़ पशुवृतियों और मानवीय सम्भावनाओं के साथ ही प्रवेश करता है। उसकी पशुप्रवृत्तियों को संयमित तथा मानवीय सम्भावनाओं को साकार बनाने का कठिन कार्य जहाँ होता है, उस क्षेत्र की उपेक्षा मानव समाज को बर्बरता की ओर लौटा देती है।

जीवन के गहन मूल्यकोष को भारतीय मनीषा ने विद्या नाम से अभिहित किया था। वेद के समान ही विद् (जानना) धातु से बनी यह संज्ञा, समय के बहुत से आँधी-तूफान पार कर आई है और मानव द्वारा अनेक सदुपयोग-दुरुपयोग के अमिट चिह्नों से चित्रमयी है। परन्तु तत्त्वतः यह जीवन की ऐसी मूल्यात्मक उपलब्धियों का प्रतीक रही है, जो मानव-संसृति की युगांतर दीर्घ यात्रा में भी धूमिल न होकर अपनी दीप्ति से पथ को आलोकित करती रही है।

विद्या का लक्ष्य व्यक्ति और समष्टि दोनों को सामंजस्यसूत्र में बाँधकर सम्पूर्णता देना है तथा शिक्षा हृदय और बुद्धि के परिष्कार और समन्वय द्वारा मानव को लक्ष्य तक पहुँचने की क्षमता प्रदान करती है।

ज्ञान से अधिक कठिन उसकी सम्प्रेषणीयता है, अतः शिक्षा का क्षेत्र ज्ञान की दोहरी और रहस्यमयी प्रयोगशाला बन जाता है। उसे व्यक्ति के अन्तर्जगत को सम्पूर्ण तथा मुक्त विकास भी देना पड़ता है और उसे समष्टि से सामंजस्यपूर्ण बन्धन में बाँधना भी पड़ता है। उसे मनुष्य की मूलभूत प्रवृत्तियों का परिष्कार और दिशा भी देनी पड़ती है और उसके बहिर्जगत की समस्याएँ भी सुलझानी पड़ती हैं।

इसी कारण चिन्तकों ने विद्या को परा और अपरा या परमार्थकरी और अर्थकरी में विभाजित कर, उसे लक्ष्यतः स्पष्ट से स्पष्टतर करना उचित समझा।

परा विद्या मानव के आत्मबोध तथा सहजात प्रवृत्तियों के ऊर्ध्वगमन का माध्यम है और अपरा उसकी लौकिक स्थिति में विकास का साधन।

परमार्थकरी विद्या से मानव की मानसिक वृत्तियों के उदात्तीकरण का बोध होता है और अर्थकरी लौकिक दृष्टि से जीवनयापन के लिए उपयुक्त और सन्तुलित विकास देती है।

मानव प्रकृति तत्त्वतः नैतिक है। हम पशुविशेष को बल से विवश करके अपना इच्छित आचरण सिखा सकते हैं, परन्तु उस क्रिया की असंख्य आवृत्तियाँ कर के भी पशु न उसमें सुख का अनुभव करने में समर्थ है और न स्वतंत्र होने पर वैसा आचरण करेगा। सर्कस में अनेक प्रकृत्या हिंस्र अहिंस्र जीव साथ रहकर सिखाए हुए आचरण के अनुसार कार्य करते हैं, परन्तु इससे उनकी वृत्तियों में कोई अन्तर नहीं आता।

मानव की विकास-गाथा इससे भिन्न है। उसमें तत्त्वगत नैतिक प्रकृति के जागरण के साथ एक असीम आनन्द उद्वेलित हो उठता है, जिसे हम आस्था, सौन्दर्यबोध, और समष्टि में अपने-आपको विसर्जित करने की इच्छा कह सकते हैं। समष्टि के साथ अनुभव करने, विचार विनिमय करने और उससे एकात्म होने की इच्छा ही, मानव जाति के धर्म, दर्शन, साहित्य, कला आदि की जननी रही है।

एकोऽहम् बहुस्याम—मैं एक हूँ अनेक हो जाऊँगा, ब्रह्म के लिए कहा गया वाक्य मनुष्य के लिए भी सत्य है। यह इच्छा मनुष्य के सीमित व्यक्तित्व की समष्टिगत असीमता है।

शिक्षा अपने सीमित अर्थ में जीवन के लिए तैयारी मानी जा सकती है, परन्तु व्यापक अर्थ में वह जीवन का चरम उद्देश्य ही रहेगी। इन सीमित और व्यापक अर्थों में कोई अन्तर्विरोध सम्भव नहीं है, क्योंकि सीमित, व्यापक अर्थ में अन्तर्भूत रहता है। मनुष्य व्यापक समष्टि का अंग और विश्व नागरिक होकर भी किसी देश-विशेष का नागरिक और समाज विशेष का अंग होता है और इस नाते विशेष

कर्तव्यों तथा अधिकारों से घिरा रहता है। विसंगति तब उत्पन्न होती है, जब शिक्षा निरुद्देश्य तैयारी मात्र रह जाती है, क्योंकि वह परिणामहीन क्रियाशीलता है।

जिस प्रकार नींव की कम्पन के साथ समस्त भवन हिल जाता है, उसी प्रकार उद्देश्य या लक्ष्य की अस्थिरता से शिक्षा के सभी सोपान अस्थिर हो जाते हैं।

शिक्षा के उच्च स्तर पर लक्ष्यहीनता का परिणाम अधिक सांघातिक हो, यह स्वाभाविक है।

शैशव में व्यक्तित्व अविकसित रहता है, अतः लक्ष्य के प्रश्न अनदेखे कर दिए जाते हैं, किशोरावस्था में व्यक्तित्व निर्माण के क्रम में रहता है, अतः उसकी परिणति के सम्बन्ध में विचार नहीं किया जाता, परन्तु कर्मक्षेत्र के प्रवेशद्वार पर जब शरीर से अस्वस्थ और मन से हताश तरुण पहुँचता है, तब जीवन और समाज दोनों की स्थिति संकटापन्न हो जाती है।

हमारे महादेश को पराजय की तमिस्रा के दीर्घ युग पार करने पड़े हैं और इस अभिशप्त यात्रा में उसने जीवन के लिए आवश्यक पाथेय का जो मूल्यवान अंश खोया है वह शिक्षा का दर्शन है। यह निर्विवाद है कि कोई भी विजेता विजित देश पर शासन-मात्र का अधिकार प्राप्त कर सन्तुष्ट नहीं होता। वह विजित पर सांस्कृतिक विजय भी चाहता है, जिसका सहज पर अव्यर्थ माध्यम शिक्षा ही रहती है। परशासित देश में शिक्षा का उद्देश्य वही नहीं हो सकता, जो स्वशासित देश के लिए आवश्यक है।

स्वशासित देश को अपनी 'सांस्कृतिक, सामाजिक, राष्ट्रीय आदि मूल्यात्मक निधियों के लिए उपयुक्त उत्तराधिकारियों का निर्माण करना होता है और परतंत्र देश के प्रशासकों को अपनी स्थिति यथावत बनाए रखने के लिए आवश्यक सहायक। दोनों स्थितियों में शिक्षा लक्ष्यतः कार्यतः और परिणामतः भिन्न हो तो आश्चर्य नहीं।

भावी नागरिक के व्यक्तित्व का ऐसा विकास, जिसमें उसका स्वाभिमान, राष्ट्र-भावना, अन्याय के विरुद्ध संघर्ष की इच्छा आदि विशेषताएँ विकसित हो सकें, स्वतंत्र देश के लिए उपयोगी हो सकता है, किन्तु विजेता शासकवर्ग के लिए शासितों की नई पीढ़ी का ऐसा विकास अस्त्र-शस्त्रों से अधिक शंकाजनक है, क्योंकि वह विकास विजेता की निर्णीत जय को अनिर्णीत करने और उसे पराजय में बदलने की शक्ति रखता है।

भारत में स्वतंत्रता प्राप्ति के उपरान्त भी शिक्षा के क्षेत्र में लक्ष्यतः और कार्यतः परिवर्तन नहीं किया जा सका, परिणामतः आज निर्माण की बेला में वही क्षेत्र अधिक अशान्त, अस्थिर और विघटनशील है।

आधुनिक युग में छात्रवर्ग का असन्तोष विश्व-व्यापक हो गया है, परन्तु उसके देशज कारणों और परिस्थितियों में अन्तर है। जिन देशों में शरीर मुक्त हैं, पर मन बन्धन में है वहाँ भी, और जहाँ मन मुक्त है, पर शरीर पर कठिन नियंत्रण है वहाँ

भी, शिक्षा का क्षेत्र ही हलचलों का केन्द्र है। कहीं सामाजिक बन्धन टूटते हैं, कहीं मानसिक नियंत्रण शिथिल होता है, किन्तु टूटने के क्रम में निरन्तरता है।

स्पष्ट ही मानव के अन्तर्जगत में कुछ नवीन जन्म ले रहा है, जिसकी पीड़ा नई पीढ़ी को अधिक अशान्त कर रही है। सामान्यत: यह पीड़ा देश-विशेष की परिस्थितियों से उसी प्रकार रंग-रूप पाती है, जैसे काँच के रंगीन पात्र में भरा जल अपने आधार से ही आकृति और रंगमयता ग्रहण करता है।

कभी-कभी इस नियम में अपवाद भी देखा जा सकता है। अमेरिका जैसे भौतिक दृष्टि से सर्व सुविधा-सम्पन्न और वैज्ञानिक दृष्टि से अग्रगामी देश के पचास लाख से अधिक उच्चस्तरीय छात्रों की अशान्ति, केवल भौतिक सुविधाओं के अभाव से उत्पन्न नहीं कही जा सकती।

तत्त्वत: आज का युग प्राचीन और नवीन जीवन मूल्यों की ओर मान्यताओं की संक्रान्ति का, टकराहट का है।

विज्ञान ने एक नवीन प्रकृति-धर्म की प्रतिष्ठा की है, जिसके कारण विश्व एक हो गया है। राजनीतिक विचारधाराओं ने एक नए नीतिशास्त्र का निर्माण किया है, जिसके कारण विश्व लघु खंडों में विभाजित होता जा रहा है। दोनों में संगति या समन्वय की स्थिति अभी उत्पन्न नहीं हो सकी है। उसे जीवन का उच्चतर लक्ष्यबोध ही सम्भव कर सकता है, जिसकी अभी खोज ही आरम्भ नहीं हुई।

जहाँ तक भारत के छात्रवर्ग का प्रश्न है, वह सामाजिक ही नहीं, मनो-वैज्ञानिक संक्रान्ति के मध्य में है। उसके व्यक्तित्व की बाह्य और अन्त:स्थिति इतनी विघटित है कि उसमें निर्माण की प्रेरणा जगाना दुष्कर नहीं तो कठिन अवश्य है।

आज के छात्र या स्नातक ने स्वतंत्रता के आलोक में आँखें खोली थीं और जीवन की धड़कन के साथ ही भारत का जयगान सुना था। उसकी आशाएँ, कल्पनाएँ पूर्व पीढ़ी से भिन्न हों, तो उसे स्वाभाविक ही माना जाएगा। पिछली पीढ़ी ने दासता का अभिशाप झेला था; उसकी आशाओं और कल्पना में सफलता का अन्तिम बिन्दु और एकमात्र केन्द्र विदेशियों के शासन से मुक्त होना मात्र था। स्वतंत्र होने के उपरान्त पूर्व केन्द्रों से मुक्त दृष्टि कुछ प्रसन्नता और कुछ कुतूहल से नवीन केन्द्र की खोज में ही भटकती और थकती रही। लौह बेड़ियाँ कट जाने पर भी पैर पर उसके चिह्न नहीं कट जाते और वे दाग ही प्राय: मुक्त बन्दी की बन्धनजनित वेदना की कथा कहते रहते हैं। पिछली पीढ़ी के साथ भी यही घटित हुआ।

उसने न मानसिक दासता से मुक्ति पाई, न मुक्ति पाने को आवश्यक समझा। इसके विपरीत वह मुक्ति के प्रमाण में अतीत बन्धन के चिह्नों के प्रदर्शन करती रही। नवीन पीढ़ी ने इस स्थिति को पहले कुतूहल से देखा, फिर जिज्ञासा से और अन्त में विरोध व्यक्त किया।

छात्रवर्ग के असन्तोष के अनुमानित कारण कई हैं। यह भी कहा जाता है कि शिक्षा के क्षेत्र में अशान्ति का कारण, वे पिछड़े वर्ग के विद्यार्थी हैं, जिनके परिवारों में शिक्षा सम्बन्धी कोई संस्कार नहीं था और जो अब तक शिक्षा से वंचित थे। छात्र आन्दोलन का कारण, शिक्षा के उपरान्त जीविकोपार्जन का कोई साधन प्राप्त न होना है, यह विश्वास भी सकारण है।

राजनीतिक दलों की प्रेरणा छात्रों के असन्तोष के मूल में है यह भी प्रचलित मान्यता है। जीवन की मान्यताओं और मूल्यों में परिवर्तन ही छात्रवर्ग को अशान्त कर रहा है, यह भी चिन्तकों का निष्कर्ष है।

इन सभी अनुमानों में आंशिक सत्य है, सम्पूर्ण नहीं, क्योंकि ऐसे सामूहिक असन्तोष अनेक प्रत्यक्ष-अप्रत्यक्ष, अन्त:बाह्य परिस्थितियों की विषमता के परिणाम होते हैं। वे विषमताएँ तत्काल विस्फोटक रूप नहीं पा लेतीं। जैसे भूकम्प के पहले पृथ्वी के गहरे अन्तराल में ज्वाला जल की विषम स्थितियाँ उत्पन्न होकर बल प्राप्त करती रहती है, वैसी ही मानव समष्टि के असन्तोष की कथा है। उसका कारण न एक स्थिति है, न एक विषय। लोकतंत्र की सफलता का आधार शिक्षा है, जिसके अभाव में जनसमूह को प्रबुद्ध करना सम्भव नहीं होता। इस दृष्टि से भारत ने, जिसमें शिक्षा की परम्परा प्राचीन और उज्ज्वल रही है, शिक्षा के प्रसार की दिशा में अधिक प्रयत्न नहीं किया है।

स्वतंत्रता के बीस वर्षों में शिक्षा की जो प्रगति हुई है, उसमें किसी प्रदेश में विद्यार्थियों की संख्या में 6 प्रतिशत किसी में 8 और किसी में 9 प्रतिशत वृद्धि हुई है। समय का विस्तार देखते हुए और अन्य स्वतंत्र देशों की शिक्षण व्यवस्था की तुलना में यह वृद्धि आशाजनक नहीं कही जा सकती। अब भी 77 से 88 प्रतिशत के लगभग शिक्षा पाने योग्य किशोर वर्ग उससे वंचित है।

पिछड़े वर्ग से आने वाले और शिक्षा संस्कार से रहित विद्यार्थी ही शिक्षा-व्यवस्था में अराजकता के कारण हैं, यह धारणा भी सत्य से दूर है। वास्तव में पिछड़े वर्ग के विद्यार्थी को दोहरा परिश्रम करना पड़ता है। उच्चवर्ग का विद्यार्थी कम शिक्षित और कम मेधावी होने पर भी संस्कृत और सम्भ्रांत माना जाता है। पिछड़े वर्ग के विद्यार्थी को अपने आपको संस्कृत कहलाने के योग्य भी बनाना पड़ता है और अच्छा विद्यार्थी भी प्रमाणित करना पड़ता है। उसे छात्रवृत्ति सम्बन्धी कुछ सुविधाएँ भी प्राप्त हैं और उत्तीर्ण होने पर आजीविका के लिए बहुत भटकना भी नहीं पड़ता। उसने अपने जीवन का स्तर भी इतना उन्नत नहीं बना लिया कि वह दुर्वह हो जावे।

बालिकाओं के शिक्षाक्षेत्र में प्रवेश को भी ऐसी ही शंका की दृष्टि से देखा गया था, क्योंकि उनकी युगांतर दीर्घ दोहरी दासता में शिक्षा के संस्कार भी मिट गए थे। परन्तु उन्होंने अपने सुविधासम्पन्न सहपाठियों से अधिक कठिन श्रम करके समता ही नहीं श्रेष्ठता भी प्राप्त कर ली। वस्तुत: वर्तमान युग पीड़ितों और गिरे हुओं का

है और यह वर्ग जब उठता है तब उसका वेग शिलाएँ तोड़कर निकलने वाले निर्झर के समान अप्रतिहत गति होता है।

शिक्षा के उपरान्त भी आजीविका के प्रश्न का समाधान न पाना और इस स्थिति के लिए समाज द्वारा उसी को दोषी ठहराया जाना, विद्यार्थी की उद्भ्रान्ति का विशेष कारण है। पहले प्राविधिक शिक्षा के उपरान्त उत्तीर्ण विद्यार्थी को बेकारी का अभिशाप नहीं झेलना पड़ता था, परन्तु अब वे भी सैकड़ों की संख्या में निष्फल भटकाव की स्थिति में हैं।

भविष्य के सम्बन्ध में आश्वस्त किए बिना विद्यार्थी वर्ग के असन्तोष का उपचार न सम्भव है न सुकर।

जहाँ तक राजनीतिक विचारधाराओं का प्रश्न है, उससे न आज के विद्यार्थी को अपरिचित रखा जा सकता है न दूर, क्योंकि वे भावी शासन व्यवस्था सम्बन्धी स्वप्नों की प्रयोगात्मक कसौटी हैं। परन्तु यदि विद्यार्थी की प्रतिभा और उसके कृतित्व को उसकी रुचि के अनुसार दिशा और लक्ष्य प्राप्त हो सके तो वह राजनीति में सक्रिय भाग लेने को आवश्यक न समझेगा। यह प्रश्न विद्यार्थी जीवन में नहीं, कर्मक्षेत्र में प्रवेश के अवसर पर उठेगा और तभी उसका समाधान समाज के लिए हितकर होगा। उससे पहले विद्यार्थी की रुचि की दिशा और उस लक्ष्य तक पहुँचने के लिए आवश्यक साधन ही पूर्ण रहते हैं। यदि किसी की रुचि या प्रवृत्ति की दिशा, विज्ञान या साहित्य या कला है और उसे अपनी सृजनात्मक शक्ति के विकास के लिए इच्छित अवकाश प्राप्त हो जाता है, तो वह सक्रिय राजनीति के क्षेत्र में असमय प्रवेश को समय का दुरुपयोग ही मानेगा।

राजनीति के संघर्ष-क्षेत्र में जो व्यक्ति विद्यार्थी वर्ग का अस्त्र-शस्त्र के रूप में उपयोग करते रहते हैं, उन्हें भी समष्टि के हित में अपनी कार्यप्रणाली में परिवर्तन की आवश्यकता का अनुभव हो सके, तो इस समस्या का समाधान खोजना सहज हो जाएगा।

इन सब समस्याओं से कठिन समस्या शिक्षा के अन्त:स्वरूप तथा माध्यम से सम्बन्ध रखती है। मातृभाषा ही शिक्षा का उचित माध्यम हो सकती है, इस निष्कर्ष पर विश्व के सभी शिक्षाशास्त्री एकमत हैं।

मनोवैज्ञानिक दृष्टि से भाषा का प्रश्न संस्कृति से तथा राष्ट्र-भावना से सम्बद्ध रहता है, विशेषत: भारत जैसे महान देश के लिए जो सांस्कृतिक दृष्टि से महान होने पर भी राष्ट्र की दृष्टि से पराधीन रह चुका है।

मात्र उपयोगिता की दृष्टि से भी भारत के भावी नागरिक के निर्माण में विदेशी भाषा बाधक ही सिद्ध होती है। हमारे विद्यार्थी वर्ग में 90 प्रतिशत अंग्रेजी में अनुत्तीर्ण होते हैं और अधिकांश उक्त माध्यम से न किसी विषय को तत्त्वत: समझ पाते हैं और न व्यक्त करने में समर्थ होते हैं।

भाषा का सम्बन्ध मानवीय संवेगों से, मन से बहुत गहरा होने के कारण विद्यार्थी के व्यक्तित्व का जैसा संश्लिष्ट विकास अपेक्षित रहता है, वह असम्भव हो जाता है। अपने आपको व्यक्त न कर सकने की कुंठा से अधिक दयनीय कुंठा मननशील प्राणी के लिए अन्य नहीं हो सकती और जब इस मानसिक स्थिति की अभिव्यक्ति कर्म में होती है, तब वह ध्वंसात्मक प्रवृत्ति को ही प्रत्यक्ष कर सकती है।

भाषा मानव के व्यष्टिगत व्यक्तित्व का भी अंग है और समष्टिगत व्यक्तित्व का भी। अत: उसे जीर्णशीर्ण परिधान के समान उतार फेंकने का प्रयत्न असफल तो रहता ही है, वह व्यक्ति और समष्टि के सम्बन्ध भी विषम कर देता है। सारे देश के लिए कभी किसी विदेशी भाषा को सीखना सम्भव नहीं होता, परन्तु वह अपनी भाषा को जीवन के साथ ही ग्रहण कर लेता है।

मानव की आदिम अवस्था का उल्लास, पीड़ा, विस्मय आदि ध्वनियों से जन्म पाकर भाषा उसके उदात्त और गूढ़ भावना-विचार तक जैसा विस्तार पा गई है, यह एक युग का कार्य नहीं है। अवश्य ही भाषा में परिवर्तन हुए हैं, परन्तु वे नदी के मोड़ों के समान हैं, नदी का अन्त नहीं। तटों और तरंगों की नवीनता नदी की अबाध गति के लिए है, उसे खंड-खंड करने के लिए नहीं—

अहम राष्ट्री संगमनी वसूनाम्!

(मैं राष्ट्र की शक्ति हूँ, उसे समृद्धि से संयुक्त करती हूँ) ऋग्वेद के इस वाक्-परिचय का प्रमाण भारत से अधिक अन्य देशों ने दिया है, जिनकी भाषा-प्रीति उनकी राष्ट्र-नीति का आवश्यक अंग है।

इजराइल जैसे छोटे देश ने हिब्रू जैसी कठिन और प्राचीन भाषा को, भावनात्मक दृष्टि से अपनी राष्ट्रभाषा स्वीकार किया है। जापान जैसे लघु पर प्रबुद्ध देश ने विज्ञान जैसे जटिल क्षेत्र के लिए भी अपनी भाषा का प्रयोग उपयुक्त समझा है। सद्य: स्वतंत्र और भौगोलिक दृष्टि से लघु देशों ने दूसरे देशों की सम्पन्न भाषाओं की तुलना में अविकसित अपनी भाषाओं को अंगीकार किया है। बहुभाषा-भाषी महादेशों ने भी अपने राष्ट्र-व्यक्तित्व की अभिव्यक्ति के लिए अपनी ही किसी सहज व्यापक भाषा को चुना है। उदाहरण के लिए हम 47 भाषाओं की स्थिति सँभालने वाले रूस और उसकी राष्ट्रभाषा रूसी को देख सकते हैं।

भारत भी बहुभाषा-भाषी महान राष्ट्र है और उसकी सभी भाषाएँ समृद्ध हैं, परन्तु उसकी पराधीन स्थिति में भी जनमानस को सांस्कृतिक दृष्टि से संश्लिष्ट रखने में हिन्दी की महत्त्वपूर्ण भूमिका रही है।

आज भी गंगा-यमुना के संगम तीर्थ पर रामेश्वरम्, कन्याकुमारी, पुरी आदि के सागर तटों पर प्राय: एक छोटा भारत ही बस जाता है, जिसके समस्त आदान-प्रदान के लिए हिन्दी ही माध्यम का कार्य करती है।

सांस्कृतिक दृष्टि से ही नहीं, संवैधानिक दृष्टि से भी हिन्दी भारत की राष्ट्रभाषा के पद पर अभिषिक्त है और प्राणप्रतिष्ठा के उपरान्त मूर्ति को खंडित करना आस्था को भी खंडित करना हो जाता है।

राष्ट्रभाषा के साथ भारत की अन्य प्रादेशिक भाषाओं का गौरव भी सम्बद्ध है। जिस प्रकार सम्पूर्ण शरीर को महत्त्वहीन मान कर अंगविशेष को महत्त्वपूर्ण सिद्ध करना सम्भव नहीं है, उसी प्रकार राष्ट्रप्रतिमा या उसकी समग्र अभिव्यक्ति को गौरव न देकर उसे खंडशः गौरव देने का प्रश्न कल्पनामात्र है। वस्तुतः समग्रता से विच्छिन्न अंग स्वयं को निर्जीव और समग्रता को विकलांग बना देता है।

आज जो स्नातकवृंद इस जन्मतः नवीन, परन्तु सांस्कृतिक दृष्टि से प्राचीन विश्वविद्यालय से उपाधि प्राप्त कर कर्मक्षेत्र के सिंहद्वार पर उपस्थित हैं उसके लिए मेरी समस्त शुभकामनाएँ अर्पित हैं।

युगीन परिस्थितियाँ विषम हैं, परन्तु आप उन्हें अनुकूल बनाने के लिए स्वयं अपने जीवन को विषम विरूप न बना लें, तो उनमें परिवर्तन अनिवार्य हो जाएगा।

टूटे दर्पण-खंडों में अपना मुख भी खंडित दिखाई देता है, परन्तु इसीलिए देखने वाला अपने मुख को खंडित नहीं कर लेता। समुद्र में बनने वाला मेघ उसके क्षार को साथ नहीं लाता।

पूर्वकाल में अग्नि का इतना महत्त्व था कि ब्रह्मचारी उसे लेकर ही दूसरे कर्मक्षेत्र में प्रवेश करता था। आज इस अग्नि के प्रतीक रूप आप अपने हृदय में यह जीवन ज्वाला लेकर कार्यक्षेत्र में प्रवेश करें जो अन्धकार में आपको सहस्त्र किरण दीपक बना सके।

मेरी कामना है कि आपका पथ प्रशस्त हो, लक्ष्य उन्नत रहे, गति अबाध रहे और आज का मूलमंत्र—

संगच्ध्वं संवदध्वं संवोमनांसि जानताम्।

कभी विस्मृत न हो।

जय भारत

[विक्रम विश्वविद्यालय, उज्जैन में दीक्षांत भाषण।]

आस्वाद के नए धरातल

'शृंखला की कड़ियाँ' : मुक्ति की राहें

मैनेजर पांडेय

अब यह लगभग सर्वमान्य बात है कि छायावाद हिन्दी नवजागरण की अभिव्यक्ति का काव्यान्दोलन है और महादेवी वर्मा उसकी प्रतिनिधि कवि। लेकिन यह आश्चर्य की बात है कि महादेवी वर्मा की कविता की व्याख्या के समय आलोचकों को प्रायः नवजागरण की याद नहीं आती। जिन्हें आती भी है, वे उनकी कविता में मिटने के अधिकार की माँग को ही नवजागरण की अभिव्यक्ति मानते हैं। इससे भारतीय समाज में स्त्री-जीवन के प्रचलित और प्रचारित लक्ष्य की ही पुष्टि होती है। इस स्थिति का एक कारण यह है कि हिन्दी नवजागरण की चिन्ता और उस पर बहस के केन्द्र में स्त्री की पराधीनता और स्वाधीनता का प्रश्न कभी नहीं रहा है।

महादेवी वर्मा की कविता के साथ आरम्भ से ही एक प्रकार के आलोचनात्मक पूर्वाग्रह की स्थिति दिखाई देती है। यह ठीक है कि उनकी कविता में दुःख है, वेदना है, निराशा है, आँसू हैं, अन्तर्मुखता है और अभिव्यक्ति शैली में परोक्ष की प्रधानता भी है, पर साथ ही वहाँ असन्तोष है, आक्रोश है और संघर्ष की चेतना भी। आलोचकों ने उनके आँसुओं पर ध्यान दिया है, लेकिन उनके आक्रोश पर नहीं। प्रायः आलोचकों ने यह भी देखने-समझने की कोशिश नहीं की है कि महादेवी वर्मा की कविता में जो दुःख, वेदना, निराशा और अन्तर्मुखता है, वह सब उनके समय की और आज की भी भारतीय स्त्री के जीवन की वास्तविकताएँ हैं और सम्भावनाएँ भी। कुछ आलोचकों ने अपनी प्रतिभा का कमाल दिखाते हुए महादेवी वर्मा की कविता में दुःख के अनुभव की अभिव्यक्ति को दुःखवाद बना दिया है तो कुछ दूसरों ने उन्हें 'एकाकिनी बरसात' या 'नीर भरी दुःख की बदली' घोषित कर दिया है। ऐसी घोषणाएँ कविता को अखबार की तरह पढ़ने का परिणाम हैं। जो आलोचक कविता को इतिहास के सन्दर्भ और सामाजिक जीवन के अनुभवों से स्वतंत्र मानते हैं, वे महादेवी की कविता में तरह-तरह के रहस्यवाद खोजते हैं। इस प्रक्रिया में कविता और कवि दोनों का मिथकीकरण हुआ है, कविता अध्यात्म-साधना की अभिव्यक्ति बन गई है और महादेवी वर्मा मीरा बना दी गई हैं, वह भी

अपनी स्वाधीनता के लिए राणाशाही के आतंक, सामन्ती समाज की रूढ़ियों और कुलकानि के बन्धनों के विरुद्ध विद्रोह करने वाली मीरा नहीं, निरीह भाव से भगवान का भजन करने वाली मीरा।

महादेवी की कविता में रात और अन्धकार के चित्र बहुत हैं और अपार अन्धकार में लड़ता हुआ एक दीपक भी बार-बार सामने आता है। उन्होंने दीप-शिखा के 'दो शब्द' में लिखा है, "आलोक मुझे प्रिय है, पर दिन से अधिक रात का। दिन में तो अन्धकार से उसके संघर्ष का पता ही नहीं चलता, परन्तु रात में हर झिलमिलाती लौ योद्धा की भूमिका में अवतरित होती है।" क्या इससे यह स्पष्ट नहीं है कि महादेवी को अन्धकार से अधिक प्रकाश प्रिय है और पलायन से अधिक संघर्ष। उनकी कविता में अन्धकार से आलोक का जो संघर्ष है, वह भारतीय स्त्री के जीवन की पराधीनता के अन्धकार से स्वाधीनता की आकांक्षा का संघर्ष है। महादेवी वर्मा भारतीय स्त्री की प्रतिनिधि के रूप में एक ओर उसकी पराधीनता की पीड़ा की अभिव्यक्ति करती हुई कहती हैं कि—

रात सी नीरव व्यथा
तम सी अगम मेरी कहानी।

तो दूसरी ओर उसकी स्वाधीनता की आकांक्षा और उसके लिए संघर्ष की दृढ़ता व्यक्त करती हुई कहती हैं—

रात के उर में दिवस की चाह का शर हूँ।

उनकी कविता के बारे में डॉ. रामविलास शर्मा ने ठीक ही लिखा है कि—

> महादेवी वर्मा अपने गीतों में देवी के रूप में नहीं, एक मानवी के रूप में दर्शन देती हैं। वे अपनी भावव्यंजना में इस धरती पर काम करने वाली मनुष्य नामक प्राणी ही नहीं हैं वरन् उसका एक भेद नारी भी हैं। उनका नारीत्व सामाजिक सीमाओं के अन्दर विकास के लिए पंख फड़फड़ाता है। उसकी यह व्याकुलता अनेक सांकेतिक रूपों में उनकी कविता में प्रकट होती है।

महादेवी वर्मा भारतीय स्त्री के जीवन के अनुभवों और आकांक्षाओं की अभिव्यक्ति करने वाली कलाकार हैं, उसके जागरण का अभियान चलाने वाली कार्यकर्ता और उसकी पराधीनता के जटिल रूपों का विश्लेषण तथा स्वाधीनता की सम्भावनाओं की तलाश करने वाली दार्शनिक भी हैं। उनके गीतों, चित्रों और रेखाचित्रों में उनका कलाकार रूप मिलता है तो उनकी शिक्षा, संस्कृति और साहित्यिक पत्रकारिता सम्बन्धी गतिविधियों में उनका कार्यकर्त्ता रूप। 'शृंखला की कड़ियाँ ' के माध्यम

से वे एक स्त्रीवादी दार्शनिक के रूप में हमारे सामने आती हैं। हिन्दी में स्त्री-जीवन की वास्तविकताओं और कामनाओं का कलात्मक चित्रण करने वाली लेखिकाएँ और भी हैं तथा स्त्री-स्वाधीनता का आन्दोलन चलाने वाली कार्यकर्ताओं की भी कोई कमी नहीं है, लेकिन भारतीय स्त्री-जीवन की जटिल समस्याओं, उसकी दासता की दारुण स्थितियों और उसकी मुक्ति की दिशाओं का मूलगामी दृष्टि से जैसा विवेचन महादेवी वर्मा की पुस्तक 'शृंखला की कड़ियाँ' में है, वैसा हिन्दी में अन्यत्र कहीं नहीं है। 'शृंखला की कड़ियाँ' का उद्देश्य उस भारतीय नारी की स्थिति का विश्लेषण है जो महादेवी वर्मा के शब्दों में जन्म से अभिशप्त और जीवन से सन्तप्त है।

जो लोग यह समझते हैं कि स्त्री की स्वाधीनता की विचारधारा सत्तर के दशक में फ्रांस और अमेरिका से भारत में आई है, उन्हें यह जानकर आश्चर्य होगा कि 'शृंखला की कड़ियाँ' 1942 ईसवी में छपी थी और उसके अधिकांश निबन्ध तीस के दशक में प्रसिद्ध पत्रिका 'चाँद' के सम्पादकीय लेखों के रूप में प्रकाशित हुए थे। तब तक सारी दुनिया में नारीवादी सोच और आन्दोलन को प्रेरित और प्रभावित करने वाली सिमोन द बोउआ की पुस्तक 'द सेकेंड सेक्स' अस्तित्व में न थी। वह फ्रांसीसी में 1949 ईसवी में छपी और अंग्रेजी में सन् 1953 में उसका कुछ साल पहले ही 'स्त्री उपेक्षिता' नाम से हिन्दी अनुवाद प्रकाशित हुआ है।

'शृंखला की कड़ियाँ' इस बात का प्रमाण है कि विचार केवल ज्ञान की एकान्त साधना से पैदा नहीं होते। सामाजिक आन्दोलनों और जीवन के अनुभवों से भी विचारों का जन्म होता है। यही नहीं, सामाजिक आन्दोलन और जीवन के अनुभवों से पैदा होने वाले विचारों का स्वभाव एकान्त साधना से उपजे विचारों से भिन्न होता है। ग्राम्शी के अनुसार समाज में बुद्धिजीवी दो प्रकार के होते हैं, पेशेवर और आवयविक। प्राय: ज्ञान की एकान्त साधना करने वाले पेशेवर बुद्धिजीवी होते हैं, लेकिन जो किसी वर्ग, समुदाय और समाज की जिन्दगी की वास्तविकताओं और आकांक्षाओं की व्याख्या करते हुए उस वर्ग, समुदाय और समाज को इतिहास में अपनी स्थिति समझने और उसे बदलने के लिए संघर्ष करने की प्रेरणा देते हैं, वे आवयविक बुद्धिजीवी होते हैं। 'शृंखला की कड़ियाँ' की लेखिका भारतीय स्त्री समुदाय की आवयविक बुद्धिजीवी के रूप में हमारे सामने आती है। उसके विचारों के निर्माण में भारतीय समाज के अतीत और वर्तमान के स्त्री-जीवन की कठोर वास्तविकताओं के गम्भीर ज्ञान, जटिल स्थितियों की अचूक पहचान और लेखिका के अपने व्यापक जीवनानुभवों की महत्त्वपूर्ण भूमिका है। साथ ही उसमें भारतीय स्त्री की आर्थिक, सामाजिक और सांस्कृतिक पराधीनता से मुक्ति की गहरी चिन्ता है, इसलिए उसके विचारों में वैसी उदासीनता और निर्जीवता नहीं है, जैसी एकान्त साधना से उपजे विचारों में होती है। 'शृंखला की कड़ियाँ' के विचारों में सघन भावावेग है और कहीं-कहीं आक्रोश भी।

'शृंखला की कड़ियाँ' भारत में नारी जागरण की उस प्रक्रिया की उपज है जिसकी शुरुआत भारतीय नवजागरण के साथ हुई थी। भारतीय नवजागरण के आरम्भिक दौर में समाज में स्त्री की स्थिति का प्रश्न महत्त्वपूर्ण था और विवाद का विषय भी। उस समय स्त्री की स्वाधीनता का प्रश्न उतना महत्त्वपूर्ण नहीं था, जितना उसके जीने के अधिकार का। वह जन्म से लेकर सती होने तक मौत के दरवाजे पर खड़ी रहती थी, स्वेच्छा से नहीं पुरुष इच्छा से, क्योंकि उसकी इच्छा और शरीर पर पुरुषों का अधिकार था। इसीलिए राजा राममोहन राय ने स्त्री के जीने के अधिकार का प्रश्न उठाते हुए सती प्रथा का विरोध किया और उसके स्वेच्छा से जीने के अधिकार के लिए ईश्वरचन्द्र विद्यासागर ने विधवा विवाह का समर्थन किया। स्त्री प्रश्न के प्रसंग में बंगाल नवजागरण की तुलना में महाराष्ट्र का नवजागरण अधिक अग्रगामी था, क्योंकि महात्मा ज्योतिराव फुले ने न केवल स्त्रियों की सामाजिक गुलामी के विरुद्ध आवाज उठाई थी, बल्कि उन्होंने उनकी शिक्षा के अधिकार का भी समर्थन किया था और उसकी व्यवस्था भी की थी, जिसका प्रभाव महाराष्ट्र के नारी जागरण पर दिखाई देता है।

यद्यपि हिन्दी नवजागरण के अग्रदूत भारतेन्दु हरिश्चन्द्र ने यह कामना की थी कि 'नारी नर सम होहिं' और उन्होंने स्त्री शिक्षा का समर्थन करते हुए 'बालाबोधिनी' नाम की पत्रिका भी निकाली थी, लेकिन स्त्री की स्वाधीनता का सवाल हिन्दी नवजागरण का मुख्य सवाल कभी नहीं बन पाया। वह हमेशा हाशिए पर ही रहा। आरम्भ में स्त्रियों की पराधीनता और उनकी दारुण स्थिति के बारे में जो चिन्ता थी, वह भी बाद में कम हो गई। यह एक विडम्बनापूर्ण सच्चाई है कि भारतीय स्वाधीनता आन्दोलन के दौरान साम्राज्यवाद विरोधी चेतना के विस्तार के समानांतर सामन्तवाद विरोधी चेतना क्रमशः कमजोर हुई। परम्परा और राष्ट्रवाद की वेदी पर स्त्री की स्वाधीनता की बलि चढ़ा दी गई।

भारतीय नवजागरण के दौरान स्त्री की स्वाधीनता का प्रश्न तभी प्रखरता के साथ सामने आया है, जब भारतीय स्त्री अपनी स्वाधीनता की माँग करती हुई आगे आई है। इस दृष्टि से सन् 1882 का वर्ष भारतीय स्त्री के जागरण के इतिहास में अत्यन्त महत्त्वपूर्ण है। 'वुमेन राइटिंग इन इंडिया' से ज्ञात होता है कि 1882 ईसवी में बंगाल की मोक्षदायिनी मुखोपाध्याय का बांग्ला में कविता संग्रह 'बनप्रसून' प्रकाशित हुआ था जो अपने नाम से लेकर रचनादृष्टि तक स्त्री की स्वाधीनता और आलोचनात्मक चेतना का प्रमाण था। उस संग्रह की एक कविता 'बंगाली बाबू' में बंगाल के तथाकथित स्वतंत्र पुरुष समुदाय की प्रदर्शनप्रियता, खोखलापन, अंग्रेजों की नकल, दासता और पतनशील प्रवृत्तियों का पर्दाफाश किया गया है, साथ ही स्त्रियों के उद्धार के उनके दावों पर तीखा व्यंग्य भी है।

1882 ईसवी में ही महाराष्ट्र की एक क्रान्तिकारी महिला ताराबाई शिंदे की पुस्तक 'स्त्री-पुरुष तुलना' छपी थी, जिसमें स्त्री दृष्टि से महाराष्ट्र की पितृसत्तात्मक

समाज व्यवस्था, संस्कृति और पुरुषों की मानसिकता की तीखी आलोचना है। ताराबाई शिंदे ने एक ओर स्त्रियों पर पुरुषों द्वारा लगाए गए तरह-तरह के आरोपों का उत्तर दिया है तो दूसरी ओर पुरुषों के पूर्वाग्रहों, अन्यायों और अत्याचारों का विवेचन भी किया है।

यद्यपि 19 वीं सदी में हिन्दी क्षेत्र में नारी जागरण का रूप वैसा न था, जैसा बंगाल और महाराष्ट्र में था, फिर भी सन् 1882 में ही हिन्दी में भी एक पुस्तक छपी थी, जिसमें नारी के जागरण का स्वर अत्यन्त प्रखर है और उसकी आजादी की आवाज अत्यन्त बुलंद। वह पुस्तक है—'सीमन्तनी उपदेश'। इस पुस्तक को खोजकर 1988 ईसवी में सम्पादित और प्रकाशित करने का काम डॉ. धर्मवीर ने किया है। 'सीमन्तनी उपदेश' जब पहली बार सन् 1882 में छपी थी, तब उस पर लेखिका का नाम न था, इसलिए 1988 ईसवी में डॉ. धर्मवीर ने उसकी लेखिका को एक अज्ञात हिन्दू औरत माना था, लेकिन अब जून 1999 के 'हंस' में छपे अपने लेख 'सीमन्तनी उपदेश' की लेखिका कौन थी' में यह सम्भावना प्रकट की है कि उस लेखिका का नाम भाई भगवती हो सकता है, जो 19वीं सदी के अन्तिम दशक के पंजाब में एक लोकप्रिय लेखिका के रूप में प्रसिद्ध थी।

'सीमन्तनी उपदेश' हिन्दू समाज में स्त्री की गुलामी और यातना के विभिन्न रूपों के व्यापक ज्ञान और अनुभवों के आधार पर लिखी गई किताब है। उसमें विधवा जीवन की दुर्दशा का मार्मिक वर्णन है, सती प्रथा का जोरदार विरोध है, पतिव्रता तथा सतीत्व सम्बन्धी भ्रामक विचारों का खंडन है, पुरुषों के दोहरे चरित्र की पोल खोली गई है और धर्म के नाम पर स्त्री की गुलामी के लिए फैलाए गए जाल को तर्क की कसौटी पर कसकर छिन्न-भिन्न किया गया है। 'सीमन्तनी उपदेश' के प्रत्येक पन्ने से हिन्दू स्त्री की गुलामी की पीड़ा से पैदा हुई चीख सुनाई पड़ती है और आजादी की दूर तक गूँजने वाली पुकार भी।

'सीमन्तनी उपदेश' की लेखिका के मन में भारतीय स्त्री की पराधीनता की पीड़ा कितनी गहरी है और उसकी आजादी की चाह कितनी तीव्र-यह उसके इस कथन से स्पष्ट है—

> अगर इस दुनिया में कुछ खुशी है तो उन्हीं को है जो अपने तईं आजादी रखते हैं। हिन्दुस्तानी औरतों को तो आजादी किसी हालत में नहीं हो सकती बाप, भाई, बेटा, रिश्तेदार सभी हुकूमत रखते हैं। मगर जिस कद्र खाविंद जुल्म करता है, उतना कोई नहीं करता। लौंडी तो यह सारी उम्र सब ही की रहती है पर शादी करने से तो बिलकुल जरखरीद हो जाती है। इस दुनिया में चाहे बादशाहत की नियामत मिले और आजादी न हो, नर्क के बराबर है। (पृ. 68-69)

'सीमन्तनी उपदेश' 19वीं सदी के आर्य समाजी समाज सुधार के आन्दोलन की उपज है तो 'शृंखला की कड़ियाँ' 20वीं सदी के तीसरे और चौथे दशक के नारी जागरण की देन। यद्यपि 'शृंखला की कड़ियाँ' पर 'सीमन्तनी उपदेश' का कोई सीधा प्रभाव नहीं है, लेकिन दोनों में भारतीय स्त्री की गुलामी से मुक्ति की जो चिन्ता है, उसमें निरन्तरता अवश्य है।

20वीं सदी के दूसरे दशक से लेकर चौथे दशक तक हिन्दी क्षेत्र में नारी जागरण का नया उभार दिखाई देता है, जिसके प्रमाण उस समय की स्त्री जीवन से जुड़ी पत्रिकाओं में दिखाई देते हैं। उनमें 'स्त्री दर्पण', 'गृहलक्ष्मी', 'आर्य महिला', 'महिला सर्वस्व' और 'चाँद' जैसी पत्रिकाएँ विशेष रूप से उल्लेखनीय हैं। इन पत्रिकाओं में स्त्री जीवन की विभिन्न समस्याओं पर बहस होती थी, उनके जीवन संघर्ष और मुक्ति संघर्ष की रपटें छपती थीं और स्त्रियों का रचनात्मक साहित्य भी प्रकाशित होता था।

नवम्बर 1994 में 'चाँद' का 'नारी आन्दोलन अंक' निकला था। उसके सम्पादकीय में लिखा है कि—

> इस समय हमारे सामने सामाजिक परिवर्तन की जितनी समस्याएँ मौजूद हैं, उनमें सबसे महत्त्वपूर्ण है नारियों की स्थिति का प्रश्न।

'चाँद' के उस अंक में भारतीय समाज के अतीत और वर्तमान में स्त्रियों की दशा, उनके भविष्य की चिन्ता, मताधिकार तथा कानूनी अधिकार के आन्दोलन और उनकी स्वाधीनता के प्रश्न पर अनेक लेख छपे हैं।

महादेवी वर्मा 'चाँद' से घनिष्ठ रूप से जुड़ी हुई थीं। पहले एक कवि के रूप में और बाद में सम्पादक के रूप में। सन् 1985 में 'चाँद' का 'विदुषी अंक' निकला, जिसका सम्पादन महादेवी वर्मा ने किया था। उन्होंने बाद में 'चाँद' के सम्पादन काल के दौरान एक ओर स्त्रियों को आत्मसजग बनाने का प्रयत्न किया तो दूसरी ओर नई लेखिकाओं की खोज और उनकी रचनाओं के प्रकाशन का जरूरी काम भी किया। उन्होंने स्त्रियों में आत्मचेतना और आत्मविश्वास के विकास के लिए उनकी शिक्षा के प्रसार का प्रयास किया तो उनकी रचनाशीलता को आगे बढ़ाने के लिए 'महिला कवि सम्मेलन' और 'महिला गल्प सम्मेलन' का आयोजन भी किया था। इन सबके साथ ही उन्होंने तीस के दशक में ही मीरा जयंती मनाने की शुरुआत की थी, ताकि हिन्दी क्षेत्र की स्त्रियाँ मीरा के विद्रोही व्यक्तित्व से प्रेरणा लेकर अपनी स्वतंत्रता के लिए संघर्ष और सृजन के मार्ग पर आगे बढ़ सकें।

'शृंखला की कड़ियाँ ' तीसरे और चौथे दशक के उस नारी आन्दोलन की देन है, जिसमें महादेवी वर्मा सक्रिय रूप से सम्मिलित थीं, इसलिए उसमें उस समय की नारी चेतना के जागरण की अनुगूँजें हैं; उसकी शक्ति की, सीमाओं की और

सम्भावनाओं की भी। महादेवी वर्मा के मन में भारतीय नारी की भावी स्वाधीनता का विश्वास है, लेकिन वे यह जानती हैं कि स्वाधीनता याचना से नहीं मिलती, उसके लिए संघर्ष करना पड़ता है। वे कहती हैं—

> भारतीय नारी जिस दिन अपने सम्पूर्ण प्राणवेग से जाग सके, उस दिन उसकी गति रोकना किसी के लिए सम्भव नहीं। उसके अधिकारों के सम्बन्ध में यह सत्य है कि वे भिक्षावृत्ति से न मिले हैं और न मिलेंगे, क्योंकि उनकी स्थिति आदान-प्रदान योग्य वस्तुओं से भिन्न है। (पृ. 9)

वे यह भी जानती हैं कि संघर्ष के लिए शक्ति और विवेक की आवश्यकता होती है इसलिए वे कहती हैं कि—

> हमारे अधिकार, हमारी शक्ति और विवेक के सापेक्ष रहेंगे।

भारतीय समाज में ऐसे लोगों की कमी न पहले थी और न आज है जो भारतीय सभ्यता और संस्कृति की प्राचीनता की दुहाई देकर भारतीय स्त्री को गुलाम बनाए रखना चाहते हैं। उन लोगों के सोच-विचार की आलोचना करते हुए महादेवी वर्मा कहती हैं कि—

> आज जब सारा गतिशील संसार निरन्तर परिवर्तन की अनिवार्यता प्रमाणित कर रहा। स्त्रियों के जीवन को काट-छाँट कर उसी साँचे के बराबर बनाने का प्रयत्न हो रहा है जो प्राचीनतम युग में ढाला गया था। प्राचीनता की दुहाई देकर जीवन को संकीर्णतम बनाते जाना और विकास के मार्ग को चारों ओर से अवरुद्ध कर लेना किसी जीवित व्यक्ति पर समाधि बना देने से भी अधिक क्रूर और विचारहीन कार्य है। (पृ. 22-23)

महादेवी वर्मा दूसरे देशों की स्त्रियों की स्वाधीनता का उदाहरण सामने रखकर भारतीय स्त्री की पराधीनता पर क्षोभ व्यक्त करते हुए कहती हैं—

> पश्चिमी तथा पूर्वी जाग्रत देशों में स्त्रियों ने उन बेड़ियों को काट डाला है, जिनमें पुरुषों ने बर्बरता के युग में उन्हें बाँधकर अपने स्वामित्व का प्रदर्शन किया थ.।...जिसकी सभ्यता की प्राचीनता प्रख्यात केवल उसी हमारे देश में अब तक इस भावना की ऐसी धुँधली रूपरेखा है कि हजार स्त्रियों में कदाचित् एक भी इससे परिचित न होगी। (पृ. 21)

महादेवी वर्मा ने लिखा है कि—

> समस्या का समाधान समस्या के ज्ञान पर निर्भर है।

यही कारण है कि उन्होंने भारतीय समाज में विशेष रूप से हिन्दू समाज में बेटी, पत्नी, विधवा और वेश्या के रूप में स्त्री की दारुण स्थितियों और उसके जीवन की जटिल समस्याओं का संवेदनशील विवेचन किया है, जिससे पाठक केवल विचार ही नहीं, भाव के स्तर पर भी आन्दोलित होता है। भारतीय समाज में स्त्री की स्थिति के बारे में महादेवी वर्मा की राय उन लोगों से भिन्न है जो मानते हैं कि आज भले ही भारतीय स्त्री पराधीन हो, लेकिन अतीत में वह स्वाधीन थी। वे कहती हैं कि—

> भारतीय स्त्री की सामाजिक स्थिति का इतिहास भी उसके विकृत से विकृततर होने की कहानी मात्र है। बीती हुई शताब्दियाँ उसके सामाजिक प्रासाद के लिए नींव के पत्थर नहीं बनीं, वरन् उसे ढहाने के लिए वज्रपात बनती रही हैं। फलतः उसकी स्थिति उत्तरोत्तर दृढ़ तथा सुन्दर होने के बदले दुर्बल और कुत्सित होती गई। (पृ. 76)

हिन्दू समाज-व्यवस्था में स्त्री की कोई स्वतंत्र पहचान नहीं होती, न उसका कोई स्वतंत्र व्यक्तित्व होता है। पुरुष के साथ उसके सम्बन्ध से ही उसकी पहचान बनती है, अस्मिता निर्धारित होती है और व्यक्तित्व अर्थ पाता है। महादेवी वर्मा इस स्थिति को स्पष्ट करती हुई कहती हैं कि—

> भारतीय पुरुष जैसे अपने मनोरंजन के लिए रंग-बिरंगे पक्षी पाल लेता है; उपयोग के लिए गाय या घोड़े पाल लेता है, उसी प्रकार वह एक स्त्री को भी पालता है तथा अपने पालित पशु-पक्षियों के समान ही उसके शरीर और मन पर अपना अधिकार समझता है। (पृ. 83)

इस स्थिति की सच्चाई और उससे उपजी पीड़ा की अभिव्यक्ति प्रायः स्त्रियों के लोकगीतों में सुनाई पड़ती है। एक राजस्थानी लोकगीत में बेटी अपने पिता से कहती है कि—

> मैं तो आपके खूँटे से बँधी गाय हूँ, आप मुझे जिधर हाँकोगे उधर ही चली जाऊँगी। (म्है तो बाबोसा आपरै खूँटे री गायड़ टोरो जठै टुर जाऊसाँ)।

भारतीय समाज में स्त्री की गुलामी की सर्वग्रासी प्रक्रिया का बुनियादी कारण है आर्थिक दृष्टि से स्त्री की पुरुष पर निर्भरता। महादेवी वर्मा के शब्दों में—

> समाज ने स्त्री को पुरुष की सहायता पर इतना निर्भर कर दिया है कि उसके सारे त्याग, सारा स्नेह और सम्पूर्ण आत्म-समर्पण बन्दी के विवश कर्त्तव्य के समान हैं।

समाज में स्त्री की आर्थिक पराधीनता सर्वव्यापी है। वह पुत्री, बहन, पत्नी, माता, विधवा और वेश्या आदि रूपों में आर्थिक स्वतंत्रता के अभाव में ही पुरुष के

अन्याय की मार सहती है। इन सब स्थितियों का विवेचन करते हुए महादेवी वर्मा ने स्त्री की आर्थिक स्वाधीनता को उसकी सामाजिक स्वाधीनता के लिए आवश्यक माना है। स्त्री की आर्थिक परवशता से जुड़ी है उसकी सामाजिक विवशता। पुरुष आर्थिक दृष्टि से स्वतंत्र होने के कारण ही सामाजिक रूप से स्वच्छंद होता है और उसकी सामाजिक स्वच्छंदता स्त्री को अपना शिकार बनाती है; घर में और बाहर समाज में भी।

भारतीय समाज में स्त्री जन्म से अबला बनाई जाती है। स्वतंत्रता की भावना को उसकी जिन्दगी और सपनों से भी दूर रखा जाता है। भारतीय समाज में स्त्री को अबला बनाए जाने की प्रक्रिया को स्पष्ट करती हुई महादेवी जी ठीक ही कहती हैं,

> न स्त्री को अपने जीवन का कोई लक्ष्य बनाने का अधिकार है और न समाज द्वारा निर्धारित विधान के विरुद्ध कुछ कहने का वातावरण भी धीरे-धीरे उसे ऐसे ही मूक आज्ञापालन के लिए प्रस्तुत करता रहता है। (पृ. 150)

आज के समय में शहरी मध्य वर्ग और उच्च वर्ग की कुछ शिक्षित स्त्रियाँ इस स्थिति से बाहर निकली हैं और निकल रही हैं, लेकिन भारतीय गाँवों में रहने वाली अधिकांश स्त्रियाँ अभी उसी वातावरण में जीने और मरने के लिए अभिशप्त हैं।

हिन्दू समाज में स्त्री को गुलाम बनाए रखने में रूढ़िवाद निरन्तर सक्रिय रहा है और आज वह अधिक आक्रामक रूप से सक्रिय है। इस रूढ़िवाद के समर्थक, महादेवी वर्मा के शब्दों में—

> किसी भी नवीन दृष्टिकोण को समाज और धर्म की स्थिति के लिए घातक समझ लेते हैं और भरसक किसी भी परिवर्तन को आने नहीं देते।

स्त्री के बारे में हिन्दू समाज के रूढ़िवादी दृष्टिकोण और उसके परिणामस्वरूप स्त्री की स्थायी पराधीनता की ओर संकेत करती हुई महादेवी जी ठीक ही कहती हैं कि—

> हिन्दू समाज ने उसे अपनी प्राचीन गौरवगाथा का प्रदर्शन मात्र बनाकर रख छोड़ा है। और वह भी मूक निरीह भाव से उसको वहन करती रही हैं, शताब्दियों पर शताब्दियाँ बीती चली जा रही है समय की लहरों में परिवर्तन पर परिवर्तन बहते आ रहे हैं, परन्तु समाज केवल स्त्री को, जिसे उसने दासता के अतिरिक्त और कुछ देना नहीं सीखा, प्रलय की उथल-पुथल में भी शिला के समान स्थिर देखना चाहता है। ऐसी स्थिरता मृत्यु का शृंगार हो सकती है, जीवन का नहीं। (पृ. 148-49)

हिन्दू समाज में पुरुष प्रभुत्व का सबसे उग्र और छली रूप उसकी नैतिक

व्यवस्था में दिखाई देता है, जिसमें पुरुष सब कुछ करने के लिए स्वतंत्र है और स्त्री सब कुछ सहने के लिए मजबूर। इस समाज में पुरुष और स्त्री के लिए अलग-अलग नैतिक मानदंड हैं। पुरुष ही उन मानदंडों का निर्माता है। यही नहीं, वह स्त्री की नैतिकता का निर्धारक और निर्णायक भी होता है। हिन्दू समाज की भेदभाव से भरी नैतिक व्यवस्था और उसमें पुरुष के दोहरे आचरण की आलोचना करती हुई महादेवी वर्मा ने आक्रोश के साथ लिखा है कि इस समाज में—

> किसी भी पुरुष का कैसा भी चारित्रिक पतन उससे सामाजिकता का अधिकार नहीं छीन लेता, उसे गृह-जीवन से निर्वासन नहीं देता, सुसंस्कृत व्यक्तियों में उसका प्रवेश निषिद्ध नहीं बनाता, और धर्म से लेकर राजनीति तक सभी क्षेत्रों में ऊँचे-ऊँचे पदों तक पहुँचने का मार्ग नहीं रोक लेता। साधारणतः महान दुराचारी पुरुष भी परम सती स्त्री के चरित्र का आलोचक ही नहीं, न्यायकर्त्ता भी बना रहता है। (पृ. 98)

भारतीय समाज में स्त्री की गुलामी के बन्धनों को कठोर और अकाट्य बनाने में बहुत बड़ी भूमिका धर्म और उसके शास्त्रों की है। उनमें स्त्री की दासता को बढ़ाने वाले केवल आदेश और उपदेश ही नहीं हैं, बल्कि उसको मिथक बनाने की एक पूरी प्रक्रिया है, जिसमें एक ओर उसे सहज अपावन और अवगुणों की खान कहा गया है तो दूसरी ओर पवित्रता सहनशीलता, त्याग, बलिदान आदि की मूर्ति बनाकर उसकी गुलामी को गौरवान्वित करने की कोशिश की गई है। रोला बार्थ ने लिखा है—

> मिथक में चीजों की ऐतिहासिक विशेषता नष्ट हो जाती है और उनके निर्माण से जुड़ी स्मृतियाँ भी खो जाती हैं। पुरुष समुदाय धर्म के माध्यम से स्त्री का मिथकीकरण इसलिए करता है कि वह अपनी ऐतिहासिक स्थिति और अपनी जिन्दगी की वास्तविकताओं की स्मृतियों को ही भूल जाएँ।

सिमोन दी बोउआ ने लिखा है—

> नारी का मिथकीकरण शासक जातियों के लिए जितना लाभदायक रहा है उतना कोई और नहीं, क्योंकि वह पुरुष के विशेषाधिकारों को उचित ठहराता है और उनके दुरुपयोग की छूट भी देता है।

हिन्दू धर्म और संस्कृति में स्त्री की ऐसी कल्पना की गई है और धारणा बनाई गई है कि वह मानवी न रहकर देवी बन जाए और अपने जीवन की पराधीनता को भूलकर पुरुषों के सुख-दुःख की चिन्ता करे। भारतीय मिथक परम्परा में धन की देवी लक्ष्मी हैं, विद्या की सरस्वती और शक्ति की दुर्गा, लेकिन भारतीय समाज में

स्त्री धन, विद्या और शक्ति तीनों से वंचित रही है। भारतीय स्त्री को मिथक बनाने और उसे देवी बनाकर पूजने की प्रक्रिया में निहित चालाकी को महादेवी वर्मा जानती हैं, इसलिए उन्होंने लिखा है कि—

> भारतीय स्त्री के अत्यधिक श्रद्धालु पुजारी भी उसकी निर्जीवता को ही देवत्व का प्रधान अंश मानते रहे और आज भी मान रहे हैं। (पृ. 106)

साथ ही महादेवी वर्मा यह भी कहती हैं कि—

> अब भारतीय स्त्री को अपनी ऐसी स्थिति स्वीकार नहीं है, आज वह न घर का अलंकार मात्र बनकर जीवित रहना चाहती है, न देवता की मूर्ति बनकर प्राण-प्रतिष्ठा चाहती है।

'शृंखला की कड़ियाँ' में भारतीय स्त्री की पराधीनता की प्रत्येक स्थिति की पहचान है और उससे मुक्ति की राहों की खोज की चिन्ता भी है। भारतीय स्त्री की स्वाधीनता के बारे में महादेवी वर्मा का दृष्टिकोण व्यापक है। वे केवल सम्पन्न और शहरी मध्य वर्ग की स्त्रियों की स्वाधीनता की ही चिन्ता नहीं करतीं बल्कि वे श्रमजीवी समुदाय की स्त्रियों की जाग्रति और स्वतंत्रता के बारे में भी सोचती हैं। उन्होंने ठीक ही लिखा है कि कृषक तथा अन्य श्रमजीवी स्त्रियों की जाग्रति तथा स्वाधीनता के बिना भारतीय स्त्री की मुक्ति का प्रत्येक प्रयत्न अधूरा होगा। महादेवी वर्मा ने एक कदम आगे बढ़कर यह भी लिखा है कि कृषक और अन्य श्रमजीवी स्त्रियों द्वारा श्रम से अर्जित स्वावलम्बन की भावना से प्रेरणा लेकर सम्पन्न और मध्य वर्ग की स्त्रियाँ भी अपनी मुक्ति की राह पर अधिक सहजता से आगे बढ़ सकती हैं।

स्त्री की स्वाधीनता का एक क्षेत्र साहित्य भी है। उसमें वह आत्माभिव्यक्ति के माध्यम से अपनी अस्मिता की पहचान करती है और स्वतंत्रता की व्यंजना भी। सामाजिक, सांस्कृतिक और मानसिक स्वतंत्रता के अभाव में सृजन सम्भव नहीं है। यह एक सच्चाई है। कि भक्तिकाल के पहले के साहित्य के इतिहास में स्त्री कवियों की रचनाशीलता के बहुत कम प्रमाण मिलते हैं। क्या संस्कृत और प्राकृत साहित्य में स्त्री कवियों की अनुपस्थिति से यह संकेत नहीं मिलता कि वह जिस समाज और संस्कृति की उपज है उसमें स्त्रियों को आत्माभिव्यक्ति की स्वतंत्रता बहुत कम थी। यह सब जानते हैं कि संस्कृत नाटकों में स्त्रियों को संस्कृत में संवाद बोलने की स्वतंत्रता न थी। उन्हें शूद्रों और दासों की तरह प्राकृत में संवाद बोलना पड़ता था। यह नियम साधारण स्त्रियों पर ही नहीं, उच्च वर्ग की स्त्रियों पर भी लागू होता था। नृत्य-नाटकों में स्त्रियों की यह भाषिक स्थिति उनकी सामाजिक और सांस्कृतिक स्थिति का द्योतक नहीं है। संस्कृत मुख्यतः पुरुष प्रधान संस्कृति

की भाषा थी इसीलिए भक्ति आन्दोलन के समय जब संस्कृत के वर्चस्व से स्वतंत्र होती मातृभाषाओं में काव्य-रचना की शुरुआत हुई, तब स्त्रियों को आत्माभिव्यक्ति का अवसर मिला और बड़ी संख्या में स्त्रियाँ कवि के रूप में सामने आईं।

महादेवी वर्मा ने 1985 ईसवी में 'चाँद' के विदुषी अंक के सम्पादकीय के रूप में लेख लिखा था, "साहित्य और उसमें स्त्रियों का स्थान।" उस लेख में उन्होंने हिन्दी साहित्य में स्त्रियों की अनुपस्थिति और सीमित सक्रियता के लिए हिन्दी क्षेत्र की सामाजिक रूढ़ि को उत्तरदायी माना है। उन्होंने 'दीपशिखा' की भूमिका में भी लिखा है कि—

> भारतीय पुरुष जीवन में नारी का जितना ऋणी है, उतना कृतज्ञ नहीं हो सका। अन्य क्षेत्रों की भाँति साहित्य में उसकी स्वभावगत संकीर्णता का परिचय मिलता रहा है।

स्वयं महादेवी वर्मा ने ऐसी संकीर्णता का अनुभव कई बार किया था।

'शृंखला की कड़ियाँ' में उन्होंने साहित्य के क्षेत्र में स्त्री-पुरुष की समानता पर जोर देते हुए लिखा है कि—

> यदि पुरुष साहित्य के निर्माण को अपनी जीविका का साधन बना सकता है तो स्त्री के लिए यह कार्य संकोच का कारण क्यों बनेगा।

उनके अनुसार साहित्य में स्त्रियों के आने से एक ओर "स्त्री के जीवन में अधिक उदारता और संवेदनशीलता आ सकेगी, उसकी मानसिक शक्तियों का अधिक से अधिक विकास होगा" तो दूसरी ओर एक बड़े अभाव की पूर्ति भी होगी क्योंकि "साहित्य यदि स्त्री के सहयोग से शून्य हो तो उसे आधी मानव जाति के प्रतिनिधित्व से शून्य समझना चाहिए।"

आजकल हिन्दी में साहित्य की स्त्री-दृष्टि पर बहस हो रही है। उसमें प्राय: पुरुष दृष्टि से भिन्न और स्वतंत्र स्त्री-दृष्टि की आवश्यकता को अस्वीकार करने की कोशिशें दिखाई देती हैं। ऐसा जब वे लोग करते हैं जो साहित्य और समाज में अपनी दृष्टि का वर्चस्व बनाए रखना चाहते हैं, तो उनका उद्देश्य समझ में आता है, लेकिन जब कुछ लेखिकाएँ भी वैसा ही करती हैं तब आश्चर्य होता है। असल में जो लेखिकाएँ पुरुषों का अनुकरण करती हुई लेखक बनने का प्रयत्न करती हैं, वे ही जाने-अनजाने साहित्य की अद्वैतवादी पुरुष दृष्टि का समर्थन करती हैं और उससे स्वतंत्र स्त्री दृष्टि का विरोध। इस सदी के पूर्वार्द्ध में, जब भारत में तो क्या पश्चिम में भी साहित्य की स्वतंत्र स्त्री दृष्टि पर कोई खास बहस नहीं हो रही थी, तब महादेवी वर्मा ने साहित्य में स्त्री दृष्टि की जरूरत पर जोर देकर कहा था कि—

> पुरुष के द्वारा नारी का चरित्र अधिक आदर्श बन सकता है, परन्तु अधिक सत्य नहीं; विकृति के अधिक निकट पहुँच सकता है, परन्तु यथार्थ के अधिक समीप नहीं। पुरुष के लिए नारीत्व अनुमान है, परन्तु नारी के लिए अनुभव। अत: अपने जीवन का जैसा सजीव चित्र वह हमें दे सकेगी, वैसा पुरुष बहुत साधना के उपरान्त भी शायद ही दे सके। (पृ. 72)

आज भले ही यह कोई बड़ी बात न लगे, लेकिन तीस के दशक के भारतीय समाज और साहित्य में स्त्री की स्थिति को ध्यान में रखिए तो इसका महत्त्व समझ में आएगा।

'शृंखला की कड़ियाँ' में केवल भारतीय स्त्री की पराधीनता और स्वाधीनता पर विचार ही नहीं किया गया है, उसमें एक नई दृष्टि से मानव समाज के इतिहास लेखन की बात भी की गई है। वह दृष्टि ऐसी है कि उसे मूलगामी कहा जा सकता है। मार्क्स ने लिखा है कि मूलगामी होने का अर्थ है किसी बात के मूल को पूरी तरह समझना और मनुष्य के लिए मूल तो मनुष्य ही है। लेकिन जहाँ आदमी का अर्थ पुरुष हो, वहाँ स्त्री की मूलगामिता का लक्ष्य पुरुष की मूलगामिता से अनिवार्यत: अलग होगा। इब्सन ने एक बार कहा था कि—

> आधुनिक समाज मानव समाज नहीं है, यह केवल पुरुषों का समाज है। ऐसे समाज में स्त्री के मूलगामी होने का अर्थ है स्त्री दृष्टि से समाज के इतिहास को देखना-समझना। अब तक के इतिहास लेखन में मनुष्य का अर्थ पुरुष ही रहा है, इसलिए अब स्त्री अपनी दृष्टि से समाज और संस्कृति के इतिहास को देखना-समझना चाहती है।

महादेवी वर्मा भी स्त्री दृष्टि से ही समाज के इतिहास को देखने की माँग करती हैं। वे मानती हैं—

> स्त्री की स्थिति समाज का विकास मापने का मानदंड कही जा सकती है।

महादेवी वर्मा ने लिखा है—

> समाज की दो आधारशिलाएँ हैं, अर्थ का विभाजन और स्त्री-पुरुष का सम्बन्ध। इनमें से यदि एक की भी स्थिति में विषमता उत्पन्न होने लगती है तो समाज का सम्पूर्ण प्रासाद हिले बिना नहीं रह सकता।

समाज के आर्थिक आधार को ध्यान में रखकर मार्क्स ने मानव समाज के इतिहास लेखन की जो दृष्टि निर्मित की थी, उसका उपयोग करते हुए मार्क्सवादियों ने विभिन्न मानव-समाजों का इतिहास लिखा है लेकिन उन इतिहासों में समाज की

दूसरी आधारशिला-स्त्री-पुरुष सम्बन्ध की उपेक्षा हुई है। मार्क्सवादी इतिहास लेखन में व्यक्तिगत सम्पत्ति से जुड़ी हुई अधिकार भावना की बात तो होती है, लेकिन वह अधिकार भावना जिस तरह स्त्री की गुलामी का कारण बनती है, उसकी कम ही चर्चा हुई है। सच्चाई यह है कि वह अधिकार भावना ही स्त्री की गुलामी का मूल कारण है। महादेवी वर्मा ठीक ही कहती हैं कि—

> एक बार पुरुष के अधिकार की परिधि में पैर रख देने के पश्चात् जीवन में तो क्या मृत्यु में भी वह (स्त्री) स्वतंत्र नहीं।

व्यक्तिगत अधिकार भावना जब मनुष्य की चेतना में रच-बस जाती है, तब व्यक्तिगत सम्पत्ति के अन्त के बाद भी वह समाप्त नहीं होती। यही कारण है कि भूतपूर्व समाजवादी व्यवस्थाओं में व्यक्तिगत सम्पत्ति के अन्त की घोषणा के बावजूद न तो पुरुष की अधिकार भावना का पूरी तरह अन्त हुआ था और न स्त्री की गुलामी का।

महादेवी वर्मा ने जिस मूलगामी दृष्टि से समाज के इतिहास के पुनर्लेखन की माँग की है, उसी दृष्टि से 'युद्ध और नारी' के सम्बन्ध पर भी विचार किया है। उन्होंने लिखा है कि, स्त्री पुरुष के दृष्टिकोण से युद्ध को देख नहीं सकती, क्योंकि महाभारत से लेकर आज तक के युद्धों का इतिहास गवाह है कि प्रत्येक युद्ध में स्त्री पुरुष की बर्बरता का शिकार हुई है, उसका शरीर तथा मन रणभूमि की तरह रौंदे गए हैं और वह सामूहिक बलात्कार से लेकर वेश्या बनने तक के लिए मजबूर की जाती रही है।

महादेवी वर्मा ने जब 'युद्ध और नारी' शीर्षक निबन्ध लिखा था, तब दूसरे विश्वयुद्ध की तैयारी हो रही थी और दुनिया भर में राष्ट्रवाद का हुँकार सुनाई पड़ रहा था। उस समय महादेवी वर्मा ने युद्ध के सन्दर्भ में स्त्री की चिन्ता और स्थिति का विवेचन किया था।

उस दौर के राष्ट्रवादी उन्माद के परिणामस्वरूप जो दूसरा विश्वयुद्ध हुआ, उसमें स्त्रियों की कैसी दुर्दशा हुई यह जानना हो तो जापान से पराजित देशों की उन स्त्रियों की व्यथा-कथा सुनना-पढ़ना पर्याप्त होगा, जिन्हें जापानी सेना की भाषा में 'आरामदेह औरतें' कहा जाता था। जापानी सैनिकों की यौन भूख मिटाने के लिए जापान, चीन, कोरिया, इंडोनेशिया आदि देशों से जबरदस्ती लायी गई लगभग दो लाख औरतों को वेश्या बनने के लिए मजबूर किया गया था। उन्हें ही 'आरामदेह औरतें' कहा जाता था। आज वे औरतें अपने साथ हुए अन्याय और अत्याचार के विरुद्ध आवाज उठा रही हैं।

युद्ध में हमेशा मानवाधिकारों का हनन होता है, लेकिन सबसे अधिक स्त्रियों के अस्तित्व, व्यक्तित्व और मानवीय अधिकारों का। दुनिया भर की पितृसत्तात्मक

व्यवस्था के अन्तर्गत युद्ध में स्त्री की दो ही मुख्य भूमिकाएँ रही हैं; एक तो सैनिक पैदा करने वाली माता की और दूसरी सैनिकों की यौन भूख मिटाने वाली वेश्या की इसीलिए महादेवी वर्मा ने युद्ध को पूरी तरह स्त्री विरोधी मानते हुए लिखा है कि युद्धकाल में स्त्री सम्पूर्ण स्त्री कभी नहीं बन सकती, उसके गुणों का चरम विकास समाज के शान्तिमय वातावरण में ही सम्भव है।

'शृंखला की कड़ियाँ' में महादेवी वर्मा भारतीय स्त्री की मुक्ति के लिए ऐसी स्त्री दृष्टि का विकास चाहती हैं जो न पुरुष-दृष्टि के पीछे-पीछे चले और न पुरुष दृष्टि बनने की कोशिश करे। भारतीय समाज में सबसे अधिक संख्या उन स्त्रियों की है जो पुरुष सत्ता के सर्वाधिकारवादी प्रभाव के कारण अपना व्यक्तित्व और विवेक खोकर पुरुष की छाया मात्र बन गई हैं। पुरुष उनके आत्मबोध और जगतबोध का निर्माता ही नहीं, नियंता भी होता है। ऐसी स्थिति में वे स्वयं को पुरुष की दृष्टि से देखती हैं और उसकी आकांक्षा की मूर्ति बनना चाहती हैं। दूसरी ओर वे स्त्रियाँ हैं जो नारी जागरण के आन्दोलन के फलस्वरूप अपनी मुक्ति पुरुष बनने में समझती हैं। वे समाज और संस्कृति को पुरुष की दृष्टि से देखना चाहती हैं। महादेवी वर्मा इन दोनों दृष्टियों को गलत मानती हैं। वे ऐसी स्त्री-दृष्टि का समर्थन करती हैं जो स्त्री को अपनी अस्मिता की पहचान, विवेक के विकास और नारीत्व की शक्ति की समझ पैदा करने में सहायक हो, ताकि स्त्री अपने स्वत्व की रक्षा कर सके।

भारतीय समाज में स्त्री की पराधीनता केवल लिंगभेद तक ही सीमित नहीं है, उसका सम्बन्ध वर्गगत और वर्णगत विषमता से भी है। भारतीय स्त्री की मुक्ति पुरुष बनने की कोशिश से सम्भव नहीं है, उसके लिए वर्गगत और वर्णगत विषमता का अन्त जरूरी है। अपनी मुक्ति के लिए पुरुष बनने की कोशिश में लगी स्त्री की विडम्बनापूर्ण और दुःखभरी स्थिति की अभिव्यक्ति रघुवीर सहाय की कविता 'चेहरा' में है—

यह चेहरा एक लड़के जैसा हो चला है
शायद यह लड़की की बन्धन से मुक्ति का पहला उपाय है
पर लड़के-सा चेहरा अपने में कुछ नहीं
उसके संग कीमती कपड़े और अंग्रेजी चाहिए
मगर यह लड़की गरीब घर की है
वह स्वीकृत वर्ग में शामिल होना चाहती है
और उस वर्ग की लड़कियाँ जो लड़का बनती हैं
उनकी तरह बनने की इसकी कोशिश, एक दुःखभरी कोशिश है
क्योंकि वह चेहरा बदलकर अपने वर्ग का ही लड़का बनेगी।

एक कहीं और अधिक लाचार व्यक्ति एक तरसी हुई सहमी हुई असहाय लड़की।

महादेवी वर्मा ने 'शृंखला की कड़ियाँ' के माध्यम से स्त्री-विमर्श को नए विचार ही नहीं, नई भाषा भी दी है। हिन्दी में स्त्रियों के बारे में सरस चर्चा करना तो सरल है, लेकिन गम्भीर विचार-विमर्श करना कठिन; क्योंकि भारतीय समाज में जो पुरुष वर्चस्व है, उसका प्रभाव हिन्दी भाषा के स्वभाव पर भी है, इसीलिए वह स्त्री-विमर्श के लिए अपर्याप्त लगती है। हिन्दी में स्त्रियों से सम्बन्धित ऐसे अनेक शब्द हैं जिनका कोई पुल्लिंग नहीं है। उदाहरण के लिए हिन्दी में 'सती' शब्द है, लेकिन उसका पुल्लिंग नहीं। वैसे ही 'वंध्या' है, लेकिन उसका भी कोई पुल्लिंग नहीं। हिन्दी में ऐसे शब्दों के न होने का अर्थ है हिन्दी समाज, उसकी संवेदना और संस्कृति में पुरुष सम्बन्धी अनेक स्थितियों का अस्वीकार। जहाँ भाषा में प्रतिपक्ष अनुपस्थित होता है, वहाँ न विवाद सम्भव है और न संवाद। ऐसी भाषा में स्त्री की पराधीनता और स्वाधीनता के प्रश्न पर विचार करना कितना कठिन होगा, यह अनुमान किया जा सकता है। लेकिन महादेवी वर्मा ने इन कठिनाइयों के बावजूद भारतीय स्त्री के जीवन की वास्तविकताओं और उसकी स्वतंत्रता की सम्भावनाओं के बारे में विचार-विमर्श के लायक भाषा का विकास किया है।

'शृंखला की कड़ियाँ' का प्रकाशन हिन्दी में स्त्रीवादी चिन्तन के इतिहास की एक महत्त्वपूर्ण घटना है, लेकिन उसके ग्रहण और मूल्यांकन का इतिहास निराशाजनक है। यह एक तरह से हिन्दी में स्त्री प्रश्न पर चिन्तन की दुर्दशा का द्योतक है। 'शृंखला की कड़ियाँ' जब छपी थी, तब से आज तक उसकी चर्चा कम हुई है और उपेक्षा अधिक। 1946 ई. अमृत राय का 'हंस' में एक लेख छपा था 'गद्यकार महादेवी और नारी समस्या'। उसमें 'शृंखला की कड़ियाँ' के महत्त्व की पहचान है। उसके बाद से आज तक उसका जहाँ-तहाँ केवल उल्लेख मिलता है, कोई व्यवस्थित मूल्यांकन नहीं। यह स्थिति चकित करने वाली है। जो समाज और साहित्य में स्त्री की स्वतंत्रता की बात सुनकर बिदकते हैं, वे यदि 'शृंखला की कड़ियाँ' की उपेक्षा करें तो कोई आश्चर्य नहीं, परन्तु जो स्त्री की स्वाधीनता का समर्थन करते हैं और उसके लिए आन्दोलन चलाते हैं, वे भी जब 'शृंखला की कड़ियाँ' को याद नहीं करते, तब आश्चर्य और क्षोभ होता है, जबकि उसके प्रत्येक पन्ने पर भारतीय स्त्री की पराधीनता की चिन्ता और स्वाधीनता की माँग है।

ऐसा लगता है कि नारीवादी और अन्य लेखिकाएँ भी 'शृंखला की कड़ियाँ' के महत्त्व से पूरी तरह परिचित नहीं हैं। वे सिमोन द बोउआ की किताब पढ़ती हैं, लेकिन 'शृंखला की कड़ियाँ' नहीं, क्योंकि वह हिन्दी में लिखी गई है, फ्रेंच या अंग्रेजी में नहीं।

'शृंखला की कड़ियाँ' का महत्त्व केवल ऐतिहासिक नहीं है। वह आज भी प्रासंगिक है। उसमें भारतीय स्त्री को गुलाम बनाने वाली आर्थिक, सामाजिक और धार्मिक प्रक्रियाओं से निर्मित जिस जटिल व्यवस्था की कार्यपद्धति के विभिन्न रूपों का विश्लेषण है, वह आज भी सक्रिय है। 'वह (व्यवस्था) मनुष्य को न नष्ट कर उसकी मनुष्यता को नष्ट करती है', इसलिए उसका शिकार व्यक्ति तथा समुदाय अपनी गुलामी को ही अपना धर्म और संस्कृति मानने लगता है। उस व्यवस्था की गतिविधियों को समझने और उसके विरुद्ध आलोचनात्मक चेतना विकसित करने में 'शृंखला की कड़ियाँ' आज भी भारतीय स्त्री की मदद कर सकती है।

महादेवी में छाया जग

राजेन्द्र कुमार

जिसकी साँसें छू हो जाता
छाया जग वपुमान

शुरुआत मैं एक आत्मस्वीकृति से करूँ। एक समय था, जब महादेवी के काव्य में मुझे अपने लिए कुछ भी प्रभावित करने लायक नहीं दिख सका था। सच कहूँ तो महादेवी का काव्य मुझे छायावाद के प्रांगण में प्राय: एक ऐसे मन्दिर की तरह लगता रहा, जो मानो अपनी सारी शान्ति और सारी पवित्रता को सुरक्षित रखते हुए एक निबिड़ एकान्त में स्थित हो और जिसमें महादेवी के आत्मनिवेदन के सारे स्वर प्रतिध्वनि बनकर बार-बार उन्हीं तक लौट लौट आते हों और यह कहने में तो आज मुझे कोई संकोच नहीं है कि महादेवी का काव्य अपनी समग्रता में उनके अन्य छायावादी सहचरों के बीच अपेक्षाकृत सर्वाधिक 'एकरस' काव्य है। शायद कोई यह कहे कि यह 'एकरसता' उस विधा, यानी 'प्रगीत' वाले उस काव्य-रूप की सीमा है, जिसे महादेवी ने एकान्तिक रूप से अपनी अभिव्यक्ति के लिए चुन लिया था।

लेकिन इस 'एकरसता' का एक नया भाष्य सम्भव है, यदि महादेवी को पढ़ते हुए थोड़ी-सी भी जिज्ञासा हममें इस बात की हो कि क्या 'एकरस' होने की परिणतियों से महादेवी एकदम अनभिज्ञ थीं? महादेवी की आस्था थी कि 'कविता सबसे बड़ा परिग्रह' है क्योंकि वह विश्व मात्र के प्रति स्नेह की स्वीकृति है। नैतिकता की जिस भाषा में सारा गौरव 'अपरिग्रह' को दिया गया हो, महादेवी मानो उसे चुनौती देती हैं अपनी भाषा में, कविता को 'सबसे बड़ा परिग्रह' कहकर। और इस 'सबसे बड़े परिग्रह' का अर्थ कुछ और अधिक खुलता है, जब महादेवी के 'काव्य-कला' शीर्षक निबन्ध की इन पंक्तियों से हम गुजरते हैं—

काव्य की उत्कृष्टता किसी विशेष विषय पर निर्भर नहीं, उसके लिए

हमारे हृदय को ऐसा पारस होना चाहिए जो सबको अपने स्पर्श मात्र से सोना कर दे!

कैसी विडम्बना है कि जिन महादेवी को किसी विशेष विषय पर निर्भर होने की सीमा का पता रहा, उन्हीं का मूल्यांकन प्राय: उन्हें 'विशेष विषय' से बाँधकर किया जाता रहा और वह 'विशेष विषय' रहा—रहस्यवाद!

एक उलझन-भरा प्रश्न यह भी रहा कि महादेवी की कविता में पीड़ा-भाव की केन्द्रीयता को किस रूप में लिया जाए। ऊपरी तौर पर प्रथम पाठ में प्रतीति यह होती है कि यह पीड़ा-भाव है, अपनी अभिव्यक्ति में किसी भी द्वंद्वात्मकता से—हमारे भौतिक अनुभवों की किसी भी 'डाइलेक्टिक्स' से अपने आपको इतना बचा-बचाकर रखने वाला है कि बहुधा एकदम सपाट और 'एकरस' प्रतीत होने लगता है। तब सामान्यतया दो ही रास्ते बचते हैं। या तो यह कि इसे 'रहस्यपरक अनुभूति' कहकर महिमामंडित करते रहा जाए, या फिर यह कि इसके लिए उस काव्य-रूप को जिम्मेदार ठहरा दिया जाए जो महादेवी ने अपनाया और कह दिया जाए कि गीत-विधा की प्रकृति ही कुछ ऐसी है कि उससे किसी तरह की 'डाइलेक्टिक्स' सध नहीं पाती। लेकिन मैं समझता हूँ, एक तीसरा रास्ता भी है, जो ज्यादा न्याय कर सकता है महादेवी की कविता के साथ। यह तीसरा रास्ता वह है, जिस पर चलकर हम महादेवी के अवचेतन मन से होकर गुजरने का मौका पा सकते हैं। यह तीसरा रास्ता ज्यादा स्पष्ट सुझाई देने लगता है जब हम इसे महादेवी के गद्य की रोशनी में पाने की कोशिश करते हैं। महादेवी गद्य में चेतन स्तर पर रहकर जो कह लेती हैं, कविता में वही उनके अवचेतन स्तर पर रहता है। यह अवचेतन एक प्रकार से भारतीय स्त्री का अवचेतन है—एक ऐसा अवचेतन, जहाँ सचमुच भारतीय स्त्री अपने होने का ठिकाना पाती रही। वरना तो उसका यथार्थ यही रहा—

विस्तृत नभ का कोई कोना
मेरा न कभी अपना होना।

महादेवी के करुणा की अथाह गहराई में उतरते जाने का जो आवेग है, वह हमें डुबोने के लिए नहीं, बल्कि एक व्यापक अर्थ में उबारने के लिए है। क्योंकि वह उन आशाओं-आकांक्षाओं का पता हमें देता है, जो पुरुषसत्तात्मक समाज में स्त्री के चेतन स्तर पर आ पाने में बाधा पाती हैं और तब उनका आश्रय स्थल अवचेतन ही होता है। इस अवेचतन वाले रास्ते से हम महादेवी तक पहुँचें, तब हमें पता चलेगा कि महादेवी की 'पीड़ा' में वह शक्ति है, जो सामान्यतया हमारे इस सीमित और असार कहे जाने वाले संसार में मनुष्य के मनुष्य होने को भी परिभाषित करती है और विशेषतया पुरुष वर्चस्व वाले समाज में स्त्री के स्त्री होने

के अर्थ को भी। छायावाद के प्रांगण में अपनी 'पीड़ा' के साथ महादेवी के होने का यह अपना वैशिष्ट्य है।

महादेवी के यहाँ निराला की तरह ऐसा कहने को कुछ भी नहीं है कि—

क्या कहूँ आज जो नहीं कही
दु:ख ही जीवन की कथा रही।

महादेवी के यहाँ उनके निजी जीवन का यथार्थ तो यही है कि दु:ख उनके लिए 'भोगने' से ज्यादा 'देखने' की चीज रहा। लेकिन यह देखना' उनकी प्रेमानुभूति की कृतार्थता बनता है—

तुम मुझमें अपना सुख देखो
मैं तुममें अपना दु:ख प्रियतम।

इस तरह 'देखना', 'भोगने' से अपना अद्वैत स्थापित करता है। ऐसे 'अद्वैत स्थापन' की प्रक्रिया में ही महादेवी को यह अनुभव होता है—

पीड़ा मेरे मानस से, भीगे पट-सी लिपटी है!

दु:ख को महादेवी ने 'अवगुंठन' के रूप में भी देखा है। जैसे प्रसाद ने 'परदे' के रूप में। लेकिन प्रसाद के लिए—

दु:ख हैं परदा झीना नील
छिपाए है जिसमें सुख गात।

महादेवी को दु:ख के 'अवगुंठन' में अपने 'प्रिय' के साथ लुका-छिपी का जो खेल खेलना है, उसमें महत्त्वपूर्ण सिर्फ यह नहीं है कि 'दु:ख के अवगुंठन' में उनके प्रिय को छिपना है बल्कि ज्यादा महत्त्वपूर्ण यह है कि दु:ख के अवगुंठन में छिपे प्रिय को ढूँढ़ने के बहाने 'कण-कण' से परिचित हो लेने के व्यापक अवसर मिल सकेंगे—

तुम मानस में छिप जाओ
छिप दु:ख के अवगुंठन से
मैं तुम्हें ढूँढ़ने के मिस
परिचित हो लूँ कण-कण से!

कण-कण से परिचित हुए बिना किसी 'विराट' से परिचित होने की लालसा का क्या अर्थ? भौतिक जगत और जीवन से मुक्ति की कामना भी कवि को क्यों अभीष्ट हो? विश्व जीवन से विमुक्ति की साधना के बजाय विश्व-जीवन में अपने

विलय की साध का मूल्य महादेवी को पता है। कवि के मोक्ष को महादेवी यों परिभाषित करती हैं—

> विश्व जीवन में अपने जीवन को, विश्व-वेदना में अपनी वेदना को इस प्रकार मिला देना, जिस प्रकार जल बिन्दु समुद्र में मिल जाता है, कवि का मोक्ष है।

'असीम' की कल्पना करते हुए 'ससीम' खुद को हीन या हेय समझे, महादेवी की कवि-दृष्टि को यह कतई गवारा नहीं हो सकता था। यह तो उनकी कविता की हार होती इसलिए महादेवी जीवन की नश्वरता को भी कुछ इस रूप में लेने की कोशिश करती हैं कि वह मनुष्य के लिए हताशा या कुंठा का विषय बनकर न रह जाय। न वह ऐसी हड़बड़ी की ओर मनुष्य को ठेले कि बच्चन की तरह कोई कवि यह कह उठे—

कल क्रूर काल के गालों में जाना होगा
इस कारण ही कुछ और बढ़ा दी है मैंने अपने जीवन की धूमधाम!

और न उस विराग की ओर, जो महादेवी के पूर्ववर्ती कवि मैथिलीशरण गुप्त (जिन्हें महादेवी 'दद्दा' कहती थीं) की एक कविता में जागा था और स्वर यह सुनाई दिया था—'ओ क्षणभंगुर भव, राम राम।'

'महादेवी' 'नश्वरता' को जीवन की विशिष्टता के एक ऐसे प्रमाण के रूप में लेती हैं, जिस पर न केवल हम' नश्वरों की आस्था बनी रहे बल्कि जो तथाकथित 'अमरता' के लिए भी स्पृहणीय हो। अपनी इस कोशिश के बल पर महादेवी में यह विश्वास जागता है—

जब असीम से हो जाएगा
मेरी लघु सीमा का मेल!
देखोगे तुम देव, अमरता
खेलेगी मिटने का खेल!

'लघुता' और 'नश्वरता'—ये दोनों शब्द महादेवी के काव्य में दो ऐसी आँखें बनकर आते हैं कि उनकी चमक देखते ही बनती है! 'लघुता' उनके यहाँ मनुष्य के 'छोटेपन' का नहीं, 'अपनेपन' का पर्याय है—'मेरा लघु अपनापन / लघुता की अकथ कहानी।' 'नश्वरता' शब्द उनके यहाँ जीवन की सत्ता को काटता हुआ नहीं, बल्कि जीवन की सत्ता को अपने में पोसता हुआ आता है—'नाश में जीवित किसी की साध सुन्दर हूँ।' महादेवी अपने इस लोक के प्रति कृतज्ञ होती हैं, जिसने मनुष्य को मिटने के स्वाद का बोध कराया। अपने लोक के प्रति इसी कृतज्ञता-भाव

से वह किसी दूसरे लोक को, चाहे वह कितना ही आनन्दमय हो, यह कहकर महत्त्वहीन बताती हैं—

ऐसा तेरा लोक, वेदना नहीं
नहीं जिसमें अवसाद
जलना जाना नहीं, नहीं
जाना जिसने मिटने का स्वाद।

महादेवी का काव्य 'लघुता' और 'नश्वरता' के स्वाभिमान का काव्य है। भारतीय आस्था का एक पारम्परिक पाठ हमेशा ही ऐसा रहा है, जिसमें 'लघुता' और 'नश्वरता' अपने पर शरमाती हुई और तरस खाती हुई ही आई और उसने अपनी कृतार्थता सिर्फ इतने में ही मानी कि वह हमारे जीवन और जगत के प्रकृत रूप के बरक्स किसी दिव्य और विराट की खोज में ही हमें प्रवृत्त कर सके। यह श्रेय छायावादी काव्य को प्राप्त है कि वह भारतीयता का एक ऐसा आधुनिक पाठ तैयार करने का साहस करने की वास्तविक पहल कर सका, जिसमें हम विराट की अनुभूति के साथ स्वयं अपने जीवन और जगत के प्रकृत रूप को भी अनुभव करते रहने का आत्मविश्वास अर्जित कर सके। इस दृष्टि से मैं छायावाद को आधुनिक भारतीय मनुष्य के आत्मविश्वास के अर्जन का उत्सव मानता हूँ।

महादेवी की कविता के उन अंशों पर हमारा विशेष ध्यान जाना चाहिए, जहाँ दु:ख और करुणा की व्यंजना संसार और जीवन के मिथ्यात्व के पक्ष में प्रमाण के तौर पर नहीं, बल्कि चिरन्तन विकासशीलता के पक्ष में प्रेरणा के तौर पर महत्त्व पाती है। महादेवी क्षणिकता के विरुद्ध चिरन्तनता का वरण नहीं करना चाहतीं, बल्कि दोनों में एक सापेक्षता के सम्बन्ध की अनुभूति करते हुए अपने मानवीय अस्तित्व को इस सत्य में चीन्हती हैं—'दे रही मेरी चिरन्तनता / क्षणों के साथ फेरे!' वह अस्तित्व में मिथ्यात्व की नहीं, सत्यत्व की खोज पर न्योछावर होती हैं—

बिम्बग्राहकता कणों को
शलभ को चिर साधना दी
पुलक से नभ भर, धरा को
कल्पनामय वेदना दी
मत कहो हे विश्व, झूठे हैं
अतुल वरदान मेरे!

अपने भौतिक, अनुभवों को झूठा कहने से बरजने का यह तेवर जिस वेदना

में हो, उसके सामने 'आनन्द' जैसा शब्द छोटा मालूम होने लगता है। महादेवी के यहाँ वेदना को इस तेवर में देखकर, असम्भव नहीं कि आगे आने वाले मुक्तिबोध की चेतना में भी महादेवी कहीं कौंधती रही हों। वैसे भी, 'तारसप्तक' वाले अपने वक्तव्य में मुक्तिबोध ने अपने ऊपर महादेवी के प्रभाव की बात स्वीकार की है। भले ही मुक्तिबोध आगे चलकर प्रसाद से ज्यादा जूझते निपटते रहे हों, लेकिन मुझे लगता है महादेवी ने अपनी धरती को मिली जिस वेदना की पहचान की थी, वहीं से एक राह बनती है जो मुक्तिबोध के यहाँ जाकर खुलती है और तब वहाँ सत् चित् वेदना का नया 'त्रिक्' बनता है, जिसमें 'आनन्द' के स्थान पर वेदना की भूमिका पहचानी जाती है।

छायावाद का स्त्री-पक्ष

छायावाद की अनेक परिभाषाएँ की जाती रही हैं। खुद छायावादी कवियों ने भी की। महादेवी ने छायावाद को 'व्यथा का सवेरा' कहा, और खुद अपना परिचय यों दिया—'रात के उर में दिवस की चाह का शर हूँ।' महादेवी की इस आत्मपरिचयात्मक उक्ति को 'व्यथा का सवेरा' वाली उक्ति से जोड़ कर देखिए, तो न केवल छायावाद से महादेवी के सम्बन्ध की व्यंजना होती दिखेगी, बल्कि छायावाद का स्त्री-पक्ष उद्घाटित होता दिखेगा। यहाँ 'रात' है तो सिर्फ 'अँधेरे' को अपनी नियति मानते हुए नहीं बल्कि अपने 'उर' में 'दिवस की चाह' के 'शर' की कसक की ऊर्जस्वित संवेदना (व्यथा) पर भरोसा रखते हुए। महादेवी इसी भरोसे के नाते छायावाद को 'व्यथा का सवेरा' कह सकीं।

महादेवी की कविता में जिस उक्ति को उनकी आत्मपरिचयात्मक उक्ति के रूप में सामान्यतया उद्धृत किया जाता है, वो यह है—'मैं नीर भरी दु:ख की बदली/ उमड़ी कल थी, मिट आज चली!' लेकिन इस उक्ति के साथ कविता में यह पंक्ति भी आती है 'परिचय इतना इतिहास यही' इस पंक्ति की अर्थवत्ता पर जिस तरह ध्यान दिया जाना चाहिए, नहीं दिया गया। महादेवी 'बदली' की नियति जानती हैं—'उमड़ी कल थी मिट आज चली।' 'बदली' का रूपक ही निभाना होता तो शायद यही कहतीं—'उमड़ी कल थी, मिट आज चली / परिचय इतना है नियति यही!' पर नहीं, कविता में महादेवी 'नियति' को नहीं, 'इतिहास' को रेखांकित कर रही हैं, क्योंकि अपना सन्दर्भ वे स्त्री जीवन के यथार्थ को बनाना चाहती हैं। समाज की जो वर्चस्वमूलक संरचना है, उसमें स्त्री अगर 'मिटने' को अपनी 'नियति' मान ले, तब तो स्त्री के सामने कोई उपाय ही नहीं रह जाता, सिवा इसके कि स्थितियाँ जैसी हैं उन्हें वैसा ही स्वीकार करते रहा जाए, इसीलिए महादेवी 'उमड़ी कल थी, मिट आज चली' के सत्य को 'नियति' नहीं, 'इतिहास' के रूप में देखती

हैं। इशारा यह कि यह इतिहास है, जो बदला जा सकता हैं। छायावादी काव्य में 'नियतिवादिता' का तत्त्व भी लक्षित किया जाता रहा है। लेकिन महादेवी के यहाँ यह छायावाद का स्त्री-पक्ष है, जिसमें स्त्री अपने परिचय को एक 'इतिहास' से जोड़ रही हैं, 'नियति' से नहीं। 'नियति' के आईने में नहीं, 'इतिहास' के आईने में अपने को देखना—यह निर्णय स्त्री के लिए अपनी सार्थक पहचान की दिशा में उठाया गया पहला कदम है।

पितृसत्तात्मक सामाजिक संरचना में स्त्री के आत्मविश्वास के अवरोधों की चर्चा करने की जरूरत यहाँ नहीं है। अलबत्ता, एक तथ्य की ओर आपका ध्यान आकृष्ट करना चाहूँगा। छायावाद के पुरुष कवियों में अक्सर (खासतौर से उनके प्रारम्भिक काव्य में) यह देखने को मिलता है कि वे पुरुष होते हुए भी अपने को स्त्री रूप में अभिव्यक्त करते हैं। पन्त की 'वीणा' में संकलित सारे के सारे गीत देख जाइए, स्त्री रूप में ही लिखे गए हैं—'मैं वैसी ही उज्ज्वल हू माँ, काला तो यह बादल है' अथवा 'हाय, कहेगा क्या संसार भला इसे मैं क्यों पहनूँगी यह कैसा मणियों का हार?' आदि। स्त्री रूप में पुरुष कवियों का यों बोलना, ध्यान देना चाहिए, यह भक्ति काव्य के उस रहस्यवाद से भिन्न है, जहाँ कबीर इत्यादि को स्त्री रूप में इसलिए बोलना पड़ता था कि उन्हें अपनी पहचान मात्र 'आत्मा' के रूप में करनी होती थी और 'स्त्री' वहाँ 'आत्मा' का रूपक होती थी। (पुरुष तो पेटेंट था 'परमात्मा' या ब्रह्म का रूपक होने को।) छायावाद में पुरुष कवि 'स्त्री' का ऐसा कोई रहस्यपरक रूपक नहीं ओढ़ रहे थे, बल्कि वे स्त्री व्यक्तित्व की, मानो सचमुच अपने लिए स्पृहा कर रहे थे। कह सकते हैं, इस स्पृहा में स्त्री-व्यक्तित्व की निसर्ग सिद्ध सुकुमारता और भावनाशीलता के प्रति आदर की भी अभिव्यक्ति हो रही थी, और भौतिक (ऐन्द्रिय) स्तर पर उसके प्रति आकर्षण के अकुंठ स्वीकार की भी। लेकिन, चूँकि ये कवि स्त्री-स्वर में बोलते हुए भी स्वयं स्त्री नहीं थे, थे तो पुरुष ही, इसलिए इनके यहाँ स्त्री होने की स्पृहा भी मानसिक स्तर पर एक रोमानी सुख भोगने का माध्यम ही होती थी। अपने वास्तविक समाज में स्त्री होने की पीड़ा का प्रामाणिक एहसास उनमें नहीं था। महादेवी ने 'शृंखला की कड़ियाँ' में इस सत्य को रेखांकित किया है—'पुरुष के लिए नारीत्व अनुमान है, परन्तु नारी के लिए अनुभव!'

महादेवी को अपने समकालीन पुरुष कवियों की तरह स्त्री होने की स्पृहा नहीं करनी थीं। वह तो स्त्री थीं ही और अपने समाज में स्त्री होने की पीड़ा की प्रामाणिक अनुभूति उन्हें अपने बचपन से ही किस तरह होने लगी थी, इसकी कई स्मृतियाँ उन्होंने अपने लेखन में दर्ज की है। 'अतीत के चलचित्र' का वह दृश्य याद कीजिए, जिसमें एक बाल विधवा का जिक्र आता है। आठ वर्षीया महादेवी के स्कूल के रास्ते में एक घर पड़ता था, जिसमें न एक भी झरोखा था, न एक

भी नौकर दिखता था, न अतिथि, न एक भी पशु रहता था, न एक भी पक्षी...उस समाधि जैसे घर में लोहे के प्राचीर से घिरे फूल के समान एक किशोरी बालिका बिना किसी संगी-साथी, बिना किसी प्रकार के आमोद-प्रमोद के मानो निरन्तर वृद्धा होने की साधना में लीन थी।' ('अतीत के चलचित्र', पृ. 29) 'जिसके जीवन के सुनहरे स्वप्न गुड़ियों के घरौंदे के समान दुर्दिन की वर्षा में केवल बह ही नहीं गए, वरन उसे इतना एकाकी छोड़ गए कि उन स्वप्नों की कथा कहना भी सम्भव न हो सका।' (वही, पृ. 30)। महादेवी की काव्यानुभूति में ऐसी 'एकाकी छोड़ दी गई स्त्रियों' के अनेक रूप सहज ही देखे जा सकते हैं, बशर्ते हर हाल में आप उसे रहस्यानुभूति ही सिद्ध कर डालने पर उतारू न हों। महादेवी ने अपने एक गीत में लिखा—

फिर विकल हैं प्राण मेरे!
तोड़ दो यह क्षितिज,
मैं भी देख लूँ उस ओर क्या है?

महादेवी के काव्य के अध्येता इस तरह की पंक्तियों में प्राय: रहस्यपरक जिज्ञासा देखकर मुग्ध होते हैं। पर इस तरह की अनेक पंक्तियों में जो विकलता व्यक्त होती है, उसके स्रोत यथार्थपरक हैं। इन स्रोतों की तलाश में महादेवी के संस्मरण और रेखाचित्र हमारी सहायता कर सकते हैं। कठिनाई यह है कि महादेवी के काव्य को उनके गद्य से नितान्त अलग करके देखा जाता है। तब निष्कर्ष यह निकाला जाता है कि महादेवी की यथार्थ चेतना के विश्वसनीय साक्ष्य केवल उनके गद्य में ही मिलते हैं, उनकी कविता में नहीं। प्रश्न यह है कि महादेवी की कविता की यह जो पंक्ति है—'तोड़ दो यह क्षितिज, मैं भी देख लूँ उस ओर क्या है?'—इसे सुनकर क्या 'अतीत के चलचित्र' की उस एकाकी किशोरी की आँखें याद नहीं आतीं, जिन्हें महादेवी ने कभी अपने स्कूल के रास्ते में पड़ने वाले घर के दरवाजे पर पड़े पुराने टाट के परदे के छेद से झाँकते देखा था! उन आँखों में महादेवी ने जो व्यथा बाँची होगी, क्या उसमें निहित जिज्ञासा भी इस पंक्ति में दर्ज नहीं है? 'फिर विकल हैं प्राण मेरे' में 'फिर' शब्द आखिर क्या कहता है? यही न कि जिस विकलता के क्षण जीवन में पहले आ चुके हैं, वे महादेवी को भुलाए नहीं भूलते!

आचार्य नन्ददुलारे वाजपेयी को महादेवी के 'दु:खात्मक दर्शन' से यह शिकायत रही कि 'महादेवी ने दु:ख के आध्यात्मिक और सुख के भौतिक स्वरूप को सामने रखकर विचार किया है, किन्तु इसके विपरीत सुख का एक आध्यात्मिक और दु:ख का एक भौतिक स्वरूप भी है, जिसकी ओर उनकी दृष्टि नहीं गई।' वाजपेयी जी को यह शिकायत शायद न रहती यदि उन्होंने महादेवी लिखित

संस्मरणों और रेखाचित्रों की रोशनी में महादेवी के काव्य का पुनर्पाठ किया होता। इस आवश्यकता का एक इशारा स्वयं महादेवी ने भी किया था, जब उन्होंने यह स्वीकार किया था कि 'संस्मरण मेरी कविता की कसौटी हो सकते हैं।'

महादेवी अपनी कविता में पीड़ामयता का कोई उत्सव नहीं मना रही थीं, बल्कि 'बेपीरों' को प्रश्नांकित कर रही थी—

पूछते फिर किसलिए मेरा पता बेपीर,
हृदय की धड़कन मिली है क्या हृदय को चीर?

'हृदय की धड़कन' हृदय की तुलना में कितनी भी अन्दरूनी चीज हो, क्या उसकी पहचान 'हृदय' की चिन्ता किए बिना की जा सकती है?

महादेवी के यहाँ काव्य में 'उदासी', 'पीड़ा', 'व्यथा' या 'वेदना' जैसे नामों से जो कुछ भी आता है, उसके 'भौतिक स्वरूप' की पहचान वस्तुतः एक भारतीय स्त्री हृदय की पहचान से ही सम्भव है। महादेवी अपनी कविता में जिन्हें 'बेपीर' कह रही हैं, आखिर वे कौन हैं? ये वही तो हैं, जो स्त्री के जीवित हृदय को चीरकर उसके हृदय की धड़कनों को पा लेना चाहते हैं! इन्हीं की शिनाख्त महादेवी के यहाँ 'शृंखला की कड़ियाँ' के इस वाक्य में भी है—

> भारतीय स्त्री के अत्यधिक श्रद्धालु पुजारी भी उसकी निर्जीविता को देवत्व का प्रधान अंश मानते रहे और आज भी मान रहे हैं। (पृ. 106)

महादेवी के यहाँ स्त्री हृदय अपनी पीड़ा को एक प्रतिरोधपरक मूल्य में परिणत कर लेता है। स्त्री जीवन की जो सीमाएँ निर्धारित की जाती रही हैं, मानो उन सीमाओं को उनकी औकात बताते हुए महादेवी पीड़ा को ही एक उर्वरा शक्ति के रूप में देखती हैं और स्त्री मुक्ति के क्षितिज का साक्षात्कार करती हैं—

दुःख के पद छू बहते झर-झर
कण-कण से आँसू के निर्झर
हो उठता जीवन मृदु उर्वर
लघु मानस में वह असीम जग को
आमंत्रित कर लाता!

महादेवी अपनी कविता जब अपनी पीड़ा का साम्राज्य 'सहेजती हैं, तो मानो वह जिद ठानती हैं कि उन स्त्री स्वप्नों का एक संघनित रचाव सम्भव हो, जो अन्यथा किन्हीं सूखे पत्तों पर ठहरी ओस की बूँदों की मानिंद किसी भी क्षण स्त्री जीवन के कठोर यथार्थ की जमीन पर ढुलक कर बिखर जाने को अभिशप्त हैं। महादेवी ने लिखा—

इन ललचायी पलकों पर
पहरा था जब ब्रीड़ा का,
साम्राज्य मुझे दे डाला
उस विस्मय ने पीड़ा का

'पीड़ा के साम्राज्य' में रहने वाली का संकल्प यह है कि वह प्राणों के दीप जलाकर इसे आलोकित रखेगी। इस संकल्प से ही यह आत्मविश्वास उपजता है, जो 'निर्ममता' को यह निर्दम्भ चुनौती दे पाता है—

चिन्ता क्या है, हे निर्मम
बुझ जाए दीपक मेरा,
हो जाएगा तेरा ही
पीड़ा का राज्य अँधेरा!

महादेवी स्त्री के अस्मिता बोध को उसके मुक्ति-सन्दर्भ में उन्मीलित होने की बात कहती हैं और एक प्रक्रियागत निरन्तरता में उसके जारी रहने को शुभ मानती हैं। अपना 'मिट जाना' उनके लिए स्वीकार्य ही नहीं, बल्कि स्वाभिमान का विषय हो सकता है, बशर्ते यह अधिकार रहे कि 'बनने मिटने के क्षण मेरे हों!' लेकिन जिस पथ पर चलने का संकल्प स्वतंत्रतापूर्वक उन्होंने लिया है, उस पथ के मिटने की बात कल्पना में भी उन्हें गवारा नहीं। पन्थ का अन्त या पन्थ की सीमा उन्हें न स्वीकार्य है, न काम्य।

आते जाते मिट जाऊँ
पाऊँ न पन्थ की सीमा!

स्त्री की स्वतंत्रता को महादेवी एक ऐसी 'उड़ान' के रूप में परिकल्पित करती हैं जिसके लिए स्त्री का मन 'द्रुत पंखों वाला हो' और 'अन्तहीन नभ' हो वह—जो उसका 'प्रिय' हो!—

द्रुत पंखों वाले मन को
तुम अन्तहीन नभ होना!

('नया ज्ञानोदय' : मार्च, 2005)

महादेवी वर्मा की 'नीर भरी दुःख की बदली'

विनोद दास

महादेवी वर्मा की कविताएँ दुःख का एक ऐसा नीरंध्र और बन्द घर है जिसके बाहर सिसकियाँ सुनाई देती हैं लेकिन रोने वाला दिखाई नहीं देता। घर की साँकलें नहीं खुलतीं। इन सिसकियों की गहराई, तीव्रता और पीड़ा से हम भीतर ही भीतर मर्माहत होते हैं, उसकी वेदना और पीड़ा में गहराई से डूबते-उतराते रहते हैं। हालाँकि हमें यह पता चल जाता है कि दुःख के इस बन्द घर की दीवारों के पीछे कोई स्त्री रो रही है और वह शारीरिक रूप से आहत स्त्री भी नहीं है। इस स्त्री को बन्द घर में कोई पीट नहीं रहा है अर्थात इसके साथ शारीरिक हिंसा नहीं हो रही है लेकिन जो हो रहा है, वह शारीरिक हिंसा से कमतर नहीं है। यह एक ऐसी हिंसा है जो मन के कोमल तन्तुओं को तार-तार कर देती है। इसका प्रभाव क्षणिक नहीं, इतना स्थायी होता है कि पीड़ित की आत्मा पर पड़े जख्म आजीवन सूखते नहीं बल्कि दुःखानुभूति के साथ धीरे-धीरे पकते हुए नानारूपों में व्यक्त होते रहते हैं।

समीक्ष्य कविता की पहली पंक्ति नीर भरी दुःख की बदली में कवयित्री अपनी कविता का केन्द्रीय भाव प्रकट करती है। यही पंक्ति कविता की संरचना को भी निर्धारित करती है। पहली पंक्ति विक्षुब्ध मनोभूमि को व्यक्त करती है, जिसमें उदास गीत की लय है। फिर अपने अगले पद-खंड में तनाव के छोटे-छोटे गहरे आघातों से इस उदास मनोभूमि को कवयित्री गहरा करती जाती है। अपने आत्म साक्षात्कार के पल में वह महसूस करती है कि उसके जीवन में जो स्पन्दन है, वह चिरकाल से निष्प्राण है। वह जी रही है लेकिन साँस लेना जैसे उसका केवल जैविक कर्म भर है, वैसे उसका जीवन निस्पन्द है। जीवन आग में जलती हुई जब वह कराहती है, तो उसके जख्मों पर संसार के उपहास की धूल उड़ती है। उपहास से मन में क्रोध के दीपक जलते हैं और फिर पलकों से आँसुओं की निर्झरणी बहती है।

महादेवी के आँसू छायावादी अन्य पुरुष कवियों से अलग हैं। सुमित्रानन्दन पन्त तो हाड़-मांस के मनुष्य से प्रेम करने की जगह प्रकृति से रागात्मक सम्बन्ध बनाते हैं। वह पपीहों की पीन पुकार और निर्झरों की भारी झर-झर में रमे रहते हैं

और स्त्री की मोह-माया में अपनी आँखें नहीं अरझाना चाहते हैं। वह कहते हैं कि—

हाय किसके उर में उतारूँ अपने उर का भार।

वह सिर्फ भावी पत्नी की कल्पना कर सन्तुष्ट रहते हैं। दूसरी तरफ जयशंकर प्रसाद की कृति आँसू में काव्य नायक रो-रो कर सिसकता है और प्रेयसी उनकी अनदेखी करती रहती है। वह मादक भी है और मोहमयी भी है। काव्य नायक मधुर प्रेम की स्मृति से दु:खी होते हैं। महादेवी वर्मा की इस कविता में भी स्मृति है लेकिन उस पुरुष को लेकर नहीं है, उसका जिक्र नहीं है।

इस कविता के दूसरे पद-खंड में कवयित्री अपने उस काल-खंड को याद करती हैं जब उनके जीवन में पग-पग पर संगीत भरा था। साँसों से सपनों के पराग झरते थे। जीवन आकाश के क्षितिज पर नए-नए रंगों की छटाएँ बिखरी रहती थीं। चन्दन की हवा चलती थी। कवयित्री के यौवन काल का यह टटका और स्वत:स्फूर्त जीवन था जिसकी कसक और टीस उसके कोमल मन को चीरती है। भीतर ही भीतर वह मर्माहत होती है। तब उसके पास अनुभूति का जल था। अनुभूति का यह सोता समाज की अन्याय की गर्मी से सूख जाता है और दु:ख की बदली के रूप में छा जाता है। दरअसल यह काल-खंड कवयित्री को अपने को पाने, अपने को स्वायत्त करने और अपने से जुड़ने का समय था। लेकिन उड़ने के लिए उसे अपना आकाश नहीं मिलता। इस पद-खंड में कवयित्री अपने अतीत को मर्म-भेदी प्रकाश में रखती है और उसे अपने वर्तमान की पीड़ा से जोड़ती है।

चूँकि कवयित्री के लेखे स्त्री होना ही दु:ख की बदली होना है। वह जैसे-जैसे बड़ी होती है, परिवार-समाज की भौंहों पर चिन्ता की सतत लकीर की तरह दिखती रहती है। कविता के तीसरे पद-खंड में इस अनुभव की ट्रेजडी का बयान है। जिस युवाकाल में किशोरी के उड़ने के पंख निकल रहे हों, उसी समय उसके गले में विवाह की रस्सी डाल दी जाती है। विवाह के बारे में न तो उससे राय ली जाती है और न ही उसकी इच्छा का सम्मान किया जाता है। किशोरी का कच्चा मन कसमसाता रहता है। उसकी भावनाएँ लहूलुहान होती हैं। यहाँ याद करना अप्रासांगिक न होगा कि महादेवी का विवाह मात्र नौ वर्ष की आयु में कर दिया गया था। इस पदबन्ध में एक किशोरी की चित्तवृत्ति का अंकन है। एक किशोर स्मृति के बोझ के साथ-साथ उन सामाजिक अपेक्षाओं का बोझ भी है जिसमें स्त्री जीवन का सर्वोपरि कर्तव्य प्रजनन और मातृत्व है, इसीलिए वह कहती हैं कि रजकण पर जलकण हो बरसीं। दूसरे शब्दों में, जब तक वह धरा पर बरसती नहीं अर्थात उसका विवाह नहीं हो जाता और उसके जीवन में सन्तान के रूप में नई जिन्दगी का अंकुर नहीं खिलता, समाज में स्त्री के अस्तित्व को स्वीकार नहीं किया जाएगा। रजकण महादेवी का प्रिय शब्द है और उससे जुड़े नव अंकुर की कल्पना भी।

कविता के चौथे पदबन्ध में कवयित्री अपने होने के न होने का कारण बताती है कि उसे समाज के सर्वस्वीकृत रास्ते को मलिन करना नहीं आता। दूसरे शब्दों में, जीवन समर में समाज रूपी चट्टान से टकराने के लिए उसके पास तैयारी नहीं है। उस रास्ते पर जीवन की नई यात्रा को चरितार्थ करने के लिए भी काव्य नायिका तत्पर नहीं है। ऐसे में उसके जीवन-संसार में सुख की सिहरन ही स्मृति के रूप में अन्ततः बचती है। इससे जाहिर होता है कि स्मृति पर निर्भर उनके जीवन में जटिल संसार से निबटने लायक सख्ती काव्य नायिका के पास नहीं है। वह उसकी आँच महसूस करती हैं। उनका यह स्मृति द्रव्य वाष्पित होकर दुःख की बदली बन जाता है।

यह ऐसा दुःख है जिसे काव्य नायिका सीधे नहीं व्यक्त करती। बाहरी यथार्थ पर कड़ा पहरा है। समाज की कड़ी बन्दिशें हैं। इस बन्दिश की दीवारें भी कवयित्री ने स्वयं चुनी हैं। उसे भीतर ही भीतर घुलना है। वह एक ऐसे सामन्ती, धार्मिक और सामाजिक ढाँचे में रहती है जहाँ वह अपनी दबी-घुटी इच्छाओं को अभिव्यक्त नहीं कर पाती। स्त्री को मुँह सीकर अन्यायों-अपमानों को सहना है। सीधे व्यक्त करने पर उसके प्रेम भरे उजले मन के संवेगों को लोक उपहास की गंदी छींटें गंदा कर देती हैं या तानों के कोड़ों से लहूलुहान कर देती हैं। ऐसे में एक स्त्री मन के पास अपनी भावनाओं को व्यक्त करने का एक ही उपाय बचता है कि वह अपनी आत्मपीड़ा पर पर्दा डालकर बात करे। महादेवी अपनी कविताओं में यही राह अपनाती हैं। कभी तुम-मैं के सर्वनामों का पर्दा करके आत्मानुभूति को रहस्यमय आकाश में तिरा देती हैं और कभी उन प्रतीकों और रूपकों के माध्यम से अपनी पीड़ा को साझा करती हैं जो आम जिन्दगी से जुड़े होते हैं। उनकी कविताओं को समझने का यह प्रवेश द्वार है। उनके मन के अन्तर्घातों को रूपक प्रकट कर देते हैं लेकिन वो इतने पारदर्शी नहीं होते कि वह काँच की तरह साफ-साफ दिखें। एक धुंध बनी रहती है जो कविता को रहस्य के करीब ले जाती है। इस कविता का एकमात्र चरित्र कवयित्री स्वयं है, इसलिए यह रहस्य पाठक को कचोटता है। हमें यहाँ यह विस्मृत नहीं करना चाहिए कि महादेवी वर्मा यह काम एक शताब्दी पहले कर रही थीं जब देश में स्त्री-मुक्ति की प्रक्रिया आरम्भिक अवस्था में थी। यह भी रेखांकित करना जरूरी है कि कवयित्री अध्यात्म का आँचल पकड़कर जीवन की वैतरणी पार करने पर यकीन नहीं करती जबकि अक्सर ऐसा देखा गया है कि भारतीय समाज में सामाजिक रूप से पीड़ित स्त्रियाँ अध्यात्म की नदी में डुबकी लगाकर अपने दुःख को शमित करने की कोशिश करती हैं।

कहना न होगा कि महादेवी वर्मा अपनी कविता 'मैं नीर भरी दुःख की बदली' में भी अप्रत्यक्ष रूप से अपने अन्तर्लोक को व्यक्त करने का यही काव्य शिल्प अपनाती हैं और बादल के रूपक के माध्यम से अपनी व्यथा कथा कहती हैं। अपनी बहुविध कविताओं में अपनी संवेदनाओं को व्यक्त करने के लिए प्रयोग में लाए गए

अपने कुछ और उपादानों में 'दीप-बाती' उनका प्रिय रूपक रहा है। दीप बाती का रूपक स्त्री मन के बहुत करीब होता है। गाँव-घरों में बिजली आने के पहले दिया जलाकर घर को प्रकाशित करने का काम अधिकतर स्त्रियाँ ही करती थीं। शायद यही कारण है कि दिया-बाती का यह रूपक स्त्रियों के भाव संस्कार के अत्यन्त करीब है। यह अकारण नहीं है कि महादेवी वर्मा इस रूपक का सर्वाधिक उपयोग अपनी कविताओं में करती हैं। जहाँ तक इस समीक्ष्य कविता में बादल की बात है, यह रूपक भी स्त्री मन की कोमल भावनाओं से गहरा जुड़ा है। स्त्री मन के घुमड़ते तनाव और मनोदशाएँ बादल की प्रकृति से बहुत मिलती-जुलती है। बादल दरअसल कवयित्री के लिए एक ओट है। वह बादल से अपनी अनुभूति का तादात्म्य स्थापित कर उसमें अपने आपको आरोपित करती है। वह अपनी बात सीधे न कहकर बादल के मुख से कहती है, इस तरह फिर बादल और उसके बीच कोई अन्तर नहीं रह जाता है। इस एकात्म से एक ओर कवयित्री की अनुभूतियाँ सम्प्रेषित हो जाती हैं तो दूसरी ओर वह वास्तविक वस्तु जगत से सामना करने से बच जाती है।

कविता के अन्तिम पदबन्ध में काव्य-नायिका का आर्तनाद सभी स्त्रियों की आवाज बन जाता है। यहाँ उसकी निजता व्यष्टि से समष्टि की ओर बढ़ती है जब वह कहती है कि इतने बड़े संसार में मेरे लिए कोई कोना भी नहीं है। यह एक स्त्री की पछाड़ खाकर दुःखी मन की कही हुई बात है। इतना बड़ा विद्रूप कि एक शताब्दी के बाद भी कवयित्री का यह कथन आज भी दुर्भाग्य से सही है। समाज में स्त्री की निजता के लिए कोई जगह नहीं है। यह एक भारतीय स्त्री की आत्मा का भूगोल है। यह एक पहचान भी है। स्त्री पीड़ा की एक गहरी साझेदारी इस कविता की शक्ति है और इस कविता की लोकप्रियता का रहस्य भी यही है कि आम भारतीय सताई नारी इसमें अपना अक्स देखती है। कविता के आरम्भ में जिस दुःख की बदली का जिक्र है, उसका पर्यवसान उमड़कर अपने को मिटाकर उत्सर्ग करने में होता है। उसका परिचय और कथा बस इतनी भर है। यहाँ कवयित्री और बादल एक दूसरे के पर्याय बन जाते हैं। दुःख की बदली की अन्तःसंगति को पूरी कविता में बनाये रखते हुए इसके बहाने कवयित्री अपने भीतर की उठती-गिरती लहरों और क्षोभ को पूरी तीव्रता के साथ उजागर करती है। रूपक के इस निर्वाह से उनकी इस गीति रचना में आन्तरिक गत्यात्मक संघटन और कसावट आती है और साथ ही अपनी वैयक्तिक दुःखानुभूति को वह सार्वजनीन बना देती हैं। इस पदबन्ध में इतिहास शब्द का प्रयोग चौंकाता है। महादेवी वर्मा यहाँ स्मृति की बात नहीं कर रही हैं जबकि उनकी कविता स्मृतिजीवी रही है, उनकी कविता में सुधि शब्द की आवृत्ति बार-बार होती है। इस कविता में भी सुधि शब्द आया है। लेकिन यहाँ महादेवी स्त्री पीड़ा के इतिहास की बात कर रही हैं। महादेवी की प्रिय शब्दावली में इतिहास जैसे तथ्यपरक और रुक्ष शब्द का आना उनकी प्रौढ़ सोच की गवाही देता

है लेकिन आगे की पंक्तियाँ पढ़ते ही यह साफ हो जाता है कि यह इतिहास वह नहीं है जो अतीत की बुनियाद पर भविष्य की इमारत खड़ी करता है। यह इतिहास आँसुओं के साथ उमड़कर मिट जाने के लिए बना है।

महादेवी बार-बार अपनी काव्य संवेदना के परिचित दायरों में घूमती रहती हैं। गीतिधर्मी अभिव्यक्ति की सघनता, तीव्रता, भावनाओं के आरोह-अवरोह तथा प्रवाहयुक्त चित्रात्मकता के इर्द-गिर्द घूमती हैं। नीर भरी दुःख की बदली कविता भी उस पैटर्न का उदाहरण है। दरअसल महादेवी पूरे जीवन भर एक ही कविता लिखती रही हैं। उनकी कविता में बार-बार वही शब्द, रूपक और शब्द विन्यास घूम फिरकर लौटते हैं। भाषा का रूप उसके आचरण से निर्धारित होता है, यह आचरण कुछ सामाजिक शक्तियों और कुछ व्यक्ति चेतना द्वारा परिचालित होता है। महादेवी के यहाँ इसी व्यक्ति चेतना के कारण अपनी कविता में कुछ नया पाने के लिए कोई बैचैनी नहीं है। उनकी काव्यभाषा में अर्थ सुनिश्चित हैं। एक कविता पढ़कर उनकी दूसरी और कविताएँ भी पढ़ लेने की अनुभूति होती है। इसे इस तरह भी कह सकते हैं कि दूसरी कविता पढ़ने की जरूरत पाठक को नहीं लगती। कवयित्री के मन का कमरा बन्द है। आँसुओं से तरबतर रहता है लेकिन वह खुलता नहीं। जीवन के उबड़खाबड़ प्रदेश में भटकता नहीं। वह एक सुरक्षित दुनिया में रहता है। नई भाव स्थिति प्रस्तुत करने या मानसिक द्वंद्व रचने को लेकर उनके यहाँ कोई सृजनात्मक प्रयत्न नहीं दिखता।

यह दिलचस्प है कि महादेवी गद्य में खुलती हैं और उसमें पितृसतात्मक समाज के प्रति रोष और आग है, किन्तु ऐसा कोई क्रिटीक वह कविता में नहीं रचतीं। उनकी पीड़ा में एक सुन्दर रचाव दिखता और महसूस होता है। सब कुछ चुस्त-दुरुस्त। कुछ कुछ एक साँचा जैसा। इनमें अर्थ की नई गहराइयाँ नहीं उभरती हैं। एक निश्चित और एकरस अनुभववृत्त में बनी उनकी काव्य दुनिया नसों को झनझनाती नहीं, झिंझोड़ती नहीं। एक ठहरी हुई और अपरिवर्तनशील संवेदना लगती है जो करुणा को पीछे छोड़कर आत्मदया की सरहद को छूने लगती है। इस आत्मदया की लहर भी अनायास उनकी कविता में नहीं आती। इसके पीछे उनकी सामाजिक और राजनीतिक दृष्टि है। जीवन की चुनी हुई अपनी राह है। वह अपने दुःख में रस लेने लगती हैं। समाज की चुभती हुई नोकों को वह अपने भाव जगत पर झेलती हैं। वह समाज से सामना करने के बजाय खुद बदल जाती हैं। विवाहित होने के बावजूद आजीवन अविवाहित रहने का निर्णय लेती हैं। लेकिन सामाजिक व्यवस्था को लेकर न तो उनके मन में कोई संकल्प है और न ही कोई कार्य योजना। वह अपनी कविता में कभी सामाजिक व्यवस्था पर न तो कोई चोट करती हैं और न ही सवाल उठाती हैं जिसके कारण वह एक दुःख की बदली बनी हैं। वह उन कारणों की छानबीन, पड़ताल और पहचान भी नहीं करतीं। जिन्दगी से लड़ने के लिए

उनके पास आँसुओं की गगरी है। कुछ गीली तरल अनुभूतियाँ हैं जिसे ढरकाने में उन्हें ज्यादा कुछ नहीं करना होता। लगता है कि अपने दुःख के विरेचन का उनके पास जैसे यही एकमात्र साधन है। ऐसे में उनके जीवन की टूटन उन्हें आत्मदया की ओर ले जाती है और उसी में वह सन्तुष्ट भी दिखती हैं। यह उनके काव्य व्यक्तित्व की सीमा है। उनसे यह अपेक्षा इसलिए भी अधिक है क्योंकि उनकी सम्पूर्ण कविता किसी दूसरे के बारे में नहीं, खुद अपने बारे में है। महादेवी वर्मा गांधी जी के भी करीब रही थीं जिनके नेतृत्व में बड़ी संख्या में महिलाएँ सक्रिय राजनीति से जुड़ी थीं। यही नहीं, उसी दौर में उनके पड़ोस में प्रेमचन्द कथा साहित्य में स्त्री को लेकर नया विमर्श रच रहे थे। कहना न होगा कि महादेवी स्त्री जीवन की उन असंख्य और सुदीर्घ जीवन नाड़ियों की धडकन नहीं सुन सकीं जो जीवनबोध को अधिक जटिल, संश्लिष्ट और सम्पूर्ण बनाती है। अपने राजनीतिक और सामाजिक परिवेश से आँख मूँदकर यथार्थमूलक जटिल जीवन दृष्टि के इलाके में जाने से वह सायास कतराती रहीं और अन्ततः जीवन संघर्षों और विषमताओं को अपने आँसुओं की बदली तले ढककर उसे करुण परिणति में बदलती रहीं।

महादेवी वर्मा : स्त्री होने का अर्थ

कात्यायनी

स्त्री पक्ष पर महादेवी के चिन्तन का जो गहन, मौलिक और बहुआयामी चरित्र था, उस पर समाजशास्त्रियों ने तो एकदम ध्यान नहीं दिया, हिन्दी साहित्य के सुधी आलोचको ने भी काफी कम लिखा है। यह सचमुच एक दु:खद विडम्बना है और विचार का प्रश्न भी।

स्त्री प्रश्न पर महादेवी का चिन्तन अपने समाज के दिक्-काल परिप्रेक्ष्य में स्त्री होने के अर्थ का नितान्त मौलिक सन्धान है। उल्लेखनीय है कि स्त्री-अस्मिता पर सोचते हुए महादेवी का चिन्तन नारीवाद की अधुनातन अस्मितावादी विचार-सरणियों से सर्वथा अलग है। बीसवीं शताब्दी के पूर्वार्द्ध में ही नारीवाद की जो लहर यूरोप में पैदा हुई थी और जिसकी विभिन्न रूपों में गत शताब्दी के सातवें दशक तक सक्रियता बनी रही या जो पुन: संस्कारित होकर स्वयं को नए-नए रूपों में प्रस्तुत करती रही, उसकी अधिकांश उपधाराओं में स्त्री की स्वतंत्र अस्मिता के प्रश्न को ऐतिहासिक पृष्ठभूमि और सामाजिक-आर्थिक संरचना में निहित कारक-प्रेरक उपादानों से काटकर देखने की प्रवृत्ति निहित थी। गत शताब्दी के अन्तिम दशकों में सक्रिय उत्तर आधुनिकतावादी नारीवाद तो इस प्रवृत्ति से और भी बुरी तरह ग्रस्त था।

इस मायने में महादेवी ने सर्वथा भिन्न रुख अपनाया। स्त्री की स्वतंत्रता के प्रश्न पर विचार करते हुए उन्होंने इस प्रश्न को स्त्रियों के अर्थ स्वातंत्र्य के प्रश्न से, उनकी सामाजिक-पारिवारिक पराधीनता के प्रश्न से, पुरुषवादी सामाजिक-सांस्कृतिक मूल्यों से और स्वयं स्त्री-समुदाय में व्याप्त बद्धमूल रूढ़ संस्कारों की दिमागी गुलामी से जोड़कर देखा। इस मायने में महादेवी का चिन्तन मौलिकता और वैज्ञानिक तर्कणा की दृष्टि से उन्हें बीसवीं शताब्दी से पूरी दुनिया की अग्रणी स्त्री चिन्तकों के बीच स्थान पाने का हकदार बना देता है। स्त्री-प्रश्न पर महादेवी के जो ग्यारह निबन्ध 'शृंखला की कड़ियाँ' संकलन में संकलित हैं, वे बीसवीं शताब्दी के चौथे दशक में लिखे गए थे। इन निबन्धों में महादेवी पुरुषसत्तात्मक समाज में स्त्रियों को सामाजिक-आर्थिक-सांस्कृतिक-पारिवारिक गुलामी और उनके कारणों

का सन्तुलित विश्लेषण प्रस्तुत करती हैं, स्त्री की स्वतंत्र अस्मिता और पहचान के प्रश्न को उसकी सामाजिक चेतना के विस्तार की आवश्यकता को रेखांकित करती हैं, सामाजिक रूढ़ियों से संघर्ष के जटिल पक्षों को उद्घाटित करती हैं, तथा स्त्रियों की आर्थिक स्वावलम्बिता की अनिवार्यता पर बल देती हैं। इन निबन्धों में महादेवी ने राष्ट्रीय जागरण-काल के नारी प्रबोधन की जनवादी मुक्ति-चेतना को स्वर दिया है। कभी-कभी यह सोचकर अफसोस होता है कि गद्य के दुर्लभ सौन्दर्य और जीवन-पर्यवेक्षण की सूक्ष्मग्राही दृष्टि के बावजूद, महादेवी ने कोई उपन्यास नहीं लिखा। यदि वे ऐसा करतीं तो निस्सन्देह हिन्दी साहित्य में भी आज शायद आशापूर्णा देवी की सत्यवती और स्वर्णलता जैसी, या चेर्नीशेव्स्की की वेरा पाव्लोना जैसी प्रतिनिधि स्त्री-चरित्र मौजूद होती।

कहा जा सकता है कि अपने देशकाल में उमा नेहरू और कमला देवी चौधरी से लेकर स्वयं महादेवी तक जो स्त्री चरित्र थे और राष्ट्रीय आन्दोलन में भागीदारी करने तथा सामाजिक रूढ़ियों से टकराने वाली स्त्रियों का जो विशाल समुदाय मौजूद था, उनका प्रतिनिधित्व करने वाले प्रतिनिधि स्त्री-चरित्र अपने परिवेश और जद्दोजहद के साथ तत्कालीन स्त्री-लेखन के पटल पर सही ढंग से अपनी उपस्थिति नहीं दर्ज करा सके। लेकिन जहाँ तक वैचारिक लेखन का प्रश्न है, स्त्री-प्रश्न पर उस समय काफी कुछ लिखा गया। महादेवी का लेखन इसी समृद्ध परम्परा की अग्रतम कड़ी था।

उन्नीसवीं शताब्दी के अन्तिम और बीसवीं शताब्दी के प्रारम्भिक वर्षों में हिन्दी की आदि स्त्री कथाकार बंग महिला ने साहस के साथ अपनी कहानियों और लेखों में पुरुष वर्चस्व के खिलाफ और स्त्री-उत्पीड़क रूढ़ियों-मान्यताओं के खिलाफ आवाज उठाई। बंग महिला ने पुराणपंथी साहित्य-पंडितों और सम्पादकों के कोप का ही नहीं, बल्कि कई बार तो महावीर प्रसाद द्विवेदी और रामचन्द्र शुक्ल की तीव्र असहमतियों और विरोध का सामना करते हुए भी स्त्रियों पर लादे जाने वाले नैतिक नियमों के बन्धनों, विधवाओं की स्थिति, स्त्री-शिक्षा सम्बन्धी वर्जनाओं और पुरुष-प्रधान पारिवारिक-सामाजिक ढाँचे में स्त्री की पराधीनता पर प्रश्न उठाए।

विशेषकर प्रथम विश्वयुद्ध के दौरान हिन्दी प्रदेश में स्त्री स्वातंत्र्य की नई चेतना की जो लहर दिखाई देती है, वह बंग महिला की स्त्री-मुक्ति चेतना और सामाजिक सरोकारों का ही विस्तार थी। उन्नीसवीं शताब्दी के पुरुष समाज सुधारकों ने स्त्रियों की दुरवस्था पर करुणा और सहानुभूति के साथ विचार किया था और सुधार पर बल दिया था। इसके विपरीत, स्त्री-मुक्ति चेतना की जो नई लहर बीसवीं शताब्दी के दूसरे दशक में उठी, वह स्त्री समुदाय के भीतर से उठी मुक्ति की नई आकांक्षा की परिणति थी। इस लहर ने स्त्रियों की पराधीनता और पुरुष-वर्चस्ववाद के हर रूप को ज्यादा प्रखरता से उजागर किया और इसके विरुद्ध मुखर विद्रोह का स्वर ऊँचा उठाया। उस दौर की हिन्दी पत्र-पत्रिकाओं के सर्वेक्षण से यह बात स्पष्ट हो

जाती है कि इस आन्दोलनात्मक सांस्कृतिक-सामाजिक लहर पर राष्ट्रीय आन्दोलन की विभिन्न धाराओं-उपधाराओं का स्पष्ट प्रभाव मौजूद था। 1909 में प्रयाग से रामेश्वरी नेहरू के सम्पादन में शुरू हुई पत्रिका 'स्त्री दर्पण' हिन्दी प्रदेश में स्त्री आन्दोलन की पहली और सबसे महत्त्वपूर्ण पत्रिका थी। इसमें तत्कालीन वामपंथी विचारक सत्यभक्त, राधामोहन गोकुल, रमाशंकर अवस्थी आदि के साथ हिन्दी की पहली नारीवादी विचारक उमा नेहरू और हृदयमोहनी, हुक्मा देवी, सत्यवती और सौभाग्यवती आदि लेखिकाएँ स्त्रियों की पराधीनता के विविध पक्षों पर नियमित रूप से लेख लिखती थीं तथा स्त्रियों के सामाजिक-राजनीतिक अधिकारों का मुद्दा प्रखरता के साथ उठाती थीं। गत शताब्दी के शुरुआती तीन दशकों के दौरान 'स्त्री दर्पण', 'गृहलक्ष्मी', महिला सर्वस्व', और 'चाँद' के अतिरिक्त 'सरस्वती', 'प्रभा', 'प्रताप', 'अभ्युदय', 'मर्यादा', 'सुधा', 'माधुरी' आदि सभी अग्रणी पत्रिकाओं में स्त्री प्रश्न पर विचारोत्तेजक लेख नियमित रूप से प्रकाशित होते थे और नारी जीवन विषयक सामाजिक प्रश्नों और सैद्धान्तिक मुद्दों पर गम्भीर एवं लम्बी बहसें चलती थीं जिनमें बहुतेरी लेखिकाएँ भागीदारी करती थीं। उस समय स्त्री-प्रश्न पर चिन्तन की एक धारा वह सुधारवादी-उदारवादी धारा थी जो आर्य समाज के सामाजिक आन्दोलन और गांधी के विचारों से प्रभावित थीं। एक दूसरी धारा उमा नेहरू जैसी रेडिकल नारीवादियों की थी जो मध्यवर्गीय रैडिकलिज्म और यूरोपीय नारी आन्दोलन से, विशेषकर 1905 से चल रहे नारी मताधिकार आन्दोलन से प्रभावित थी। तीसरी धारा देशज चरित्र वाली क्रान्तिकारी जनवादी एवं प्रगतिशील धारा थी, जो स्वतंत्रता-समानता-भ्रातृत्व के जनवादी सिद्धान्तों को स्त्रियों के ऊपर भी लागू करने पर बल देती थी तथा यह मानती थी कि पुरातनपंथी सामाजिक रूढ़ियों से मुक्त होकर स्त्रियों को बराबरी एवं सम्मान का दर्जा दिए बिना राष्ट्रीय मुक्ति की परियोजना अपने समग्र एवं वास्तविक रूप में कभी भी साकार नहीं हो सकती। इस धारा के अग्रणी चिन्तक राधामोहन गोकुल थे, जो एक प्रचंड, निर्भीक, जुझारू, भौतिकवादी चिन्तक थे। तीसरे दशक से लेकर चौथे दशक के प्रारम्भ तक स्त्री प्रश्न पर लिखे गए गोकुलजी के लेख अपने निर्भीक एवं सूक्ष्म विश्लेषण की दृष्टि से आज भी अतुलनीय प्रतीत होते हैं।

स्त्री-प्रश्न पर महादेवी के चिन्तन में हमें उपरोक्त तीनों धाराओं के सकारात्मक पक्षों का संश्लेषण नजर आता है। राजनीतिक विचारों की दृष्टि से महादेवी राष्ट्रीय आन्दोलन की मुख्य धारा के निकट थीं लेकिन सहानुभूति क्रान्तिकारियों के साथ भी थी। इस दृष्टि से उनके विचार गणेश शंकर विद्यार्थी के निकट प्रतीत होते हैं। राष्ट्रीय आन्दोलन और सामाजिक जीवन में भागीदारी विषयक विचारों में उनकी निकटता गांधी के साथ दिखती है, लेकिन दूसरी ओर सामाजिक रूढ़ियों के ध्वंस के मामले में उनके विचार एकदम अडिग एवं स्पष्ट थे। स्त्रियों की स्थिति के मामले में अतीत एवं धर्म के आदर्शीकरण की प्रवृत्ति उनमें लेशमात्र भी देखने को नहीं मिलती। वे

नए के निर्माण के लिए पुरातन के ध्वंस का पक्ष लेती हैं और अतीतोन्मुखता की बजाय भविष्योन्मुख दृष्टि की बात करती हैं। उमा नेहरू का यूरोप-प्रेरित नारीवाद उच्च मध्यवर्गीय अभिजात स्त्रियों के बीच ही सहज स्वीकार्य हो सकता था। महादेवी जब स्त्री जीवन की समस्याओं की बात करती हैं तो उच्च मध्यवर्गीय शिक्षित स्त्रियों, परम्परापाश में जकड़ी आम मध्यवर्गीय घरेलू स्त्रियों और किसान-मजदूर परिवारों की स्त्रियों—इन तीनों ही की अलग-अलग समस्याओं और साझा समस्याओं की चर्चा करती हैं। उनकी सैद्धान्तिक विवेचना व्यावहारिकता की जमीन से कभी पृथक नहीं होती। उनकी विषयवस्तु अमूर्त नारी प्रश्न नहीं है। उसे वे अपने समय व समाज के सन्दर्भ-चौखटे में अवस्थित करके देखती हैं। स्त्री-प्रश्न विषयक महादेवी का चिन्तन मुख्यत: अपने समाज की आन्तरिक गति से पैदा हुआ है। स्वतंत्रता और समानता के यूरोपीय प्रबोधनकालीन विचार यहाँ बाह्य प्रभाव के रूप में नहीं बल्कि पुन-संस्कारित देशज और लोकग्राह्य रूप में नजर आते हैं। इस मायने में महादेवी के विचारों की निकटता उमा नेहरू की अपेक्षा राधामोहन गोकुल की धारा के साथ अधिक प्रतीत होती है। बाह्य वैचारिक समानता की यदि बात करें तो स्त्री-मुक्ति विषयक महादेवी के विचारों की निकटता यूरोपीय स्त्री-चिन्तकों की अपेक्षा उन्नीसवीं शताब्दी के जुझारू भौतिकवादी और क्रान्तिकारी जनवादी रूसी चिन्तक निकोलाई चेर्नीशेव्स्की के साथ बनती है जिन्होंने 'क्या करें' उपन्यास में अप्रतिम स्वतंत्र व्यक्ति एवं स्वप्नद्रष्टा संघर्षशील स्त्री चरित्र के रूप में अपनी नायिका वेरा पाव्लोना की सृष्टि की।

महादेवी ने न केवल स्त्रियों की सामाजिक-पारिवारिक पराधीनता का प्रश्न उठाते हुए सामाजिक-राजनीतिक जीवन में उनकी भागीदारी तथा उनके आर्थिक स्वातंत्र्य पर बल दिया और इससे जुड़ी सभी बाधाओं-समस्याओं की चर्चा की। उन्होंने न केवल स्त्रियों की पराधीनता के चलते हुई सामाजिक-सांस्कृतिक विकृतियों की चर्चा की, बल्कि इसके साथ ही उन्होंने इस स्थिति से उत्पन्न स्त्रियों के आत्मिक-वैचारिक संकुचन और अस्मिता के लोप की ऐतिहासिक त्रासदी को भी रेखांकित किया। स्त्रियों की स्वतंत्र पहचान के अभाव या व्यक्तित्वहीनता की विडम्बना या अस्मिता के लोप पर विचार करते हुए अस्मितावादी राजनीति के विचारकों-पक्षधरों के समान, महादेवी अनैतिहासिक रुख नहीं अपनातीं। स्वतंत्र अस्मिता के अभाव के प्रश्न की पड़ताल वे सामाजिक-आर्थिक स्थितियों और सामाजिक-सांस्कृतिक रूढ़ियों की ऐतिहासिक निरन्तरता से जोड़कर करती हैं, इसलिए महादेवी का स्त्री मुक्ति विषयक चिन्तन अपार आक्रोश वाला अकर्मक नारीवाद नहीं, बल्कि तर्कसंगत प्रतिरोध की गम्भीरता से युक्त सकर्मक चिन्तन है। निश्चय ही, वे बने-बनाये नुस्खे-फार्मूले नहीं सुझातीं या मुक्ति का कोई यूटोपिया नहीं प्रस्तुत करती हैं। इसके बजाय वे सामने उपस्थित समस्याओं का ऐसा सांगोपांग विश्लेषण प्रस्तुत करती हैं, जिनके बीच से स्त्री मुक्ति की एक परियोजना और उसका एक मार्ग आकार लेता प्रतीत होता है।

स्त्री-पुरुष समानता का अर्थ महादेवी के लिए यह कदापि नहीं है कि स्त्रियाँ हर मायने में पुरुषों के जैसा होने का प्रयास करें। वे एकाधिक स्थानों पर स्त्रियों और पुरुषों की अलग-अलग विशेषताओं को रेखांकित करती हैं। उत्पीड़न को जन्म देने वाली सामाजिक असमानताओं और स्त्रियों को हेय बताकर उस उत्पीड़न का पक्ष-पोषण करने वाले सांस्कृतिक मूल्यों के निर्मूलन के बाद भी स्त्री-पुरुष की जैविक भिन्नता से उत्पन्न स्वभावगत भिन्नताएँ व विशिष्टताएँ तो मौजूद रहेंगी ही बल्कि यूँ कहा जा सकता है कि इन भिन्नताओं की समाप्ति तो समाज से वैविध्य एवं प्रतिकूलता के सौन्दर्य की समाप्ति होगी। महादेवी का स्पष्ट विचार है कि समानता के लिए संघर्ष का यह अर्थ कदापि नहीं है कि स्त्रियाँ हर मायने में पुरुषों जैसा होने की कोशिश करें। वह अनुकरण उन्हें उनकी स्वतंत्र अस्मिता की स्थापना की दिशा में नहीं बल्कि एक अन्य रूप में लोप की दिशा में ही ले जाएगा। यहाँ स्त्री की अस्मिता के प्रश्न को महादेवी बुर्जुआ नारीवाद की मुख्य धाराओं से एकदम अलग रूप में देखती हैं और अपने अलग तरीके से स्त्री होने के अर्थ का सन्धान करती प्रतीत होती हैं।

ऊपरी तौर पर देखने पर यह एक अजीब-सी बात लगती है कि स्त्री-प्रश्न विषयक निबन्धों में जहाँ महादेवी का एक प्रखर स्वतंत्रचेता रूप सामने आता है, वहीं छायावादी नारी-बोध वाली उनकी कविताएँ स्त्रियों के एकात्म प्रेम, उनकी पीड़ा, असहायता और अवसाद की अभिव्यक्ति में आगे नहीं जा पातीं। पहले मुझे भी वह अन्तर्विरोध विचित्र और अव्याख्येय प्रतीत होता था लेकिन गहराई से सोचने पर लगता है कि यह कोई विसंगति नहीं है। यह अन्तर्विरोध एक एकल विचार-सरणि के दो प्रतिकूल पक्षों के अन्तर्संघर्ष के रूप में देख जाना चाहिए। इन्हीं प्रतिकूल पक्षों का टकराव महादेवी की विचार-प्रक्रिया की आन्तरिक गति है। अन्तर्विरोध हर बड़े रचनाकार के कृतित्व में होता है और ये अन्तर्विरोध वस्तुत: युगीन सामाजिक अन्तर्विरोधों को परिवर्तित कर रहे हैं। तोल्स्तोय और दोस्तायेव्स्की हों, प्रेमचन्द और निराला हों या महादेवी हों कोई भी इन अन्तर्विरोधों से मुक्त नहीं रहा। महादेवी ने एक स्त्री के लिए समय और समाज द्वारा बाँधी गई चौहद्दी में जीते और रहते हुए स्त्री होने के अर्थ का सन्धान किया और और मुक्ति के प्रश्न पर हर पहलू से विचार किया। उनके जीवन के समक्ष युगीन रंगमंच की अवश करने वाली सीमाएँ थीं और विचारों के लिए उड़ान भरने को भविष्य का क्षितिज। कहा जा सकता है कि इन्हीं में से पहला पक्ष महादेवी के काव्यबोध को जन्म देता है और दूसरा पक्ष उनके स्त्री प्रश्न विषयक निबन्धों की वैज्ञानिक, वस्तुपरक एवं निर्भीक तर्कसंगति में अभिव्यक्त होता है। एक अन्य धरातल पर सोचते हुए यह भी कहा जा सकता है कि स्त्री-जीवन की त्रासदी एवं विडम्बना की अनुभूति या अवबोध का पक्ष (परसेप्चुअल आस्पेक्ट) यदि महादेवी की कविताओं में सामने आता है तो उनका अवधारणात्मक पक्ष (कंसेप्चुअल आस्पेक्ट) उनके निबन्धों में प्रकट होता है।

अब महोदवी के इस अन्तर्विरोध को समझने के लिए एक तीसरे सन्दर्भ चौखटे का सहारा लें। हमें कबीर और कई अन्य निर्गुण सन्तों में भी एक अन्तर्विरोध देखने को मिलता है जो वास्तव में एक ही चिन्तन सरणि की आन्तरिक गति के दो पक्षों को प्रकट करता है। कहीं तो वे इहलोक की ठोस समस्याओं-रूढ़ियों, पाखंड, अन्धविश्वास और अन्याय से टकराते हुए चुनौती की भाषा में बात करते हैं, फिर कहीं मानो स्वयं को निरूपाय-सा महसूस करते हुए, अवसाद या विरक्ति में डूबे हुए पारलौकिक दुनिया का सन्धान करते हुए रहस्यवाद में शरण ढूँढ़ते प्रतीत होते हैं। हर सामाजिक-वैचारिक संघर्ष में हार-जीत, आशा-निराशा के अवरोह आते हैं और सच्चे और बड़े रचनाकार वही हैं जिनका रचना-जगत इन दोनों पक्षों की इन्दराजी करे। महादेवी की कविताओं के मूल स्वर और उनके स्त्री-प्रश्न विषयक निबन्धों के बीच के अन्तर्विरोध को इसी रूप में देखा जा सकता है।

और अन्त में इस अन्तर्विरोध को देखने का चौथा कोण प्रस्तावित है। महादेवी की कविताओं का छायावादी नारीबोध, स्त्रियों के एकात्म प्रेम, पीड़ा, असहायता और अवसाद की केन्द्रीय अभिव्यक्ति के बावजूद ऐतिहासिक दृष्टि से स्त्री होने के अर्थ के सन्धान, स्त्री के स्वतंत्र वजूद की तलाश के उसी व्यापक उपक्रम का एक अंग है, जिसके अन्तर्गत महादेवी का वैचारिक गद्य लेखन आता है। इन कविताओं की स्त्री रीतिकालीन नायिका नहीं है, न ही इनका सौन्दर्यबोध और विधान ही रीतिकालीन है। ये अभिव्यक्तियाँ एक स्वतंत्र व्यक्तित्व वाली स्त्री की प्रेमानुभूतियों की, कामनाओं की, पीड़ाओं की अभिव्यक्तियाँ हैं। उन्नीसवीं शताब्दी के पूर्वार्द्ध में यूरोपीय स्वच्छन्दतावादी काव्यधारा की प्रेम कविताएँ जिन ऐतिहासिक अर्थों में प्रगतिशील थीं, उन्हीं अर्थों में छायावादी दौर की प्रेम की कविताओं में भी प्रगतिशीलता का पहलू था। महादेवी के समय और समाज में वैयक्तिकता का बोध और प्रेम की अभिव्यक्ति भी एक सामाजिक विद्रोह था और एक स्त्री के लिए तो खासतौर पर। महादेवी की कविताओं का मूल स्वर आकुल प्रतीक्षा, सघन अवसाद, गहन पीड़ा और यदा-कदा असहायता की अभिव्यक्ति के बावजूद एक ऐसी स्त्री का स्वर है जिसका अपना वजूद है और जिसमें अपने प्रेम को, अपनी आशा-निराशा को प्रकट करने का साहस है। वह रीतिकालीन नायिका नहीं है। इन कविताओं का सौन्दर्य विधान भी रीतिकाल जैसा नहीं, बल्कि उसके ठीक विपरीत है। इस दृष्टि से आज महादेवी की कविताओं के भी पुनर्पाठ की आवश्यकता है। महादेवी ने स्त्री होने के अर्थ का जो सन्धान अपने युगीन सन्दर्भों में किया, उसी व्यापक उपक्रम के अलग-अलग पक्ष हमें उनके काव्य और गद्य में देखने को मिलते हैं।

('अदहन' के नवम्बर-दिसम्बर 2016 अंक में प्रकाशित)

'बाँधती निर्बंध को मैं, बन्दिनी निज बेड़ियाँ गिन'

(स्त्री की संघर्ष-यात्रा के कूलों में बहती महादेवी वर्मा की कविता)

रोहिणी अग्रवाल

महादेवी वर्मा की कविताओं को पढ़ना स्त्री-मन की भीतरी अमूर्त परतों को धीरे-धीरे एक सघन संकोच के साथ आकार लेते देखना है। वे शब्दों में गुँथी अन्तस् की अभिव्यक्तियाँ नहीं, तूलिका की धूसर तरलता के साथ सतह पर फैलती चलती फैसलाकुन व्याकुलताएँ हैं। व्याकुलताएँ जिनमें सामाजिक मानदंडों, नैतिक वर्जनाओं और पारिवारिक प्रतिबद्धताओं से परे अपने को निखूट इंसान के रूप में जानने की आकांक्षाएँ हैं। जाहिर है आत्म-पड़ताल, आत्म-संघर्ष और आत्मोपलब्धि की यह पूरी प्रक्रिया एकाकी और आन्तरिक भर नहीं है। एक सीमा के बाद यह अपने तलघर से निकलकर पूरे समाज और विश्व-मानव का मुआयना करते हुए संस्कृतियों और सामाजिक व्यवस्थाओं के स्वीकृत ढाँचों को प्रश्नांकित करती हैं, और फिर अपने बुनियादी मानवीय अधिकारों को पाने के संघर्ष में तब्दील हो जाती है। महादेवी वर्मा एब्स्ट्रेक्ट शैली की रचयिता हैं। शब्दों के भीतर कितनी ही कूट अभिव्यक्तियों को पिरोते हुए, स्थूल घटनाओं-प्रसंगों से परहेज करते हुए प्रतीकों और रूढ़ बिम्बों में मनमाने अर्थों का प्रक्षेपण करते हुए जब वे अपनी साँसों के आरोह-अवरोह को कविता में पिरोती हैं, तब एक जिन्दा समाज के भीतर मुर्दा बना दी गई आधी दुनिया के जमे आँसू यकबक सागर का खारापन बन उमड़ आते हैं। महादेवी वर्मा को जानने और जीने के लिए स्त्री-संवेदी मन पाना पहली शर्त है—ऐसा स्त्री-संवेदी मन जो जड़ों से कट कर पुनः सूखती जड़ों (आकांक्षाओं) के बावजूद हरियाने (पारिवारिक अर्हताओं के दबाव का सामना) का हुनर जानता है; परिवेश को स्नेह, संवेदना, साज-सँभाल की तरलता देकर खुद आजीवन अतृप्त-तृषित बना रहता है।

महादेवी वर्मा कालक्रम की दृष्टि से छायावाद की महत्त्वपूर्ण कवयित्री हैं और छायावाद की बुनियादी विशेषताओं को अन्तर्भूत कर प्राकृतिक उपादानों के जरिए मौन के भीतर छिपी पुकारों को सुनती भी हैं, लेकिन इन पुकारों में अपने वजूद को विस्मृत कर किसी अदीखती अलौकिक सत्ता में लय हो जाने की आकांक्षा नहीं है। रहस्यवाद की कुहेलिकाएँ उनके यहाँ भी झीना पर्दा डाल अनगिन अर्थव्यंजनाओं की

सृष्टि करती हैं जिन्हें आलोचक और पाठक अपनी-अपनी मनोवृत्ति, दृष्टि और संवेदन के सहारे गूँथते-बुनते रहे हैं। लेकिन एक बात तय है कि कबीर आदि रहस्यवादियों की तरह उन्हें असीम अलौकिक परमसत्ता का साक्षात्कार/भेंट करने के लिए सायास अपने अहं पर स्त्री का अवगुंठन नहीं डालना पड़ता। 'स्त्री जैसा होने' और 'निखालिस स्त्री होने' की प्रतीति करना—ये दोनों भिन्न-भिन्न स्थितियाँ हैं। पहली स्थिति में जहाँ शास्त्र-समाज-परिवार के सन्दर्भ में अपनी वैयक्तिकता को परखने का स्पेस है, वहीं दूसरी स्थिति में शास्त्र-समाज-परिवार द्वारा आरोपित व्यवस्था और छवियों को जीने और उन्हीं में अपने अस्तित्व की सार्थकता समझने का सांस्कृतिक प्रशिक्षण है। पहली स्थिति जहाँ द्वंद्व और संघर्ष की सकर्मकता के सहारे अपने को पुनराविष्कृत करने की सतत और ऊर्ध्वगामी प्रक्रिया है, वहीं दूसरी स्थिति यथास्थितिवाद के पोषण और महिमामंडन की निष्क्रियता का उत्पाद है, इसलिए आश्चर्य नहीं कि सामाजिक पाखंडों का उद्‌घाटन करती कबीर की विद्रोही वाणी परमसत्ता की मान्यता के सवाल पर किसी एक पंथ के आलोक में दार्शनिक गुत्थियों को सुलझाने का उपक्रम बन जाती है; और महादेवी वर्मा की कविता असीम की अलौकिक रहस्यात्मकता के ताने-बाने में बुनी एक तार स्निग्धता-सम्मोहन की देख पाती हैं, तो दूसरी तार उसकी निरंकुशता के कारण आहत 'ससीम' के मूक क्रन्दन की सुन पाती हैं। महादेवी वर्मा के यहाँ रहस्यवाद परमसत्ता में लय हो जाने की अपेक्षा अपनी 'लघुता' को उसके तमाम सन्दर्भों-आयामों के साथ देख-गुनकर 'ससीम' में 'असीम' की सम्भावनाओं को विकसित करने की साधना बन जाता है। अलबत्ता 'विसर्जन' की महत्ता को वे भी स्वीकारती हैं, लेकिन विसर्जन असीम सम्भावनाओं के उत्प्रेरक व्यक्तित्व का नहीं, संकीर्ण स्वार्थपरता और संकुचित मानसिकता का हो जो शरीर पर रखे हुए जड़ पदार्थ (आभूषण आदि भौतिक वस्तुएँ) की भाँति मस्तिष्क को बोझिल (बन्धनयुक्त) ही बनाता है—"मानव को मानव की तुला पर गुरु होने के लिए स्वार्थ की दृष्टि से कितना हल्का होना पड़ता है, यह प्रश्न इतने दीर्घकाल के अनुभव के लम्बे पथ को पार कर स्वयं उत्तर बन गया है।" ('यामा' की भूमिका से)

1

'पर शेष नहीं होगी यह मेरे प्राणों की क्रीड़ा, तुमको पीड़ा में ढूँढ़ा तुम में ढूँढ़ूँगी पीड़ा' : यानी आत्म-पड़ताल की कष्टकर प्रक्रिया

महादेवी वर्मा की कविता में कवयित्री की नागरिक चेतना के विकास की आरोहण यात्रा स्पष्ट लक्षित की जा सकती है। इस यात्रा के तीन निश्चित सोपान हैं—प्रकृति के निश्छल सौन्दर्य और विराट रहस्यात्मकता के प्रति विस्मय भाव; प्रेम करने की

नैसर्गिक मानवीय आकांक्षा; और तीसरे, प्रेम के जरिए वेदना के मर्म और लक्ष्य का ज्ञान। ये तीनों सोपान एक दूसरे से इतने प्रगाढ़ रूप से जुड़े हैं कि एक गहरे सन्तोष के साथ महादेवी वर्मा उनकी अन्त:स्यूत यात्रा का उल्लेख करने से स्वयं को रोक नहीं पातीं—

> मार्ग चाहे जितना अस्पष्ट रहा, दिशा चाहे जितनी कुहराच्छन्न रही, परन्तु भटकने, दिग्भ्रांत होने, और चली हुई राह में पग-पग गिन कर पश्चाताप करते हुए लौटने का अभिशाप मुझे नहीं मिला। मेरी दिशा एक और मेरा पथ एक रहा है। केवल इतना ही नहीं, वे प्रशस्त से प्रशस्ततर और स्वच्छ से स्वच्छतर होते गए हैं। ('यामा' की भूमिका से)

महादेवी वर्मा की कविता में पीड़ा और वेदना के आधिक्य को देखकर अक्सर उन्हें पीड़ा की कवयित्री कह मीराबाई के समकक्ष रख दिया जाता है, लेकिन नजदीक से देखने पर दोनों कवयित्रीयों की पीड़ा का टेक्सचर न केवल अलग है, बल्कि उसकी अभिव्यक्ति की भंगिमा में भी पर्याप्त अन्तर है। मीरा के गीत एक औसत स्त्री की निजी जिन्दगी की व्यथा-कथा हैं जिसे भावोच्छ्वास में गुँथी दैनिक डायरी का नाम भी दिया जा सकता है। वे बार-बार अपनी कविताओं में प्रताड़िता होने और उसके खिलाफ विद्रोह की हुँकार भरने का उल्लेख करती हैं; किसी जोगी के प्रेम में बँध जाने की बेबस पीर से पाठक का हृदय चाक कर देती हैं, और फिर समस्त अलौकिक बन्धनों को त्याग कर जोगी (गिरधर गोपाल) की खोज में निकल पड़ने की दृढ़ता दिखाती हैं। स्वत:स्फूर्तता उनकी कविता की प्राणशक्ति है। चिन्तन नहीं, संयम नहीं, सहज भावोच्छ्वास! लीक को तोड़ कर लोक में घुल-मिल जाने का ठोस विश्वास! विद्रोह उनके काव्य की मूलभूत भंगिमा है। इसके विपरीत महादेवी वर्मा की कविता में स्त्री के जीवन की गोपन निजता का कहीं कोई आरेखन नहीं। प्रेम कविताओं में प्रेम में होने की उत्कटता नहीं, प्रेम की अभिलाषा का स्मरण! वेदना में अन्तर की अकुलाहट नहीं, वेदना के मर्म को चीन्ह लेने का प्रयास है। चिन्तन उनकी जीवन्तता को अक्सर ग्रस लेता है, इसलिए एक अभिजात दर्प और दूरी, गद्य लेखन की भाँति, उनकी कविताओं में भी हार्दिक स्पन्दन को आने से बरजती रहती है। उदाहरण के लिए 'नीहार' में संग्रहीत उनकी प्रारम्भिक रचनाएँ ली जा सकती है जहाँ प्रकृति चित्रण का सौन्दर्य है, मानवीकरण की निर्दोष अभिव्यक्ति है, बिम्बात्मकता का सम्मोहन है[1], अथवा

---

1. "रजनी ओढ़े जाती थी, झिलमिल तारों की जाली,
उसके बिखरे वैभव पर जब रोती थी उजियाली"

"छाया की आँख मिचौनी, मेघों का मतवालापन
रजनी के श्याम-कपोलों पर ढरकीले श्रम के कण"

'रश्मि' में संग्रहीत प्रेमोच्छ्वास[1]—ये कविताएँ पाठक की हृत्त-तंत्री को झंकृत नहीं कर पातीं, हालाँकि महादेवी वर्मा अपने गीतिकाव्य को "मेरा आत्म निवेदन मात्र" कहकर गीत को परिभाषित भी करती हैं कि "सुख-दु:ख की भावावेशमयी अवस्था विशेष का गिने-चुने शब्दों में उपयुक्त चित्रण कर देना ही गीत है" (यामा की भूमिका)। लेकिन यह भावावेष्टित अवस्था उनके काव्य के प्रारम्भिक सोपान में कहीं दृष्टिगत नहीं होती।

द्वंद्व महादेवी वर्मा की कविता में प्रस्थान बिन्दु के रूप में भी उपस्थित हुआ है, और अपनी वर्तुलाकार गति के कारण वही उसकी परिधि भी बन जाता है। द्वंद्व का प्रमुख कारण है परम्परागत अध्यात्म दर्शन की परिपालना का दबाव और साथ ही अपने निजी स्वर को कह देने की व्याकुलता जो परम्परा और समकालीन कविता दोनों से एक साथ दूर जाकर उनके काव्य को अग्राह्य बना सकती है, इसलिए मुखरता की अपेक्षा संकोच, स्पष्टता की अपेक्षा सन्दिग्धता, प्रत्यक्ष की अपेक्षा सांकेतिकता उनकी काव्य-कला की विशेषताएँ बनकर उभरती हैं। महादेवी वर्मा अपनी 'पीड़ा' के कारणों को विश्लेषित करते हुए उसे बौद्ध दर्शन के 'दु:खवाद' से सम्बद्ध करती हैं, लेकिन यहाँ दो बातें विशेष रूप से ध्यान देने योग्य हैं। एक, वे आग्रहपूर्वक अपने निजी जीवन को दु:ख की छाया से बहुत दूर बताते हुए स्वयं को सुखी प्राणी घोषित करती हैं।[2] दूसरे, बौद्ध दर्शन के परम्परानुमोदित रूप का अन्धानुकरण न करते हुए वे उसकी निजी दृष्टि से व्याख्या करती हैं। बौद्ध दर्शन, उनकी दृष्टि में, नकार (निगेशन) अथवा संसार से विरत हो जाने का दर्शन नहीं है, अपनी पीड़ा में अपने जैसे असंख्य की पीड़ा का दर्शन कर पीड़ा के सहारे मानव मात्र से जुड़ जाने की संवेदना है। यह ठीक वही भाव है जो बार-बार उनकी कविताओं में मेघमाला को बनाती बूँदों और जलधि के विस्तार को आकार देती

→ थकी पलक सपनों पर डाल, व्यथा में सोता हो आकाश
छलकता जाता हो चुपचाप, बादलों के उर से अवसाद"

1. "अलि सी मंडराती विरह पीर!
अधरों से झरता स्मित-पराग/ प्राणों में गूँजा नेह राग
सुख का बहता मलयज समीर!
अलि सिहर सिहर उठता शरीर!"

"तुम हो विधु के बिम्ब और मैं मुग्धा रश्मि अजान
"सजनि कौन तम में परिचित सा, सुधि सा, छाया सा आता?"

2. "संसार साधारणतया जिसे दु:ख और अभाव के नाम से जानता है, वह मेरे पास नहीं है। जीवन में मुझे बहुत दुलार, बहुत आदर, और बहुत मात्रा में सब कुछ मिला है। उस पर पार्थिव दु:ख की छाया नहीं पड़ी। कदाचित यह उसी की प्रतिक्रिया है कि वेदना मुझे इतनी मधुर लगने लगी है। ('यामा' की भूमिका)

लहरों की सतत उपस्थिति और संयुक्ति को सम्भव बनाता है।[1]

यही नहीं, संसार की नश्वरता के सिद्धान्त को मानते हुए भी वे संसार से पलायन के विचार का खंडन करती हैं। वे मानती हैं—

> मनुष्य में जड़ और चेतन दोनों एक प्रगाढ़ आलिंगन में आबद्ध रहते हैं। उसका बाह्याकार पार्थिव और सीमित संसार का भाग है; और अन्तस्तल अपार्थिव का। एक उसको विश्व से बाँध रखता है तो दूसरा उसे कल्पना द्वारा उड़ाता ही रहना चाहता है। जड़ चेतन के बिना विकासशून्य है, और चेतन जड़ के बिना आकारशून्य। इन दोनों की क्रिया और प्रतिक्रिया ही जीवन है।

सामान्यतया जहाँ भारतीय दर्शन जड़ से चेतन, अज्ञान से ज्ञान, तम से ज्योति की ओर प्रयाण को जीवन के दु:खों से मुक्ति और निर्वाण का मूल मंत्र मानता है, वहीं महादेवी वर्मा 'मुक्ति' को अपनी दृष्टि से परिभाषित करने की कोशिश करती हैं। उनकी दृष्टि में जड़ से चेतन, अज्ञान से ज्ञान, और तम से ज्योति की यह अन्तर्यात्रा निजी मुक्ति के कगारों पर जाकर समाप्त नहीं होती, निरन्तर बेहतरी के स्वप्न को साकार करने की आकुलता में सतत संघर्षशील रहती है। वे मानती हैं कि असीम और ससीम भीतर और बाहर प्रवाहमान दो ऊर्जा-स्रोत या प्रवृत्तियाँ नहीं, बल्कि व्यक्ति के भीतर स्थित चेतना के दो छोर है जिनके बन्धन में बन्धने और बन्धन को अतिक्रमित करने के द्वंद्व में ही उसके कर्मों की दिशा और जीवन-फल छिपा है।[2]

जाहिर है महादेवी वर्मा की कविता में द्वंद्व अनिश्चय की मूक स्थिति नहीं है। वह संशय या दु:ख की निष्क्रियता में बँध कर भी नहीं आता, बल्कि अपनी उदात्त अवस्था में संघर्ष और सेल्फ एक्सप्लोरेशन का अभियान बनता है। वे द्वंद्व को गति के रूपक में बाँधती हैं, इसलिए 'वे मुस्काते फूल नहीं, जिनको आता है मुरझाना' कविता में द्वंद्व से परे निश्चयात्मक स्वर उनकी दिशा और दृष्टि को सूचित करता है—

क्या अमरों का लोक मिलेगा?
तेरी करुणा का उपहार?

---

1. "यह क्षितिज को चूमने वाला जलधि
क्या नहीं नादान लहरों से बना?
क्या नहीं लघु वारि बूँदों में छिपी
वारिदों की गहन गम्भीरता?"
2. "मुझे दु:ख के दोनों ही रूप प्रिय हैं। एक वह जो मनुष्य के संवेदनशील हृदय को सारे संसार से एक अविच्छिन्न बन्धन में बाँध देता है, और दूसरा वह जो काल और सीमा के बन्धन से पटे हुए असीम चेतन का क्रन्दन है।" —'यामा' की भूमिका

रहने दो हे देव! अरे
मेरा यह मिटने का अधिकार!

बेशक उनकी यह कविता उनके प्रारम्भिक कविता संग्रह 'नीहार' में संग्रहीत है और 'रश्मि' तक रचित अपनी प्रारम्भिक रचनाओं के बारे में वे संकोचपूर्वक स्वीकार भी करती हैं कि उस समय "मुझे अनुभूति से अधिक उसका चिन्तन प्रिय था।" लेकिन उनका स्पष्ट चिन्तन दो प्राथमिकताओं की ओर संकेत करता है। एक, ईश्वर को निराकार अव्यक्त परब्रह्म मानकर उसके प्रति समर्पित होने से इनकार। 'अमरों का लोक' उनके लिए भोग, वर्चस्व और समृद्धि का प्रतीक है जो जीवन को नहीं, जीवन की छाया को जीता है। 1961 में रामधारी सिंह 'दिनकर' द्वारा रचित 'उर्वशी' में भी इसी भाव-साम्य को देखा जा सकता है जहाँ उर्वशी स्वर्ग से पलायन कर भूलोक पर आकर जिन्दगी के स्पन्दन में घुल-मिल जाने के बाद जिन्दा होने के अहसास को जी लेना चाहती है। लेकिन उर्वशी का पलायन जहाँ निजी आकांक्षाओं की तृष्णा से बँधा है, वहीं महादेवी वर्मा लोकोत्तर की अपेक्षा 'लोक' को जानने की व्याकुलता से बँधी है। दूसरे, बौद्ध दर्शन के अनुसार वे निर्वाण को मुक्ति की अवस्था नहीं मानतीं, बल्कि 'मिटने का अधिकार' में ही अपनी स्वायत्तता, अस्मिता और आत्माभिमान को गूँथ लेना चाहती हैं। 'मिटना' उनके यहाँ 'लय हो जाना' नहीं है, अपने को रिइन्वेंट करके नित नया करने का कर्त्ता भाव है।

द्वंद्व आत्म-पड़ताल की तल्लीन अवस्था में अपनी तमाम दुर्बलताओं से साक्षात्कार की नैतिक ईमानदारी देकर अपने को परखने की दृढ़ता में भी आकार लेने लगता है। यह किसी से छिपा हुआ नहीं है कि महादेवी वर्मा का कवि रूप उनके चित्रकार रूप के साथ गलबहियाँ डालकर ही पन्नों पर फैलता रहा है। हालाँकि वे दोनों कलाओं को रचयिता की एक ही मनोदशा के बिम्ब-प्रतिबिम्ब रूप में देखना ज्यादा पसन्द करती हैं, फिर भी इतना अवश्य स्वीकारती हैं कि चित्रकला में जहाँ कल्पना के अतिरिक्त 'निरीक्षण तत्त्व' प्रधान है, वहीं कविता में कल्पना जितनी ही महत्त्वपूर्ण है "गतिमय आत्मानुभूत भावातिरेक को संयम रूप में व्यक्त' कर सकने की क्षमता। इसलिए उनके गीतों में यथार्थ जगत के समानांतर अपनी अन्त:वृत्तियों के निरीक्षण के साथ-साथ परीक्षण (विवेक एवं आलोचनात्मक नि:संगता) और पुनर्सृजन (कल्पना एवं भावातिरेक की सम्मिश्रित संयमावस्था) का समावेश भी मिलता है—

गरजता सागर तम है घोर, घटा घिर आई सूना तीर
अँधेरी सी रजनी में पार, बुलाते हो कैसे बेपीर?
नहीं है तरणी कर्णधार, अपरिचित है वह तेरा देश
साथ है मेरे निर्मम देव, एक बस तेरा ही सन्देश।

हाथ में लेकर जर्जर बीन, इन्हीं बिसरे तारों को जोड़
लिए कैसे पीड़ा का भार, देव आऊँ अनन्त की ओर?

द्वंद्व चूँकि महादेवी वर्मा की कविता में लक्ष्य तक पहुँचने की आत्मान्वेषक यात्रा है, और प्रेम उस राह का एकमात्र आलोक-दीप, इसलिए यह प्रेम के आत्मपरक संकीर्ण रूप की शिनाख्त भी कर लेना चाहता है। विषय वासनाओं के प्रति निवेदित भाव प्रेम नहीं है। वह छल है। आत्ममुग्धता का सम्मोहक सुन्दर रूप। आत्ममुग्धता आत्मछलना की परिणति पाने के लिए अभिशप्त है—मोहभंग की अनिवार्य स्थिति, जो अतृप्ति की चरम अवस्था में पहुँच 'दूसरे' को ही दोषी सिद्ध करती है। सुख में छिपी दु:ख-तरंगों और आस में छिपी छलना की चपलताओं को पहचानने का विवेक है महादेवी वर्मा की कविता में—

यह सुख दु:खमय राग
बजा जाते हो क्यों अलबेले?

कण-कण में रच अभिनव बन्धन
क्षण-क्षण को कर भ्रममय उलझन
पथ में बिखरा शूल, बुला लेते हो दूर अकेले।

लेकिन इतना भर नहीं है प्रेम। वह चेतना और विवेक के परस्पर गुँथ जाने पर करुणा और कल्याण के रूप में राग को झंकृत करता है। द्वंद्व पड़ताल की पैनी नजर बनकर प्रेम में प्रिय को देखने की अपेक्षा अपने को जान लेना चाहता है। तब महादेवी वर्मा की कविता में प्रेम न एक कल्पित स्थिति का रूप लेता है, न प्रेम समर्पिता स्त्री किसी वायवीय अमूर्त छाया का। वह हाड़-मांस की स्त्री में तब्दील हो स्वयं कवयित्री के भीतर साँस लेती स्त्री की आकांक्षाओं और जड़ता को आमने-सामने रख देता है। महादेवी वर्मा देखती हैं, प्रेम स्त्री के जीवन का सबसे सुन्दर सपना है, लेकिन प्रेम में न संवाद है, न परस्पर समर्पण। वह पारिवारिक ढाँचे की तरह यहाँ भी स्त्री की दोयम निष्क्रिय स्थिति का ही स्तुति गान करता है। स्त्री अपनी सीमाओं में बद्ध है, परनिर्भर नियति जीती जैविक संरचना; और पुरुष प्रेमी (समर्पण एवं संवाद की जीवन्तता) नहीं, छलिया है—पकड़ में न आने वाली छाया। स्त्री-संवेदी होकर स्त्री-पुरुष मनोविज्ञान को जानना, और उसके जरिए समाजशास्त्रीय व्यवस्था का विश्लेषण कर स्त्री के जख्मों की टीस को समझ सकना पुरुष के बस की बात नहीं। यदि ऐसा सम्भव होता तो 'भ्रमर' के रूप में मुदित भाव से रस-लोभी प्रेमी की कल्पना करने वाला समाज स्त्री की दृष्टि से उसकी निष्ठाहीन हृदयहीनता पर भी सवाल उठाता। पड़ताल की यह क्रमिक प्रक्रिया महादेवी की कविता में 'असीम' की अलौकिकता को मलिनतर करती चलती है, और स्त्री की अनुपस्थित

सामाजिक स्थिति को सतह पर लाने लगती है। क्या प्रेम, स्त्री के तईं, गुलामी में सुरक्षा पाने की लाचार कामना नहीं? तब क्या प्रेम में 'प्रेम' नहीं, प्रेम का 'विचार' ही महत्त्वपूर्ण हो जाता है? ऐसे में स्त्री की दु:खमयी नियति का कारण क्या है? स्त्री की अधीनता या अधीनता का शास्त्र रचती सामाजिक व्यवस्था? या अधीनता के शास्त्र के प्रति मूक समर्पण की कातरता?

2

जाग-जाग सुकेशिनी रे' यानी 'दीप तेरा दामिनी
चपल चितवन ताल पर बुझ-बुझ जला री मानिनी!

रहस्यवादियों समेत हिन्दी एवं भारतीय काव्य-परम्परा स्त्री को 'मनुष्य' रूप में नहीं देख पाई है। वह साधना के मार्ग में एक बहुत बड़ी बाधा के रूप में चित्रित की जाती है, मानो उसका जन्म हुआ ही इसलिए हो कि साधक पुरुष की सिद्धि-अवस्था के मार्ग में अड़चनें खड़ी कर उसे लौकिकता की क्षणभंगुरता में ही लिप्त रख सके। सिद्ध पुरुष के लिए चूँकि संसार मिथ्या, भ्रम एवं त्याज्य है, इसलिए क्षण-क्षण परिवर्तित प्रकृति और उसकी तदाकार मानवीय आकृति-स्त्री-दोनों निषिद्ध हैं। महादेवी वर्मा इस दर्शन के धुर विरोध में खड़ी हैं। वे स्त्री को जड़ नहीं, जीवन्त मानती हैं; तथा साधना (आत्मोन्नयन का ही दूसरा नाम) के मार्ग से स्खलन के लिए स्त्री (कामिनी) को नहीं, मनुष्य की अपनी आसक्ति को बाधा के रूप में चिह्नित करती हैं। दूसरे, वे मानती हैं कि न तो संसार का परित्याग ही साधना की बुनियादी शर्त है, न साधना का अधिकार सिर्फ पुरुष को है। मनुष्य की स्वाभाविक वृत्ति है अपने को उन्नततर करते रहना। अत: उनकी कविताओं में स्त्री के संशय, पीड़ा, संघर्ष और दृढ़ता का जो आवेष्टित स्वर सुनाई पड़ता है, वह रहस्यवादियों की तरह अपने पुरुषत्व पर स्त्रीत्व का आरोपण किया गया व्यवस्था-अनुकूलित पुरुष-स्वर नहीं है, बल्कि अपने अन्तर का आर्त्तनाद और खंडित सपनों का बोझ है, इसलिए आश्चर्य नहीं कि उनके यहाँ रहस्यवादी कविता में पाए जाने वाले शब्द रूढ़ अर्थ से किनारा कर नई अर्थव्यंजनाओं और सन्दर्भों का संकेत देने लगते हैं—

कहीं से आई हूँ कुछ भूल!
कसक-कसक उठती सुधि किसकी?
रुकती सी गति क्यों जीवन की?
क्यों अभाव छाए लेता
विस्मृति-सरिता के कूल?

परम्परागत व्याख्याओं के फेर में पड़कर कह सकते हैं कि यह विस्मृति दुनियावी माया की वजह से है, और रह-रहकर कर कसकती स्मृति परब्रह्म परमेश्वर से पुनर्मिलन की उत्कंठा है। लेकिन महादेवी वर्मा के भीतर की स्त्री जीवन की तमाम नश्वरता के बीच जीवन का ही सन्धान कर लेना चाहती है। जीवन से पलायन की कोशिश उन्हें अपने ही बनाए संकुचित दायरों में रहने की यंत्रणा देती है, जबकि उन्मुक्त प्रकृति की भाँति वे उन्नत व्योम को भी बाँहों में बाँध लेना चाहती हैं और अपने ही फल को बीज बना दोबारा इसी धरती पर आना चाहती हैं।

महादेवी वर्मा की कविताएँ 'शृंखला की कड़ियाँ' की वैचारिक प्रतिबद्धता का भावनात्मक रूप हैं, स्त्री सरोकारों की ओर से मुँह मोड़ किसी अनन्त की मीठी पीर में घुल जाने की अमूर्त चाह नहीं। बल्कि सत्य तो यह है कि कविता में अमूर्त परब्रह्म की सत्ता के प्रति संशय संसार और स्त्री के प्रति उन्हें गहरे आस्थावान बनाता है; और अपनी दैनन्दिन दुनिया में आवाजाही करती रहने वाली निरीह, प्रताड़िता स्त्रियों के दु:ख के प्रति जोड़कर दु:ख के मर्म को समझने की संवेदनात्मक विवेकशीलता देता है। ठीक वही चिन्तन-प्रक्रिया जो राजकुमार गौतम को तीन लौकिक सवालों से जूझने के लिए कठोर एकान्त साधना में ले गई, और फिर 'बुद्धत्व' पाने के उपरान्त अपनी निजी सत्ता को न्यूनतर करते हुए पुन: संसार में लौटा लाई। संसार में लौटना भोग के अधीन होना नहीं है, भोग से उपरत हो संसार के जटिल तंत्र में अपनी अस्मिता और सार्थकता को पहचानना भी है। जाहिर है महादेवी वर्मा का दु:खवाद बौद्ध दर्शन से प्रभावित होते हुए भी उसे आशा और जिजीविषा से, कर्मठता और अलौकिकता से जोड़ता है। महादेवी वर्मा की कविता अपनी तमाम बौद्धिकता, दुरूहता और सम्प्रेषणगत दूरी को तोड़ उस जगह पाठक की हृत्त-तंत्री से जुड़ जाती है, जब 'निरीक्षण परीक्षण' अर्थात पितृसत्तात्मक समाज व्यवस्था, लोक और शास्त्र के दबावों के अधीन सामाजिक पूर्वाग्रहों और स्त्री-पुरुष सम्बन्ध के मनोविज्ञान को जानने के बाद वह बेहतर कल के पुनर्सृजन (अन्तर्दृष्टि) के लिए कृतसंकल्प होती है। 'नीहार' और 'रश्मि' के बाद 'नीरजा' और 'सांध्यगीत' के दौरान राग-विराग, भावातिरेक से ऊपर उठकर वे विवेक की पूर्वाग्रहमुक्त निस्सीम शान्ति में नई जीवन-यात्रा पर निकल पड़ने का साहस सँजोती हैं।[1]

उल्लेखनीय है कि जहाँ 'नीरजा' और 'सांध्यगीत' का रचनाकाल क्रमश: 1931-1934 और 1934-1936 है, वहीं 'चाँद' पत्रिका की सम्पादक के तौर पर उनके लेखों और सम्पादकीयों के प्रकाशन का काल भी 1932 से शुरू हो जाता है जो 1942 में 'शृंखला की कड़ियाँ' पुस्तक का आकार ग्रहण करता है। पितृसत्तात्मक

1. "नीरजा और सांध्यगीत मेरी उस मानसिक स्थिति को व्यक्त कर सकेंगे जिसमें अनायास ही मेरा हृदय सुख-दु:ख के सामंजस्य का अनुभव करने लगा।" —'यामा' की भूमिका

व्यवस्था का आलोचनात्मक दृष्टि से विश्लेषण और स्त्री की मुक्ति का ड्राफ्ट महादेवी वर्मा के गद्य लेखन की भाँति उनकी कविताओं की भी प्राणशक्ति है। उन्हें आज के अस्मिता विमर्शों के जागरूक दौर में किसी रहस्यवाद की खूँटी पर टाँग कर रख देना हिन्दी आलोचना के भीतर गहरी जड़ें जमा कर बैठे यथास्थितिवाद का ही पोषण है।

मैं जानना चाहती हूँ कि क्यों महादेवी वर्मा के समकालीन आलोचक उन्हें 'मीरा की परम्परा की संवाहक' और 'रहस्यवाद का विलक्षण स्वर' कह उनके साहित्यिक अवदान को 'पीड़ा के सौन्दर्य' में ही सीमित करते रहे हैं? क्या इसलिए कि महादेवी वर्मा ने जयशंकर प्रसाद की 'कामायनी' की तरह सुपरिचित पौराणिक कथा और आत्मीय चरित्रों को लेकर 'दर्शन' की मीमांसा नहीं की? न ही भारी-भरकम अवगुंठनों में अदृश्यप्राय स्त्री को सम्बोधित कर उसकी पीड़ा ('योनि नहीं है रे नारी') और महिमा ('नारी तुम केवल श्रद्धा हो') का स्तवन-गान करते हुए उसे निर्जीव रूढ़ छवियों में ही बँधे रहने दिया? और न ही किसी मनु (पुरुष) का आभामंडल तैयार करने के लिए श्रद्धा-इड़ा (स्त्री) का मनमाना इस्तेमाल किया? बल्कि इस परम्परा के धुर विपरीत जा कर हाड़-मांस की स्त्री गढ़ते समय उसके भीतर एक साथ स्थित श्रद्धा (भावना) और इड़ा (बुद्धि) दोनों को जोड़ कर मुकम्मल कर्त्ता रूप दिया? लेकिन इसमें आलोचना का भी क्या दोष? साहित्य की अन्य विधाओं की तरह वह भी आत्मपरक विधा है, दावे चाहे कितने ही किए जाएँ कि श्रेष्ठ आलोचना वस्तुपरक होती है। साहित्य चूँकि दर्शनशास्त्र का अनुज है, और इस अर्थ में जीवन को जीने और समझने की एक दृष्टि मात्र, इसलिए यह स्वीकार करना चाहिए कि निःसंग पूर्वाग्रहमुक्त दृष्टि में भी द्रष्टा के व्यक्तित्व, संवेदना और बोध का संस्पर्श रहेगा। आलोचना अपनी मूल संरचना में वैचारिक निबन्ध है—व्यक्तित्व की मेधा से संचरित विश्लेषण एवं सृजन। इसलिए आलोचना गणित के फार्मूले की तरह न अन्तिम है, न सनातन। वह समय के प्रवाह में बहती सतत विकसनशील वैचारिक प्रक्रिया है जिसे आने वाला समय अपनी नई स्थापनाओं के साथ बदल देता है। यह 'बदल देना' पुरानी मान्यताओं का खंडन करना नहीं है, नए समय के आलोक में मनुष्य के अन्तःकरण के पुनर्मूल्यांकन का प्रयास है। अतः आज फेमिनिज्म की तमाम धाराओं के सैद्धान्तिक ज्ञान के साथ, अपने 'स्त्री' होने के संवेदनात्मक बोध के साथ जब मैं महादेवी वर्मा की कविताएँ पढ़ती हूँ, तो वे मुझे सावित्रीबाई फुले, पंडिता रमाबाई, अज्ञात हिन्दू महिला, रुकैया सखावत हुसैन जैसी पूर्वजों के आन्दोलन की अगली कड़ी के रूप में ही दिखाई देती हैं। बेशक अपनी अग्रजाओं की तरह महादेवी वर्मा के लेखन में समाज सुधार की हलचल भरी गतिविधियाँ नहीं हैं, लेकिन अपनी ही जड़ता में खोई स्त्री को भावनात्मक सम्बल एवं वैचारिक चेतना का आलोक देकर वे उसे अपनी स्थिति को चीन्हना जरूर

सिखाती हैं। महादेवी वर्मा की कविता स्त्री-जागरण का मद्धम गान भी है जिसमें चेतना के तीनों सोपानों—स्थिति का संज्ञान, विश्लेषण एवं संघर्ष—को लक्षित किया जा सकता है। कहना न होगा कि इस दृष्टि से महादेवी वर्मा की कविता का पाठ उनकी कविताओं में बुने गए बिम्बों और उकेरे गए प्राकृतिक उपादानों को परम्परा से हटकर नए प्रतीकात्मक अर्थ से स्पन्दित करता है।

महादेवी वर्मा की कविताओं में सबसे ज्यादा जगह घेरता है—दीप। दीप बेशक आलोक का पुंज है, जिसे भारतीय मनीषा चेतना के रूप में भी चिह्नित करती रही है, लेकिन महादेवी वर्मा के यहाँ दीप का होना 'जलने' की प्रक्रिया और 'लक्ष्य' से पूर्व दीपक की जरूरत यानी 'अँधेरे' के होने की अनिवार्य स्थिति का संज्ञान है। चूँकि संज्ञान स्थिति की भयावहता का स्वीकार है, उसमें गर्त हो जाने की लाचार जड़ता नहीं, इसलिए महादेवी वर्मा तम को प्रगाढ़ कालिमा की चादर के रूप में कविताओं में नहीं बुनतीं। यह अँधेरा संध्या के झुटपुटे या निशा के आखिरी प्रहर के रूप में आता है जहाँ रोशनी की बारीक रेख स्थिति के परीक्षण और विश्लेषण का निजी कोण बनाए रखने का आग्रह करती है, इसलिए संध्या के बाद गहराने वाली घोर काली रात स्त्री की निस्सहायता के आर्त्त क्रन्दन से सिहरती नहीं, चिन्तन (समाधि) की तल्लीन अवस्था का रूप लेती है, जहाँ अपनी नियति (पीड़ा) के कारण की तलाश समय और व्यवस्था की शिनाख्त की भीतरी तहों तक पहुँच जाती है। जैसे—

नूपुर बन्धन में लघु मृदु पग
आदि अन्त के छोर मिलाकर
वृत्त बन गया है मेरा मग
...। अन्तहीन चिर विरह माप से
आज चला लघु जीवन नपने।

अथवा

नहीं मुझसे मेरी पहचान

तथा

सुख की परिधि सुनहली घेरे
दुःख को चारों ओर
भेंट रहा मृदु मुस्कानों से
जीवन का सत्य कठोर।

विश्लेषण की इस प्रक्रिया में वे पाती हैं कि क्रन्दन और अश्रुकणों का होना

नियति की जय के साथ-साथ व्यवस्थाओं के शिकंजे को मजबूत करना भी है, और अपने प्राण (अहं एवं आत्मसम्मान) को किसी दूसरे की अमानत मानने का निर्बल संस्कार भी। चेतना की लौ में दिपदिपाते गहराते आलोक-रेख से ही स्त्री की मनुष्यता को आच्छादित करने वाले इन बन्धनों को काटना सम्भव है—

बन्धनों का रूप तम ने
रात भर रो-रो मिटाया
... ।
है युगों की साधना से
प्राण का क्रन्दन सुलाया।

रात को पराजित करने का यह वही आत्मविश्वास है जो 'यामा' की भूमिका में इस रूप में व्यक्त हुआ है—

> यामा में निबद्ध याम यदि दिन के हैं तो इन्होंने मेरे हृदय को श्रम से क्लांत बनाकर विश्राम के लिए आकुल नहीं बनाया, और यदि रात के हैं तो इन्होंने अन्धकार में मेरे विश्वास को खोने नहीं दिया।

समाधि चिन्तन की एकाग्र तन्मयता है तो व्याकुलता के झंझावात में घिरकर अडिग खड़े रहने की दृढ़ता भी। दरअसल महादेवी वर्मा की कविता की सबसे बड़ी खूबी और खूबसूरती यही है कि वे पदों का विपरीत-युग्म में इस्तेमाल कर कविता में वचनवक्रता भी लाती हैं, और फिर उसके सहारे स्थिति के विपर्यय को बेहद प्रभावशाली रंग से उकेर देती हैं। जैसे समाधि अवस्था की निस्पन्दता में निरन्तर अपने से सवाल करते रहने की सजगता भी है कि—

दीप को तज कर तुझे कैसे शलभ पर प्यार आता?

तो अपनी दुर्बलताओं को लक्षित कर आत्मप्रताड़ना की साहसिकता भी है कि—

अन्त के तम में बुझे क्यों
आदि के अरमान मेरे

और फिर अँधेरे के हरहराते समन्दर में अपनी छोटी सी डोंगी लेकर उतर पढ़ने का आत्मविश्वास भी—

क्या तिमिर कैसी निशा है
आज विदिशा ही दिशा है।

महादेवी वर्मा तम और दीप, निशा और नक्षत्र, दीप और शलभ जैसे विपरीत-

युग्म का प्रयोग कर जड़ता और चेतना के परस्पर-विरोधी प्रतीकार्थों को ही उद्‌घाटित नहीं करतीं, इनमें नए अर्थों का प्रक्षेपण भी करती हैं। जैसे 'तम' उनके यहाँ परम्परा एवं समाज-व्यवस्था के प्रति अन्ध मोह और लाचार समर्पण का रूप बनकर आता है तो 'दीप' अपनी अस्मिता और आत्माभिमान को अक्षुण्ण रखते हुए अपनी राहों का अनुसन्धान करने की वैचारिक दृढ़ता का। 'रात्रि' उनके यहाँ विलास एवं विश्राम का अलस प्रहर नहीं है, सुप्त इन्द्रियों को जगा कर चौकन्ने भाव से भोर की ओर प्रयाण करने का शंखनाद है।

3

कह न ठंडी साँस में अब, भूल वह जलती कहानी
आग हो उर में तभी, दृग में सजेगा आज पानी

प्रियतम और असीम—ये दो पद भी बार-बार महादेवी वर्मा की कविता में आते हैं, एक-दूसरे का पर्याय बनकर नहीं, एक-दूसरे के विरुद्ध ताल ठोंक कर। असीम की प्रभुता उन्हें उस व्यवस्था की निरंकुशता का स्मरण कराती है, जो स्त्री और पुरुष को दो स्वायत्त जैविक इकाइयों से तब्दील कर श्रेष्ठता और हीनता के द्वित्व में बाँधती है। असीम की तरह चिरन्तन, अनश्वर, अव्याख्येय है व्यवस्था की शक्ति जो महानता और क्षुद्रता का रूपक रच कर हाशियों की रचना करती चलती है—

क्यों रहोगे क्षुद्र प्राणों में नहीं, क्या तुम्हीं सर्वेश एक महान हो?

इसके विपरीत प्रिय उनकी दृष्टि में (किसी भी स्त्री की दृष्टि में भी) प्रकाश का प्रतीक है, अपने में अंकवार कर लेने की स्निग्धता का। दूसरे की अस्मिता को निगल कर अपने आभामंडल को प्रदीप्त करने की शाइस्तगी 'प्रिय' में नहीं। प्रिय बन्धु है, सखा है, जीवन की सार्थकता का उपादान भी। उनके यहाँ 'प्रिय' पुरुष का ठोस रूप लेकर नहीं आता, मुक्ति का स्वप्न बनकर उभरता है जो अपने से बाहर किसी 'अन्य' में स्थित नहीं है, वरन् स्त्री द्वारा अपनी ही अन्त:शक्तियों को खँगालने और उन्हें पुनर्संयोजित करने की दृढ़ता में उद्‌घाटित होता है—

तिमिर में वे पदचिह्न मिले!
युग-युग का पंथी आकुल मन
बाँध रहा पथ के रजकण चुन
शब्दों में रुँधे दु:ख के पल
बन-बन दीप चले...

एक-एक आँसू में शत शत
शतदल स्वप्न खिले
सजनि! प्रिय के पदचिह्न मिले!

उल्लेखनीय है कि यह प्रिय जब-जब भी राह-अन्वेषिणी (विरहिणी नहीं) के सामने द्युति की कौंध की तरह, या स्वप्न की अनश्वर याद की तरह आता है, महादेवी वर्मा प्राय: कविता के संग-संग उसकी चित्रमयी अभिव्यक्ति या तो कलम, ग्रन्थ, दीप में करती हैं[1], या फिर किसी अनन्त सागर के सीने पर नौका तैरा कर किन्हीं दिग्-दिगंतों की खोज में जाते नाविक के जरिए—

तट पर हो स्वर्ण-तरी तेरी, लहरों में प्रियतम की पुकार
दिव से लावे फिर विश्व जाग, चिर जीवन का वरदान छीन
घुल गया अश्रु अरुण में हास, हो गई हार में जय विलीन!

यह 'प्रिय' राह-अन्वेषिणी की अपनी कनविक्शंस (प्रतिबद्धताओं) की गाढ़ी कमाई है जो 'नयनों में प्रिय का हास' बन 'सपनों की रज आंज जाता है; 'पूँजीभूत तम' को 'उजाला' बना डालने का विश्वास बनता है; 'स्वर्ण पिंजर में प्रलय का वात' पालने की दृढ़ता का रूप धर लेता है। प्रिय ने अपनी आकांक्षिणी को चट्टान की दृढ़ता दी है, तो प्रणयिनी बनाकर प्रेम की असीम स्निग्धता भी—

सखि मैं हूँ अमर सुहाग भरी, प्रिय के अनन्त अनुराग भरी।

न, मरने-मिटने, मारने-जिलाने, जीतने-हराने के काइयाँ खेल इस प्रणय-लीला में नहीं। हाँ, अपनी दृढ़ता और अक्षुण्णता के साथ अपनी-अपनी सीमाओं और निजता के आरेखन का हौसला है कि "सजनि, मधुर निजत्व दे, कैसे मिलूँ अभिमानी मैं?"

महादेवी वर्मा की कविता जिस निर्बंध भाव और उद्दाम गति से जीवन के स्पन्दनों की ओर बहती है, वहाँ उनके मन्तव्य एक ही लीक पर न चलकर उन्हीं-उन्हीं प्रतीकों-बिम्बों के सहारे जीवन के विभिन्न आयामों को भी बाँध लेते हैं। प्रिय 'स्वप्न' भी है, और 'स्वप्न-पुरुष' भी। प्रिय को पाने की साधना दुर्गम मुक्ति-पथ पर अकेले चलने का जोखिम भी है, और स्वप्न-पुरुष को पाकर स्त्री-पुरुष सम्बन्धों की नई सैद्धान्तिकी गढ़ने की आकांक्षा भी, ठीक मीराबाई की तरह, जहाँ विसर्जन और अहं, समर्पण और स्पेस साथ-साथ अपनी गरिमामयी स्वायत्तता में आलोकित होते हैं। 'असीम' सत्ता यानी ईश्वरत्व का जितना तीखा नकार उनके यहाँ है, वहीं प्रिय के असीम सरीखा बन जाने की आशंकाओं का चित्रण भी है, और प्रिय को चेताने की नैतिक दृढ़ता भी। उनके ये तेवर दरअसल पितृसत्तात्मक व्यवस्था के उस

1. फुटनोट्स—हे चिर सुन्दर सपने।

सामाजिक-सांस्कृतिक षड्यंत्र को रेखांकित करने में सक्षम हैं जहाँ अव्यक्त परब्रह्म को 'कर्त्ता' मानने का भाव पहले उसके लौकिक प्रतिनिधि राजा में हस्तान्तरित कर दिया जाता है, फिर समूची पुरुष जाति में। शेष सब उसकी अनुकम्पा पर आश्रित-स्त्री-किन्नर से लेकर प्रकृति और मानवेतर प्राणियों तक। मुक्तिबोध की तरह महादेवी वर्मा की भी खासियत है कि उनकी कविता और गद्य एक दूसरे के सान्निध्य में अर्थ की भीतरी परतों को तत्परतापूर्वक खोलते हैं।

प्रिय चिरन्तन है सजनि, क्षण-क्षण नवीन सुहासिनी मैं।
दीप सी युग-युग जलूँ, पर वह सुभग इतना बता दे
फूँक से उसकी बुझूँ, तब क्षार ही मेरा पत्ता दे
वह रहे आराध्य चिन्मय, मृण्मयी अनुरागिनी मैं।

महादेवी वर्मा प्रेम-कविताओं में अपने सामथ्र्य और काव्य-सौन्दर्य को बेहतर ढंग से व्यक्त कर पाई हैं। स्वत: स्फूर्तता, उल्लास, जीवन्तता, गति और उमंग भरा आत्मविश्वास इन कविताओं में अनायास स्फुरित हो जाता है। साथ ही दृढ़ता के भीतर पलती अपनी कमनीय लोचशीलता पर अनुरागभरा नेह भी छलक-छलक उठता है।

मेरी है पहेली बात!
सजनि, मैं उतनी करुण हूँ, करुण जितनी रात।
सुभग, में उतनी मधुर हूँ, मधुर जितना प्रात।
सजनि मैं उतनी सहज, जितनी सहज बरसात।

मानो तम की छाया हटते ही अपने को पहचानने और अभिव्यक्त करने का आत्मविश्वास ही नहीं आया, अपनी उर्वर, ऊर्जस्वित, ऊर्ध्वोन्मुखी अस्मिता की टंकार से जग में अपनी जगह ले लेने की निश्चिन्तता भी आ गई है। जाहिर है वेदना का ताप यहाँ पल भर को घुल जाता है और प्रिय को पा लेने का विश्वास उन्हें अ-दीखती बेड़ियों से मुक्त कर सकर्मक कर्म की ऊर्जा से भर देता है। दरअसल इन्हीं प्रेम-कविताओं में जलना, बुझना, टिमटिमाना, तैरना जैसी क्रियाएँ प्रतीकात्मक सौन्दर्य के साथ उभर कर आती हैं जो अपनी परिणति में संघर्ष और जीवन की निरन्तरता का रूपक बनती हैं। कर्म की यह ऊर्जस्विता उस जड़ स्थिति का विलोम है, जहाँ यदि गति थी भी तो अपनी वर्तुलाकार परिधि में घूम कर यथावत बने रहने की। कर्म का यह ठसका प्रिय की ओर ले जाने वाले पंथ को आकार देता है—

वह प्रिय दूर पंथ अनदेखा
श्वास मिटाते स्मृति की रेखा

...लघु पल युग का भार सँभाले
अब इतिहास बने हैं छाले।

या

मैं अनन्त पथ में लिखती जो
सस्मित सपनों की बातें
उनको कभी न धो पाएँगी
अपने आँसू से रातें।

महादेवी वर्मा की खासियत है कि जिस जतन से वे अपनी संघर्ष-यात्रा के पड़ाव बनाती हैं, उतने ही वीतरागी भाव से उन्हें अतिक्रमित कर लेने पर पीछे मुड़ कर भी नहीं देखतीं। प्रिय (अस्मिता) का साक्षात्कार कर लेने के बाद प्रिय तक पहुँचाने वाला पथ इतना अधिक महत्त्वपूर्ण हो गया है कि वह हरदम दुष्यंत के खयालों में डूबी शकुन्तला बनने से इंकार करती हैं। पथ अब उनके लिए मुक्ति का ज्वलन्त प्रतीक हो गया है—पथ, जो बाधाओं से घिरा है, लेकिन भीतर उमड़ते हौसलों का समन्दर भी तो उतना ही घनघोर है। वे जानती हैं, असीम के आँगन में खेलती तमाम पारलौकिक शक्तियाँ मिल कर भी समन्दर सोखने आ जाएँ तो हौसलों के तेज से देदीप्यमान 'इंसान' को हरा नहीं सकतीं। इंसानी वजूद उनके लिए दुनिया की सबसे बड़ी ताकत है। इसी ताकत को बचाने के लिए उनकी कविता भयंकर झंझावातों में घिर कर भी अपनी एक चितवन से गगन के तमाम रंग खींच लाती है और फिर उन शत-शत रंगों से मनमाना इन्द्रधनुष बनाकर नियति के विधान को ही अँगूठा दिखा देती हैं—

क्या जीने का मर्म यहाँ मिट-मिट सबने जाना?
तर जाने को मृत्यु कहा, क्यों बहने को जीवन?
सृष्टि मिटने पर गर्वीली!

हर बार लक्ष्य जब अगली यात्रा का पड़ाव बन जाए और भीतर प्राणों में जलता दीप बार-बार यही एक गुहार लगाए कि—

तू न अपनी छाँह को अपने लिए कारा बनाना
जाग, तुझको दूर जाना।

तब अगम्य कुछ भी नहीं रहता। शेष रहती है जिजीविषा, हर षड्यंत्र-दुरभिसन्धि की भीतरी परतों को बींधकर सत्य का साक्षात्कार करने की लालसा; तमाम शास्त्रीय-सामाजिक व्यवस्थाओं के परिचित चेहरों पर पड़े नकाब उलट देने की व्याकुलता ताकि—

मैं भी देख लूँ उस ओर क्या है
जा रहे जिस पथ से युग कल्प
उसका छोर क्या है?

न, प्राणों को सिहरा देने वाली उस दुर्बलता के दिन अब लग गए हैं जो कोई भी निश्चयात्मक कदम उठाने से पहले किसी अन्य से उतना ही निश्चयात्मक आश्वासन पा लेना चाहती थी कि उस पार 'तम नहीं, रागमय दिन होगा।' अब तम और दिन, सुख और दु:ख अपने बुनियादी भेद भूल एक ही अवस्था के एकीकृत रूप हो गए हैं—संघर्ष। संघर्ष सिर पर कफन बाँध कर भविष्य को ही नहीं, वर्तमान को भी मुल्तवी कर देने की धुन है, इसलिए आश्चर्य नहीं कि महादेवी वर्मा की कविता की अन्तिम तान परम सत्ता को चुनौती देकर सतत कर्मशील कर्म की प्रेरणा बन जाती है—

जब असीम से हो जाएगा मेरी लघु सीमा का मेल
देखोगे तुम देव! अमरता खेलेगी मिटने का खेल।

सामाजिक विधि-विधान, निषेध-वर्जनाएँ आखिर तब तक ही बलशाली हैं, जब तक़ उनके वर्चस्व के विरुद्ध प्रतिरोध की कोई आवाज न उठे। आवाज का उठना सृष्टि के नियमों को अपनी कलम से लिखने का ऐलान है। दु:ख से उल्लास, वेदना से करुणा, निष्क्रियता से सकर्मकता की ओर प्रयाण करती महादेवी वर्मा की कविता में रहस्यवाद की तिलिस्मी चपलताएँ कहीं नहीं। बेशक महात्मा बुद्ध की उँगली पकड़कर जगती के निरीक्षण पर वे निकली हैं, लेकिन अपना सलीब स्वयं अपने कन्धे पर ढोने का सलीका उन्होंने खुद अर्जित किया है। महादेवी वर्मा की कविता में प्रतीक हैं, बिम्ब हैं, प्रकृति अपने तमाम ऐश्वर्य और भंगिमाओं के साथ है, लेकिन इन सबके बीच इनकी अभिन्न सहचरी है स्त्री जो कवयित्री की चेतना में साधारण स्त्री की जड़ता को क्रन्दन बनाकर गूँथती है तो कुम्हार सरीखे अपने शिल्पी हाथों की कोमल फटकार से उसे नई गढ़त देने का बीड़ा भी उठाती है। जाहिर है स्त्री के साथ कविता में पीछे-पीछे चला आता है निरंकुशता और नृशंसता से भरा स्त्रीद्वेषी सामाजिक व्यवहार। रहस्यवाद और आध्यात्मिक चेतना यदि सतह पर दिखती सुविधाजनक सच्चाइयों से पलायन कर किन्हीं मनोरम सपनों को बुनने की कला है तो महादेवी वर्मा की कविता यथार्थ की ठोस जमीन पर फैले क्रन्दन से गुजरकर ही मुक्ति के मार्ग खोज लेना चाहती है। महादेवी वर्मा की कविता में स्त्री-मन को अदृश्य कर किन्हीं वायवीय दु:खों के बादल देखना दरअसल सच से आँख चुराने की शुतुरमुर्गी कोशिश है। सम्भवतया महादेवी वर्मा जानती थीं कि सांकेतिकता को मनमानी व्याख्याओं और कूट-परिभाषाओं में बाँधने वाला बुद्धिजीवी

वर्ग उनके सामाजिक सरोकारों को अन्तरिक्ष के शून्य में घुला देगा, इसलिए 'शून्यता में शून्य का अभिमान ही मुझको बनाता' का उद्घोष कर वे अभिव्यक्ति का जरिया बदल देती हैं—पद्य से गद्य में ट्रांसफॉर्मेशन, बुनियादी सरोकार नहीं! यही उनकी कविताओं की ताकत और ताजगी है कि 'शृंखला की कड़ियाँ' और 'अतीत के चलचित्र' में जाकर वे एक साथ अधिक संयत और अधिक उग्र, अधिक मुखर और अधिक मननशील होकर स्त्री-मुक्ति की अलख जगाए रख सकी हैं।

महादेवी का गद्य-संसार

कमलानन्द झा

'जहाँ न पहुँचे रवि वहाँ पहुँचे कवि' सूक्ति के विपरीत महादेवी वर्मा अपनी कविता में जहाँ नहीं पहुँच पाई हैं, गद्य रचना में वे जीवन की विविधता की गहराई धड़धड़ाते हुए पहुँच गई हैं। काव्यात्मक भाषा के बावजूद महादेवी के गद्य का विषय क्षेत्र उनकी कविता से बिलकुल अलग है। कविता में जिस उच्चकोटि की दार्शनिकता और महीन आध्यात्मिकता के दर्शन होते हैं, वह उन्हें रहस्यवाद की ओर ले जाती है, किन्तु उनकी गद्य रचनाएँ ठोस भौतिक यथार्थ की उपज हैं। विलक्षण सृजनात्मक भाषा, ठोस यथार्थ और करुणा के त्रय से यहाँ एक अलग तरह की दुनिया बनती है। इनके पद्य और गद्य की अत्यन्त उच्चतम दार्शनिक व्याख्या करते हुए कोई दोनों की समानता सिद्ध करने की कोशिश कर सकता है, किन्तु यह सायास बौद्धिक दंडप्राणायाम ही हो सकता है। उनकी गद्य रचनाओं में डूबने-उतरने वाला पाठक सम्भव है उनकी कविता से अपना तारतम्य न जोड़ पाए लेकिन सामान्य पाठक भी उनकी गद्य रचनाओं से आत्मीय सम्बन्ध जोड़ लेता है और यही गुण महादेवी को असाधारण गद्यकार के रूप में प्रतिष्ठित करता है।

महादेवी वर्मा ने अपने संस्मरणात्मक रेखाचित्रों 'अतीत के चलचित्र', 'स्मृति की रेखाएँ' और 'मेरा परिवार' में जिस वंचित तबके के लोगों और मानवेतर प्राणियों का रागात्मक अंकन किया है, वह उन्हें हाशिए के समाज का बड़ा रचनाकार बनाता है। सामान्यतया संस्मरण और रेखाचित्र महत्त्वपूर्ण व्यक्तियों पर लिखे जाते हैं, लेकिन इन—'माटी की मूरतें'—पर लिखने वाले विरले ही पाए जाते हैं। असाधारण व्यक्तियों का असाधारण व्यक्ति-चित्र खींचना जितना आसान है, साधारण व्यक्तियों का असाधारण चित्रण उतना ही कठिन। महादेवी वर्मा ने जिस सघन आत्मीयता के साथ घोर अभाव और असुविधा में जीने वाले स्वाभिमानी व्यक्तियों का रेखांकन किया है और उन्हें गरिमा प्रदान की है, वह उस समाज के प्रति उनके गहरे लगाव को दर्शाता है। कदाचित इतिहासकारों की दृष्टि महादेवी के रेखाचित्रों पर जाए तो उन्हें वहाँ सबाल्टर्न हिस्ट्री की कई सामग्रियाँ मिल जाएँगी क्योंकि ये रेखाचित्र

कल्पनाप्रसूत न होकर वास्तविक जिन्दगी से उठाए गए चरित्र हैं। ये बीसवीं शताब्दी के तीसरे-चौथे दशक के जीते-जागते हिन्दुस्तान के नागरिक हैं। ध्यान देने की बात यह है ये व्यक्तिचित्र परिस्थितिवश घोर अभाव में भले पहले हटाए हों किन्तु ये अपने आपको दया का पात्र नहीं बनाते। अपनी सारी अनगढ़ता के बावजूद अनथक परिश्रम, ईमानदारी और संवेदनशीलता इनके व्यक्तित्व को महिमाशाली बनाता है। महादेवी ने विलक्षण शैली में एक ओर इनके दारिद्र्य को रेखांकित किया है, तो दूसरी ओर उनकी संवेदनशील कर्मठता और अन्त-अन्त तक हार न मानने के जज्बे को। इन दोनों प्रवृत्तियों की सम्पृक्ति और सृजनात्मक भाषा के सुमेल से ये चरित्र पाठकों के दिल और दिमाग पर अमिट प्रभाव छोड़ते हैं।

महादेवी का समय हिन्दी नवजागरण के दूसरे दौर का समय है। सचेत और जाग्रत स्त्री हिन्दी नवजागरण की महत्त्वपूर्ण देन है। भारतेन्दु और महावीर प्रसाद द्विवेदीयुगीन नवजागरण में भी स्त्री चिन्ता और सरोकार के केन्द्र में थीं, किन्तु उस समय अधिकांश साहित्यकारों ने पुरुष दृष्टि से ही स्त्री की समस्याओं को देखने-परखने की कोशिश की। महादेवी वर्मा ने स्त्री की आँखों से स्त्री की समस्या को देखने का प्रयास किया। इस प्रयास का सर्वोत्तम रूप 'शृंखला की कड़ियाँ' है। 'शृंखला की कड़ियाँ' की सैद्धान्तिक निष्पत्ति इनके संस्मरणात्मक रेखाचित्रों में हम देख सकते हैं। तात्पर्य यह कि 'शृंखला की कड़ियाँ' में उन्होंने जिस पितृसत्ता की चूलें सैद्धान्तिक रूप से हिलाई हैं, उसके व्यावहारिक पहलू के दर्शन इन रेखाचित्रों में देखने को मिलते हैं। महादेवी वर्मा के गद्य में पितृसत्ता और सामन्तवाद की चक्की में पिसती और उससे जूझती स्त्रियों की जीवन्त अभिव्यक्ति देखने को मिलती है। महादेवी का स्त्री विमर्श विध्वंसात्मक नहीं है, वह पुरुषों से बदला लेने वाला विमर्श भी नहीं है। वह हर हालत में स्त्री पराधीनता का प्रतिपाठ रचता है, लेकिन इसके लिए पुरुष मात्र् को दोषी नहीं ठहराता। इस अर्थ में उन्हें भारतीय स्त्रीवादी भी कहा जा सकता है। रोहिणी अग्रवाल अपने एक लेख 'सवालों का कटघरा और इक्कीसवीं सदी का स्त्री लेखन' में भारतीय स्त्री विमर्श की ओर संकेत करती हुई लिखती हैं—

> स्त्री लेखन स्त्री की मानवीय अस्मिता के लिए लड़ी जाने वाली वैचारिक लड़ाई है। इसका अभिप्रेत पुरुष को पछाड़कर अपने वर्चस्व का परचम फहराना नहीं बल्कि समाज में स्त्री-पुरुष के लैंगिक विभाजन पर आधारित पितृसत्तात्मक व्यवस्था का कोई बेहतर समतामूलक मानवीय विकल्प खोजना है।

यह अकारण नहीं है कि इनके रेखाचित्रों में ऐसे पुरुष चरित्र भी मिल जाते हैं जो पितृसत्ता के शिकंजे में छटपटाते हैं। 'अभागी स्त्री' एक ऐसी स्त्री कथा है जो

अनाम वेश्या की पुत्री है। उससे प्रेम तथा विवाह करने वाला पुरुष पितृसत्ता से संचालित समाज से तिरस्कार झेलते हुए अपना प्राण गँवा बैठता है। वह 'अभागी' स्त्री तो अपनी पैदाइश के कारण हमेशा के लिए पतिता बना ही दी जाती है। महादेवी ऐसे निष्ठुर पितृसत्तात्मक समाज की तीखी आलोचना करते हुए लिखती हैं—

> समाज के पास वह जादू की छड़ी है, जिसे छूकर वह जिस स्त्री को सती कह देता है केवल वही सती होने का सौभाग्य प्राप्त कर सकती है। जिसे समाज ने एक बार कुलवधूओं की पंक्ति से बाहर खड़ा कर दिया उसे जन्म जन्मान्तर तक अपनी सभी भावी पीढ़ियों के साथ बाहर खड़े रहने को ही जीवन का सबसे बड़ा वरदान समझना चाहिए। ('अतीत के चलचित्र', महादेवी वर्मा, राधाकृष्ण प्रकाशन, 12 वाँ संस्करण 1972, पृ. 74)

महादेवी वर्मा के संस्मरणात्मक रेखाचित्रों में चित्रित चरित्रों पर कोरी भावुकता का आरोप भी लगता रहा है। इसमें दो राय नहीं कि इन चरित्रों में विशेषकर, स्त्री चरित्रों में भावुकता के दर्शन होते हैं लेकिन भावुकता अपने आप में कोई उपेक्षणीय या नकारात्मक वस्तु नहीं है। निरी भावुकता रचना को निश्चित रूप से कमजोर करती है। महादेवी के चरित्रों में कोरी भावुकता नहीं है। एक तरफ अगर भावुकता है तो दूसरी तरफ अथाह संघर्ष का यथार्थ भी। यही 'विरुद्धों का सामंजस्य' महादेवी के रेखाचित्रों का वैशिष्ट्य है। 'बालिका माँ' की किशोरी विधवा किसी पुरुष की निष्ठुरता और धोखे के कारण एक बच्चे की माँ बन जाती है। सारी लांछनाओं के बावजूद वह उस बच्चे को जन्म देकर पालना चाहती है। वह कुन्ती की कहानी की पुनरावृत्ति नहीं करना चाहती। किसी की दया पर उस बच्चे को पालना उसे गवारा नहीं है। वह हाड़तोड़ परिश्रम कर उस बच्चे को अपने पाँव पर खड़ा करना चाहती है। महादेवी उस 'बालिका माँ' के दृढ़ निश्चय को स्त्रीशक्ति के रूप में देखती हैं—

> कोई पुरुष यदि उसको अपनी पत्नी नहीं स्वीकार करता तो केवल इसी मिथ्या के आधार पर वह अपने जीवन के इस सत्य को, अपने बालक को अस्वीकार कर देगी? संसार में चाहे इसको कोई परिचयात्मक विशेषण ना मिला हो परन्तु अपने बालक के निकट तो यह गरिमामयी जननी की संज्ञा ही पाती रहेगी। (उपर्युक्त, पृ. 58)

इसलिए महादेवी की भावुकता गदलश्रु भावुकता नहीं है। महादेवी के रचना संसार की कोई भी स्त्री चरित्र अपने स्वाभिमान से समझौता नहीं करती। यह भावुकता पितृसत्ता के प्रतिरोध को ही चिह्नित करती है।

वैधव्य, भारतीय नारी विशेषकर, सवर्ण नारी की सबसे भीषण विडम्बना है। हिन्दू धर्म विधवा को पुनर्विवाह की इजाजत तो नहीं ही देता है, पति की मृत्यु के बाद औरत को जिन्दा लाश में तब्दील कर देने का पूरा उपक्रम कर लेता है। न अच्छा खाना न पहनना, न किसी तरह से सजने-सँवरने की अनुमति। इस धर्म में पति चूँकि परमेश्वर होता है, इसलिए वह मरने के बाद भी अप्रत्यक्ष रूप से अपना अधिकार पत्नी पर जमाए रहता है। इससे अधिक निंदनीय और क्या हो सकता है कि शुभ अवसरों पर विधवा स्त्री की उपस्थिति अशुभ मानी जाती है। तुलसीदास ने 'रामचरितमानस' के उत्तरकांड में कलि-महिमा प्रसंग में विधवाओं पर व्यंग्य कसते हुए कहा है कि कलयुग में विधवा भी शृंगार करेंगी—'विधुवन के शृंगार नवीना।' इक्कीसवीं शताब्दी में भी विधवा मनोविज्ञान से भारतीय समाज अपना पीछा नहीं छुड़ा पाया है। सवर्ण समाज में विधवा-विवाह आज भी अचरज का विषय माना जाता है। महादेवी वर्मा ने अपने संस्मरणों और रेखाचित्रों में वैधव्य की विडम्बना और इस विडम्बना से उत्पन्न भारतीय समाज में स्त्री उपेक्षा का इतना जीवन्त और यथार्थ चित्रण किया है कि वह रोंगटे खड़े करने वाला है। यद्यपि वैधव्य की सारी त्रासदी उनके रेखाचित्रों में बरबस आती है, किन्तु 'भाभी' में वैधव्य स्त्री के जिस दमघोटू परिवेश का अंकन उन्होंने किया है वह दिल दहलाने वाला यथार्थ है—

> वह घर जिसमें एक भी न झरोखा था न रोशनदान (किसी पराए पुरुष की नजर न पड़े) न एक नौकर दिखाई देता था, न अतिथि न एक भी पशु रहता था, न पक्षी, मेरे लिए एक आकर्षण बनने लगा। उस समाधि जैसे घर में लोहे के प्राचीर से गिरे फूल के सामान वह किशोरी बालिका बिना किसी संगीसाथी, बिना किसी प्रकार के आमोद-प्रमोद के, मानो निरन्तर वृद्धा होने की साधना में लीन थी। (उपर्युक्त, पृ. 28)

उस किशोरी विधवा को आठ वर्षीया महादेवी ने भाभी बना लिया। विधवा के वृद्ध ससुर को अपनी बहू के लिए ऐसा निर्दोष साथी पाकर प्रसन्नता ही हुई। एक दिन अपने भोलेपन में महादेवी ने अपनी रंग-बिरंगी चुनरी भाभी के सिर पर डाल दी—

> वह हड़बड़ा कर उठ बैठी। रंगों पर उसके प्राण जाते ही थे...आश्चर्य नहीं कि वह क्षण भर के लिए अपनी उस स्थिति को भूल गई जिसमें ऐसे रंगीन वस्त्र वर्जित थे और नए खिलौने से प्रसन्न बालिका के सामान एक बेसुधपन में उसे ओढ़ मेरी ठुड्डी पकड़कर खिलखिला पड़ी।

क्षण दो क्षण के लिए उसकी यह खुशी काल बनकर उस पर छा गई। हतबुद्धि ससुर और क्रोध से जलते अंगारे जैसे आँखोंवाली, खुली तलवार-सी कठोर ननद,

देहली से आगे पैर बढ़ा चुकी थी। इस भीषण परिस्थिति का चित्रण करते हुए महादेवी लिखती हैं—

> इसके उपरान्त जो हुआ वह तो स्मृति के लिए भी अधिक करुण है। क्रूरता का वैसा प्रदर्शन मैंने फिर कभी नहीं देखा। बचाने का कोई उपाय न देख कर ही कदाचित मैंने जोर-जोर से रोना आरम्भ किया; परन्तु बच तो वह तब सकी जब मन से ही नहीं, शरीर से भी बेसुध हो गई। (उपर्युक्त, पृ. 31)

जिस तरह से मनुष्यों के सुख के अलग-अलग रंग हैं, उसी तरह से मनुष्यों के दु:ख के रंग भी अलग-अलग हैं। भारतीय समाज न केवल संस्कृति के स्तर पर विविधता से भरा है बल्कि जीवन स्थितियों के स्तर पर भी इसमें अनेकरूपता है। महादेवी के रेखाचित्र देश के प्रत्येक कोने के निवासियों की यातना-कथा का दु:खान्त कोलाज हैं। इस दृष्टि से महादेवी राष्ट्रीय दु:ख दारिद्र्य को व्यक्त करने वाली रचनाकार बनकर उभरती हैं। क्या मैदान, क्या पहाड़, क्या प्रवासी; सभी का दु:ख मिलकर इनके यहाँ एकाकार हो जाता है। उत्तर भारत की पूरी ठसक वाली महादेवी की सेविका भक्तिन हो या यात्रियों का बोझा ढोने वाला नेपाली कुली जंग बहादुर; दु:खों का सैलाब माथे पर उठाए चीनी फेरीवाला हो या जिन्दगी की जंग लड़ती पहाड़न लछमा। सबके अपने-अपने दु:ख हैं और उन दु:खों पर विजय पाने की असफल चेष्टाएँ। इनका रूप-रंग और वस्त्र विन्यास इनके अभाव का परचम बन जाता है—

> कोई टाट का सिला विचित्र पैजामा और फटे हुए काले कम्बल का गिलाफ जैसा कुर्ता गले में लटकाए भालू के समान घूम रहा है। कोई कोपीनधारी...फटा सूती कोट पहने, कमर से बोझ बाँधने की मोटी रस्सी लपेटे और रूखे खड़े बालों को खुजलाता हुआ सेही जैसा काँटेदार जन्तु जान पड़ता है। ('स्मृति की रेखाएँ', महादेवी वर्मा, लोकभारती प्रकाशन, छठवाँ संस्करण, 2018, पृ. 30)

देखने-सुनने में ये अभावग्रस्त लोग भले ही पशु और मनुष्य की दूरी पाटते नजर आएँ, किन्तु मनुष्यता में यह किसी भी तथाकथित सम्भ्रान्त मनुष्य से बेहतर मनुष्य प्रमाणित होते हैं। निश्चय की दृढ़ता और समझौताविहीन स्वाभिमान ही इनकी पूँजी होती है। पहाड़न स्त्री लछमा के चारित्रिक वैशिष्ट्य को अत्यल्प शब्दों में व्यक्त करती हुई महादेवी लिखती हैं—

> यह पर्वत की कन्या जितनी निडर है उतनी ही निश्चल। जिस प्रकार अपनी दराती के साथ वह अँधेरी से अँधेरी रात में भी मार्ग ढूँढ़ लेती है,

उसी प्रकार अपने निश्चय के साथ घोर से घोर विरोध में भी अटल रह सकती है। ('अतीत के चलचित्र', पृ. 106)

वर्णाश्रम व्यवस्था की विद्रूपता और कठोरता से उत्पन्न विसंगतियों का रेखांकन महादेवी के रेखाचित्रों का एक महत्त्वपूर्ण लक्ष्य है। अधिकांश गरीब और अभावग्रस्त प्राणियों पर निम्न वर्ण के होने का ठप्पा लगा होता है। आर्थिक समस्या को तो हाड़तोड़ परिश्रम के बूते बहुत हद तक निपटाया जा सकता है, किन्तु वर्णजन्य उपेक्षा को निपटाना असम्भव है। इस वर्णव्यवस्था की विशेषता यह है कि यहाँ पशु तो अछूत नहीं होते किन्तु मनुष्य अछूत होता है। गाय का स्पर्श और दर्शन ही पुण्य लाभ नहीं है, बल्कि उसका मूत्र और गोबर भी पंचगव्य माना जाता है। लेकिन निम्नवर्ण के लोगों का दर्शन भी पाप माना जाता है। महादेवी का 'प्रियशिष्य' घीसा वर्ण व्यवस्था रूपी मानसिक रोग का शिकार हो जाता है। दाने-दाने को मोहताज घीसा अत्यन्त प्रतिभावान है, किन्तु 'जन्मजात अयोग्यता' उसका पीछा नहीं छोड़ती। उसे खुद पता है कि वह अछूत है 'इसलिए वह सब को अपनी छाया से इस प्रकार बचाता रहता था, मानो उसे कोई छूत की बीमारी हो।' वर्ण व्यवस्था की मान्यता को देखकर संवेदनशील लेखिका का दिल दरक उठता है। वर्णव्यवस्था की निरर्थकता और वर्ण माहात्म्य की व्यर्थता को इनके रेखाचित्रों में लक्षित किया जा सकता है।

अपने समकालीन या समकालीन वरिष्ठों पर लिखने में सामान्यतया उदारता की जगह कृपणता ले लेती है। वैसे भी अपने समकालीनों पर लिखना कठिन रचना-कर्म माना जाता है। कारण, अतिरिक्त लगाव या किसी तरह का दुराव। महादेवी ने कुछ महत्त्वपूर्ण वरिष्ठ रचनाकारों पर सघन संलिप्तता के साथ उनका व्यक्तित्व विश्लेषण किया है। उन्होंने अपना पक्ष स्पष्ट करते हुए 'दो शब्द' में साफ लिखा है कि—

> अपने अग्रजों और सहयोगियों के सम्बन्ध में अपने आप को दूर रखकर कुछ कहना सहज नहीं होता। मैंने साहस तो किया है, पर ऐसे स्मरण के लिए आवश्यक निर्लिप्तता या असंगतता मेरे लिए सम्भव नहीं है। मेरी दृष्टि के सीमित शीशे में वह जैसे दिखाई देते हैं, उससे वह बहुत उज्ज्वल और विशाल हैं, इसे मानकर पढ़ने वाले ही उनकी कुछ झलक पा सकेंगे। ('पथ के साथी', महादेवी वर्मा, लोकभारती प्रकाशन, पाँचवाँ संस्करण, 2015, दो शब्द से)

इन संस्मरणों की विशेषता यह है कि इसमें रचनाकारों के कृतित्व पर विशेष ध्यान न देकर उनके व्यक्तित्व और कृतित्व के बीच से जो स्वरूप बनकर सामने

आया है उसे उकेरने की कोशिश महादेवी ने किया है। कहने की आवश्यकता नहीं कि यह काम कितना दुष्कर हो सकता है। कवि गुरु रवीन्द्र की महानता और वैशिष्ट्य को पहचानने की कोशिश करती हुई महादेवी लिखती हैं—

> भावना, ज्ञान, और कर्म जब एक सम पर मिलते हैं तभी युग प्रवर्तक साहित्यकार प्राप्त होता है।

महादेवी अपने इस संस्मरण में युग प्रवर्तक कवि की भावना, ज्ञान और कर्म के ऐक्य की सूक्ष्म तलाश करती हैं। अत्यन्त सरलता पूर्वक महादेवी बड़ी बात कह जाती हैं—

> उन्होंने ऐसा कुछ नहीं कहा जो पहले नहीं कहा गया था, पर इस प्रकार सब कुछ कहा है जिस प्रकार किसी अन्य युग में नहीं कहा गया।" (रवीन्द्रनाथ ठाकुर, 'पथ के साथी', पृ. 17)

मैथिलीशरण गुप्त के रचना और व्यवहार में आधुनिकता और प्राचीनता का द्वंद सहज ही देखने को मिल जाता है। बगैर किसी लीपापोती के महादेवी इन सीमाओं की ओर ध्यान दिलाना आवश्यक समझती हैं—

> उन्होंने जीवन के उषाकाल में जिस युग से संस्कार ग्रहण किए थे उसने देश, समाज और साहित्य आदि क्षेत्रों में नवीन प्रवृत्तियाँ अपनी चंचलता में सहस्त्रमुखी हो रही थीं, परन्तु उनका गंतव्य प्राचीन संस्कार-समुद्र ही था जो न स्वयं चंचल था और न अपनी परिधि में आने वाली धाराओं को चंचल होने देता था। (उपर्युक्त, पृ. 26)

सुभद्रा कुमारी चौहान महादेवी की सीनियर साथिन रही हैं। सुभद्रा कुमारी चौहान के व्यक्तित्व विश्लेषण में सुभद्रा जी का सर्वथा नया व्यक्तित्व खुलकर सामने आया है। उनकी विद्रोही और क्रान्तिकारी छवि से यहाँ सहज ही साक्षात्कार होता है। महादेवी लिखती हैं—

> अजगर की कुंडली के समान स्त्री के व्यक्तित्व को कसकर चूर चूर कर देने वाले अनेक सामाजिक बन्धनों को तोड़ फेंकने में उनका जो प्रयास लगा होगा, उसका मूल्यांकन आज सम्भव नहीं है। सुभद्रा किसी कन्या को वस्तु की तरह दान करने के सख्त खिलाफ थीं।

सुभद्रा की एक अद्‌भुत घोषणा को महादेवी ने यहाँ उद्धृत किया है—

> मैं कन्यादान नहीं करूँगी। क्या मनुष्य-मनुष्य को दान करने का अधिकारी है? क्या विनाह के उपरान्त मेरी बेटी मेरी नहीं रहेगी?

अनुमान किया जा सकता है कि उस समय इस तरह की बात कहना कितने साहस की बात रही होगी। बकौल महादेवी—

> उस समय तक किसी ने और विशेषत: किसी स्त्री ने ऐसी विचित्र और परम्परा विरुद्ध बात नहीं कही थी। (उपर्युक्त, पृ. 45)

इसी तरह महादेवी वर्मा ने सुमित्रानन्दन पन्त, सूर्यकान्त त्रिपाठी निराला और सियारामशरण गुप्त जैसे साहित्यकारों के कृतित्व और व्यक्तित्व के बीच से अनोखे कृति व्यक्तित्व को तलाशने की कोशिश की है।

प्राचीन भारतीय साहित्य में मानवेतर प्राणियों की उपस्थिति इतनी सहज और जीवन्त हुआ करती थी कि उसकी पहचान मानव परिवेश के अभिन्न अंग के रूप में होती थी। भारत के लोक साहित्य में तो पशु-पक्षी जैसे मानवेतर प्राणियों को नायकत्व तक प्रदान किया गया है। मानव व्यवहार की कई प्रथाओं में कुत्ते और लोमड़ी तक को आमंत्रित करने का रिवाज यहाँ रहा है। कौवा जैसे तथाकथित हीन माने जाने वाले पक्षी (काकभुशुंडि) को रामचरितमानस में राम ने पिता का स्थान दिया है। लोरिकायन लोकगाथा में बाझिल कौवे की संवेदना चमत्कृत करती है। पंचतंत्र ने तो पशु-पक्षियों को वैश्विक पहचान दिलाई। आधुनिक हिन्दी साहित्य में महादेवी वर्मा ने जिस अन्तरंगता के साथ पशु-पक्षियों को गरिमा प्रदान की है, वह अन्यत्र देखने को बहुत कम मिलता है क्योंकि यह सिर्फ चित्रण या वर्णन नहीं है बल्कि इन पशु-पक्षियों से उनके निजी रिश्ते भी हैं और जहाँ निजी रिश्ता हो वहाँ अपनत्व का घनीभूत होना लाजमी है। यही कारण है कि महादेवी ने जिन नौ पशु-पक्षियों को केन्द्रित कर संस्मरण लिखा है, वह उनका अपना परिवार है—जिसे वे 'मेरा परिवार' कहती हैं'। 'मेरा परिवार' में नीलकंठ मोर है, गिल्लू गिलहरी है, सोना हिरनी है, दुर्मुख खरगोश है, गौरा गाय है, नीलू कुत्ता है, निक्की नेवला, राजी कुत्ती तथा रानी घोड़ा है और हैं इन सब की संवेदनशीलता, सहनशीलता एवं स्नेहशीलता की रोचक सत्य कथाएँ। महादेवी का घर अजीब लोगों का अजायबघर ही नहीं था बल्कि छोटा-मोटा चिड़ियाखाना भी था। इतने सारे जीव-जन्तु आपस में न केवल स्नेह से रहते थे बल्कि आपस में झगड़ते भी खूब थे। वे आपस में कितने ही झगड़ लें किन्तु बाहरी तत्त्व अगर किसी प्राणी पर घात लगाता तो दूसरा उसकी जान लेकर छोड़ता। एक बार एक साँप ने खरगोश के बच्चे को आधा निगल लिया था। नीलकंठ मोर ने उस खरगोश के बच्चे की जान बचाई—

> सम्भवत: अपनी सहज चेतना से उसने समझ लिया होगा कि साँप के फन पर चोंच मारने से खरगोश भी घायल हो सकता है, उसने साँप के फन को पंजों से दबाया और फिर चोंच से इतने प्रहार किए हैं कि

वह अधमरा हो गया। पकड़ ढीली पड़ते ही खरगोश का बच्चा मुख से निकल आया। परन्तु वह निश्चेष्ट सा वहीं पड़ा रहा।...नीलकंठ जब साँप को दो खंड कर चुका, तब उस शिशु खरगोश के पास गया और रात भर उसे पंखों के नीचे उष्णता देता रहा। ('मेरा परिवार', महादेवी वर्मा, लोकभारती प्रकाशन, छठवाँ संस्करण 2021, पृ. 26)

महादेवी वर्मा की कविता में खड़ी बोली के सर्वथा उन्नत रूप के दर्शन होते हैं जहाँ तत्सम अपने पूरे निखार पर है। यद्यपि उनकी गद्य रचना में भी काव्यात्मकता के दर्शन होते हैं, किन्तु वहाँ लोक भाषाओं के प्रयोग से खड़ी बोली की एकरसता को तोड़ने का सार्थक और सर्जनात्मक प्रयास किया गया है। रेखाचित्र और संस्मरण में स्थानीय बोलियों का प्रयोग इन रचनाओं को विश्वसनीय ही नहीं बनाता है, बल्कि आत्मीय और रोचक भी बनाता है। ग्रामीण श्रमिकों और बालाओं के सहज संवाद में उनकी सरलता और सादगी मन को हर लेती है। एक दिन जब महादेवी ने अपने सेवक-सेविकाओं के लिए अक्षर ज्ञान की अनिवार्यता घोषित की तो उनकी प्रमुख सेविका भक्तिन ने अपने वाक् चातुर्य का ब्रह्मास्त्र छोड़ते कहा—

हमार मालकिन तो रात-दिन कितबियन माँ गड़ी रहती हैं। अब हम हूँ पढ़ै है लागब तो घर-गिरस्ती कउन देखी-सुनी।

वहीं जब चीनी फेरीवाला टूटी-फूटी हिन्दी बोलने का असफल प्रयास करते हुए कहता है—

सिस्तर का वास्ते हैंकी लाता है—बहोत बेस्त, सब सेल हो गया। हम इसको पाकेत में छिपा के लाता है, तो महादेवी उस चीनी फेरीवाले से कपड़ा खरीदने पर विवश हो जाती हैं। महादेवी के कल्पवास पर उनकी कुटिया में जब अचानक कई नंगधडंग स्त्री-पुरुष, बाल-वृद्ध शरण की खोज में आ गए तो वह हतप्रभ रह गईं। उनमें एक वृद्ध ने याचना स्वर में जो कुछ कहा उससे महादेवी का हृदय पिघल गया, बिटिया रानी, का हम परदेसिन का ठहरै ना देहो? बड़ी दूर से पाँव पियादे चले आइत हैं। ई तो रैन बसेरा है—'भोर भयो उठि जाना रे' का झूठ कहित हैं? हम तो बूढ़-बाढ़ मनई हैं। ऊपर समुंदरकूप के महाराज के ठहरै बरै कहत रहै, उहाँ चढ़े-उतरे की साँसत रही। नीचे कौनिउ टपरी माँ तिल धरै का ठिकाना नाहिन बा, अब दिया-बाती की बिरिया कहाँ जाई। ('स्मृति की रेखाएँ', पृ. 61)

छायावाद के दौर में इस तरह की जीवन्त और फरफराती भाषा अन्यत्र मिलना दुर्लभ है। इसी तरह की आँचलिक भाषा के विन्यास से फणीश्वरनाथ

रेणु ने आगे चलकर 'मैला आँचल' और 'परती परिकथा' जैसे विरल उपन्यास हिन्दी साहित्य को दिए।

इसमें दो राय नहीं कि महादेवी वर्मा के गद्य लेखन में स्त्रियों का अत्यन्त ऊर्जस्वित रूप से साक्षात्कार होता है, किन्तु स्त्री सम्बन्धी कुछ रूढ़ियों से वह भी अपने को बचा नहीं पाई हैं। उदाहरण के लिए सौतेली माँ से सम्बन्धित रूढ़ियाँ। सौतेली माँ हमेशा बुरी होती है यह रूढ़ि आम मानस में गहरे जमी हुई है। यद्यपि आज तक कदाचित ऐसा कोई अनुसन्धान या सर्वे देखने को नहीं मिलता है जिससे यह प्रमाणित हो कि प्रत्येक या अधिकांश सौतेली माँ बुरी ही होती हैं। बावजूद इसके साहित्य से लेकर समाज तक में सौतेली माँ की अत्यन्त खराब छवि ही देखने को मिलती है। कुछ सौतेली माँओं से मेरी बात हुई जिसमें वह अपनी दुविधा बताती हुई कहती हैं कि अगर मैं अपनी सौतेली सन्तान से कड़ाई से पेश नहीं आती तो लोग कहते हैं 'सौतेली माँ जो ठहरी' और अगर उन पर कड़ी नजर रखती हूँ, उनकी गलतियों के लिए डाँटती-डपटती हूँ तब भी लोग कहते हैं—'सौतेली माँ जो ठहरी'। हिन्दुस्तान में सौतेली माँ की स्थिति न घर की न घाट की है। उनका यह भी कहना था कि मेरे पड़ोस की महिला अपनी सन्तान को बुरी तरह पीटती है, लेकिन कोई उसे बुरी औरत नहीं कहता। इस बात में सन्देह की गुंजाइश नहीं कि कई सौतेली माताएँ अच्छी होती हैं लेकिन महादेवी अपने संस्मरण और रेखाचित्र में सौतेली माँ के बारे में खींची गई लक्ष्मण रेखा को पार नहीं कर पाई हैं। उनकी एक भी सौतेली माँ अच्छी नहीं हैं। आम सोच की तरह उनकी सौतेली माताएँ अत्यन्त क्रूर और अमानुष ठहरती हैं। चीनी फेरीवाले की सौतेली माँ फेरीवाले की बहन को वेश्या बना डालती है। दोनों भाई-बहनों को इतना सताती है, जिसका कोई हिसाब नहीं। बुंदेलखंड का ग्रामीण बालक रामा "विमाता के अत्याचार से भागकर माँगता-खाता इंदौर तक पहुँचा था, जहाँ न कोई अपना था और न रहने का ठिकाना।" बिन्दा को सौतेली माँ उसे इतना सताती है कि वह मर कर ही त्राण पाती है। बिन्दा को प्रताड़ित करने में उसकी सौतेली माँ नए-नए तरकीब ढूँढ़ लेती है—

> गर्मी की दोपहर में मैंने बिन्दा को आँगन की जलती धरती पर बार-बार पैर उठाते और रखते हुए घंटों खड़ा देखा था। चौके के खम्भे से दिन-दिन भर बाँधा पाया था।

इसी तरह की स्टीरियोटाइप सौतेली माँ महादेवी वर्मा की रचनाओं में मिलती हैं। इसी तरह ननद-भौजाई महादेवी के रेखाचित्रों में एक-दूसरे की दुश्मन ही होती हैं। वहाँ कोई बहनापा देखने को नहीं मिलता।

महादेवी वर्मा के संस्मरण और रेखाचित्रों में उनके अपने जीवन के पदचाप भी ध्वनित हुए हैं। इस ध्वनि में न आत्म का महिमामंडन है न कुछ विशिष्ट कर पाने

का गौरव। अभावग्रस्त गुमनाम जीवन के साथ उनका खड़ा होना ही आश्वासन से भर देता है। 'अतीत के चलचित्र' (1941) की भूमिका में महादेवी जी ने लिखा है—

> इन स्मृति-चित्रों में मेरा जीवन भी आ गया है। यह स्वाभाविक भी था। अँधेरे की वस्तुओं को हम अपने प्रकाश की धुँधली या उजली परिधि में लाकर ही देख पाते हैं; उसके बाहर तो वे उन्नत अन्धकार के अंश हैं, वह बाहर रूपान्तरित हो जाएगा। फिर जिस परिचय के लिए कहानीकार अपने कल्पित पात्रों को वास्तविकता से सजाकर निकट लाता है, उसी परिचय के लिए मैं अपने पथ के साथियों को कल्पना का परिधान पहनकर दूर की सृष्टि क्यों करती!

महादेवी का गद्य अपनी रचनात्मकता के साथ जीवन्तता और विविध रंगों से भरा-पूरा है, जिसमें साहचर्य की खुशी है, तो अपनों के बिछड़ने का विछोह भी है, जीवन-जगत के प्रति अथाह संवेदना है, तो संसार छोड़ चुके साथी की मधुर यादें भी हैं।

महादेवी वर्मा की काव्य-चेतना में कबीर की उपस्थिति

मधुप कुमार

अन्धकार के साथ निद्रा, स्वप्न, जागरण निर्गुण भावधारा की निर्मिति के अंग रहे हैं। जहाँ कहीं इनका वर्णन है, वहाँ उस प्रिय की प्राप्ति के लिए अफसोस के साथ विरह का स्वर सुनाई पड़ता है। यह स्वर कबीर, रवीन्द्रनाथ और महादेवी तीनों के यहाँ मौजूद है। जागरण भी प्रिय के लिए तो निद्रा और स्वप्न भी उसी के लिए। नींद और स्वप्न में उसे पाया जा सकता है, लेकिन हैं तो ये अचेतन अवस्थाएँ ही। जागकर देखना-पहचानना जरूरी है—

जाग देख पिय सेज न तेरे।
ताहि छाड़ि उठि गए सबेरे॥

वह तो एक बार आकर चला गया, पर मुझे उसकी याद में युग काटनी है—

कौन था वह आया न जाना
स्वप्न में मुझको जगाने
याद में उन अँगुलियों के
हैं मुझे पर युग बिताने

हजारीप्रसाद द्विवेदी ने कबीर के प्रसंग में भावार्थ बताते हुए लिखा है—

> चकई का विरह प्रसिद्ध है, पर वह भी तो रात की समाप्ति के बाद प्रिय के साथ आसानी से मिल जाती है। राम का विरह इतना आसान नहीं है। एक बार जो इस विरह की चपेट में आ गया वह कुछ ऐसा बेहाल हो जाता है कि कहकर प्रकट करना कठिन है।

जिस प्रिय के लिए इतनी तड़प, उसके आकर चले जाने पर नायिका अपने को 'हतभागिन' समझेगी ही। कबीर और रवीन्द्रनाथ दोनों के यहाँ ऐसा वर्णन है।

परन्तु महादेवी के यहाँ यह भाव प्रबल नहीं है। उनके यहाँ संसार विराग से अधिक चुनौती के रूप में सामने आया है—

चिर सजग आँखें उनींदी
आज कैसा व्यस्त बाना!
जाग तुझको दूर जाना!

वे सोचती हैं कि क्या मोम के सजीले बन्धन, तितलियों के रंगीन पर—पंथ की बाधा बनेंगे? मेरी छाँह मेरा बन्धन होगी? वे विश्वासपूर्वक कह उठती हैं—पर तुझे है नाश-पथ पर चिह्न अपने छोड़ आना! विरह को कबीर ने सुल्तान कहा था। उसे बुरा न कहने की सीख दी थी। उसकी क्रियात्मक शक्ति के सूत्र कबीर के यहाँ भी मिल जाएँगे, लेकिन वहाँ विरह में संसार का लय हो जाता है। रवि बाबू के यहाँ नाना रूपात्मक जड़-चेतनमय संसार अपने बन्धन और आसक्ति के साथ आनन्द मनाता है। एक तरह से कहें तो संसार और उस अनन्त प्रियतम में व्याप्य-व्यापक का सम्बन्ध है। रवि ठाकुर खुद कहते हैं कि ऐसे असंख्य बन्धन में महानन्दमय मुक्ति रस का आस्वाद भरा हुआ है, मैं इस आस्वाद का बोध कराता हूँ—

असंख्य बन्धन-माझे महानन्दमय
लभिब मुक्तिर स्वाद ('नैवेद्य', 30)

महादेवी के यहाँ वह संसार रूपी कारा को काटने का उपक्रम है। बहरहाल मोम के बन्धन चिरकालिक हों न हों सजीले जरूर हैं। सजीले बन्धन कटते कहाँ हैं? खासकर साधिका अर्थात एक स्त्री के सामने जब वे अपने इस कलेवर में मौजूद हों इसलिए वे प्रियतम को खींच लाती हैं। वही तो सबके बन्धन का कारण है—एक सूत्र सबके बन्धन का! वह अमर होगा, लेकिन उसकी सार्थकता मिटने का खेल खेलने में है—

जब असीम से हो जाएगा
मेरी लघु सीमा का मेल
देखोगे तुम देव अमरता
खेलेगी मिटने का खेल!

यह आधुनिकता के साथ आई स्वत्वबोध की भावना है। महादेवी के यहाँ यह भावना कबीर और रवि ठाकुर से आगे इस अर्थ में बढ़ी हुई है कि इस खेल में असीम का अस्तित्व मिट जाता है और दु:ख बचा रह जाता है। कबीर खुद असीम के पास पहुँचते हैं, बड़े जतन से। प्रेम के पावित्र्याभिमान के साथ। रवि बाबू के यहाँ वह खुद चला आता है। तृप्ति-अतृप्ति की झंकार से महाकवि का सम्पूर्ण

अस्तित्व झंकृत हो उठता है। वहाँ आगमन की शर्त नहीं है। परन्तु महादेवी सजग हैं। उन्हें पता है कि उस असीम के मिट जाने से भी पीड़ा कम नहीं होने वाली है—

मेरे बिखरे प्राणों में
सारी करुणा ढुलका दो,
मेरी छोटी सीमा में
अपना अस्तित्व मिटा दो!

पर शेष नहीं होगी यह
मेरे प्राणों की पीड़ा
तुमको पीड़ा में ढूँढ़ा
तुममें ढूँढूँगी पीड़ा!

साधक जब स्त्री हो तो उसकी पीड़ा शेष रह जाएगी। शायद इसीलिए कि पीड़ा के स्तरों का जितना अनुभव स्त्री के पास है, उतना पुरुष के पास नहीं। मिलन के बाद कबीर और रवि बाबू की पीड़ा शेष नहीं रहती है। दूसरी ओर महादेवी इस तथ्य के साथ कभी समझौता नहीं करती हैं कि उनकी वेदना अमिट है। महादेवी के यहाँ मिलन भी दुःखदायी है। उस प्रिय का आगमन एक तरह से 'लघु मानस' में 'जग को आमंत्रित' करना है। प्रश्न यह है कि क्या इस मानस में जग और उसके दुःख की समाई हो सकती है? ऐसा भले न हो उसके स्पर्श से मेरे दुःख के निर्झर बहने लगते हैं। कबीर साहब जगत का विसर्जन करते हैं, रवि बाबू समस्त बन्धन और दुःख को आनन्दमय बनाते हैं, महादेवी दुःख के आँसू से जीवन को उर्वर बनाती हैं—

दुःख के पद छू बहते झर-झर,
कण कण से आँसू के निर्झर,
हो उठता जीवन मृदु उर्वर,

सीमा-असीमता नश्वरता-अमरता का ही दूसरा नाम है। कबीर इस सम्बन्ध पर तटस्थता पसन्द नहीं करते हैं। उनके यहाँ नश्वरता, सीमा या क्षणभंगुरता का विशेष महत्त्व नहीं है जबकि ये चीजें भी शाश्वत प्रवाह की तरह मनुष्य की नियति से जुड़ी हुई हैं। कबीर के यहाँ सीमा-असीम का मिलन भी प्रकारान्तर से शाश्वत-शाश्वत का मिलन है। क्षण काल की इकाई है। यह क्षण वेदना को मापने की क्षीण कसौटी है। स्वयं महादेवी के शब्दों में—

> मनुष्य की आस्था की कसौटी काल का क्षण नहीं बन सकता, क्योंकि वह तो काल पर मनुष्य का स्वनिर्मित सीमावरण है। वस्तुतः उनकी कसौटी क्षणों की अटूट सम्पत्ति से बना काल का अजस्र प्रवाह ही रहेगा। ('संधिनी', *चिन्तन के क्षण*, पृ. 26)

वस्तुतः वह चिर विरह है। मिलन के बाद भी दु:ख शेष है। उस अनुभव की तीव्रता को मापने के लिए क्षणों का प्रवाह अलम् है। महादेवी के यहाँ क्षण और चिरन्तन का मिलन है—दे रही मेरी चिरन्तनता क्षणों के साथ फेरे! यदि असीम से प्रेम न हो तो साथ, सात या अनन्त फेरों से क्या मतलब? अब अज्ञेय को याद कीजिए—

अरी ओ आत्मा री,
कन्या, भोली, क्वांरी
महाशून्य के साथ भाँवरे तेरी रची गईं।

यह हिन्दी कविता की परम्परा से कटी हुई चेतना है। यहाँ न तो आत्मा की पहचान है न ही उस सम्बन्ध की तीव्रता की अनुभूति। महादेवी निर्गुण कविता की परम्परा में कुछ जोड़ती हैं। अज्ञेय भी अरूप, अप्रतिम को पुकारते हैं। 'धुंध ढकी गहरी वापिका' के समक्ष 'लघु अंजली' का अहसास कराते हैं, किन्तु, उनकी लघुता में इतना गर्व है कि वह गल नहीं सकती और ऐसा एकान्त है कि वह अपने को पूर्ण समझता है। 'यह दीप अकेला' शीर्षक कविता में भी यही स्थिति है। वह प्रकृत, स्वयम्भू आदि-आदि है। कवि का प्रस्ताव है—इसको भी भक्ति को दे दो। अब भक्ति के लिए तो आत्मनिवेदन चाहिए, जिसका यहाँ सर्वथा अभाव है। यदि यह दीप इतना जिज्ञासु, प्रबुद्धमय है तो उसे किसी अन्य प्रिय से कैसा प्रयोजन? शुक्ल जी के शब्दों में यह तो हम ही हम वाली बात हुई। भक्ति तो तू ही तू वाली स्थिति है। कबीर साहब कह गए हैं—

हममें पीव न पाइए, बेहद में भरपूर
हम बेहद की गम लखै, तासौं पीव हजूर

उस प्रिय के लिए सहज, सरल-सजल दीपक चाहिए। साथ ही जलन और क्षय की अनुभूति भी—

तू जल जल जितना होता क्षय,
वह समीप आता छलनामय,
मधुर मिलन में मिट जाना तू—
उसकी उज्ज्वल स्मित में घुल खिल।

महादेवी और अज्ञेय के दीप में कितना अन्तर है! एक जहाँ स्वयं को सब कुछ घोषित करने का लोभ नहीं सँवरण कर पाता, वहीं दूसरा जल-जल कर दूसरे की उज्ज्वल आभा में विलीन होने के संकल्प से भरा है। कबीर के बाद खुद की सीमा तोड़ने की जैसी बेचैनी महादेवी के यहाँ है वह दुर्लभ है। इस क्रम में दूसरा नाम मुक्तिबोध का लिया जा सकता है। इस टूटन में जैसे कबीर का समय और समाज

टूटता है, वैसे ही महादेवी के यहाँ भी। उनके यहाँ क्षितिज तोड़ने की आकांक्षा है। साथ में यह अहसास भी है कि क्षितिज तोड़ने के पहले श्वासों की प्राचीर तोड़नी होगी। ऐसी साधिका का चरण छूकर ही सिन्धु सीमाहीन हुआ है—

चरण छू तेरे हुई है सिन्धु सीमाहीन गहरी!

सिर्फ भाँवरे रचने या लघु अंजली के अहसास से नहीं। ध्यान देने पर महादेवी के दीपक की जलन और प्रकाश में कबीर के प्रेम की अग्नि भी दिखाई पड़ेगी—

जैसे सती चढ़ी अगिन पर प्रेम बचन नहीं टारा हो।
आप जरै औरनि को जारै, राखै प्रेम-मरजादा हो॥

आग पर चढ़ने वाली यह सती कबीर के यहाँ 'हद' तोड़कर आती है, तो महादेवी के यहाँ 'क्षितिज कारा तोड़ कर' उन्मत्त आँधी की तरह गाते हुए—

पग में सौ आवर्त्त बाँधकर नाच रही घर बाहर आँधी।
सब कहते हैं यह न थमेगी, गति उसकी न रहेगी बाँधी॥

कबीर उस विरहिणी को पसन्द नहीं करते जो लाज के मारे प्रिय की चिता पर नहीं चढ़ती है। प्रेम यदि इतना ही उज्ज्वल है तो अग्निपरीक्षा में दिखाई देना चाहिए। प्रेम की यह निजता महादेवी के यहाँ कबीर की कसौटी पर प्रकाशित है—

स्वस्ति समर्पित किसे करूँगी
आज अर्घ्य अंगारक उर का!
पर यह निज को देख सके
और देते मेरा उज्ज्वल अर्चन!

निर्गुण साधना में मृत्यु के रूपक बार-बार प्रकट होते हैं। उस परम तत्त्व के साथ संवाद के लिए जरूरी है जीवन के इस परम निषेधात्मक तथ्य के साथ निकट सम्बन्ध स्थापन। जब संसार ही कागद कि पुड़िया है जो बूँद पड़ते ही गल जाता है, तो फिर अपने शरीर की कैसी आशा?—

छोड़ो तन अपने की... निर्भय हैव गुन गाई।

'कौनो ठगवा नगरिया लुटल हो' जैसे पदों में निर्भय होकर निर्गुण का गुण गाने कि शक्ति इसी बोध से प्राप्त हुई है। डोली-कहार आदि के माध्यम से स्त्री की विदाई का प्रसंग मृत्युबोध की झंकार के साथ कबीर के यहाँ चलता रहता है। निजता के अतिक्रमण का यह निर्गुण मार्ग है। विचित्र बात यह है कि इसी के द्वारा कवि-साधक का विशिष्ट निजी रूप भी बनता है। इस विशिष्ट बोध के कारण कबीर

मिजाज से रोमांटिक हैं। भक्ति काव्य के सामान्तर छायावाद से उसकी सहज तुलना अनपेक्षित नहीं है। यहाँ अन्तर्मुखता से बहिर्मुखता फूटती है। अन्तर्मुखी स्थिति में सारा ब्रह्मांड उसके भीतर है। लघुमानस में वह असीम जग को आमंत्रित कर लाता!

जब बहिर्मुख होता है तो समस्त ब्रह्मांड में अपनी उपस्थिति देखता है। इस तरह अपनी सीमा भी टूटती है, ब्रह्म परिवेश भी टूटता है रवीन्द्रनाथ के शब्दों में मनुष्य इसी रूप में 'चिर यात्री है' वह बढ़ता चला जाता है—पेरिय चलो पेरिय पेरिय चलो। कबीर के लिए मृत्यु सुहागन का शृंगार है। रवीन्द्रनाथ के यहाँ जन्मदिन-मृत्युदिन दोनों एक ही साथ है। वे एक ही मंत्र से एक ही अभ्यर्थना करना चाहते हैं। विचलन का नाम नहीं, विषमता का लेश नहीं। रात का चन्द्रमा और प्रत्यूषकाल का झिलमिलाता शुक्र कवि के सामने एक ही आसन पर बैठे हुए हैं—

जन्मदिन मृत्युदिन, एकासने दौहे बसियाछे,
दुइ आलो मुखोमुखी मिलेछे जीवनप्रांते मम
रजनीर चन्द्र आर प्रत्युषेर शुकतारासम
एक मंत्रे दोंहे अभ्यर्थना।

एक ही मंत्र की यह अभ्यर्थना वास्तव में एक खोज है। यह खोज अनादि काल से है। संसार जिसे विलोम कहता है—वहाँ भी कुछ अनन्त सूत्र हैं। यहाँ उजाला भी एक परदा है जिसमें चन्द्रमा रात को देखा करता है—

उजियारी अवगुंठन में विधु में रजनी को देखा
तब से मैं ढूँढ़ रही हूँ उनके चरणों की रेखा!

जिन चरणों की रेखा खोजी जा रही है वह प्रीतम कबीर, रवीन्द्रनाथ और महादेवी तीनों के यहाँ खोज का विषय है। कबीर और रवीन्द्र के यहाँ पाने का अहसास महादेवी से अधिक है। महादेवी के यहाँ खोने की कसक, न पाने कि असमर्थता इन कविताओं से ज्यादा है। अन्तर में कबीर और रवि बाबू दोनों के यहाँ है परन्तु महादेवी के यहाँ आश्वास के साथ आता है निःश्वास के साथ चला जाता है—

श्वासें कहती 'आता प्रिय'
निःश्वास बताते 'वह जाता'
आँखों ने समझा अनजाना
उर कहता चिर यह नाता;

यह द्वंद्वात्मक मधुर सम्बन्ध एक 'सजीला' स्वप्न बनकर रह जाता है। यह स्वप्न ही उस प्रिय को क्षण-क्षण नूतन बनाता है। आधुनिक काल में जैसे-जैसे मनुष्य की स्वचेतना बढ़ती गई, उसकी विराट आंगिक भावना कमजोर पड़ती गई।

महादेवी विश्व के प्रति उस आंगिक भावना को पुनः स्थापित करना चाहती हैं साथ ही उसकी स्वचेतना को छोड़ना भी नहीं चाहतीं। दोनों एक साथ नहीं मिल सकते। इस विडम्बना का सजग आख्यान महादेवी के गीत हैं—प्रश्न यह है कि 'अनन्त विच्छेद से ग्रस्त मनुष्य के 'जीवन की प्यास' कैसे बुझे? यदि वह स्त्री है तो वह विच्छेद आत्मीयता के हर पल के साथ टीस देने वाला है। महादेवी 'करुण नैनों का संचित मौन लिये चुपचाप' नीरव भाषण सुनती रहती हैं। कहना न होगा कि यह तटस्थ वेदना कबीर या रवीन्द्रनाथ टैगोर के यहाँ उतनी नहीं है, क्योंकि उनके यहाँ 'अनन्त विच्छेद' की सहज स्वीकृति कुछ कम है। इन दोनों कवियों की तरह जीवन और मृत्यु का अन्तर यहाँ भी समान है, मगर एक विवश स्वीकृति के साथ—

जहाँ विष देता है अमरत्व
पीड़ा है प्यारी मीत,
अश्रु है नैनों का श्रृंगार
जहाँ ज्वाला बनती नवनीत
मृत्यु बन जाती नवजीवन!

वस्तुतः महादेवी के गीत इसी नवजीवन की वास्तविक साधना है।

महादेवी वर्मा : परिवेश और पाठ

निरंजन सहाय

छायावादी काव्यलोक में सबसे मुश्किल रचनाकर के रूप में प्राय: महादेवी वर्मा का नाम लिया जाता है। विद्यालय, महाविद्यालय एवं विश्वविद्यालय की दुनिया ही नहीं काव्यरसिकों की दुनिया में भी महादेवी का पाठ या उनकी कविताओं का भाष्य एक चलती हुई परिपाटी में होता है। इसका विकास बारम्बार किया जाता है। लेकिन दु:ख की बात यह है कि इससे लीक के साथ चलने का एक तरीका तो मिलता है लेकिन कविता हाथ से फिसलती हुई नजर आती है। महादेवी के गीतों को बहुत कायदे से और नए ढंग से पढ़ने की जरूरत है। जब हम हिन्दी साहित्य के सामान्य ज्ञान या कॉमन सेन्स को निर्मित करने वाले महान आलोचकों अथवा साहित्येतिहासकारों को याद करते हैं, तब आचार्य रामचन्द्र शुक्ल का नाम जेहन में सबसे पहले उभरता है। 'हिन्दी साहित्य का इतिहास' पुस्तक में आचार्य शुक्ल ने छायावादी कविता पर भी विचार किया है। छायावादी कवियों पर विचार करते हुए प्राय: शुक्ल जी के बाद के इतिहासकारों और आलोचकों ने महसूस किया कि छायावाद के साथ वे बहुत संयमित या बहुत बेहतरीन व्यवहार नहीं कर पाए हैं। छायावादियों पर भी जब वे विचार करते हैं तो जयशंकर प्रसाद, सूर्यकान्त त्रिपाठी निराला, पन्त की तुलना में महादेवी की रचना के साथ उनका बर्ताव और भी अलग तरह का नजर आता है। महादेवी के सन्दर्भ में उनके विचार इस तरह से हिन्दी संसार में रूढ़िबद्ध या बद्धमूल कर दिए गए कि आगे जब भी महादेवी वर्मा की कविताओं का या उनके गीतों का भाष्य किया गया तब उसी आलोक में उनकी कविताओं को देखने की कोशिश की गई और यहीं से वह गलती हो गई, जिसे बार-बार हिन्दी संसार दोहराता रहा।

आइए देखते हैं, हिन्दी साहित्य के इतिहास में आचार्य शुक्ल ने कितने पृष्ठ किन रचनाकारों को दिए हैं। आचार्य शुक्ल द्वारा सबसे ज्यादा पृष्ठ छायावादियों में पन्त को दिया गया है। लगभग चौदह पृष्ठ आचार्य शुक्ल ने पन्त पर लिखा है। उसके बाद जयशंकर प्रसाद पर बारह पृष्ठ वह लिखते हैं, साढ़े तीन पृष्ठ निराला

को दिए गए हैं और केवल आधे पृष्ठ में महादेवी वर्मा को सिमटा दिया गया है। वह जो आधा पृष्ठ है, उसमें वे लिखते हैं—

> छायावादी कहे जाने वाले कवियों में महादेवी जी ही रहस्यवाद के भीतर रही हैं। उस अज्ञात प्रियतम के लिए वेदना ही इनके हृदय का भावकेन्द्र है जिससे अनेक प्रकार की भावनाएँ छूट छूट कर झलक मारती है।

महादेवी पर 'रहस्यवाद' का जो लेबल चस्पा किया गया, बाद में उसी से निःसृत दो पदों—'अज्ञात प्रियतम' और 'रहस्यवादी रचनाकार' के आलोक में महादेवी वर्मा को देखने-परखने की कोशिशें हुई। मैं यह नहीं कहता कि उनकी कविताओं के आध्यात्मिक अर्थ निकालना नामुमकिन है, मुमकिन है। लेकिन कविता की अन्तर्धारा में उपस्थित उन स्वरों की अनदेखी करना जिसमें भारतीय स्त्री की पीड़ा सामूहिक रूदन के रूप में महादेवी की कविता में प्रकट हुई है, उसे न देखना महादेवी के साथ अन्याय है। उर्दू के सन्दर्भ में महादेवी वर्मा से जब व्यक्तिगत बातचीत की जाती थी तो वे कई बार ठठाकर हँस देती थीं और वे उर्दू का मजाक उड़ाती थीं। वह कहतीं कि यह कैसी जबान है जिसकी लिपि उल्टी लिखी जाती है। हिन्दी में लिपि को बाएँ से दाईं ओर बढ़ते हुए लिखते हैं तो वे उर्दू में दाएँ से बाएँ। लेकिन दो शायरों को ध्यान में रखिए तो बहुत बेहतरीन तरीके से महादेवी खुलती हैं। एक गालिब और दूसरे फैज। फैज अहमद 'फैज' को भी वे अपना भाई मानती थीं। सूर्यकान्त त्रिपाठी 'निराला' को वो दद्दा कहती थीं और राखी बाँधती थीं। फैज जब हिन्दुस्तान आए थे, तो वे प्रयाग भी आए। इलाहाबाद विश्वविद्यालय के नेहरू सिनेट हाल में जब फैज का कार्यक्रम हुआ था तो महादेवी भी उनके साथ थीं। उन्होंने फैज के बारे में कहा कि फैज मेरे भाई हैं और हिन्दुस्तान उनका अपना घर है, वे जब चाहें तब यहाँ आएँ। ध्यान देने लायक बात यह है कि फैज और गालिब की शायरी से गुजरते हुए महादेवी की दुनिया में जाएँ तो महादेवी की कविता कितनी खुलती है। गालिब का एक बहुत मशहूर शेर है—

बेख़ुदी वे सबब नहीं ग़ालिब
कुछ तो है जिसकी पर्दा-दारी है।

पर्दादारी महादेवी की कविता में भी दिखाई पड़ती है। अज्ञात की पर्दादारी, अध्यात्म की पर्दादारी, असीम की पर्दादारी। लेकिन इस पर्दादारी के पीछे जो बात है उस तक पहुँचना ही दरअसल वह बात होगी, जिससे महादेवी वर्मा की कविता खुलेगी। खुद महादेवी वर्मा के गद्य को देखिए और गद्य व पद्य दोनों को समानांतर रखकर देखिए तब उनकी कविता के अर्थ ज्यादा खुलते हुए नजर आएँगे।

उनकी मित्र सुभद्रा कुमारी चौहान उम्र में उनसे बड़ी थीं। जिस समाज में सुभद्रा पैदा हुई थीं उस समाज का चित्रण करते हुए महादेवी कहती हैं—

> अजगर की कुंडली के समान, स्त्री के व्यक्तित्व को कसकर चूर-चूर कर देनेवाले अनेक सामाजिक बन्धनों को तोड़ फेंकने में उनका जो प्रयास लगा होगा, उसका मूल्यांकन आज सम्भव नहीं है।

स्त्री के सन्दर्भ में वे अजगर की बात करती हैं, उसकी कुंडली की बात करती हैं। अजगर जब किसी जानवर को अपनी गुंजलक में लपेटता है तब धीरे-धीरे अपनी पकड़ मजबूत बनाता है और जब पकड़ मजबूत होती जाती है तो पहले त्वचा दरकती है, फिर मांस-मज्जा तक गुंजलक की पहुँच बनती है और रुधिर तक बहकर निकलने लगता है। वे पुरुषवादी समाज की तुलना अजगर की कुंडली से करती हैं और कहती हैं, जैसे कोई अजगर की कुंडली में लिपट कर गुंजलक में घिर जाए उसी तरह पुरुषवादी समाज में स्त्री भी मजबूत और मजबूर घेरेबन्दी से घिरी हुई है। महादेवी के पद्य से गुजरते हुए उनके गद्य संसार में उपस्थित स्त्री चित्रणों को जरूर याद रखना चाहिए।

उनकी कविता की अन्तर्धारा में दु:ख की रागिनी सबसे सघन रूप में बजती है। वे वेदना की बात बार-बार करती हैं। वे निर्वाण की भी बात करती हैं। बौद्ध धर्म के प्रति उनका गहरा आकर्षण था, लेकिन बौद्ध होने से ऐन पहले उन्होंने बौद्ध बनने से इनकार कर दिया था। बौद्ध बनने की प्रक्रिया में विधि-विधान के मुताबिक़ गुरु को दीक्षित होने वाली स्त्री के सामने नहीं आना था, काठ की आँख को देखकर बौद्ध बनना निर्धारित था। इस पर महादेवी ने यह कहते हुए इनकार कर दिया कि जहाँ गुरु की आँख में आँख डालकर देखनी से मनाही हो वह धर्म उन्हें स्वीकार नहीं। इस घटना से यह पता चलता है कि उनके भीतर की अग्नि कितनी प्रखर थी, सामना करने का उनका हौसला कितना गहरा था। महादेवी पर बात करते समय हमें इन सारी बातें का ध्यान रखना चाहिए। वे निर्वाण पद का प्रयोग करती हैं, लेकिन यह निर्वाण बौद्ध धर्म का निर्वाण नहीं हैं। यह दो अर्थों में महादेवी की कविता में प्रकट है। एक मृत्यु के अर्थ में और दूसरा अन्तहीन नियति के रूप में। आलोचक बच्चन सिंह ने 'हिन्दी साहित्य का दूसरा इतिहास' किताब में महादेवी के सन्दर्भ में कहा है—

> वे द्विभागीकृत व्यक्तित्व के साथ जी रही थीं। एक उनका वह मन था जो वह जी रही थीं और दूसरा वह मन था जो उनकी आकांक्षा थी।

महादेवी के जीवन के जो विवरण हमें मिलते हैं उनमें सबसे कम उनके विवाहित जीवन की चर्चा मिलती है। उन्होंने जीवन भर सिन्दूर नहीं लगाई। उनके

जीवन सन्दर्भों के तमाम संकेत हैं, जिनके आलोक में हम महादेवी के कविता के प्रवेश द्वार को पा सकते हैं। शुक्ल जी ने रहस्यवादी कहा और फिर हिन्दी आलोचना संसार ने रहस्यवादी कवि के रूप में ही बार-बार उनकी पहचान करके अपने कर्त्तव्य की इति श्री कर ली। आलोचक मैनेजर पांडेय महादेवी वर्मा को समझने के लिए हमारे लिए बेहद सहायक साबित होते हैं। महादेवी वर्मा पर विचार करते हुए वे कहते हैं कि महादेवी की कविता के साथ आरम्भ से ही एक प्रकार के आलोचनात्मक पूर्वग्रह की स्थिति दिखाई देती है। यह ठीक है कि उनकी कविता में दुःख है, वेदना है, निराशा है, आँसू है, अन्तर्मुखता है और अभिव्यक्ति शैली में परोक्ष की प्रधानता भी है, पर उनके यहाँ असन्तोष है, आक्रोश है और संघर्ष की चेतना भी है। आलोचकों ने उनके आँसुओं पर ध्यान दिया है, लेकिन उनके आक्रोश पर नहीं। प्राय: आलोचकों ने यह भी देखने-समझने की कोशिश नहीं की कि महादेवी वर्मा की कविता में जो दुःख, वेदना, निराशा और अन्तर्मुखता है, वह सब उनके समय की और आज की भी भारतीय स्त्री के जीवन की वास्तविकताएँ हैं और सम्भावनाएँ भी हैं। कहना न होगा प्रो. मैनेजर पांडेय जब यह बात कहते हैं, तब महादेवी को समझने की कविता का एक सिरा अलग तरह से हमारे सामने खुलता है। गालिब की एक मशहूर गजल है—

जुल्मत-क़दे में मेरे, शब-ए-ग़म का जोश है
इक शमा है दलील-ए-सहर, सो ख़ामोश है।

यानी सुबह की दलील में एक शमा ही है और वह शमा भी खामोश है। महादेवी के गीत में भी दीपक का बिम्ब बार-बार आता है और टिमटिमाते हुए दीपक का जिक्र भी आता है। उन्होंने जो दीपक का चित्र बनाया है, उसमें भी उन्होंने दीपक की टिमटिमाती लौ का कई चित्र बनाया है। उनमें दीये की लौ को हवा के झोंके से बचाने की जतन में भी कई जगह चित्रित है। स्वयं महादेवी का जीवन क्या ऐसा नहीं है, जहाँ हथेली की ओट में, हवा की प्रचंड आक्रामकता से दीपक की लौ को बचाने का यत्न उपस्थित है। उनके गीत में भी दीपक की बात आती है, अन्धकार की बात आती है। एक अन्धकार है और उससे लड़ता हुआ टिमटिमाता हुआ दीपक है। दीगर बात यह है कि जो दीपक है, वह दहकते सूर्य के अंगार की तरह नहीं है, वह टिमटिमाता हुआ है। महादेवी के काव्यलोक में चित्रित भारतीय जीवन की उस स्त्री की वास्तविकताओं का चित्रण है जो टिमटिमाते दीये की तरह ही है। गालिब कहते हैं—

दाग़-ए-फ़िराक़-ए-सोहबत-ए-शब की जली हुई
इक शम्अ रह गई है सो वो भी ख़ामोश है।

यानी रात की महफिल में विरह के दाग गहरे हैं। एक दीपक का जिक्र है गालिब के शेर में और वह सुबह की दलील में खामोश है। महादेवी की कविता से गुजरते हुए इन बातों की याद आ जाना स्वाभाविक है।

महादेवी वर्मा का बहुपठित गीत है 'बीन भी हूँ मैं तुम्हारी रागिनी भी हूँ'। इस गीत से गुजरते हुए फैज अहमद 'फैज' की एक ग़जल के मिसरे की याद याद आ जाती है—

मता-ए-लौह-ओ-कलम छिन गई, तो क्या ग़म है
कि खूने दिल में डुबो ली है उँगलियाँ मैंने
जबां पे मुहर लगी हैं, तो क्या के रख दी है
हरेक हलका-ए-जंजीर में जबाँ मैंने।

एक पुरुषवादी समाज के अपने खतरे होते हैं, वहाँ प्राय: स्त्री की आजादी के तमाम रास्तों पर पहरेदार बैठाए जाते हैं। जाहिरन स्त्री अपनी बात खुलकर कह नहीं पाती। कई बार द्वार पर बैठाए गए पहरेदार परम्परा के नाम पर सामने आते हैं, तो कई बार संस्कृति के नाम पर। अनेक बार अन्य राहों से भी बाधाएँ उत्पन्न की जाती हैं। जैसे फैज कहते हैं कि हर बाधाओं को किस तरह उन्होंने पार किया है, उसी तरह महादेवी के गीतों में भी हम यह देखते हैं कि जुबान पर मुहर लगा देने वाले समाज में वे कैसे अपनी बात कहती हैं।

'बीन भी हूँ, मैं तुम्हारी रागिनी भी हूँ' प्रेम के गहरे तन्मय भाव में डुबी रचना है। कविता में महादेवी के द्विभागीकृत मन के दो छोर हैं—एक मन तो वह है जो मिला है, दूसरा मन वह है—जिसकी आकांक्षा है। स्वयं महादेवी का जो उबड़-खाबड़ जीवन है, उसमें इन दोनों का द्वंद्व दिखाई पड़ता है। उनसे मिलने वाले लोगों ने उनके बारे में लिखा है कि किस तरह प्रयत्नपूर्वक वे अपने आस-पास के पूरे वातावरण को निर्मित करती थीं।

कविता की पहली पंक्ति हैं—'बीन भी हूँ तुम्हारी रागिनी भी हूँ' अर्थात नायिका कह रही है कि वह बीन है यानी वह धुन बजाने वाली एक साज है और उस बीन में जो रागिनी है वह भी है। मतलब कि प्रेम का यह अद्‌भुत समर्पण है, जिसमें साज भी है और आवाज भी है। साज और आवाज मिलकर प्रेम के संगीत की रचना करने में सफल हैं।

नींद थी मेरी अचल निस्पन्द कण कण में,
प्रथम जागृति थी जगत के प्रथम स्पन्दन में,

अब ये दो पंक्तियाँ हैं। इसमें पहली पंक्ति है—'नींद थी मेरी अचल निस्पन्द कण कण में'। महादेवी एक अचल नींद की बात करती हैं और कहती हैं कि

कण- कण में उस नींद की व्याप्ति है। ऐसी नींद जिसमें स्पन्दन भी नहीं है। यह तो है उनका वर्तमान और जो उनकी आकांक्षा है वह ठीक दूसरी पंक्ति में प्रकट है—'प्रथम जागृति थी जगत के प्रथम स्पन्दन में'। जागरण का फलक विराट है। जगत के पहले स्पन्दन में अपने जागरण के दृश्य वह देखती हैं या यूँ कहें कि निर्वाण के दृश्य देखती हैं। निर्वाण महादेवी का बहुत प्रिय प्रतीक है और निर्वाण की बात करते हुए वे अपने मन्तव्यों को कैसे प्रकट करती हैं, वह देखने लायक है—

प्रलय में मेरा पता पदचिह्न जीवन में
शाप हूँ जो बन गया वरदान बन्धन में।

महादेवी प्रलय का जिक्र कर रही हैं और प्रलय में उनका पता क्या है? जीवन के पदचिह्न के रूप में प्रलय में भी वह प्रकट हुई हैं। आगे काव्यनायिका कहती है—'शाप हूँ जो बन गया वरदान बन्धन में' यानी उन्हें शापित जीवन तो मिला था लेकिन उस बन्धन को उन्होंने वरदान में बदल दिया। उनके जो गीत हैं, उनके संकल्प गहरे हैं वे वरदान में रूपान्तरित हो गए हैं। अपनी सीमा को ताकत में उन्होंने रूपान्तरित कर दिया। प्रेम के गहरे भाव में डुबा हुआ यह गीत अपनी बात कहने में सफल होता है और यह पहला बन्द है और इसी बन्द की आखिरी पंक्ति है—

कूल भी हूँ कूलहीन प्रवाहिनी भी है

महादेवी किनारे का जिक्र करती हैं। कुल अर्थात किनारा, कूल भी हैं यानी वह नदी जिसका किनारा है और आगे की पंक्ति बहुत लाजवाब है—'कूलहीन प्रवाहिनी भी हूँ' अर्थात ऐसी नदी का वे जिक्र करती हैं जिसका किनारा न हो। मतलब कि एक नदी वह जिसका किनारा है और एक नदी वह जिसका कोई किनारा नहीं है। वही द्विभागीकृत मन है। एक जो मिला है और दूसरा वह जिसकी आकांक्षा है। दूसरा बन्द देखिए—

नयन में जिसके जलद वह तृषित चातक हूँ।

चातक भारतीय कविता का बहुत प्यारा प्रतीक है। काव्यरसिकों को याद होगा कि तुलसीदास का भी प्रिय प्रतीक चातक है। चातक की बात करते ही, भारतीय कविता के कुछ तत्त्व हमारे जेहन में प्रकट होते हैं। किसी से उत्कट प्रेम की जब अभिव्यक्ति होती है तो प्राय: चातक प्रतीक का प्रयोग किया जाता है। तुलसी ने जब राम से अपने उत्कट प्रेम की बात की तो खुद को चातक के रूप में प्रतिबिम्बित किया। यह चातक बिम्ब तुलसी से होते हुए महादेवी की कविता में आता है। असल में हर युग का कवि अपने परिवेश से संचालित होकर अपनी सृजनात्मक प्रतिभा से पारम्परिक प्रतीकों में नए अर्थ भरता है। महादेवी के इस

गीत में इस प्रतीक का अर्थ बिलकुल नए सन्दर्भ में रूपान्तरित होता है। प्रेम के गहरे अर्थ को प्रकट करती हुई पंक्ति है—'नयन में जिसके जलद वह तृषित चातक हूँ।' यानी वह युगों-युगों के प्यास से भरे हुए चातक का मोह है, जो कि जलद का इन्तजार कर रहा है। वह बादल का इन्तजार कर रहा है, जो उसके उत्कट चाहत से भरे मुँह में आए और उसकी युगों-युगों की प्यास को शान्त करे। इस प्रतीक के द्वारा वह यही कह रही हैं। प्रेम की यह गहरी अनुभूति है, जिसमें मिलन के सपने खूबसूरत ढंग से पलते हैं।

शलभ जिसके प्राण में वह ठिठुर दीपक हूँ।

महादेवी शलभ और दीपक दोनों का जिक्र करती हैं। दीपक उनका बहुत प्रिय बिम्ब है। उनके चित्रों में उनके बनाए हुए अनगिनत ऐसे चित्र मिल जाएँगे, जिसमें दीये की उपस्थिति है। महादेवी का पूरा जीवन एक विराट अन्धकार से टिमटिमाते हुए दीये की जंग की तरह बीतता है। उनके जीवन के जो अनुभव हैं, वही काव्यानुभूति में भी रूपान्तरित होते हुए नजर आते हैं। एक तरफ निष्ठुर दीपक है और दूसरी तरफ शलभ है। उन्होंने शलभ और दीपक इन दोनों बिम्बों द्वारा गहरे प्रेम और आसक्ति भाव को प्रकट किया है। इस पंक्ति में वह आगे कहती हैं—

फूल को उर में छिपाए विकल बुलबुल हूँ।

महादेवी बुलबुल की विकलता की बात करती हैं। फारसी कविता में प्राय: बुलबुल का जिक्र आता है। वहाँ यह बहुत ही प्रिय प्रतीक है, जो प्रेम के गहरे निहितार्थों को प्रकट करता है। बुलबुल का यह प्रतीक महादेवी की कविता में किस रूप में आता है, देखिए—

फूल को उर में छिपाए विकल बुलबुल हूँ,
एक होकर दूर तन से छाँह वह चल हूँ।

बुलबुल की विकलता यह है कि उसने फूल को हृदय में छिपा रखा है। वह कह रही हैं, तन से दूरी तो हुई है, लेकिन जिस तरह शरीर और छाया का मिलन होते हुए भी दोनों में एक दूरी रहती है, उसी प्रकार से उनका व्यक्तित्व भी है। जहाँ पर वह काया की बात करती हैं और फिर छाया की बात करती हैं। किस तरह एक होते हुए भी काया और छाया एक-दूसरे से दूर होते हैं, उसका जिक्र वह करती हैं।

दूर तुमसे हूँ अखंड सुहागिनी भी हूँ

नायिका प्रियवर की बात करती है और कहती है—यद्यपि तुमसे दूर हूँ लेकिन

मैं जानती हूँ मैं ऐसी सुहागिनी हूँ जो कि अखंड है। प्रेम की गहरी ललक, तड़प, निष्ठा और समर्पण उनके गीत में बेहतरीन ढंग से प्रकट हुआ है।

आग हूँ जिससे ढुलकते बिन्दु हिमजल के,
शून्य हूँ जिसको बिछे हैं पाँवड़े पल के।

महादेवी ऐसी आग का जिक्र कर रही हैं, जिसके बिन्दु से हिमजल ढुलकता है। जब आँख से आँसू निकल रहे हों और आँखें छलक रही हों, तो वह आग आँसू गिरने के बाद हिमजल में रूपान्तरित हो जाते हैं, यानी दर्द या पीड़ा घनीभूत होकर जम जाती है। वे एक ऐसे शून्य की बात करती हैं, जिसमें पलक पाँवड़े के बिछे होने का जिक्र है। पलक पाँवड़ा बिछाना एक भारतीय मुहावरा है, जिसमें प्रिय की आकुल प्रतीक्षा निहित होती है। महादेवी बहुत गहरे तन्मय भाव से उस पलक पाँवड़े बिछाने का जिक्र करती हैं। कहना न होगा शून्य यानी रिक्तता में भी पलक पाँवड़े बिछाने की उक्ति कविता की ताकत बनती है।

पुलक हूँ वह जो पता है कठिन प्रस्तर में,
हूँ वहाँ प्रतिबिम्ब जो आधार के उर में,

महादेवी कठोर प्रस्तर में पुलक की बात करती हैं। 'पुलकना' शब्द निश्छलता के भाव को लिए हुए है। 'पुलकना' अन्तर्मन की खुशी है, कविता में उसे प्रकट करने में शब्द समर्थ है। वे 'पुलकना' शब्द का जिक्र करती हैं और कहती हैं कठोर पत्थर में पुलक की तरह उनकी उपस्थिति है। महादेवी अपने उर का जिक्र करती हैं। महादेवी की कविता में उर का जिक्र बार-बार आता है। वे बार-बार हृदय की बात करती हैं और कहती हैं कि जो आधार रूपी उर है उसमें जो प्रतिबिम्ब प्रतिबिम्बित है वहीं मैं हूँ। 'नील घन में सुनहली दामनी भी हैं।' वे नीले बादल का जिक्र करती हैं और उसमें चमकने वाली बिजली का भी जिक्र करती हैं। एलन टेट पश्चिम के प्रसिद्ध आलोचक हैं। उन्होंने कविता में दो परस्पर विरोधी बिम्बों द्वारा उपजने वाले तनाव की सैद्धान्तिकी दी थी और बताया था कि उसके माध्यम से रचनाकार अपने मन्तव्य को प्रकट करता है और वे बिम्ब पाठक पर असर डालने में समर्थ होते हैं। इस कविता में एक तरफ नीले बादल का बिम्ब है और उस नीले बादल के अन्धकार में चमकती हुई बिजली का भी बिम्ब है। महादेवी का स्वयं का जो जीवन है, वह गहरे दुःख, अवसाद और अन्धकार में डुबा हुआ है, लेकिन उनकी आकांक्षा बिजली की चमक की तरह बार-बार प्रकट होती है। कविता की नायिका भी यही बात करती है। आगे काव्यपंक्ति है—

नाश भी हूँ मैं अनन्त विकास का क्रम भी,

यहाँ भी दो विरोधी बिम्ब हैं—नाश और विकास। काव्य नायिका कह रही है, मैं नाश भी हूँ और फिर कहती है—मैं विकास भी हूँ यानी वह, जो उसकी नियति बनाई गई है, दूसरी वह जिसकी आकांक्षा है अर्थात 'नाश' जो मिला है, 'विकास' जिसकी आकांक्षा है।

त्याग का दिन भी चरम आसक्ति का तम भी,

फिर नायिका त्याग की बात करती है और चरम आसक्ति की भी बात करती है। राग और विराग का द्वन्द महादेवी की कविता का प्राणतत्त्व है। इन पंक्तियों में वह प्रकट हुआ है। नायिका कहती है—

तार भी आघात भी झंकार की गति भी

वह वीणा के तार का जिक्र करती है। उसका कहना है वह तार भी है और उस तार पर पड़ने वाले आघात के रूप में भी उसकी उपस्थिति है। तार के आघात से निर्मित संगीत का वह जिक्र करती है। वह बार-बार एक संगीत का जिक्र करती है और उस संगीत के साथ पीड़ा का भी उल्लेख होता है। यानी पीड़ा से उपजा हुआ संगीत। गीत अपनी रवानगी में आगे बढ़ता है—

पात्र भी मधु भी मधुप भी मधुर विस्मृत भी हूँ
अधर भी हूँ और स्मित की चाँदनी भी हूँ।

'मधु' भी उस दौर की कविता में बार-बार आता है। हरिवंशराय बच्चन के यहाँ भी मधु शब्द बार-बार आता है, लेकिन उनके यहाँ जो 'मधु' शब्द है उससे अलग अर्थ छवि महादेवी के यहाँ प्रकट है। प्रेम के गहरे आवेग को प्रकट करने के लिए मधु से जुड़े हुए तीन सन्दर्भों से युक्त पंक्ति है 'मधु', 'मधुप' और 'मधुर'। यह बिम्ब से आच्छादित पंक्ति है। इन तीनों बिम्बों के द्वारा काव्यनायिका प्रेम के गहरे तन्मय भाव को प्रकट करती है। वह कहती है कि वह पात्र भी है और उसमें रखा हुआ मधु भी है। वह मधुप भी है और मधुर विस्मृत भी है। यानी जो यादें हैं उनमें जो मधुरता है, उसका वह जिक्र भी करती है। नायिका कहती है—'अधर भी हूँ और स्मित की चाँदनी भी हूँ।' वह होठों का जिक्र करती है और उस पर फैली हुई मुस्कान की बात भी करती है। वह उसे चाँदनी से रूपायित करती है। इस तरह कविता की नायिका अपने गहरे आसक्ति और तन्मय भाव को प्रकट करती है। यहीं से वह बात शुरू होती है जिसके कारण महादेवी के गीतों में हम नवीनता पाते हैं। यह नवीनता उस दौर में लाजवाब अभिव्यक्ति कौशल के रूप में प्रकट हुई, जिसका अनुकरण करना नामुमकिन था। महादेवी की कविता अन्धकार और उजाले के साथ अपनी नियति और आकांक्षा दोनों को उसके द्विविभागीकृत मन के साथ प्रकट करती है। वह भी ठेठ भारतीय बिम्बों, प्रतीकों और रूपकों के साथ।

महादेवी की भाषा के बारे में बार-बार बात होती है। उनके गद्य और पद्य की भाषा अलग-अलग है। वे कविता की भाषा में बार-बार संस्कृत के वैभव की तरफ लौटती हैं। बीच-बीच में भारत की जातीय स्मृतियाँ भी स्थान पाती हैं। उनकी कविता में दूसरी भाषाओं से आए हुए बिम्ब और प्रतीक भी हैं। बरास्ते फारसी कविता उनके यहाँ अनेक बिम्ब प्रकट होते हैं। इस गीत में विकल बुलबुल का जो जिक्र है, वह वह फारसी कविता से आया है। इस तरह यह गीत अनेक अर्थ छवियों की सुन्दर और मार्मिक अभिव्यक्ति है।

महादेवी वर्मा : संस्कृति, राष्ट्र और स्त्री प्रश्न

वैभव सिंह

महादेवी वर्मा बीसवीं सदी की स्त्री-चेतना की प्रतिनिधि रचनाकार हैं। उनके विचारों में स्त्री चिन्तन के नवीन मुहावरे, दार्शनिक सूत्र तथा ओज निहित हैं। उनकी आलोचना व मूल्यांकन का एक तरीका यह है कि उन्हें केवल रहस्यवाद, विरह, वेदना या रमणीय कल्पनाओं में कैद कवयित्री के रूप में देखा जाए। इसमें सुविधा यह है कि इससे छायावाद से जुड़ी पाठ्यपुस्तकीय परिभाषाएँ आसानी से पुष्ट की जा सकती हैं और उनके समूचे व्यक्तित्व को केवल छायावाद के लक्षणों तक सीमित रखा जा सकता है। दूसरा तरीका यह है कि उनकी काव्य-रचनाओं के साथ-साथ उनके समूचे सृजनकर्म को आधार बनाकर उनकी व्यापक सामाजिक दृष्टि के महत्त्व को सामने लाया जाए और उनके लेखन को मात्र छायावादी पारिभाषिकताओं में न सीमित किया जाए। एक लम्बे समय तक पहला तरीका ही प्रचलित रहा और उसके पीछे साहित्येतिहास के ग्रन्थों व हिन्दी पाठ्यक्रमों की भूमिका थी। उदाहरण के लिए, रामचन्द्र शुक्ल ने उनके विषय में 'हिन्दी साहित्य का इतिहास' में लिखा था—'छायावादी कहे जाने वाले कवियों में महादेवी वर्मा जी ही रहस्यवाद के भीतर रही हैं। उस अज्ञात प्रियतम के लिए वेदना ही इसके हृदय का भावकेन्द्र है जिसमें अनेक प्रकार की भावनाएँ छूट-छूटकर छलक मारती हैं। वेदना से इन्होंने अपना स्वाभाविक प्रेम प्रकट किया है, उसी के साथ वे रहना चाहती हैं। उसके आगे वे मिलनसुख को भी कुछ नहीं गिनतीं।' महादेवी जी के रहस्यवाद की चर्चा तो ठीक है और उनकी काव्य-प्रकृति में ये प्रवृत्तियाँ उपस्थित भी हैं। पर केवल रहस्यवाद से ही उन्हें बाँधकर रखना और उसी में से सारी भावनाओं के 'छूट-छूटकर छलक मारने' की बात कहना उनके रचनात्मक अवदान के बारे में एकांगी रवैये को अपनाने जैसा पहले भी था और आज भी है। बदलते समय के साथ उनकी रचनाओं तथा वैचारिकता के पुनर्मूल्यांकन की आवश्यकता पैदा हुई पर उनके मूल्यांकन के प्रतिमान लम्बे समय तक वहीं रुके रहे जहाँ शुक्ल जी ने उन्हें अपने ढंग से तैयार कर पाठकों को थमा दिया था।

अपने आरम्भिक जीवनकाल में उन्होंने कविता को आत्माभिव्यक्ति के लिए चुना जिनमें निजी भावाकुलता के साथ लोक कल्याण की भी चिन्ताएँ उपस्थित हैं। इसके साथ ही उन्होंने कुशल गद्यकार के रूप में भी अपनी स्पष्ट छाप छोड़ी है। उनके स्त्री चिन्तन पर राष्ट्रीय आन्दोलनों के भीतर से विकसित हुए समानता व आधुनिकता के मूल्यों का गहरा प्रभाव है और महात्मा गांधी के प्रभाव को उन्होंने कई स्थानों पर विशेष तौर पर स्वीकारा है। इलाहाबाद के आनन्द भवन में बचपन की गांधी जी से होने वाली मुलाकातों का उन्होंने भावपूर्ण स्मरण किया है। यह कहा जा सकता है कि भारतीय समाज में निर्भीक, आत्मनिर्भर तथा रचनात्मकता से जुड़ी स्त्री की कोई छवि अगर कल्पित की जाए तो महादेवी वर्मा उसमें अवश्य याद आती हैं। एक ओर वह अकेलेपन व नीरवता के बहुविध बिम्ब अपनी कविताओं में प्रस्तुत करती थीं तो दूसरी ओर उन्होंने भयमुक्ति को आवश्यक बताया है। इस बात को आजतक ठीक से नहीं समझा गया है कि पराधीन स्त्रियों वाले समाज में अपने एकान्त और अकंपित शून्य का वर्णन करना स्वयं में उनकी तेजस्वी निर्भीकता का प्रतीक है। उन्होंने लिखा है—

> मैं समझती हूँ कि किसी व्यक्ति के लिए अभय होना बहुत आवश्यक है। भयभीत व्यक्ति कोई बड़ा काम नहीं कर सकता है, इसलिए भय की कोई अनुभूति मेरे दर्शन में नहीं आती है। मेरे जीवनदर्शन में मनुष्य प्रधान है। सत्य भी प्रधान है। अहिंसा भी प्रधान है। परन्तु उस सबसे ऊँची चीज है अभय, ताकि हम सत्य के लिए संघर्ष कर सकें।

आमतौर पर पारम्परिक संस्कृति में निर्भीकता के लक्षणों को पौरुष व पुरुषोचित कर्मों से जोड़कर देखा जाता था। स्त्रियों का सहमना, संकुचित होना तथा निरीह ढंग से आश्रय तलाशना ही उनका प्रधान स्वभाव माना जाता था। पर महादेवी ने निर्भीकता को पुल्लिंग के दायरे से मुक्त कर स्त्री के लिए भी उपयोगी बना दिया। उनकी रचनाएँ हौसले व स्त्री के स्वाभिमान के मूल्यों को प्रसारित करती हैं। वह अपनी कविताओं में जिस दीपक और उसकी लौ का बिम्बात्मक प्रयोग करती हैं, वह सघन अन्धकार से लड़ने के हौसले का प्रतीक है। सूर्य तथा दीपक के जो प्रतीक विधान हैं, उसका अपने ढंग से लैंगिक उपयोग करती हैं। परम्परा से सूर्य किसी धार्मिक कर्मकांड, दैवीय बल व ब्रह्मांडीय सत्ता का प्रतीक था जबकि दीपक या दीया किसी तुच्छ समझी जाने वाली वस्तु का। सूर्य अदम्य व स्वतंत्र है जबकि दीया जलाया जा सकता है और बुझ भी सकता है। इस अन्तर का स्त्रीपक्ष में प्रयोग करते हुए वह 'मैं और मेरा परिवेश' में लिखती हैं—

> दीपक मुझको बहुत प्रिय लगता है कि उसमें छोटी सी लौ भी सघन अन्धकार से लड़ सकती है। मैं सूर्योदय को संघर्ष नहीं मानती। सूर्य

अपने क्रम में आ जाता है, आलोक फैल जाता है, लेकिन जो दीपक की लौ है, उसी को आँधी-तूफान से जूझना पड़ता है।

यानी, जिसे आँधी-तूफान से जूझना पड़ रहा है, वही प्रिय है और स्वीकार्य भी। इस प्रकार महादेवी जी मानवीय गुणों के साथ-साथ साहित्यिक प्रतीकों व रूपक-योजनाओं के स्तर पर भी स्त्रियों के पक्ष में एक बौद्धिक प्रौद्योगिकी का निर्माण करती चलती हैं।

जिस काल-खंड में महादेवी जी रचनारत थीं, वह स्त्रियों के लिए कोई बहुत अनुकूल काल-खंड नहीं था। उनके काव्य संग्रह जैसे नीहार (1930), रश्मि (1932), नीरजा (1935) और सांध्यगीत (1936) तथा बाद में यामा (1940) स्वतंत्रता के काफी पहले प्रकाशित हो चुके थे। उनके निबन्ध संग्रहों की प्रसिद्ध पुस्तक 'शृंखला की कड़ियाँ' भी 1942 ई में तथा संस्मरण पुस्तक अतीत के चलचित्र 1941 ई में प्रकाशित हुई थी। इस काल-खंड तथा इसके कई दशक बाद तक स्त्रियाँ अभी ठीक से किसी हित-समूह के रूप में भी नहीं संगठित हो सकी थीं। उनके आत्मविश्वास, प्रतिभा तथा संघर्ष-क्षमता का दमन स्वाभाविक बात समझी जाती थी। हिन्दी में अधिकांश गालियाँ तथा दसियों मुहावरे स्त्री के अपमान के लिए ही बने हैं। ऐसे सामाजिक परिवेश में संघर्ष से अधिक संघर्ष करने से उत्पन्न नकारात्मक भाव इंसान को कमजोर करते हैं। लेकिन महादेवी वर्मा में अपने जीवनसंघर्षों के प्रति बहुत अधिक आत्मदया या कटुता का भाव नहीं है और यह भी उनके व्यक्तित्व की सबलता एवं गहराई का सूचक है। हिन्दी में प्राय: रचनाकारों की छवि को ट्रैजिक, पराजित, विचलित नायकों में ढाला गया है। सम्भवत: इसके पीछे कारण यही था कि कोई व्यक्ति, खासतौर पर लेखक जब समाज से टकराता है तो समाज के प्रहारों के आगे टूटने को ही स्वाभाविक बात मान लिया जाता था। इन ट्रैजिक छवियों में सामन्ती-पिछड़े समाज की सर्वोपरि शक्ति की आसानी से पुष्टि हो जाती थी। इसीलिए इन छवियों को प्रचारित करने में मुख्यधारा के समाज का अपना स्वार्थ था और उसे विकृत-परपीड़क किस्म का आनन्द सुलभ हो जाता था। एक पराजित नायक को सामने रखकर बर्बर सुखानुभूति को सरलता से जगाया जा सकता था। पर महादेवी अपने आत्मकथनों में एक दृढ़, निर्भीक और उल्लासमयी स्त्री के रूप में सामने आती हैं। वह मुख्यधारा वाले समाज के जाल व प्रपंच में नहीं फँसती हैं, न उसके सामूहिक अवचेतन की सन्तुष्टि के लिए खुद को फांसी पर टँगा हुआ दिखाती हैं। अपने आत्मकथनों में उन्होंने कष्ट व संघर्षों के बावजूद पराजय बोध से बचे रहने तथा अपने मन में कटुताएँ न पालने को अपने विशिष्ट गुण के तौर पर रेखांकित कर पौरुष-प्रधान समाज के गाल पर चिकोटी काटी है। उन्होंने लिखा भी है—

> कोई ऐसा घाव नहीं रिस रहा है कहीं कि जिसकी मुझे बड़ी याद हो कि यह बड़ी चोट है। यह भी ईश्वर की कृपा ही मानती हूँ मैं। नहीं तो जीवन बहुत कटु हो सकता था।

उनकी यह संवेदना भी भारतीय स्त्री की मनोवैज्ञानिक पूर्वापेक्षा को संकेतित करती है। इसमें किसी दमित समूह के हिस्से के तौर पर स्त्री को जीवनसंघर्ष में हिस्सा लेते हुए भी कटुताओं व आत्मदया के बोझ से खुद को बचाए रखना होता है और निरन्तर विवेकपूर्ण प्रतिरोध व रचनाशीलता का विकास करना होता है।

महादेवी वर्मा ने स्त्रियों के बारे में प्रचलित बद्धमूल धारणाओं की विशेष तौर पर आलोचना की है। वह सम्भवत: हिन्दी की पहली विचारक-लेखिका थीं जिन्होंने अत्यन्त आधुनिक दृष्टि से संस्कृति-सभ्यता के लिंगवादी प्रतिमानों पर भी विस्तार से विचार किया। उन्होंने स्त्री की स्थिति को समाज का विकास मापने का मापदंड बताया और बर्बर समाज व पूर्ण विकसित समाज में फर्क को स्त्री के प्रति दृष्टिकोण से जोड़कर देखा। उन्हें एक अन्तर्विरोधपूर्ण युग का भी सामना करना पड़ा। यह हिन्दी साहित्य व समाज का वह काल-खंड है जिसमें समान नागरिक अधिकार तथा राष्ट्रीय समानता के मूल्य अमूर्त आदर्शों की तरह स्वीकार कर लिए गए थे, पर उन्हें अभी ठीक से जमीन पर नहीं उतारा जा रहा था। राजनीतिक क्रान्तियों से लौटी स्त्रियों को घर-परिवार के आन्तरिक दायरों से समझौता करने के लिए बाध्य किया जाता था। यह वह काल-खंड भी है जिसमें घर और बाहर का द्वैत अभी स्त्री समाज के लिए कठोरता से बनाए रखा जा रहा था, हालाँकि बहुत सीमित संख्या में स्त्रियों को घरेलू परिवेश के बाहर कामकाज करने की स्वतंत्रता मिली हुई थी। इस सामाजिक वातावरण व सामाजिक यथार्थ में महादेवी वर्मा जैसी स्त्रियों के सामने सबसे बड़ा प्रश्न ही यह है कि कैसे स्त्री को पुरुषों के पूर्वाग्रहों की कैद तथा आत्महीनता से मुक्त करा सकें। अपने एक लेख 'घर और बाहर' में वह लिखती हैं—

> हम स्त्री के जीवन को चारों ओर फैली हुई जटिलता में भी, आदिम काल के जीवन जैसा सरल बनाकर रखना चाहते हैं परन्तु यह तो समाज तथा राष्ट्र के विकास की दृष्टि से सम्भव नहीं है। वह घर में अन्नपूर्णा बने या न बने, केवल यही प्रश्न नहीं है, प्रत्युत यह भी समस्या है कि यदि वह अपने वात्सल्य का कुछ अंश बाहर के संसार को देना चाहे तो घर उसे ऐसा करने की स्वतंत्रता देगा या नहीं और यदि देगा तो किस मूल्य पर।

इसी लेख में वह यह भी बताती हैं कि स्त्री के द्वारा घर के बाहर की सीमा में कार्यक्षेत्र चुनने की स्वतंत्रता केवल स्त्री के लिए नहीं बल्कि सामूहिक विकास के लिए आवश्यक है। घर-परिवार की सीमा में गृहिणी की स्थिति से सहानुभूति रखने

की आवश्यकता है और बाहर के समाज में स्त्री-पुरुष के कर्तव्यों में सामंजस्य रखने की आवश्यकता है।

महादेवी जी का चिन्तन पक्ष लगातार विकसित होता रहा और देशज स्त्रीवाद की सबसे प्रखर प्रतीक के रूप में भी इतिहास में उनकी अमिट उपस्थिति है। उनके लेखन में विदेशी स्त्रीवादी चिन्तकों का नामोल्लेख नहीं के बराबर है पर अपनी बौद्धिकता के बल पर स्त्रियों की चेतना के विकास के लिए प्रयत्नशील दिखती हैं। उपनिवेशवाद-विरोधी आन्दोलनों में उन्हें भारतीय स्त्री की मुक्ति के सबसे प्रबल प्रेरक तत्त्व दिखते थे। वह मानती हैं कि भारतीय स्त्रियों ने अंग्रेजों के खिलाफ चल रहे आन्दोलन में जिस प्रकार से व्यापक हिस्सेदारी का निर्वाह किया, उसनें स्वयं ही स्वतंत्र राष्ट्र-गणराज्य में स्त्रियों को विभिन्न संवैधानिक अधिकारों की मंजिल तक आसानी से पहुँचा दिया। इस सम्बन्ध में उनके मतों को जानने के लिए 'नए दशक में महिलाओं का स्थान' नामक प्रकाशित व्याख्या को पढ़ा जा सकता है। उनके आगे एक ओर इंग्लैंड के सफ्रेजिस्ट मूवमेंट का इतिहास था तो दूसरी ओर फ्रांस-अमेरिका जैसे देशों में चले मताधिकार आन्दोलनों का इतिहास जहाँ वैज्ञानिक प्रगति के बावजूद स्त्रियों को राजनीतिक समानता के लिए लम्बा संघर्ष करना पड़ा। उनका यह भी मानना है कि स्त्रियों ने केवल निजी अधिकार के लिए संघर्ष करने से पहले राष्ट्रीय स्वतंत्रता के लिए संघर्ष किया जिससे स्त्रियों को केवल स्त्री के रूप में ही प्रतिष्ठा नहीं मिली बल्कि उसे सम्पूर्ण राष्ट्र के जनमानस के स्तर पर प्रतिष्ठा प्राप्त हो गई। वह उपरोक्त व्याख्यान में कहती हैं—

> राजनीतिक दृष्टि से भारत की नारी अधिक अधिकार सम्पन्न है। उसका कारण है। यहाँ नारी ने अपने वर्गगत अधिकारों के लिए संघर्ष न करके सम्पूर्ण देश के लिए किया है। प्रथम मुक्तिसंग्राम की सेनानी लक्ष्मीबाई, सशस्त्र क्रान्ति की अनेक जानी-अनजानी क्रान्तिकारिणियाँ, आजाद हिन्द फौज की नारी सैनिकाएँ तथा दूसरे स्वतंत्रता आन्दोलन की नेत्रियाँ सबका संघर्ष तथा आत्मोत्सर्ग सम्पूर्ण देश की मुक्ति के लिए था। भारत के झंडे का श्रेय जिसे है वह भीखाभाई कामा भी विदेश में निर्वासित जीवन व्यतीत करती रहीं। परिणामत: नारी को वर्गगत महत्ता के स्थान पर राष्ट्रगत प्रतिष्ठा मिल सकी है।

महादेवी का सामाजिक-राजनीतिक बोध मुख्य रूप से स्वतंत्रता आन्दोलन के अनुभवों से निर्मित हुआ था और उनकी काव्य-चेतना का निर्माण भी गांधी तथा बुद्ध के सम्मिलित प्रभावों से हुआ था। उन्होंने स्वीकारा है कि बुद्ध से उन्हें करुणा का दर्शन मिला और वह उन्हीं के प्रभाव से भिक्षु होना चाहती थीं। गांधी से अहिंसा की शक्ति को उन्होंने ग्रहण किया था। स्त्री स्वाधीनता के विचार को

उन्होंने स्वाधीनता आन्दोलन के अनुभवों से सीखा था। स्वतंत्रता के पश्चात भारत में लम्बे वक्त तक कोई प्रखर स्त्री आन्दोलन परिदृश्य में था भी नहीं और इसीलिए भी उन्होंने स्त्री की स्वाधीन चेतना के निर्माण में उपनिवेशवाद-विरोधी आन्दोलन की महत्ता को अधिक स्वीकार किया। पर अपनी समाजोन्मुखी चिन्तनशैली से महादेवी जी इस बात को जानती थीं कि केवल राजनीतिक अधिकारों की प्राप्ति से स्त्री को सामाजिक अधिकार या परिवार में बेहतर वातावरण प्राप्त हो जाए यह आवश्यक नहीं है। राजनीतिक अधिकार बनाम सामाजिक अधिकार की बहस के प्रति उनमें गहन संवेदनशीलता है। वैधानिक परिवर्तन व सामाजिक क्रान्ति के बीच जो दूरी बनी हुई थी, उसको लेकर भी व्यथित हैं। 'नए दशक में महिलाओं का स्थान' नामक प्रकाशित व्याख्यान में ही वह यह भी कहती हैं—

> उत्तराधिकार, दहेज, विवाह-विच्छेद सम्बन्धी विधान बन जाने से उसके वैधानिक अधिकारों में भी वृद्धि हुई किन्तु भारत में कोई सामाजिक क्रान्ति न हुई।' वह मानती थीं कि भारतीय समाज को जाग्रत महिलाओं का समाज बनाने के लिए सर्वांगीण प्रयास भी करने होंगे। इसलिए राजनीतिक आन्दोलनों के माध्यम से स्त्री चेतना के विकास को पहचानते हुए उनकी दृष्टि केवल वहीं तक सीमित नहीं है। अपने एक अन्य निबन्ध 'हमारी शृंखला की कड़ियाँ' में उन्होंने लिखा है कि 'राजनीतिक अधिकारों से भी पहले उसे ऐसी सामाजिक व्यवस्था की आवश्यकता है जिससे उसके जीवन में कुछ स्वावलम्बन, कुछ आत्मविश्वास आ सके। उसकी दुर्बलताएँ अनेक हैं और सांसारिक संघर्ष घोरतर।

आगे वह लिखती हैं—

> कोटिशः सोती हुई स्त्रियों को जगाने का कार्य दो-एक के किए न होगा। उसके लिए सहस्रशः जाग्रत बहिनों को अनेक सुख और ऐश्वर्य को ठुकराकर अलख जगाना पड़ेगा।

उनके चिन्तन में निर्जीवता और मशीनी ठंडापन नहीं बल्कि संवेदना का आलोक झिलमिलाता है इसीलिए उसका सकारात्मक पक्ष यह भी है कि जब वह स्त्री जाति की शक्ति का रेखांकन करती हैं तो उसमें केवल मध्यवर्गीय स्त्रियों को ही नहीं बल्कि श्रमजीवी स्त्री को भी सम्मिलित करती हैं। उनके जीवन की वेदना व विडम्बनाओं को भी व्यापक सहानुभूतिपूर्ण दृष्टि से समझती हैं, जो अक्सर मध्यवर्गीय स्त्रीवादियों के द्वारा उपेक्षित किया जाता है। वे स्त्री चेतना व स्त्री अधिकारों के विषय में जागृति को तब तक अधूरा समझती हैं जब तक कृषक तथा अन्य श्रमजीवी स्त्रियों में भी जागृति न आए। यह माना जा सकता है कि साहित्य व

समाज पर प्रगतिवाद के प्रभाव के कारण सुमित्रानन्दन पन्त ने ही केवल 'युगवाणी' या 'ग्राम्या' जैसी कृति की रचना नहीं की बल्कि एक लम्बे समय तक महादेवी वर्मा की चेतना को भी व्यापकता प्राप्त हो रही थी। श्रमजीवी श्रेणी की स्त्रियों की जीवनदशाओं का मार्मिक वर्णन करते हुए उन्होंने लिखा है कि 'उनकी हालत को देख करुणा को भी करुणा आए बिना नहीं रहती है।' वर्गीय दरिद्रता और लैंगिक विषमता से साझे संघर्ष के सूत्र उनके चिन्तन में उपस्थित हैं, हालाँकि उन्होंने अन्य विषयों में व्यस्तता के चलते उसे व्यवस्थित रूप से विकसित नहीं किया। पर यह जरूर कहती हैं कि यदि स्त्री को जीवन में केवल दरिद्र पिता तथा दरिद्र पति मिले तो ऐसे में उसे मिले अन्य अधिकार जैसे कि उत्तराधिकार सम्बन्धी कानून निरर्थक हो जाते हैं। तब उसे केवल दरिद्रता ही उत्तराधिकार में हासिल होगी। उत्तराधिकार सम्बन्धी कानून की सार्थकता भी तब है जब उन्हें ज्ञान तथा स्वावलम्बन भी प्राप्त हो। शारीरिक श्रम करते हुए स्वत्व की हत्या न होने दें और अन्याय का विरोध कर सकें। इस वर्ग की स्त्रियों की दुर्दशा पर ध्यान न देने के कारण उन्होंने स्त्री अधिकार की माँग करने वाले संगठनों की आलोचना भी की। उन्होंने लिखा है—

> मिलों, कारखानों आदि में काम करने वाली स्त्रियों की दुर्दशा तो प्रकट ही है। परन्तु हमारे वृहत महिला सम्मेलन तथा बड़े-बड़े सुधार के आयोजन उन्हें भूल जाते हैं जिनकी कार्य-पटुता के साथ अज्ञान का विचित्र संगम हो रहा है।

महादेवी की स्त्री संवेदना ने परानुभूति, सहानुभूति तथा स्वानुभूति को केवल काव्य संवेदना तक सीमित नहीं रखा बल्कि उसे एक विशद बौद्धिक धरातल प्रदान किया। किसी प्रतिभाशाली लेखक की मानवीय संवेदना में निरन्तर उन्मेष के जिस गुण का होना अनिवार्य है, वह महादेवी में स्पष्ट तौर पर दिखता है। वह मात्र आत्मानुभूतियों में कैद रचनाकार नहीं हैं जैसा कि उनकी कविताओं के आधार पर प्रचारित किया गया है। वह अपनी वेदना या रहस्यवादिता में उलझा हुआ कोई यंत्र भी नहीं जो यांत्रिक तरीके से केवल रहस्यवादी रचनाओं को जन्म दे रहा है। वह शेष व्यावहारिक जगत से स्त्री के जटिल सम्बन्धों को बड़ी बारीकी से व्याख्यायित करती हैं तथा अपने गद्य में ऐसी विश्लेषणात्मक भाषा का निर्माण करती चलती हैं जो अपने वक्त की सजग बौद्धिक स्त्री के द्वारा ही सम्भव हो सकता है। यह उनके चिन्तन का अन्तर्विरोध नहीं है कि वह स्त्री के कुछ प्राकृतिक गुणों की सराहना करती हैं बल्कि यह उनके चिन्तन का विशिष्ट पक्ष है कि वे स्त्री की कोमलता व वात्सल्य जैसे प्राकृतिक गुणों का पक्ष लेते हुए ही उसके सामाजिक अधिकारों के विकास की आवश्यकता को रेखांकित करती हैं। उनके चिन्तन में अन्तर्विरोध कहीं और है। वह वहाँ है जहाँ वह स्त्री-पक्ष को प्रकट करते हुए पुरुषों को एक

सीमित नजरिये से अधिक देखती हैं। उदाहरण के लिए वह स्त्रियों में मातृत्व, कोमलता, रमणीयता आदि को रेखांकित करती हैं पर पुरुषो में भी इन्हीं गुणों की उपस्थिति को लेकर खास सजग नहीं हैं। स्त्री बनाम पुरुष का विवाद उनके यहाँ भी कोमलता-कठोरता, घर-बाहर, करुणा-शक्ति के द्वैत में उलझा हुआ है। स्त्रीवाद में 'जेंडर इसेंशियलिज्म' के नाम से आलोचना भी की जाती है। हृदय की कल्याणमयी सुकोमल भावनाओं के लिए वह स्त्री की सराहना करती हैं पर इन भावनाओं का वाहक होने की पुरुषों की योग्यता को अनदेखा करती हैं। वह इस विषय में लगभग मौन हैं। उनके लेखन में पुरुषों के भीतर श्रेष्ठ मानवीय सुकोमल भाव व करुणा सम्बन्धी गुणों के विकास की जरूरत के बारे में अधिक बातें नहीं मिलती हैं। पुरुष की 'रिडक्शनिस्ट' छवि अधिक है जो आदिम युग से स्त्री के श्रेष्ठ मानवीय पक्ष का केवल दुरुपयोग कर रहा है और उसे उदात्त मानव चेतना से वंचित दिखाया गया है। उनकी एकान्त विषयक कविताओं व रहस्यवाद में भी पुरुष पूरी तरह अदृश्य है। जबकि वास्तविकता यह है कि एक श्रेष्ठ समाज का निर्माण तब होता है जब उन्नत मानवीय भावों का लैंगिकतापरक आधार नहीं निर्मित होता बल्कि वे पुरुष-स्त्री दोनों के व्यक्तित्व व जीवन में सामूहिक ढंग से व्यक्त होते हैं। किसी भी स्त्रीवादी विचारधारा की जिम्मेदारी है कि वह एक सन्तुलित करुणासम्पन्न व्यक्तित्व के निर्माण को भी सांस्कृतिक लक्ष्य के रूप में प्रोत्साहित करे और मानवीय गुणों के जेंडर आधारित विभाजन को हतोत्साहित करे।

पर इस मामूली तथा एक सीमा तक तर्कसंगत अन्तर्विरोध के बावजूद महादेवी वर्मा लगातार स्त्रियों के विविध प्रताड़ित समूहों के प्रति जिम्मेदारी से भरा लेखन करती रहीं। श्रमिक स्त्रियों, मध्यवर्गीय स्त्रियों तथा निम्नवर्गीय स्त्रियों की समस्याओं पर ध्यान देते हुए उन्होंने पतित, कुलटा व वेश्या समझी जाने वाली स्त्रियों के बारे में भी लिखा है। सौन्दर्य की हाट में पुरुष की प्यास बुझाने के लिए रूप के क्रय-विक्रय की विभीषिका की ओर ध्यान आकृष्ट किया है। स्त्रीत्व को अतिशय प्रशंसा तथा अतिशय तिरस्कार, दोनों से मुक्त कराने के लिए प्रयास करती हैं। इस सन्दर्भ में उनके महत्त्वपूर्ण निबन्ध 'जीवन का व्यवसाय' का बार-बार पाठ तथा पुनर्पाठ किया जाना चाहिए जिनमें वेश्या या मनोविनोद व क्रीड़ा के लिए बनी स्त्री के जीवन की विडम्बनाओं के विषय में लिखा गया है। महादेवी वर्मा की युवावस्था के दिनों में सामन्तवाद अपने सबसे विकृत रूप में मौजूद था। रजवाड़ों, जमींदारों के घरों में कुत्सित कामाचार करना, विनोद-सभाएँ सजाना तथा लोलुपता-विलासिता उनका प्रधान लक्षण होता है। शायद ही कोई बड़ा लेखक हो जिसने सामन्ती तंत्र में स्त्री के शोषण खासतौर पर देहव्यापार सम्बन्धी समस्या के बारे में प्रत्यक्ष या परोक्ष रूप से न लिखा हो। महादेवी ने भी अपने युग के जीवनानुभवों से उद्वेलित होकर स्त्री देह व मन पर होने वाले अत्याचारों के विरोध में कलम चलाई। उन्होंने यह

देखा और दिखाया कि स्त्री की दुर्बलता का कोई प्राकृतिक पक्ष नहीं होता है बल्कि समाज-व्यवस्था के द्वारा ही उसका नित उत्पादन होता है। दुर्बलता की पैदावार कर दुर्बल नारियों का नवीन समाज तैयार किया जाता है। घृणा और आसक्ति दोनों ही अस्त्रों से स्त्री को परास्त कर हमेशा के लिए दुर्बल बनाया जा सकता है। समाज की पतित समझी जाने वाली वेश्याओं के सन्दर्भ में उन्होंने यही प्रतिपादित किया है कि स्त्री देह के प्रति तिरस्कार भी पुरस्कार पाने की लालसा में किया जाता है और दूसरी ओर स्त्रियों को गुपचुप ढंग से पुरुषों की अस्वस्थ लालसाओं का शिकार भी बनाया जाता है। यानी सेक्स व कामसक्तियों को भारतीय समाज में एक पाप की तरह देखा गया तथा उस पाप को ढकने के नाम पर स्त्री देह का बाजार खड़ा कर दिया गया। महादेवी जी की परिपक्व दृष्टि का प्रमाण है कि उन्होंने स्त्री शोषण को केवल कारुणिक तरीके से नहीं समझा बल्कि उस व्यापक सामाजिक तंत्र की पहचान भी कराई है जिसमें यह शोषण एक दुश्चक्र की तरह स्वत: जन्म लेने लगता है। वह इस वास्तविकता को देख सकीं कि स्त्री के लिए निर्वासन, तिरस्कार और निषेध की वेदना कैसे ऐतिहासिक तंत्र का हिस्सा है। चारित्रिक पतन का मिथ भी कैसे स्त्री के नियंत्रण में अधिक प्रयोग किया जाता है। सामाजिकता की परिभाषा इस प्रकार गढ़ी गई है कि नैतिक-चारित्रिक जवाबदेही का पूरा सिस्टम स्त्रियों पर थोपा गया है ताकि उन्हें निर्वासन के दंड से भयभीत रखा जा सके। वह लिखती हैं—

> किसी भी पुरुष का कैसा भी चारित्रिक पतन उससे सामाजिकता का अधिकार छीन नहीं लेता, उसे गृह-जीवन से निर्वासन नहीं देता, सुसंस्कृत व्यक्तियों में उसका प्रवेश निषिद्ध नहीं बनाता, और धर्म से लेकर राजनीति तक सभी क्षेत्रों में ऊँचे-ऊँचे पदों तक पहुँचने का मार्ग नहीं रोक लेता। साधारणत: महान दुराचारी पुरुष भी परम सती स्त्री के चरित्र का आलोचक ही नहीं न्यायकर्ता भी बना रहता है।

वर्तमान में इनमें से कुछ बातें उन्हें अतिश्योक्तिपूर्ण लग सकती हैं जो समाज के केवल आधुनिक महानगरीय परिवेश के यथार्थ को जानते हैं। जो आज भी अनेक परिवर्तनों के बावजूद कस्बाई-ग्रामीण जीवन के यथार्थ से अवगत हैं, उन्हें महादेवी जी के विचारों में कोई भी अप्रासंगिक किस्म का अतिरेक नहीं बल्कि वास्तविकता का चित्रण ही दिखेगा। इसी प्रकार उन्होंने भारतीय परिवार व्यवस्था को स्त्रियों का आत्मविश्वास भंग करने वाली व्यवस्था के रूप में देखा है। परिवार व्यवस्था का उपहास उड़ाने के अपने निराले अन्दाज में वह कहती हैं—

> नगरों में स्थानाभाव के कारण अधिकांश मध्यवर्गीय लोगों के घर तीसरे दर्जे के मुसाफिरखाने जैसे जान पड़ते हैं।

उन्होंने परिवारों में संघर्ष-कटुता, आवश्यक वस्तुओं के अभाव तथा सम्बन्धों में मानसिक लगाव न होने की बातें लिखी हैं।

संसार की अन्य स्त्रीवादी विचारकों ने भी परिवार व्यवस्था को स्त्री विरोधी करार दिया है, कई बार सन्तुलित विवेचन से तो कई बार उग्र अतिरेकों से। उदाहरण के लिए अमेरिकी नारीवादी चिन्तक बैटी फ्रीडन (1921-2006) ने अपनी प्रसिद्ध किताब 'द फेमिनाइन मिस्टीक' (1963) में अमेरिका की परिवार व्यवस्था की तुलना नाजियों के यातना केन्द्रों से की थी क्योंकि पारिवारिक संरचना स्त्रियों को न केवल सीमित जेंडर भूमिका से बाँधती थी बल्कि स्त्रियों का अमानवीयकरण (डीह्यूमनाइजेशन) भी करती थी। उन्होंने सम्पन्न उपनगरीय इलाकों की अमेरिकी गृहणियों की कुंठा, निराशा तथा स्वभाव में मौजूद बचपने के लिए अमेरिकी परिवार व्यवस्था को उत्तरदायी ठहराया था जिसमें स्त्रियाँ अपना ही नहीं अपनी सन्तानों का भी 'डीह्यूमनाइजेशन' करती हैं। अपनी यौन फैंटेसी, अभाव व कामनाओं को सन्तानों पर थोपती हैं। वे परिवार के नाम पर कैदियों के ऐसे यातना गृह (नाजी कंसट्रेशन कैंप) में जीती हैं जिसमें उन्हें पैसिव, निष्क्रिय तथा बालसुलभ जीवन का आदी होना होता है तथा अपनी व्यस्क चेतना को त्याग कर भोजन तथा अन्य अनिवार्य वस्तुओं के लिए जीना होता है। वह लिखती हैं—

> यह सही है कि अमेरिकी स्त्रियाँ किसी व्यापक नरसंहार के लिए नहीं तैयार की जा रही हैं, लेकिन उन्हें मस्तिष्क तथा भावों की धीमी गति वाली मृत्यु को सहना पड़ रहा है।

इन दिनों कुछ अत्यधिक मौलिक चिन्तक देशज ज्ञानमीमांसा की खोज सम्बन्धी आतुरता में पितृसत्ता की आलोचना करने वाले हर किस्म के नारीवाद तथा जेंडर थ्योरी को भी पश्चिम साम्राज्यवाद का अंग बताने की कोशिश कर रहे हैं। इसमें सन्देह नहीं कि 'इंपीरियल फेमिनिज्म' एक गम्भीर अवधारणा है और इसने यह दर्शाया है कि श्वेत पश्चिमी औरत के अधिकारों के नजरिये से इस्लाम, अफ्रीकी प्रजाति, विभिन्न आदिवासी समूहों तथा एशियाई समाज व्यवस्था की स्त्रियों की दशा का अध्ययन करने के नाम पर स्त्रीवाद को साम्राज्यवादी परियोजनाओं से जोड़ा जाता रहा है। पर इसी अवधारणा की मदद लेकर कुछ विद्वान हर किस्म के स्त्रीवाद का विरोध करने की चेष्टा भी कर रहे हैं। साम्राज्यपरस्त उदारवाद हो या साम्राज्यपरस्त नारीवाद, इन दोनों के विरोध की आड़ में न तो उदारवाद और न नारीवाद का विरोध किया जाना चाहिए। जो ऐसा कर रहे हैं वे लोग वास्तव में भारतीय परम्परा व साहित्य में मौजूद प्रतिरोध व प्रगतिशीलता के तत्त्वों को भी नकार रहे हैं। यानी वे दोतरफा चोट करने की कोशिश कर रहे हैं। एक ओर साम्राज्यवादी बौद्धिक साजिशों के खुलासे के नाम पर आधुनिक मूल्यों की सार्वभौमिकता के बारे

में सन्देह पैदा कर रहे हैं, दूसरी ओर आन्तरिक परम्परा में जो प्रगतिशील चेतना है, उसकी उपेक्षा को भी बढ़ावा दे रहे हैं! भूलना नहीं चाहिए कि उपनिवेशवाद तथा औपनिवेशिक प्रभावों की विवेचना व आलोचना का कोई पूर्णतः निरपेक्ष आधार नहीं होता और वह भी प्रतिक्रियावादी व प्रगतिशील दृष्टिकोण से संचालित होती हैं। उपनिवेशवाद स्वयं इतिहास का अंग भी होता है और इतिहास की वैविध्यपूर्ण व्याख्याओं से वह भी निरन्तर अलग-अलग तरह से लोगों की स्मृतियों का हिस्सा बनता रहता है। औपनिवेशिक स्मृतियाँ भी स्वयम्भू नहीं होती हैं बल्कि वे भी इतिहास की वैचारिक व विचारधारात्मक व्याख्या से प्रभावित होती रहती हैं। इस कारण स्त्रीवाद के आलोचकों को बैटी फ्रीडन की मान्यताएँ किसी औपनिवेशिक जेंडर थ्योरी का हिस्सा लग सकती हैं। पर वे हिन्दी में महादेवी वर्मा जैसी चिन्तक के योगदान को भी अनदेखा करना चाहते हैं जो पश्चिम में गृह इकाई के टूटने के दुष्परिणामों पर चिन्तित हैं पर अत्यधिक गौरवान्वित परिवार व्यवस्था की कठोर आलोचना कर रही थीं। वह लिख रही थीं—

> सम्बन्धों में संघर्ष और कटुता, जीवन के लिए आवश्यक वस्तुओं का अभाव, घर में कोई निश्चित केन्द्र-संचालक न होने के कारण अव्यवस्था आदि ने मिलकर घर के वातावरण से किसी मानसिक लगाव को असम्भव बना दिया है। इस स्थिति ने गृहिणी ही नहीं तरुण-तरुणियों पर भी अस्वस्थ प्रभाव डाला है। कभी-कभी आर्थिक कारणों से और कभी घर के वातावरण से मुक्ति पाने के लिए शिक्षित नारी बाहर कार्य खोजती है। अनेक महिलाओं ने लज्जा के साथ स्वीकार किया है कि वे घर से मुक्त होने के लिए ही विवाह विच्छेद चाहती हैं, पतियों के किसी दोष के कारण नहीं। तरुण विद्यार्थिनियाँ स्पष्ट कहती हैं कि घर के वातावरण में साँस लेना कठिन होने के कारण वे बाहर ही घूमते रहना चाहती हैं।

सम्पन्न वर्ग की महिलाओं में केवल पति के गौरव की वृद्धि के लिए जीवनयापन करने से पैदा असन्तोष के बारे में भी उन्होंने लिखा है। अर्थात किसी साझे जीवनानुभवों के कारण सुदूर बैठी दो स्त्रियाँ परिवार व्यवस्था में स्त्रियों के आत्महनन के बारे में एक जैसे निष्कर्ष तथा चिन्ता को व्यक्त कर रही थीं। एक ओर पश्चिम का नारीवादी चिन्तन है, दूसरी ओर भारतीय स्त्रियों का आत्मालोचनापरक चिन्तन। इन दोनों के मध्य संवाद आवश्यक है, साथ ही चेतना के विकास में दोनों की भूमिकाओं का बोध भी।

महादेवी वर्मा भारतीय स्त्री की वह सजीव नारी मूर्ति हैं जिनमें कर्मकांडमुक्त चेतना, इतिहास-बोध सम्पन्न आधुनिकता, धर्मनिरपेक्षता तथा समानता की विशेषताएँ व्यक्त होती हैं। उन्होंने 'धर्म विक्षिप्त समाज' की कटु आलोचना की है और धर्माचार्यों

की परवाह किए बगैर धार्मिक प्रतीकों को भी नहीं बख्शा है। वह व्यावहारिक धर्म की विकृतियों के प्रति सावधान करती हैं और समन्वयात्मक अध्यात्म का पोषण करने पर बल देती हैं। उन्होंने स्त्रीत्व की अपने ढंग से पुनर्रचना की जिसमें स्त्री के सम्बन्ध में पारम्परिक भ्रान्तियों को तोड़ा तथा स्त्री को दुर्वह दुर्बलताओं का विरोध करना सिखाया। हिंसा-प्रतिहिंसा, भयावह युद्ध तथा सामाजिक बर्बरता का विरोध उनका प्रमुख लेखकीय सरोकार था और उन्होंने ऐसे समग्र स्त्रीत्व की कल्पना की थी जो इन बुराइयों में पुरुषों की सत्ता से सहयोग करने के स्थान पर शान्तिमय सामाजिक वातावरण के निर्माण में सहयोग करेगी तथा उसी में बराबरी व सहयोग के मूल्यों का विकास करना चाहेगी। वह अपने प्रसिद्ध लेख 'युद्ध और नारी' में लिखती भी हैं—

> वास्तव में स्त्री के गुणों का चरम विकास समाज के शान्तिमय वातावरण में ही है, चाहे समय के अनुसार हम इसे न मानने पर बाध्य हों।

शान्तिमय वातावरण से उनका तात्पर्य था शारीरिक बल के प्रदर्शन पर टिकी मर्दानगी तथा पाशविक हिंसा से समाज को मुक्त कराना। वह मानती थीं कि स्त्री युद्ध व बर्बरता के प्रचार का माध्यम बनने के स्थान पर जाति, वर्ण, राष्ट्र की संकीर्ण दीवारों को गिराती चलेगी तथा एक आधुनिक समानतापूर्ण समाज को तैयार करने की दिशा में योगदान देना चाहेगी।

महादेवी वर्मा और आलोचना का मर्दवादी जाल

श्रीधरम

हिन्दी आलोचना की शुरुआत भारतेन्दु युग से हुई और वह छायावाद तक आते-आते प्रौढ़ हो गई। आधुनिक काल में 'छायावाद' को सबसे अधिक 'आलोचना' जगत का विरोध झेलना पड़ा इसीलिए इस वाद पर सर्वाधिक चर्चा हुई। फिर भी छायावाद के चार स्तम्भों में प्रसाद, पन्त, निराला के मुकाबले महादेवी पर बहुत कम लिखा गया। कुछ आलोचकों ने तो महादेवी की कविता का जमकर मजाक उड़ाया। सबसे महत्त्वपूर्ण यह है कि हिन्दी की मर्दवादी आलोचना, महादेवी की स्त्री-संवेदना को समझने में विफल रही और इसीलिए वह उनकी कविताओं पर बिफरती रही। इस सन्दर्भ में भी महादेवी के साहित्य पर विचार किया जाना आवश्यक है। जब एक स्त्री अपने लिए साहित्य में पुरुषों से 'विस्तृत नभ का एक कोना' माँगती है तो उसे पुरुषवादी हिन्दी आलोचना से किस तरह की गलीज प्रतिक्रिया मिलती है वह यहाँ देखा जा सकता है।

आचार्य रामचन्द्र शुक्ल ने छायावाद का जिन कारणों से विरोध किया वह 'रहस्यात्मकता, अभिव्यंजना के लाक्षणिक वैचित्र्य, वस्तुविन्यास की विशृंखलता, चित्रमयी भाषा और मधुमयी कल्पना' है। आचार्य शुक्ल छायावाद पर यूरोपीय और रवीन्द्रनाथ ठाकुर का प्रभाव घोषित करते हुए इस निष्कर्ष पर पहुँचे कि " 'छायावाद' शब्द का प्रयोग दो अर्थों में समझना चाहिए। एक तो रहस्यवाद के अर्थ में, जहाँ उसका सम्बन्ध काव्यवस्तु से होता है अर्थात जहाँ कवि उस अनन्त और अज्ञात प्रियतम को आलम्बन बनाकर अत्यन्त चित्रमयी भाषा में प्रेम की अनेक प्रकार से व्यंजना करता है। रहस्यवाद के अन्तर्भूत रचनाएँ पहुँचे हुए पुराने सन्तों या साधकों की उसी वाणी के अनुकरण पर होती हैं जो तुरीयावस्था या समाधिदशा में नाना रूपकों के रूप में उपलब्ध आध्यात्मिक ज्ञान का आभास देती हुई मानी जाती थी। इस रूपात्मक आभास को यूरोप में 'छाया' (फैंटसमाटा) कहते थे। इसी से बंगाल में ब्रह्मसमाज के बीच उक्त वाणी के अनुकरण पर जो आध्यात्मिक गीत या भजन बनते थे वे 'छायावाद' कहलाने लगे। धीरे-धीरे यह शब्द धार्मिक क्षेत्र से वहाँ के

साहित्यक्षेत्र में आया और फिर रवीन्द्र बाबू की धूम मचने पर हिन्दी के साहित्य क्षेत्र में भी प्रकट हुआ।

'छायावाद' शब्द का दूसरा प्रयोग काव्यशैली या पद्धति विशेष के व्यापक अर्थ में है। सन् 1885 में फ्रांस में रहस्यवादी कवियों का एक दल खड़ा हुआ जो प्रतीकवाद (सिंबालिस्ट्स) कहलाया। वे अपनी रचनाओं में प्रस्तुतों के स्थान पर अधिकतर अप्रस्तुत प्रतीकों को लेकर चलते थे। इसी से उनकी शैली की ओर लक्ष्य करके 'प्रतीकवाद' शब्द का व्यवहार होने लगा। आध्यात्मिक या ईश्वर प्रेम सम्बन्धी कविताओं के अतिरिक्त और सब प्रकार की कविताओं के लिए भी प्रतीक शैली की ओर वहाँ प्रवृत्ति रही। हिन्दी में 'छायावाद' शब्द का जो व्यापक अर्थ में—

> रहस्यावादी रचनाओं के अतिरिक्त और प्रकार की रचनाओं के सम्बन्ध में भी—ग्रहण हुआ वह इसी प्रतीक शैली के अर्थ में। छायावाद का सामान्यत: अर्थ हुआ प्रस्तुत के स्थान पर उसकी व्यंजना करने वाली छाया के रूप में अप्रस्तुत का कथन। इस शैली के भीतर किसी वस्तु या विषय का वर्णन किया जा सकता है। ('हिन्दी साहित्य का इतिहास', पृ. 456)

वे आगे लिखते हैं—

> 'छायावाद' का केवल पहला अर्थात मूल अर्थ लेकर तो हिन्दी काव्यक्षेत्र में चलने वाली श्री महादेवी वर्मा ही हैं। पन्त, प्रसाद, निराला इत्यादि और सब कवि प्रतीक पद्धति या चित्रभाषा शैली की दृष्टि से ही छायावादी कहलाए।

स्पष्ट है कि आचार्य शुक्ल ने महादेवी की कविता को अन्य छायावादी कवियों प्रसाद, पन्त, निराला, से अलग 'नाना रूपकों के रूप में उपलब्ध आध्यात्मिक ज्ञान का आभास देने वाली' रहस्यवाद के अन्तर्गत रखा जिसे यूरोप में 'छाया' (फैंटसमाटा) कहा जाता है।

आचार्य शुक्ल यूरोप-बंगाल, वेद-उपनिषद हर जगह भ्रमण कर आए, लेकिन भारतीय समाज के हाशिए पर बैठी स्त्री-जीवन की विद्रूपता की ओर वह नहीं झाँक सके। 'नीर भरी दुःख की बदली' में भारतीय स्त्री के आँसू कितने घनीभूत हैं, यह उनकी पारखी नजर से ओझल रह गया। यही कारण है कि महादेवी वर्मा की कविता को 'रहस्यवाद' के घेरे में बाँधकर उन्होंने आगे के आलोचकों के लिए भी एक प्रकार से दरवाजा बन्द कर दिया। आचार्य रामचन्द्र शुक्ल ने छायावाद को 'कलावाद' की कलाकारी साबित करते हुए लिखा है—

> छायावाद की कविता की पहली दौड़ तो बंगभाषा की रहस्यात्मक कविताओं के सजीले और कोमल मार्ग पर हुई। पर उन कविताओं की बहुत कुछ गतिविधि अंग्रेजी वाक्यखंडों के अनुवाद द्वारा संघटित देख, अंग्रेजी काव्यों से परिचित हिन्दी कवि सीधे अंग्रेजी से तरह-तरह के लाक्षणिक प्रयोग लेकर उनके ज्यों के त्यों अनुवाद जगह-जगह अपनी रचनाओं में जड़ने लगे। 'कनक प्रभात', 'विचारों में बच्चों की साँस', 'स्वर्ण समय', 'प्रथम मधुबाल', 'तारिकाओं की तान', 'स्वप्निल कान्ति' ऐसे प्रयोग अजायबघर के जानवरों की तरह उनकी रचनाओं के भीतर इधर-उधर मिलने लगे। निरालाजी की शैली कुछ अलग रही। उसमें लाक्षणिक वैचित्र्य का उतना आग्रह नहीं पाया जाता जितना पदावली की तड़क-भड़क और पूरे वाक्य के वैलक्षण्य का। केवल भाषा के प्रयोग वैचित्र्य तक ही बात न रही। ऊपर जिन अनेक यूरोपीय वादों और प्रवादों का उल्लेख हुआ है उन सबका प्रभाव भी छायावाद कही जाने वाली कविताओं के स्वरूप पर कुछ न कुछ पड़ता रहा।
>
> कलावाद और अभिव्यंजनावाद का पहला प्रभाव यह दिखाई पड़ा कि काव्य में भावानुभूति के स्थान पर कल्पना का विधान ही प्रधान समझा जाने लगा और कल्पना अधिकतर अप्रस्तुतों की योजना करने तथा लाक्षणिक मूर्तिमत्ता और विचित्रता लाने में ही वृत्त हुई। प्रकृति के नाना रूपों और व्यापार इसी प्रस्तुत योजना के काम में लाए गए। सीधे उनके मर्म की ओर हृदय प्रवृत्त न दिखाई पड़ा। पन्त जी अलबत प्रकृति के कमनीय रूपों की ओर कुछ रुककर हृदय रमाते पाए गए। (वही, पृ. 446)

आचार्य शुक्ल ने छायावाद को खारिज करने के लिए विस्तार से उस पर विचार किया है। इस क्रम में सबसे ज्यादा उन्होंने 'पन्त' की तारीफ की है। निराला और प्रसाद की भी यथा स्थान चर्चा की है लेकिन छायावाद के सन्दर्भ में महादेवी को चर्चा के लायक उन्होंने समझा ही नहीं! जैसे 'रहस्यवाद' का विशेषण प्राप्त करते ही महादेवी की कविता सिर्फ 'भजनानन्दियों' के लिए रह गई हो।

अपने 'हिन्दी साहित्य का इतिहास' में आचार्य शुक्ल ने सुमित्रानन्दन 'पन्त' पर विचार करते हुए लगभग चौदह पृष्ठ खर्च किए थे। 'प्रसाद' पर ग्यारह, 'निराला' पर साढ़े तीन और महादेवी पर सिर्फ आधा पृष्ठ। क्या सच में महादेवी सिर्फ आधे पन्ने में सिमटने लायक कवयित्री हैं या आचार्य शुक्ल के समय थीं? वैसे निराला के साथ भी शुक्ल जी ने न्याय नहीं किया है। एक महान आलोचक भी अपने पूर्वग्रह (वैयक्तिक, सामाजिक, सांस्कृतिक) के कारण अपने विचारों में

किस प्रकार प्रतिगामी हो सकता है, उपरोक्त आँकड़े इसके प्रमाण हैं। ध्यातव्य है कि इस समय तक महादेवी के संग्रह-नीहार, रश्मि, नीरजा और सांध्यगीत प्रकाशित हो चुके थे।

महादेवी वर्मा की कविताओं पर विचार करते हुए आचार्य शुक्ल ने लिखा है—

> छायावादी कहे जाने वाले कवियों में महादेवी जी ही रहस्यवाद के भीतर रही हैं। उस अज्ञात प्रियतम के लिए वेदना ही इनके हृदय का भावकेन्द्र है जिससे अनेक प्रकार की भावनाएँ छूट-छूट कर झलक मारती हैं। (वही, पृ. 489)

यह 'कहे जाने वाले कवियों' और 'छूट-छूट कर झलक मारती हैं।' में निहित व्यंग्य को समझा जा सकता है। महादेवी के काव्य में निहित वेदना पर आचार्य शुक्ल लिखते हैं—

> वेदना से इन्होंने अपना स्वाभाविक प्रेम व्यक्त किया है, उसी के साथ वे रहना चाहती हैं। उसके आगे मिलनसुख को भी वे कुछ नहीं गिनतीं। वे कहती हैं कि 'मिलन का मत नाम ले मैं विरह में चिर हूँ।' इस वेदना को लेकर इन्होंने हृदय की ऐसी अनुभूतियाँ सामने रखी हैं जो लोकोत्तर हैं। कहाँ तक वे वास्तविक अनुभूतियाँ हैं और कहाँ तक अनुभूतियों की रमणीय कल्पना है, यह नहीं कहा जा सकता। (वही, पृ. 490)

आचार्य शुक्ल जी की उपरोक्त पंक्तियों में अभिव्यक्त व्यंग्य—उसी के साथ रहना चाहती हैं। मिलन सुख को भी वे कुछ नहीं गिनतीं।' महादेवी की काव्य संवेदना की प्रशंसा है या निंदा यह सहज ही समझा जा सकता है। आगे वे महादेवी की कविता में अभिव्यक्त 'पीड़ा' के साथ 'चसका' शब्द का प्रयोग करते हैं जो उनकी पुरुषवादी आलोचकीय मानसिकता की 'सीमा' को दर्शाता है—

> *पीड़ा का चसका इतना है कि—*
> *तुमको पीड़ा में ढूँढ़ा।*
> *तुमको ढूँढ़ेगी पीड़ा* (वही, पृ. 490)

हजारों साल से शोषित-उत्पीड़ित भारतीय स्त्रियों की 'पीड़ा' जब अभिव्यक्ति का रूप ग्रहण करती है तो उसे आचार्य शुक्ल 'चसका' की संज्ञा देते हैं। स्पष्ट है कि महादेवी की स्त्री-संवेदना को समझने में आचार्य शुक्ल से भारी चूक हो गई। वैसे महादेवी के गीतों की उन्होंने प्रशंसा की है—

> गीत लिखने में जैसी सफलता महादेवी जी को हुई वैसी और किसी को नहीं। न तो भाषा का ऐसा स्निग्ध और प्रांजल प्रवाह और कहीं मिलता

> है, न हृदय की ऐसी भावभंगी। जगह-जगह ऐसी ढली हुई और अनूठी व्यंजना से भरी हुई पदावली मिलती है कि हृदय खिल उठता है।

इस प्रकार आचार्य रामचन्द्र शुक्ल ने महादेवी की कविता को 'आध्यात्मिक रहस्यवाद' के घेरे में बाँध दिया जिसका परिणाम यह हुआ कि आगे के आलोचकों ने भी उनकी कविता से मुँह फेर लिया।

आचार्य हजारी प्रसाद द्विवेदी आचार्य शुक्ल के विपरीत छायावाद की प्रशंसा करते हैं, लेकिन महादेवी की कविता के सन्दर्भ में उन्होंने भी शुक्ल जी से अलग हटकर विचार करने की कोशिश नहीं की। द्विवेदी जी छायावादी कविता का प्राणतत्त्व मानवतावादी दृष्टिकोण को मानते हैं। उन्हीं के शब्दों में—

> मानवीय दृष्टि के कवि की कल्पना, अनुभूति और चिन्तन के भीतर से निकली हुई, वैयक्तिक अनुभूतियों के आवेग की स्वत: समुचित अभिव्यक्ति-बिना किसी आयाम के और बिना किसी प्रयत्न के, स्वयं निकल पड़ा हुआ भावस्रोत-ही छायावादी कविता का प्राण है। सन् 1920 ई. में जो देशव्यापी चेतना की लहर देश के इस किनारे से उस किनारे तक फैल गई थी, उसने कवि और सहृदय दोनों को अधिक आत्मविश्वासी और अधिक भावग्राही बनाया। संयोग से इसी काल में अनेक प्राणवन्त कवियों का आविर्भाव हुआ। ('हिन्दी साहित्य : उद्‌भव और विकास', पृ. 243)

द्विवेदी जी महादेवी की कविता को वैयक्तिक और रहस्यवादी की संज्ञा देते हैं लेकिन आचार्य शुक्ल से थोड़ा अलग हटकर वैयक्तिकता की व्याख्या करते हैं—

> महादेवी की यह रहस्यवादी भावना सम्पूर्ण रूप से वैयक्तिक है। यह फिर भी स्पष्ट कर देना उचित है कि काव्य में 'वैयक्तिक' से तात्पर्य यह नहीं है कि कवि के व्यक्तिगत दु:ख-सुख का समाचार हमें मिलता है, बल्कि वैयक्तिकता का तात्पर्य यह है कि कवि ने जिन भावों को सर्वसाधारण भाव बना दिया है, वे शुरू-शुरू में उसके अपने राग-विरागों और मनन-निदिध्यासन द्वारा अनुरंजित चित्त में उत्थित हुए थे। काव्य में प्रकट होने के बाद के कवि के नहीं, सहृदय मात्र के अपने भाव बन जाते हैं। व्यक्तिगत अनुभूतियों की तीव्रता और मर्मस्पर्शिता में महादेवी की रचनाएँ अपूर्व हैं। वे पाठक के चित्त में वेदना की अनुभूति भरती हैं और खोई हुई वस्तु के मिल जाने की आशा से उत्पन्न होने वाले उल्लास का वातावरण उत्पन्न करती हैं। (वही, पृ. 242)

देखा जाए तो हजारीप्रसाद द्विवेदी की दृष्टि से भी महादेवी की वैयक्तिकता में भारतीय स्त्री जीवन की निजता और त्रासद यथार्थ अलक्ष्य रह गया। यही कारण है कि प्रसाद के रूपक-बन्ध से महादेवी के रूपक की तुलना करते समय भी उन्होंने स्त्री-जीवन को ध्यान में नहीं रखा—

> लाक्षणिक वक्रता और मनोवृत्तियों की मूर्त योजना में ये प्रसाद के समान ही हैं, फिर भी प्रसाद की वक्रता में जितनी स्पष्टता है उतनी भी इनकी आरम्भिक रचनाओं में नहीं है। दोनों के मानसिक गठन और वक्तव्य के प्रति पहुँच में भेद है। प्रसाद जी आरम्भ से ही कुछ बुद्धि-वृत्तिक हैं, वे रूपक को दूर तक घसीट और सँभालकर ले जाने की क्षमता रखते हैं। महादेवी शुरू से ही अत्यन्त संवेदनशील हैं, उनमें अनुभूति की तीव्रता 'प्रसाद' से अधिक है, इसीलिए वे 'प्रसाद' के समान लम्बे रूपकों का निर्वाह नहीं कर पातीं। वे पूर्ण रूप से गीति काव्यात्मक प्रकृति की हैं। (वही, पृ. 249)

स्पष्ट है कि महादेवी की संवेदनशीलता और अनुभूति की तीव्रता की प्रशंसा करते हुए भी द्विवेदी जी महादेवी की काव्यप्रतिभा को प्रसाद के मुकाबले कमतर आँकते हैं।

नन्ददुलारे वाजपेयी छायावाद के पक्ष में दृढ़तापूर्वक खड़े होने वाले आलोचक आचार्य नन्ददुलारे वाजपेयी ने प्रसाद, निराला और पन्त को वृहत्त्रयी में रखते हुए उनकी भूरि-भूरि प्रशंसा की है। जो उचित भी है, लेकिन महादेवी वर्मा को उन्होंने इन वृहत्रयी से इतर रखकर काव्य-प्रतिभा में कमतर माना है। वाजपेयी जी का मानना है कि—

> हिन्दी में महादेवी जी का प्रवेश छायावाद के पूर्ण ऐश्वर्य काल में हुआ था, किन्तु आरम्भ से ही उनकी रचनाएँ छायावाद की मुख्य विशेषताओं से प्राय: एकदम रिक्त थीं।

इस क्रम में वाजपेयी जी छायावाद की एक परिभाषा तय करते हैं—

> मानव अथवा प्रकृति के सूक्ष्म किन्तु व्यक्त सौन्दर्य में आध्यात्मिक छाया का भान मेरे विचार से छायावाद की एक सर्वमान्य व्याख्या हो सकती है।

दरअसल महादेवी की कविता किसी पूर्व निर्धारित प्रतिमानों के खाँचे में फिट नहीं बैठती। यही कारण है कि उनकी कविता में आलोचकों ने वैयक्तिकता, रहस्यवाद, कलाविहीनता आदि कमजोरियों को गिनाकर अपनी दृष्टि की कमजोरी को छुपाने का प्रयास किया या फिर दूसरे छायावादी कवियों को सामने खड़ा कर

अच्छा-बुरा की शैली में महादेवी की कविता का विवेचन करने का प्रयास किया गया। वाजपेयी जी लिखते हैं—

> प्राकृतिक सौन्दर्य के प्रति 'पल्लव' वाले पन्त जी का-सा विमोहक आकर्षण उनमें नहीं, इसके बदले वे प्रकृति के एक-एक रूप या उसकी एक-एक वृत्ति को साकार व्यक्तित्व देकर उनके व्यापारों की कल्पना करती हैं, जिनकी समृद्धि कल्पनाशीलता प्रकट हुई है, किन्तु वे कल्पनाएँ सब जगह सीधी और चोट करने वाली नहीं, उनका प्रत्यक्ष रूप सहज आँखों के सामने नहीं आता।

वाजपेयी जी 'कल्पना-बाहुल्य' को छायावाद की विशेषता बताते हुए 'पन्त' के समक्ष महादेवी के प्रतीकों को 'कल्पित-व्यापार' कहते हैं, जिसे वे 'सौन्दर्य-संस्कारों के प्रतिकूल' मानते हैं। वाजपेयी जी महादेवी पर काल्पनिकता का आरोप लगाने वाले आलोचकों को उत्तर देते हुए लिखते हैं कि—

> महादेवी के काव्य का आधार उसी अर्थ में काल्पनिक कहा जा सकता है, जिस अर्थ में कबीर और मीरा का काव्याधार काल्पनिक है; जिस अर्थ में 'गीतांजलि' और 'आँसू' काल्पनिक हैं।

महादेवी वर्मा की कविता का मूल्यांकन करते हुए अन्ततः नन्ददुलारे वाजपेयी इस निष्कर्ष पर पहुँचते हैं कि—

> स्त्रियोचित सात्विकता ही महादेवी के काव्य की सार्वत्रिक विशेषता है। इससे उनके काव्य को एक सुन्दर कान्ति मिली है, यद्यपि कहीं-कहीं अति सरलता, सौन्दर्य-स्पर्श से वंचित भी रह गई है। महादेवी जी की वेदना पहले व्यक्तिगत भावुकता अथवा दृढ़ भक्तिभावना के रूप में रही है जो क्रमशः निखरती गई है। ('नन्ददुलारे रचनावली'-2, पृ. 428)

फिर भी वाजपेयी मीरा और महादेवी की कविता में कोई स्त्रियोचित पीड़ा का साम्य नहीं ढूँढ़ पाते।

वे सिर्फ कलावादी दृष्टि से दोनों की कविता की तुलना करते हैं—

> विशुद्ध काव्यदृष्टि से महादेवी मीरा की ऊँचाई पर कम ही पहुँचती हैं। काव्यकला से सज्जित होने पर भी उनकी कविता में तीव्र नैसर्गिक उन्मेष नहीं, साथ ही, उनमें एकांगिकता भी है। उक्त भावना-शिशु के लिए मुक्त आकाश में पक्षी की भाँति उड़कर चराचर जगत की जो सौन्दर्य-सामग्री,

जो सहज आस्वाद फल, कविगण प्रस्तुत किया करते हैं, महादेवी जी में उसकी कमी है। भावना-शिशु का प्यार उन्हें अपना नीड़ छोड़ने नहीं देता।

'स्त्रियोचित सात्विकता' और 'नैसर्गिकता' की दृष्टि से महादेवी वर्मा की कविता को परखने के प्रयास के कारण यहाँ वाजपेयी जी अपने ही तर्कजाल में उलझते नजर आते हैं। असल में महादेवी वर्मा की अन्तर्मुखता में व्याप्त भारतीय स्त्री जीवन के त्रासद सामाजिक-यथार्थ को समझने में तत्कालीन सभी आलोचकों की तरह नन्ददुलारे वाजपेयी भी असफल रहे।

डॉ. नगेंद्र को छायावाद का सहृदय आलोचक कहा गया है। लेकिन उन्होंने फ्रायडवादी काम सिद्धान्त को महादेवी की कविता का प्रेरणास्त्रोत मानकर दूर की कौड़ी खोजने की कोशिश की। डॉ. नगेंद्र के शब्दों में—

> छायावाद की अन्तर्मुखी अनुभूति, अशरीरी प्रेम, जो बाह्य तृप्ति न पाकर अमांसल की सृष्टि करता है, मानव और प्रकृति के चेतन संस्पर्श रहस्य चिन्तन (अनुभूति नहीं) तितली के पंखों और फूलों को पंखुरियों से चुराई हुई कला, और इन सबके ऊपर स्वप्न-सा पूरा हुआ एक वायवीय वातावरण सभी तत्त्व जिनमें घुले-मिले रहते हैं। ('विचार और अनुभूति', पृ. 130)

यहाँ डॉ. नगेंद्र ने महादेवी की रहस्यभावना को अतृप्त काम-भावना से जोड़कर महादेवी की कविता को सन्दर्भ से काटकर देखने का प्रयास किया है।

'छायावाद का पतन' लिखकर चर्चा अर्जित करने वाले आलोचक डॉ. देवराज का पुरुषवादी पूर्वाग्रह उनकी टिप्पणी से झलकता है—

> महादेवी ने अपनी कविता में कहीं भी युग-जीवन अथवा स्वयं जीवन के सम्बन्ध में विचार करने की चेष्टा नहीं की है, उनके आलोचक के लिए यह बड़े सन्तोष की बात है। ('साहित्य चिन्ता', पृ. 202)

दरअसल महादेवी की कविता में अभिव्यक्त विरह-वेदना तक पहुँचने के लिए जिस स्त्री-संवेदना की जरूरत थी, वह पुरुषवादी आलोचना के वश की नहीं थी। अज्ञेय ने ठीक ही लिखा है कि—

> उन्हें तो वैयक्तिक अनुभूतियों को अभिव्यक्ति भी देनी थी। और सामाजिक शिष्टाचार तथा रूढ़ बन्धनों की मर्यादा भी निभानी थी। यही भाव उन्हें प्रतीकों का आश्रय लेने को बाध्य करता है।

अमृत राय ने महादेवी की काव्य-संवेदना को 'मैं नीर भरी दुःख की बदली।' के सन्दर्भ में परखने की सलाह देते हुए लिखा है कि—

> महादेवी ने स्वयं अपनी कविता का सबसे अच्छा परिचय दिया है, 'मैं नीर भरी दु:ख की बदली', उनकी इसी पंक्ति को मन में रखे हुए आप उनके सम्पूर्ण काव्य का अवलोकन कर डालिए। ('नया साहित्य', भाग-4)

स्पष्ट है कि अमृतराय ने भी महादेवी की कविता को वैयक्तिक रूप में लिया है न कि सामाजिक यथार्थ के रूप में।

डॉ. रामविलास शर्मा ने महादेवी की कविता पर गम्भीरतापूर्वक विचार किया है। वे दूसरे आलोचकों की तरह 'रहस्यवाद' के शिकार नहीं हुए। उनकी दृष्टि में—

> महादेवी वर्मा अपने गीतों में देवी के रूप में नहीं, एक मानवी के रूप में दर्शन देती हैं। वे अपने भावव्यंजनों में इस धरती पर काम करने वाली मनुष्य नामक प्राणी ही नहीं है वरन् उसका एक भेद नारी भी है। उनका नारीत्व सामाजिक सीमाओं के अन्दर विकास के लिए पंख फड़फड़ाता है। उनकी यह व्याकुलता अनेक सांकेतिक रूपों में उनकी कविता में प्रकट होती है।

नि:सन्देह रामविलास शर्मा ने पहली बार महादेवी की कविता को स्त्री के सामाजिक यथार्थ से जोड़ने का प्रयास किया। वह स्पष्ट रूप से रेखांकित करते हैं कि निराला के अलावा और किसी कवि में इतनी जिजीविषा नहीं है।

> महादेवी जी और उनकी कविता का परिचय केवल 'नीर भरी दु:ख की बदली' या 'एकाकिनी बरसात' कहकर नहीं दिया जा सकता। उन्हीं के शब्दों में उनका परिचय देना हो तो मैं यह पंक्ति उद्धृत करूँगा, 'रात के उर में दिवस की चाह का शर हूँ।' निराला को छोड़कर किसी भी छायावादी कवि में जीवन की इतनी चाह नहीं है, जितनी महादेवी में। निराशावाद की अँधेरी रात में जीवन प्रभात की यह चाह महादेवी की रचनाओं में बार-बार दीप्त हो उठती है; और जितना ही यह अँधेरा घना होता है—उतनी ही यह चाह और भी तीव्र हो जाती है। महादेवी ने अलंकृत शब्दावली और मनोहर रूपकों में जीवन और सौन्दर्य की इस आकांक्षा को बार-बार व्यक्त किया है, 'कंटकों को सेज जिसकी आँसुओं का ताज। सुभग! हंस उठ, उस प्रफुल्ल गुलाब ही सा आज। बीती रजनी प्यारे जाग।' क्या जीवन से विमुख कोई भी व्यक्ति ऐसी सुन्दर पंक्तियाँ लिख सकता है? क्या स्थूल के प्रति सूक्ष्म का विद्रोह कहने से उस ठोस जीवन आकांक्षा, मानवीय प्रेम, मानवीय सौन्दर्य की आकांक्षा की व्याख्या हो जाती है—जो इन पंक्तियों में व्यक्त हुई है? ('परम्परा का मूल्यांकन', पृ. 182)

विजयदेव नारायण साही ने महादेवी की कविता को दूसरे दशक की छायावादी मनोभूमि से भिन्न मानते हुए लिखा है कि—

> रहस्यवादी शब्दावली उसमें जितनी भी हो। न केवल कविता के प्रधान फॉर्म में, बल्कि अनुभूति की बनावट में भी महादेवी की कविता क्रमशः बच्चन आदि में परिवर्तित होते हुए उदाहृत करती है। इसीलिए जब निराला की डाल खिलना चाहती है तो उसमें एक संकल्प का स्वर है और महादेवी के जितने फूल हैं—वे एक तरल और मधुर मार्दव के साथ सहज ही खिलते हैं, झरते हैं। ('छठवाँ दशक', पृ. 303)

डॉ. नामवर सिंह ने महादेवी की कविता में अभिव्यक्त सामाजिक असन्तोष को रेखांकित करते हुए लिखा है—

> निजी आँसुओं के 'नीहार' में बन्दिनी रहने वाली महादेवी ने 'रश्मि' के आलोक में जीवन की व्याप्ति का दर्शन किया और प्रखर ताप को झेलते हुए सांध्य क्षणों तक जाते-जाते समान व्यापी दुःख की अनुभूति करने लगीं। उनकी 'नीर भरी दुःख की बदली' का दुःख केवल प्रणय व्यथा ही नहीं है, उसमें अनेक प्रकार के सामाजिक असन्तोष घुले-मिले हैं।

प्रकृति के आलम्बन के सन्दर्भ में प्रसाद से तुलना करते हुए डॉ. नामवर सिंह ने लिखा है कि—

> कुछ कवियों ने 'विश्व सुन्दरी प्रकृति पर चेतना का आरोप' करके उसे विश्वप्रिया शक्ति का रूप दे दिया और कुछ ने 'प्रकृति की अनेकरूपता में, परिवर्तनशील विभिन्नता में तारतम्य खोजने' के फलस्वरूप उसके 'कारण पर मधुरतम व्यक्तित्व का आरोपण' करके अपना प्रिया बना लिया। पहली प्रवृत्ति प्रसाद की है और दूसरी महादेवी की। ('छायावाद', पृ. 41)

नामवर सिंह अगर 'श्रृंखला की कड़ियाँ' के आलोक में महादेवी की कविता पर विचार करते तो पाठक को व्यापक परिप्रेक्ष्य मिल पाता।

रामस्वरूप चतुर्वेदी की दृष्टि में महादेवी वर्मा की कविता एकांगी है, जिसकी कमी उनका गद्य पूरा करता है—

> गीतों में भावात्मक सघनता और शिल्पगत कसाव एक-दूसरे को तीव्र बनाते हैं, जबकि उनमें रेखाचित्र और संस्करण उनके सामाजिक कार्यक्रमों तथा व्यावहारिक जीवन की विषमताओं में से विकसित होकर एक गहरी करुणा की सृष्टि करते हैं। पर महादेवी के साहित्य में कहीं निष्क्रिय दया

नहीं, वरन रचनात्मक करुणा का ही भाव वर्तमान है। ('हिन्दी साहित्य और संवेदना का विकास', पृ. 133)

डॉ. मैनेजर पांडेय महादेवी के गद्य और पद्य को एक साथ रखकर उनकी मूल संवेदना को रेखांकित करते हैं। उनका मानना है कि—

> महादेवी वर्मा भारतीय स्त्री के जीवन के अनुभवों और आकांक्षाओं की अभिव्यक्ति करने वाली कलाकार हैं, उसके जागरण का अभियान चलाने वाली कार्यकर्त्ता और उसकी पराधीनता के जटिल रूपों का विश्लेषण तथा स्वाधीनता की सम्भावनाओं की तलाश करने वाली दार्शनिक भी हैं। उनके गीतों, चित्रों और रेखाचित्रों में उनका कलाकार रूप मिलता है तो उनकी शिक्षा, संस्कृति और साहित्यिक पत्रकारिता सम्बन्धी गतिविधियों में उनका कार्यकर्त्ता रूप। 'शृंखला की कड़ियाँ' के माध्यम से वे एक स्त्रीवादी दार्शनिक के रूप में हमारे समाने आती हैं। (मैनेजर पांडेय, 'संकलित निबन्ध', पृ. 228)

महादेवी वर्मा के साहित्य पर हिन्दी के अधिकांश आलोचकों ने जिस प्रकार पूर्वाग्रह ग्रस्त होकर विचार किया है उसे समझने के लिए मैनेजर पांडेय के इस कथन का सहारा लिया जा सकता है जो असल में महादेवी के आलोचकों के यथार्थ को सामने लाता है—

> महादेवी वर्मा की कविता के साथ आरम्भ से ही एक प्रकार के आलोचनात्मक पूर्वाग्रह की स्थिति दिखाई देती है। यह ठीक है कि उनकी कविता में दुःख है, वेदना है, निराशा है, आँसू हैं, अन्तर्मुखता है और अभिव्यक्ति शैली के परोक्ष की प्रधानता भी है, पर साथ ही वहाँ असन्तोष है, आक्रोश है और संघर्ष की चेतना भी। आलोचकों ने उनके आँसुओं पर ध्यान दिया है, लेकिन उनके आक्रोश पर नहीं। प्रायः आलोचकों ने यह भी देखने-समझने की कोशिश नहीं की है कि महादेवी वर्मा की कविता में जो दुःख, वेदना, निराशा और अन्तर्मुखता है, वह सब उनके समय की और आज की भी भारतीय स्त्री के जीवन की वास्तविकताएँ हैं और सम्भावनाएँ भी। कुछ आलोचकों ने अपनी प्रतिभा का कमाल दिखाते हुए महादेवी वर्मा की कविता में दुःख के अनुभव की अभिव्यक्ति को दुःखवाद बना दिया है तो कुछ दूसरों ने उन्हें 'एकाकिनी बरसात' या 'नीर भरी दुःख की बदली' घोषित कर दिया है। ऐसी घोषणाएँ कविता को अखबार की तरह पढ़ने का परिणाम हैं। जो आलोचक कविता को

> इतिहास के सन्दर्भ और सामाजिक जीवन के अनुभवों से स्वतंत्र मानते हैं, वे महादेवी की कविता में तरह-तरह के रहस्यवाद खोजते हैं। इस प्रक्रिया में कविता और कवि दोनों का मिथकीकरण हुआ है, कविता अध्यात्म-साधन की अभिव्यक्ति बन गई है और महादेवी वर्मा मीरा बना दी गई हैं; वह भी अपनी स्वाधीनता के लिए राणाशाही के आतंक, सामन्ती समाज की रूढ़ियों और कुलकानि के बन्धनों के विरुद्ध विद्रोह करने वाली मीरा नहीं, निरीह भाव से भगवान का भजन करने वाली मीरा। (वही, पृ. 225)

इस प्रकार देखा जा सकता है कि महादेवी वर्मा के साहित्य पर विचार करने वाले आलोचकों में कुछ अपवादों को छोड़कर अधिकांश: ने उनकी कविता को पुरुषवादी नजरिए से देखने का प्रयास किया है। इन आलोचकों ने उनकी कविता को उनके गद्य से विलगाकर परखने का प्रयास किया जिसके कारण या तो वे अपने अन्तर्विरोधों का शिकार हुए या फिर फतवेवाजी पर उतर आए। डॉ. कृष्णदत्त पालीवाल ने ठीक ही लिखा है कि—

> हिन्दी-आलोचना का कैसा दुर्भाग्य रहा है कि ज्यादातर मर्दवादी आलोचक महादेवी के काव्य-कर्म को पलायनवादी, वेदनावादी कहकर 'मति अति रंक' का परिचय बनते रहे। प्रश्न उठता है कि क्या यह सृजन लोक-विरोधी समाज-विरोधी है? इसमें 'शिवेतरक्षतये' की मंगल-ध्वनि नहीं है? गद्य में महादेवी की करुणा का विस्तार और पद्य में महादेवी का सुख-दु:ख भाव-क्या एक-दूसरे का विरोधी है? यदि विरोधी न होकर पूरक है तो महादेवी को अखंडता में देखिए। अखंडता में देखने पर आप महादेवी के रचना-कर्म की अन्तर्वस्तु को पलायनवादी नहीं पाएँगे। ('नवजागरण और महादेवी वर्मा का रचनाकर्म : स्त्री विमर्श के स्वर', पृ. 337)

स्पष्ट है कि आलोचकों का एक वर्ग सामने आ गया है जो आधुनिक दृष्टि से सम्पृक्त है और स्त्री-स्वाधीनता के प्रश्नों को केन्द्र में रखकर महादेवी की कविता से नए अर्थ-छवियों को निकाल रहा है। इसे स्त्रीवादी लेखन के दबाव में भी देखा जा सकता है। सही अर्थों में महादेवी की रचनाओं के मूल्यांकन की ये शुरुआत भर है।

विभिन्न लेखिकाओं ने महादेवी वर्मा के साहित्य पर विचार किया है। चन्द्रा सदायत के सम्पादन में उपरोक्त शीर्षक से नेशनल बुक ट्रस्ट ऑफ इंडिया से एक किताब प्रकाशित हुई है जिसमें 18 महिला रचनाकारों के लेख, संस्मरण और आलोचना को संकलित किया गया है जिसे नजरअन्दाज करके महादेवी वर्मा का मूल्यांकन करना असम्भव है। निस्सन्देह इन लेखिकाओं ने स्त्री होने के नाते

महादेवी वर्मा के साहित्य की मूल संवेदना, संघर्ष, विद्रोह और यथार्थ को समग्रता में रेखांकित करने का प्रयास किया है।

शचीरानी गुर्टू के अनुसार—

> महादेवी के काव्य में एक स्वप्निल मानसिक वातावरण और व्यथा का सम्मोहन है। प्रणयोन्माद और अन्त:सौन्दर्य की अभिव्यक्ति में उनके भाव जितने ही अन्तर्गूढ़ होते हैं, उनकी भावाभिव्यंजना की कला भी उतनी ही सघन और दार्शनिक रहस्यात्मकता से आच्छन्न होती है। कौतूहल के बाद जिज्ञासा आई, फिर रंजित कल्पना और अन्तत: कोमलतम सूक्ष्म सौन्दर्य-भावना। उनके अन्तरतम में सहेजे उदात्त सपने धुँधली-सी, मीठी-मीठी, मादक उदासी में भरकर कविता में उभरे। माधुर्य की गूढ़ अनुभूति में सौन्दर्य का उनका आकर्षण उत्तरोत्तर अन्तर्मुखी होता गया और वास्तविक अनुभूतियों के गूढ़तम स्तरों में छिपी आन्तरिक उथल-पुथल को उन्होंने विविध रंगों, ध्वनियों और असाधारण लयमयता में झंकृत किया। (पृ. 40)

निर्मला जैन ने महादेवी वर्मा रचनावली का सम्पादन किया है। वह महादेवी के सन्दर्भ में लिखती हैं कि—

> उनके आरम्भिक गीतों में भावना का जो सहज उच्छ्वास, हार्दिकता और मार्मिकता मिलती है, वह समय के साथ क्षीण होती गई। 'नीहार' से 'दीपशिखा' तक पहुँचते आवेग की ऊष्मा का क्रमश: क्षरण होने के कारण उनकी गीत-सृष्टि विषयी-निरपेक्ष, चिन्तन प्रधान और आध्यात्मिक संस्पर्शों से युक्त हो जाती है। (पृ. 50)

अनामिका के शब्दों में महादेवी ने पुरुष की छायावाली रूढ़ जीवन को तोड़ने का प्रयास किया। सुधा सिंह का मानना है कि—

> महादेवी की कविता में सें स्त्री को निकालकर किसी भी किस्म का विमर्श तैयार नहीं किया जा सकता। स्त्री को विश्व के समस्त कार्य-व्यापार में आधार बनाने का प्रधान कारण यह है कि स्त्री समस्त संस्कृति की सर्जक है। वह सिर्फ एक लिंग मात्र ही नहीं है। वह संसार को चलाने वाली गाड़ी के दो पहियों में से एक पहिया नहीं है। मानव सभ्यता के विकास की सभी संस्कृतियों में स्त्री सक्रिय रही है।

चन्द्रकला त्रिपाठी महादेवी वर्मा को साहसिक सचेतन दृष्टि सम्पन्न लेखिका मानती हैं। और रोहिणी अग्रवाल महादेवी वर्मा की रचना 'शृंखला की कड़ियाँ'

को पुरुषवादी तंत्र के भीतर धंस कर स्त्री-स्वतंत्रता की फरियाद करने वाली रचना बताती हैं।

इस प्रकार स्पष्ट होता है कि 20वीं शताब्दी में बहुत कम आलोचकों ने ही महादेवी वर्मा के साहित्य को सही परिप्रेक्ष्य में समझने का प्रयास किया। वर्तमान शताब्दी में उनके साहित्य को परखने की शुरुआत हो चुकी है। निस्सन्देह वह भारतीय स्त्री की मुक्ति की आकांक्षा का प्रमुख स्वर बनकर हिन्दी साहित्य में एक अलग आन्दोलन की शुरुआत करती हैं।

विशेष सन्दर्भ

1. आचार्य रामचन्द्र शुक्ल, *हिन्दी साहित्य का इतिहास*, नागरी प्रचारिणी सभा, वाराणसी।
2. नामवर सिंह, *छायावाद*, राजकमल प्रकाशन, नई दिल्ली।
3. विजयबहादुर सिंह (सम्पादक) *नन्ददुलारे वाजपेयी रचनावली*, खंड-2, अनामिका पब्लिशर्स एंड डिस्ट्रीब्यूटर्स प्रा.लि., दिल्ली।
4. मैनेजर पांडेय, *संकलित निबन्ध*, नेशनल बुक ट्रस्ट, नई दिल्ली।
5. कृष्णदत्त पालीवाल, *नवजागरण और महादेवी वर्मा की रचनाकर्म स्त्री-विमर्श के स्वर*, किताबघर प्रकाशन, नई दिल्ली।
6. रामविलास शर्मा, *परम्परा का मूल्यांकन*, राजकमल प्रकाशन, नई दिल्ली।
7. गंगा प्रसाद पांडेय, *महीयसी महादेवी*।
8. जगदीश गुप्त, *महादेवी*, साहित्य अकादेमी, नई दिल्ली।
9. *आजकल*, मार्च 2007
10. *गगनांचल* (महादेवी स्मृति अंक)
11. प्रतिभा इंडिया, *महादेवी* 'स्मृति अंक' (अंग्रेजी)
12. *चन्द्रा सदयत* (सं.), लेखिकाओं की दृष्टि में महादेवी वर्मा, नेशनल बुक ट्रस्ट, नई दिल्ली।

विषय से सम्बन्धित नेट पर सामग्री

1. www.wikipedia.org
2. www.kavatakash.org
3. www.pravasidunia.com
4. www.hindisamay.com

महादेवी वर्मा की विश्वदृष्टि

तोमोको किकुचि

मैं सन् 1992 को जापान से हिन्दी पढ़ने भारत आई और यहाँ महादेवी के साहित्य से मुलाकात हुई। उनका अध्ययन करते हुए आज लगभग 25 साल बीत गए और मैं सोच रही हूँ की महादेवी मुझे क्यों इतनी आकर्षित करती हैं। जब मेरा जीवन आरामदेह नहीं रहा और स्त्री होने के नाते मुझे कई समस्याओं का सामना करना पड़ा, तब मुझे महादेवी के साहित्य और उनके जीवन से बहुत प्रेरणा और प्रोत्साहन मिला। मेरे मन में यहाँ की स्त्रियों के जीवन से सम्बन्धित बहुत सारे प्रश्न थे। उन प्रश्नों का उत्तर ढूँढ़ते-ढूँढ़ते मेरा अध्ययन कार्य आगे बढ़ता रहा। महादेवी का साहित्य आज से लगभग अस्सी साल पहले का है, फिर भी आज की स्त्रियों की समस्याओं का समाधान उनकी प्रेरणाओं के माध्यम से सम्भव है। इसलिए मैं, जो आधुनिक और विदेशी नारी के रूप में महादेवी के जीवन और साहित्य से अमूल्य शक्ति पाकर उनकी कृपा से विभिन्न समस्याओं का सामना कर पाई।

लूसियन गोल्डमैन के अनुसार—

> विश्वदृष्टि एक निश्चित काल-खंड में एक वर्ग या समूह की जीवन जगत के बारे में सुसंगत दृष्टि होती है, जिसका निर्माण एक वर्ग की पूर्णतम सम्भावित चेतना ही करती है और जिसकी अभिव्यक्ति धर्म, दर्शन, कला एवं साहित्य में होती है और यह सामाजिक वर्ग की ऐतिहासिक स्थितियों से सम्बद्ध है।

महादेवी के जीवन, व्यक्तित्व तथा तत्कालीन सामाजिक परिस्थिति के साथ उनके साहित्य को जोड़ने के लिए सबसे उपयुक्त विधि महादेवी की विश्वदृष्टि की खोज है। महादेवी के जीवन तथा साहित्य को आधार बनाकर उनकी विश्वदृष्टि पर गहरा विश्लेषण मेरी दृष्टि से अभी तक नहीं हुआ था। मैंने सन 2009 में 'महादेवी वर्मा की विश्वदृष्टि' पुस्तक को प्रकाशित किया, मेरी पुस्तक को इस क्षेत्र में पहला प्रयास कह सकते हैं।

महादेवी के साहित्य को अधिक गहनता से समझने के लिए उनके जीवन का सूक्ष्म अध्ययन अनिवार्य है।

मैंने विश्वदृष्टि की अभिव्यक्ति के रूप में महादेवी की कविता और गद्य पर विस्तार से विचार किया है। मैंने 'शृंखला की कड़ियाँ' और 'दीपशिखा' जैसी महादेवी की महत्त्वपूर्ण पुस्तकों पर विशेष ध्यान दिया। इन दो पुस्तकों का एक ही समय पर प्रकाशित होना इन रचनाओं के गहरे सम्बन्ध को प्रमाणित करता है। 'दीपशिखा' का केन्द्रीय स्वर करुणा और उद्‌बोधन है। इसमें सम्पूर्ण स्त्री जाति का प्रतिनिधित्व करते हुए महादेवी ने उसकी वेदना, दुःख, पीड़ा आदि की अभिव्यक्ति की। उनका सदृढ़ स्वर स्त्रियों को आत्मविश्वासी बनने के लिए प्रोत्साहित करता है। इस सन्दर्भ में 'शृंखला की कड़ियाँ' को 'दीपशिखा' में अभिव्यक्त केन्द्रीय प्रेरणा का गद्य रूप कह सकते हैं। 'शृंखला की कड़ियाँ' महादेवी के आक्रोश की प्रत्यक्ष अभिव्यक्ति है, जिस में स्त्रियों की दुर्दशा एवं दासता और उनके अन्याय पूर्ण जीवन को सामने लाया गया है। यह रचना महादेवी की गहरी करुणा पर आधारित है। इस प्रकार ये दो महत्त्वपूर्ण पुस्तकें भाव में एक समान है और रूप में साहित्य की दो प्रमुख विधाओं को अपनाया गया है।

महादेवी की कविता और गद्य दोनों में दुःख की प्रधानता है, तब जाहिर है कि उनकी विश्वदृष्टि में भी दुःख की ही प्रधानता है। यह तत्कालीन स्त्री जीवन की वास्तविकता के अनुकूल भी है। महादेवी के साहित्य में प्रकट दुःख मूलतः प्रत्यक्ष जीवन का दुःख है और वह आध्यात्मिक, दार्शनिक एवं रहस्यात्मक दुःख से दूर है। दुःख मानव जीवन का प्रथम एवं अन्तिम प्रश्न है, अतः दुःख से विमुख रहना सच्चे साहित्यकार की प्रवृत्ति नहीं होती। महादेवी इस चुनौती से सीधा टकरा कर साहित्य रचना करती हैं। स्पष्ट है कि महादेवी की कविता और गद्य दोनों के मूल में गहरे स्तर पर समान चेतना और प्रेरणा पाई जाती है। उन दोनों के बीच कला के स्तर पर भिन्नता जरूर है, पर भाव के स्तर पर समानता ही अधिक है और इन दोनों साहित्य विधाओं में अभिव्यक्त विश्वदृष्टि में भी समानधर्मिता स्पष्ट है।

इस पर बहुत कम ध्यान दिया गया है कि महादेवी ने अनेक संस्कृत काव्यों के अत्यन्त उच्चकोटि का हिन्दी अनुवाद किया था। उन्होंने संस्कृत काव्य को नई दृष्टि से देखकर आम आदमी तक पहुँचाने का पूरा प्रयास किया और संस्कृत काव्य को इतिवृत्तात्मकता से मुक्त किया। संस्कृत काव्य में मनुष्यता, वास्तविक जीवन, स्त्री चेतना आदि आधुनिक चेतना और मानवीय प्रवृत्ति की खोज करते हुए उन्होंने सफलतापूर्वक इसका अनुवाद किया।

महादेवी के अनुसार, वास्तविक जीवन से साहित्य का गहरा सम्बन्ध होना जरूरी है। उनके द्वारा अनूदित संस्कृत काव्य में मानव जीवन से निकट वास्तविक अनुभूति की अभिव्यक्ति मिलती है और काल के विशाल अन्तराल के बावजूद

मानव हृदय और उसकी संवेदना में व्याप्त समानता का संकेत भी मिलता है। असल में महादेवी अनुवाद कार्य के माध्यम से संस्कृत काव्य में अपनी काव्य-चेतना की खोज करती हैं और भारतीय काव्य दर्शन की परम्परा के साथ अपना सम्बन्ध ढूँढ़ती हैं। दूसरे शब्दों में, अनुवाद कार्य के माध्यम से वे यह साबित करती हैं कि उनकी काव्य-चेतना भारतीय काव्य परम्परा के अनुकूल है।

महादेवी ने संस्कृत काव्य को एक नई दृष्टि से देखते हुए रामायण को 'मनुष्य की विजय गाथा' घोषित किया और संस्कृत काव्य की मानवीय प्रवृत्ति की ओर आधुनिक युग के लोगों को पुनः जागृत किया। आदिकवि की राम कथा 'मनुष्य की विजय घोषणा' है, तो महादेवी की कविता को 'स्त्री जाति की विजय घोषणा' जरूर कहा जा सकता है।

महादेवी के साहित्य में प्रकट विश्वदृष्टि के दो रूप हैं। एक तो वास्तविकता से सम्बन्धित है, जिसमें स्त्री की सामाजिक स्थिति का यथार्थ प्रकट होता है और करुणा, वेदना, पीड़ा, दुःख, आक्रोश आदि से इसका सम्बन्ध है। दूसरा, भविष्य से सम्बन्धित विश्वदृष्टि है। यह महादेवी जैसी विदुषियों की विश्वदृष्टि है, जिसका सम्बन्ध स्वाधीनता, सजगता, संकल्पशीलता, दृढ़ता आदि से है। इस प्रकार की विश्वदृष्टि को साकार करने के लिए वे अपने वैयक्तिक एवं औपचारिक जीवन में सक्रिय थीं। उसी के लिए वे अपने जीवन में अनेक प्रकार की भूमिकाओं को एक साथ निभाती रहीं। साहित्यकार संसद की स्थापना कर लेखकों की सहकारी समिति बनाई, प्रयाग महिला विद्यापीठ कॉलेज की प्रचानाचार्या के रूप में स्त्रियों में उच्च शिक्षा का प्रसार कर स्त्री शिक्षा प्रणाली को सुधारने का सफल प्रयास किया, गांधीवाद से प्रेरित होकर गाँव में छोटे बच्चों को प्राथमिक शिक्षा देने के लिए शिक्षा अभियान चलाया, 'चाँद' पत्रिका की सम्पादिका के रूप में स्त्रियों में जागरण लाने और स्वाधीनता प्रदान करने का पूरा प्रयत्न किया, हर महीने सम्पादकीय लेखों के माध्यम से अनजान स्त्री साहित्यकारों को सृजन कार्य की ओर प्रोत्साहित किया, 'हिमालय' एवं 'बंग दर्शन' काव्य-संग्रह में अपनी सामाजिक चिन्ता व्यक्त की। उनके रचनात्मक गद्य में मानवीय व्यवहार से परिपूर्ण उनके व्यक्तिगत जीवन की झलक है। इसमें भी अपनी विश्वदृष्टि को साकार करने का प्रयास साफ दिखाई देता है। महादेवी के विशाल हृदय में गम्भीर संवेदना पाई जाती है, जो सदा दूसरों के दुःख को अपना ही दुःख मान लेती थीं। समस्त दुःख की समाप्ति के लिए वे अपने सम्पूर्ण जीवन समर्पित कर समाज में परिवर्तन लाने के लिए क्रियाशील रहती थीं। महादेवी ने अपनी जिस विश्वदृष्टि को साकार करने का प्रयास किया, उसे वास्तव में समाज से दुःख को समाप्त करने का प्रयास ही कह सकते हैं।

महादेवी की कविता में ऐसी विपरीत भावना का सुन्दर समन्वय दिखाई देता है। वह एक ओर वेदना से भरी हुई हैं तो दूसरी ओर आत्मविश्वास का सशक्त

स्वर उभरकर आता है। उनकी कविता की विपरीत प्रवृत्ति तत्कालीन स्त्री वर्ग की विश्वदृष्टि की भी विशेषता है। स्त्री में संयम की आश्चर्यजनक शक्ति है। पुरुष प्रधान समाज के लम्बे इतिहास में स्त्री की असीम संयमशीलता और धैर्यशीलता का लाभ उठाया गया और ये समयान्तर में स्त्री की प्रकृति और स्वभाव के रूप में निर्मित की गई। इस सन्दर्भ में स्त्री की संयमशीलता और धैर्यशीलता को उसके दुःख का कारण कह सकते हैं, परन्तु साथ ही यह प्रवृत्ति उसकी शक्ति और सुदृढ़ता का भी प्रमाण है, इसलिए तत्कालीन स्त्री वर्ग की विश्वदृष्टि में एक ओर ऐसा दुःख है जो लम्बे समय से पराधीन एवं शोषित होने के कारण निर्मित हुआ, और दूसरी ओर स्त्री की असीम शक्ति और सुदृढ़ स्वाधीन चेतना है जो महादेवी जैसी विदुषियों में पाई जाती है। यह विपरीत प्रवृत्ति महादेवी के साहित्य में अभिव्यक्त विश्वदृष्टि होने के साथ तत्कालीन स्त्री वर्ग की विश्वदृष्टि की भी विशेषता है।

अस्सी वर्ष पहले से महादेवी जैसी अनेक विदुषियाँ एक ही प्रकार का प्रयास करती आई हैं। समय के विशाल अन्तराल एवं विदुषियों के असीम प्रयत्न के बावजूद स्त्रियों की वास्तविकता में आज तक जो परिवर्तन आया है, वह बहुत संतोषजनक नहीं है। यह एक ओर पुरुष प्रधान समाज की सत्ता और वर्चस्व की सशक्तता को प्रमाणित करता है और दूसरी ओर हमें फिर से महादेवी के उस स्वर को याद करने की जरूरत है जिसमें आशा रूपी पाथेय को कभी न भुला देने की प्रेरणा दी गई—

हो लिए सब साथ अपने
मृदुल आहटहीन सपने
तू इन्हें पाथेय बिन चिर
प्यास के मरु में न खो, चल! ('दीपशिखा')

महादेवी वर्मा का एक आश्चर्यजनक व्यक्तित्व हैं, जिन्होंने एक ही समय में अनेक भूमिकाओं का सफलतापूर्वक निर्वाह किया। उन विभिन्न पहलुओं से मुख्य रूप से एक ही उद्देश्य और एक ही प्रेरणा पाई जाती है। उनका कहना है—

> सब स्त्रियों में जागृति उत्पन्न करने, उन्हें अभाव का अनुभव कराने का भार विदुषियों पर है और बहुत समय तक रहेगा।

असल में महादेवी अपने साहित्य के माध्यम से स्त्रियों के मन में अन्याय के प्रति प्रश्नचिह्न लगाने की प्रेरणा देती हैं और स्त्रियों को अपनी स्वतंत्रता के लिए आवाज उठाने का साहस प्रदान करती हैं।

[अक्टूबर, 2021]

काव्यभाषा की महादेवी

आशीष मिश्र

महादेवी वर्मा की काव्यभाषा पर जब भी कोई विचार-विमर्श होगा तो वह छायावादी काव्यभाषा के सन्दर्भ में ही होगा। साथ ही छायावादी काव्यभाषा पर इस तरह भी सोचा जाएगा कि इसने महादेवी वर्मा को आत्माभिव्यक्ति के लिए कितनी जमीन मुहैया कराई। इस सन्दर्भ में हमें यथा अवसर द्विवेदी युगीन काव्य-बोध पर बात करनी होगी और उत्तर-छायावादी व प्रगतिवादी काव्यभाषा पर भी। कारण कि बिना द्विवेदी युगीन काव्यबोध पर विचार किए हम यह नहीं समझ सकते कि छायावाद की प्रतिक्रिया उसकी किस बात से है और बिना प्रगतिवादी काव्यबोध पर बात किए नहीं समझ सकते कि पूरे आन्दोलन में कोई महत्त्वपूर्ण कवयित्री पैदा क्यों नहीं हो सकी? यह तथ्य है कि द्विवेदी युग में स्त्री प्रश्नों को उल्लेखनीय जगह मिली तथा प्रगतिवाद में स्त्री बराबर के सम्मान की हकदार हुई। परन्तु दोनों के काव्यबोध व भाषा में ऐसा क्या है कि स्त्री-आत्म इसे अपने अनुकूल नहीं पाता? इस आलेख में मूलत: महादेवी वर्मा की काव्यभाषा पर केन्द्रित रहूँगा, लेकिन तत्सम्बन्धी बहसों में उतरने के लिए आधुनिक परियोजना और छायावादी रहस्यवाद का अवलोकन करना होगा।

छायावाद काव्य-बोध के स्तर पर एक 'पैराडाइम शिफ्ट' है। आसान शब्दों में कहा जाए तो द्विवेदी युगीन काव्य-बोध आधुनिक तार्किकता, वैज्ञानिकता, और मानवतावादी नैतिक बोध का काव्य है। भाषा-शैली के स्तर पर वर्णनात्मकता, इतिवृत्तात्मकता व व्याकरणनिष्ठता इसकी विशेषताएँ हैं। ये दोनों स्तर सिक्के के दो पहलू की तरह जुड़े हुए हैं, जिनका सार विधेयवादी विचार प्रक्रिया में है। छायावाद ने मूलत: इस विधेयवादी विचार-प्रक्रिया का विरोध किया। छायावाद ने नितान्त तार्किकता और वैज्ञानिकता के स्थान पर रहस्यवादी होने का जोखिम उठाया। और तर्कवाद के स्थान पर अनुभववाद छायावाद प्रधान तर्क बन गया। वर्णनात्मकता, इतिवृत्तात्मकता के स्थान पर कल्पनाशीलता और आवेग प्रधान प्रवृत्ति बन गई। छायावाद का अनुभववाद स्त्री का अपना आत्मानुभव लिखने का तर्क बन गया।

फलतः वह नया जीवन-अनुभव; जो विधेयवादी तर्क-प्रक्रिया में नहीं समा सकता था, रहस्याभासी लगने लगा। यह लेख छायावाद में मौजूद रहस्य-भावना पर विस्तार में नहीं जाता, अपितु कुछ तथ्यों और तर्कों से पुनर्विचार का विनम्र प्रस्ताव करता है।

इस पर विचार करने की जरूरत है कि छायावाद में वह कौन सी चीज थी कि पन्त सरीखे छायावादी कवियों पर 'फेमनिन ग्रैश' और छायावाद पर 'स्त्रैणता' का आरोप लगाया गया। गोया 'फेमनिटी' और 'स्त्रैणता' कोई नकारात्मक गुण हो। कहना न होगा कि ऐसा कहने के पीछे एक मर्दवादी बोध ही काम कर रहा था, तर्क जो भी रहा हो। छायावाद-विरोधी आचार्य 'फेमनिन' कहकर इसका विरोध करते रहे। छायावाद को सजनी-सम्प्रदाय कहकर इसका उपहास करते रहे। विचार के क्रम में स्पष्ट होता है कि सजनी-सम्प्रदाय मध्यकालीन सखी सम्प्रदाय के तर्ज पर कहा गया। जो लोग सजनी-सम्प्रदाय कह रहे थे वे छायावाद की कोमलता को तो नकारात्मक समझ ही रहे थे, साथ ही सखी सम्प्रदाय की यौनिक व लैंगिक प्रवाहशीलता की क्रान्तिकारी भूमिका को भी नहीं समझ रहे थे। यह सच्चाई भी है कि छायावाद में सजनी, सखी, प्यारी का दुहराव तो है। परन्तु इसके स्त्रीवादी पाठ की तरफ किसी आलोचक का ध्यान क्यों नहीं गया? इन प्रश्नों को महादेवी जी की काव्यभूमि से देखना विस्मयकारी अनुभव हो सकता है।

रहस्याभास : भाषा की सीमा लाँघती अनुभूतियाँ

हिन्दी आलोचना का विकास आधुनिकता के मजबूत होने के साथ हुआ। इसलिए इस पर आधुनिक विधेयवादी तर्क-प्रक्रिया और विज्ञान का दबाव अधिक रहा। आचार्य रामचन्द्र शुक्ल की आलोचना में नवजागरण और आधुनिकता की परियोजना के केन्द्रीय मूल्य मौजूद हैं। आचार्य शुक्ल के बाद प्रगतिवादी आन्दोलन ने भी वैज्ञानिकता और तार्किकता पर बल दिया। फलतः खास तार्किक प्रक्रिया से बाहर निकलती हुई कोई भी चीज लगातार 'विदेसज' और अनाधुनिक समझी गई। इसे किसी तरह निकाल बाहर करने या फिर झुठलाने का प्रयास लगातार चलता रहता है। आचार्य शुक्ल ने रहस्य-भावना को पूरी तरह विदेसज सिद्ध कर दिया जिसके जवाब में छायावादी कवियों को विस्तार से कहना पड़ा कि रहस्य-भावना विदेसज नहीं है, इसकी परम्परा भारत में भी बहुत गहरी है। छायावादी कवियों ने रहस्य-भावना को वेदों तक में खोज दिया। यह सब ऐतिहासिक होकर उल्लेखनीय है, लेकिन मेरा उद्‌देश्य यह दिखाना है कि किन्हीं समयों में रहस्य-भावना मुक्ति और आत्माभिव्यक्ति का तर्क बनकर बड़ी भूमिकाएँ भी निभाता है।

रहस्य-भावना को स्त्रीवादी नजरिए से भी देखा जाना चाहिए। रहस्य-भावना विधेयवादी तर्क-प्रक्रिया को लाँघकर अनुभव को सम्पूर्णता में रचने की कोशिश

करती है। इसका एक सकारात्मक पक्ष यह भी है कि इसमें अहं का नकार छिपा हुआ है, इसलिए यह नैतिकता से भी पार जाती हुई दिखाई पड़ती है। फलतः स्त्री-आत्मानुभूतियों को रचने की जगह बनने लगती है। अर्थात रहस्य-भावना विधेयवादी यथार्थ-पद्धतियों से अलग जाने की दिशा है। कहना न होगा कि मुक्तिबोध नितान्त भौतिकवादी हैं और उनकी कविता आधुनिक बोध के चरम पर खड़ी दिखाई पड़ती है। लेकिन रामविलास शर्मा को उसमें रहस्यवाद दिखाई पड़ता है! और वे इसे जैसे-तैसे सिद्ध करके मुक्तिबोध में आत्मग्रस्तता और न जाने क्या क्या खोज लेते हैं। यह यथार्थ-बोध का अन्तर है। रामविलास शर्मा अपनी विचार-प्रक्रिया में नितान्त विधेयवादी यथार्थ-पद्धतियों के हिमायती हैं, इसलिए उन्हें रहस्य-भावना कहीं भी नकारात्मक दिखाई पड़ती है। मुक्तिबोध के भीतर उन विधेयवादी यथार्थ-पद्धतियों से काव्य-बोध के स्तर पर बाहर निकलने का प्रयास दिखाई देता है। मुक्तिबोध में यह प्रयास एक अनिवार्यता के कारण पैदा होता है। यह एक बहुत सहज सी बात है कि चेतन और अवचेतन के द्वंद्वों के कारण काव्य भाषा रहस्याभासी हो जाती है लेकिन जब हम रहस्याभास को ही अन्तर्वस्तु समझ लेते हैं तब दिक्कत होती है। कविता में जिसे रहस्य-भावना कहते हैं वह चेतन-अवचेतन द्वंद्वों का प्रभावोत्पाद भर है।

सिमोन द बोउआर ने अपनी पुस्तक 'द सेकेंड सेक्स' में स्त्री के प्रेम और उसकी रहस्य-भावना पर अलग-अलग अध्याय लिखा है। ये दोनों ही अध्याय इस सन्दर्भ में महत्त्वपूर्ण हैं। इस मसले पर सिमोन कोई सैद्धान्तिक समझ नहीं देतीं, लेकिन फैलिग्नो जैसी सन्त कवयित्रीयों का विश्लेषण करती हुई कहती हैं कि "स्त्री अलौकिक प्रेम में वह पाना चाहती है जो कि वह पुरुष से पाना चाहती है।" स्त्री के प्रेम की यह विशिष्ट कामना भाषिक संरचना में बहुत तोड़फोड़ करती है। लेकिन स्त्री भाषा को एकदम से बदल नहीं सकती। अन्ततः उसे इसी भाषा में अभिव्यक्त होना होता है। सिमोन लिखती हैं कि—

> भाषा के दारिद्र्य के कारण रहस्यवादी को अपनी अनुभूतियों की अभिव्यक्ति के लिए शब्द-कोश से शब्द उधार लेने पड़ते हैं। दरअसल रहस्यवादी के पास तो सिर्फ पार्थिव देह होती है, इसलिए उसे सांसारिक प्रेम से केवल शब्द ही नहीं बल्कि शारीरिक दृष्टिकोण भी उधार लेना पड़ जाता है। ईश्वर के सम्मुख वह ठीक उसी रूप में व्यवहार करती है जैसा कि प्रेमिका किसी पुरुष के सम्मुख करती है, किन्तु इससे उसकी भावनाओं की कीमत कम नहीं हो जाती।

अर्थात सिमोन यह प्रस्तावित कर रही हैं कि भाषा में एक स्त्री की रहस्य-भावना को कई स्तरों पर देखना चाहिए। इसमें उसके आनन्द और कामनाएँ अभिव्यक्ति पाती हैं। ये आनन्द और कामनाएँ ही इस भाषा की अन्तर्वस्तु हैं।

महादेवी वर्मा की कविताओं में मौजूद रहस्य-भावना को बहुत पल्लवग्राही ढंग से समझा गया है। इसके कारणों की पड़ताल करते हुए आलोचक या तो इसे स्त्री-शालीनता और उसकी प्रकृति में मानते हैं या फिर सामाजिक नैतिकता के दबावों में खोजते हैं। महादेवी की रहस्य-भावना के विश्लेषण के ये दोनों तर्क, दो अलग दिशाओं में जाने का आभास देते हैं, लेकिन ये मूलतः स्त्री-अनुभव के नकार पर ही टिके हुए हैं। पहला तर्क इसे बाहरी सामाजिक-संरचना में देखता है तो दूसरा, स्त्री-सुलभ-प्रकृति कहकर स्त्री के भीतर खोजता है। दोनों तरह के आलोचकों का ध्यान भाषिक-संरचना और स्त्री-अनुभव के वैशिष्ट्य पर नहीं जाता। वस्तुतः दोनों तरह के आलोचक महादेवी के काव्यबोध से स्थापित शिश्निक अनुभवों की माँग कर रहे होते हैं, इसलिए रहस्य-भावना के गहन विश्लेषण में उतरने के बजाय उसे उपरैले ढंग से निबटा लेना चाहते हैं। इस लेख में महादेवी की रहस्य-भावना को स्त्री अनुभूतियों की बनावट के सन्दर्भ में समझा जाएगा।

स्त्री की कामना जब अपने काम्य विषय को पूर्णता में पाने की कोशिश करती हैं तो भाषा रहस्यात्मक होने लगती है। विख्यात दार्शनिक जैक लकां ने कहा कि भाषा 'पूर्व-ऑडिपल' अवस्था के दमन पर आधारित है। शिशु के 'पूर्व-ऑडिपल' अवस्था का दमन पुरुषकेन्द्री प्रतीक व्यवस्था या भाषा द्वारा ही होता है। प्रत्येक शिशु, चाहे वह बच्ची हो या बच्चा, इसी पुरुष केन्द्री भाषा में अपनी पहचान पाता है। लड़का इसे खुद के अनुकूल पाता है, क्योंकि यह भाषा पुरुष अनुभवों की ही सार्वजनीन प्रतीक व्यवस्था है। परन्तु जब कोई लड़की इस भाषा में अपने अनुभवों को कहने की कोशिश करती है तो यह भाषा रहस्यात्मक होने लगती है। कहने का अर्थ यह है कि यह रहस्यात्मकता स्त्री आत्मानुभव की विशिष्टता और पुरुषकेन्द्री भाषा की सीमाओं के कारण पैदा होती है, इसलिए कई बार रहस्यवाद स्त्री की आत्माभिव्यक्ति के लिए आत्मविश्वास का कारण बन जाता है। जैक लकां ने अपने एक सेमिनार (Seminar XX) में इस पूरी प्रक्रिया पर बहुत अन्तर्दृष्टिपूर्ण बात कही है। जो बाद में लूस इरेगरी और जूलिया क्रिस्टीवा के यहाँ व्यवस्थित व विस्तृत दर्शन का रूप ले लेती है। जैक लकां कहता है कि—

> कर्ता का निर्माण एक परिधि के निर्माण से शुरू होता है। बिना इस परिधि के कर्ता और उसकी पहचान सम्भव नहीं है।

किसी शिशु में कर्ता की यह परिधि भाषा के भीतर ही रची जाती है। परन्तु इस परिधि-निर्माण की प्रक्रिया में एक भ्रंश पैदा होता है। इस भ्रंश से उसका आन्तरिक संसार दो हिस्सों में बँट जाता है। इसी भ्रंश से 'आत्म' और 'अन्य' का जन्म होता है। इस तरह कर्ता अपने जन्म से ही अन्य और उसकी कामना की दुनिया में पहुँच जाता है। यहीं से उस शिशु की स्वयं को एक विशिष्ट व्यक्ति के रूप में पहचानने

और अपनी पहचान की परिधि को निर्धारित करने की क्षमता के बीच जीवनपर्यंत बना रहने वाला अन्तराल शुरू होता है। उसे हमेशा महसूस होता है कि वह कुछ खो चुका है और यहीं से आत्मकामुकता और सम्पूर्णता की फंतासी जन्म लेती है। कर्ता को हमेशा यह लगता रहता है कि कोई अन्य है जो उसे सम्पूर्ण कर देगा, लेकिन ऐसा कभी नहीं होता।

जैक लकां यौनिक सम्बन्धों की दो दिशाओं की खोज करता—स्त्री के यौनिक सम्बन्ध की दिशा और पुरुष के यौनिक सम्बन्धों की दिशा। उसके अनुसार—

> पुरुष के यौनिकता की दिशा कामना के तार्किकीकरण की दिशा है। यहीं से पुनर्सम्बद्धता की फंतासी पैदा होती है। यहीं से पुरुष और स्त्री के बीच वह 'इरोज' और 'लव' का अलगाव आता है। पुरुष का इरोज अखंड एक को दो में बाँटकर फिर उसे नव-प्लेटोवादी एक में बदलना चाहता है। जबकि स्त्री उसे तोड़कर फिर जोड़ने के नव-प्लेटोवादी खेल से उलट पहले ही से एक अखंड रूप में पहचानती है। वह देह के आनन्द को रचती है, जिसे वह अनुभव तो करती है, लेकिन इस भाषा में कह नहीं सकती। इसलिए जब वह कहने की कोशिश करती है तो वह रहस्यात्मक होने लगता है।

आधुनिक तर्क-प्रक्रिया में स्त्री-प्रश्न पैदा हो सकते हैं, लेकिन इसमें उसके अनुभवों का समाया नहीं हो सकता। यूरोपीय नवजागरण के समय प्रसिद्ध नारीवादी चिन्तक मेरी वालेनक्राफ्ट कह रही थीं कि पुरुष की तरह स्त्री भी तर्क कर सकती है, इसलिए वह बौद्धिकता में उससे पीछे नहीं है। जब मेरी वालेनक्राफ्ट यह दलील दे रही थीं तो वह नारीवाद की पहली अवस्था थी। अब तो नारीवाद पूरी तर्क-प्रक्रिया को ही पुरुषकेन्द्री मानता है। इसमें कोई दो राय नहीं कि नवजागरण में मौजूद तर्कशीलता से ही स्त्री-प्रश्नों पर विचार की शुरुआत डुई। इस तर्क-प्रक्रिया के भीतर से ही स्त्री-समानता व मुक्ति का नारा और उसके लिए संघर्ष प्रारम्भ हुआ। इसलिए एक पक्ष इस तर्क-प्रक्रिया को महत्त्व देता रहा है। इसके अनुसार तर्क को एकदम से नकार देना ठीक नहीं है। परन्तु बाद में स्त्रीवादियों ने यह सिद्ध किया कि पूरी तर्क-प्रक्रिया पुरुषकेन्द्री है। यह तर्क वहीं से पैदा हुआ है और उसी को प्रमाणित करता है, इसलिए इस तार्किक व्यवस्था के दायरे में स्त्री-अनुभवों के लिए जगह नहीं बन सकती।

हालाँकि अधिकांशत: जब तर्क का विरोध किया जाता है तो वह मूलत: देकार्त की देह और दिमाग की बाइनरी बनाने वाली तर्क प्रक्रिया का विरोध होता है। जुर्गन हाइबरमास इसे यांत्रिक तार्किकता कहते हैं। नीत्शे और मिशेल फूको इस तर्क को सत्ता से अलग करके नहीं देखते। उनके अनुसार तर्क सत्ताओं से अलग जा ही नहीं सकता। लेकिन स्त्री की देह, उसके अनुभव और कामुक आनन्द का प्रवेश जैसे ही

होता है, यह तर्क प्रक्रिया टूटने लगती है। देह और भाषा का यह उलझा हुआ सम्बन्ध बाद में जूलिया क्रिस्टीवा और लूस इरेगरी के यहाँ ज्यादा साफ हो जाता है। दोनों ही स्त्रीवादी चिन्तक इस यौनिक भिन्नता को लकां के सिद्धान्त से ही लेती हैं, लेकिन उसे अलग-अलग तरीके से विकसित करती हैं। लूस इरेगरी यह कहती हैं कि पुरुष भाषा में एक दूसरे को अन्य की तरह देखते हैं जबकि स्त्री रहस्यात्मक रास्ता अपनाती है, जो उसे भिन्न भाषा की क्षमता देती है। क्रिस्टीवा इस भिन्नता को और गहन कर देती हैं। क्रिस्टीवा के अनुसार प्रतीक व्यवस्था से पूर्ववर्ती सांकेतिक(सिमिओटिक) अवस्था है, जिसके हस्तक्षेप से भाषिक व्यवस्था टूटने लगती है। आत्म और अन्य के बीच का विभेद मिटने लगता है। इससे कई बार उसकी भाषा रहस्याभासी होने लगती है।' महादेवी के यहाँ अधिकांशत: विषय मूर्त नहीं होता, लेकिन विषयी अपने अनुभवों और अपने आनन्द को रचने में सफल होता है। गहराई से देखने पर पता चलता है कि फेलिग्नों, अक्क महादेवी, मीरांबाई, वर्जीनिया वूल्फ, महादेवी वर्मा, एमिली डिकिन्शन, मरीना स्वेताएवा, अन्ना अख्मातोवा, सिल्विया प्लाथ आदि ऐसी ही कवयित्रीयाँ हैं। आदर्शीकृत कल्पना-संसार में जीने वाली ये कवयित्रीयाँ आत्मवहिष्करण की बजाय आध्यात्मिक अनुभूतियों की एक स्वयं समर्थ दुनिया में जाती हुई दिखाई पड़ती हैं। उनका अवचेतन यथार्थ की सीमाओं को लाँघने के लिए मातृमुखी स्मृतियों और सपनों को घोलकर एक आदर्श जगत रचने लगता है। यह आदर्श उसकी मातृमुखी अनुभूतियों, कामनाओं, सपनों, दु:खों के एक आलोकवृत्त की तरह है, जो अपनी शैली में रहस्याभासी लग सकता है, लेकिन अन्तर्वस्तु में उसकी अस्ति, अस्तित्व और पहचान के गहनतम संसार का पता देता है। इनमें अपनी अनुभूतियों, कामनाओं, आदर्शों, सपनों, फंतासी के प्रति दिखता हुआ सत्ता के समक्ष समर्पण नहीं अपितु उसे पार करने की कोशिश है और उसमें ताकत इतनी है कि वह कभी उसे अक्क महादेवी बना देती है, कभी स्वर्ग की आग बुझाती राबिया, कभी कुलकानि छोड़कर उन्मुक्त नाचती मीरांबाई जैसी बागी स्त्रियाँ बना देती है तो कभी महादेवी वर्मा जैसी आत्मविश्वास से भरी हुई आधुनिक स्त्री।

द्विचर-विरोधी भाषिक संसार से सांसत

द्विचर विरुद्ध या 'बाइनरी अपोजिट' शब्द ऐसा शब्द युग्म है जिनमें परस्पर 'होने' और 'न होने' का परस्पर विरोध हो। जैसे—जीवित-मृत, अच्छा-बुरा, पाप-पुण्य आदि। जो जीवित है वह मृत नहीं हो सकता। यह सिर्फ भाषा के भीतर शब्द युग्म भर नहीं हैं। यह दुनिया को देखने का एक ठोस तरीका है। यह दुनिया को परस्पर विरुद्धों में देखता है। हमारी पूरी ज्ञान प्रक्रिया ही इस दृष्टि से प्रभावित लगती है। स्त्रीवादी चिन्तन ने द्विचर विरोधी विश्वदृष्टि को बहुत सूक्ष्मता से पहचाना। स्त्रीवादी

चिन्तकों ने पुरुषवादी अनुभव और उसके विश्वबोध को कोड करने की इस पूरी द्विचर विरोधी प्रक्रिया को खोल दिया। महादेवी वर्मा का विश्वबोध चीजों को द्विचर विरोधों में नहीं देखता, वे इससे पार जाने की कोशिश करती हैं और चीजों को उनकी सम्पूर्णता में देखती हैं। अगर उनका काम द्विचर-विरोध से पूरा हो जाता है तो इसका मतलब है कि उनका काम पुरुष-केन्द्री तर्क-प्रक्रिया के भीतर का है। लेकिन महादेवी इसके पार जाती हैं और ऐसा करते हुए वे रहस्यवादी लगने लगती हैं।

महादेवी वर्मा के यहाँ प्रतिलोमी शब्द मिलते हैं, लेकिन यह द्विचर विरोध नहीं है। हिन्दी की महत्त्वपूर्ण स्त्रीवादी आलोचक सुधा सिंह प्रतिलोमी शब्दों को ही द्विचर विरोधी कहती हैं। वे इसे उसी द्वि-आधारी संरचना के भीतर मानती हैं और गलत बात को सिद्ध करने के लिए मूँछ की पूँछ करने लगती हैं। वे कहती हैं कि—

> आधुनिक हिन्दी कविता में महादेवी वर्मा अकेली ऐसी लेखिका हैं जो व्यापक स्तर पर 'बाइनरी अपोजीशन' की धारणा के आधार पर भाषिक प्रयोग करती हैं। उनकी अधिकांश कविताओं में बाइनरी अपोजीशन के प्रयोग भरे पड़े हैं।

इसे पढ़कर कोई भी चकित होगा क्योंकि पूरा पुरुषवादी बोध ही 'बाइनरी अपोजीशन' पर टिका हुआ है। पूरी पुरुषकेन्द्री ज्ञान-परम्परा इन्हीं 'द्विचर विरुद्धों' से बनी हुई है। संरचनावाद कहता है कि एक-दूसरे के विरोध में ही चीजों को अर्थ मिलता है। सस्यूर कहता है कि 'इनमें अन्तर्विरोधी सम्बन्ध नहीं है, बल्कि संरचनात्मक सम्बन्ध है और ये मूलतः एक ही हैं। संरचनावाद के अनुसार पूरी भाषा और विचार-व्यवस्था इसी द्वि-आधारी विरुद्धों के भीतर व्यवस्थित है। लेकिन उत्तर-संरचनावाद के अनुसार इन द्वि-आधारी विरूद्धों में सारतः कोई विरोध नहीं है। 'द्वि-आधारी विरुद्धों' में दोनों समान और समानान्तर नहीं होते, इसमें एक प्रधान तो दूसरा गौड़ होता है। सही और गलत में दोनों समान और समान-आधारी नहीं हैं। इसमें पहला प्रधान और दूसरा गौड़ है। जैसे स्त्री और पुरुष बाइनरी अपोजीशन होकर भी पुरुष प्रधान है और स्त्री गौड़ है। इसमें गौड़ पक्ष प्रधान पक्ष से ही पैदा हुआ है, जैसे आदम और हौव्वा बाइनरी होकर भी हौव्वा आदम की पसली से ही पैदा हुई है। आदम प्रधान और हौव्वा गौड़ है।

इस कथा को जानने वाले जानते हैं कि आदम के साथ ही लिलिथ पैदा हुई थी। आदम और लिलिथ को ईश्वर ने अपनी छवियों से बनाया था। लिलिथ आदम के साथ, एक ही समय में अलग पैदा हुई थी। वह एडम से अलहदा, लेकिन बराबर थी। अलहदा लेकिन बराबर लिलिथ को न खुदा बरदास्त कर पाया और न ही आदम, इसलिए खुदा ने हौव्वा को बनाया। और हौव्वा को बनाया आदम की पसली से। हौव्वा आदम के बाद उसकी ही पसली से बनाई गई। वह आदम

से अलहदा तो हुई, लेकिन बराबर नहीं और साथ ही उसका मूल आदम ही था। लिलिथ अलग तो थी लेकिन बाइनरी नहीं थी। हौव्वा अलग होते हुए भी बाइनरी हुई और इस बाइनरी में ही उसका पदानुक्रम निर्धारित हुआ।

लिलिथ, आदम और हौव्वा का मिथक इस द्विचर विरोधी संरचना को समझने में मददगार है। द्विचर विरुद्ध बिना पदानुक्रम के नहीं हो सकता। पदानुक्रम इसकी अनिवार्यता है और इसका प्रधान पक्ष हमेशा पुरुष केन्द्री और सत्तावान होगा। आधुनिक तर्क-प्रक्रिया ने विचार की इस प्रक्रिया को और मजबूत किया। इसलिए महादेवी मूलतः इस द्वि-आधारी विरुद्धों से बाहर जाने की कोशिश करती हैं। यह उनकी प्रधान प्रवृत्ति है, इसलिए अगर उनमें रहस्य-भावना दिखाई पड़ती है तो यह बहुत स्वाभाविक है। हिन्दी आलोचना में इस रहस्य-भावना को समझने की कोशिश नहीं की गई। या तो इसे छिपाने की कोशिश हुई या फिर इसके पीछे के यौनिक सन्दर्भ और कहानी को खोजा गया। क्रान्तिकारी से क्रान्तिकारी आलोचक भी इस रहस्य-भावना के सन्दर्भ में एक जगह से निकलते हैं तो दूसरी जगह फँस जाते हैं और ऐसा इसलिए होता है क्योंकि वे आधुनिक तर्क-प्रक्रिया और स्त्रीत्व के सम्बन्ध को समझने के लिए तैयार नहीं हैं। प्रो कृष्णदत्त पालीवाल ने महादेवी वर्मा को स्त्री-विमर्श के नजरिए से देखने की बात कही है, लेकिन वे भी रहस्य-भाव की अनिवार्यता नहीं समझ पाते और सही तर्क तक पहुँचने से पहले ही भटक जाते हैं। वे लिखते हैं कि—

> हमारे समय की एक बड़ी विडम्बना रही है कि हम महादेवी वर्मा की काव्यानुभूति को रहस्यवाद-आध्यात्मवाद के चीकट चौखटों से बाहर निकालकर उस पर विचार नहीं कर सके। उन पर या तो रहस्यवादी-फ्रायडवादी मानदंडों से लीपापोती होती रही या फिर 'मैं नीर भरी दुःख की बदली' को आधार बनाकर निराशावाद, पलायनवाद, वेदनावाद और व्यक्तिवाद के घेरे में घेरकर गलत दृष्टिकोण से सोचा गया। जबकि उनकी रचनाओं के 'पाठ' पर भारतीय नवजागरण के समूचे अर्थ-सन्दर्भ को ध्यान में धारण करते हुए विमर्श की आवश्यकता है।

कृष्णदत्त पालीवाल स्त्री विमर्श के सन्दर्भ में महादेवी को देखने का दावा करते हैं, लेकिन उनमें मौजूद रहस्य-भावना को उस सन्दर्भ में नहीं देखना चाहते। वे कहते हैं कि महादेवी बहुत शालीनता से अपने अनुभवों को प्रतीकात्मक और सांकेतिक शैली में कहती हैं। इससे ऐसा लगता है कि मानो भाषा में स्त्री को अपने अनुभवों को रचने की जगह मौजूद है, लेकिन वह उसे नहीं चुनती, वह सजग ढंग से प्रतीकत्मक शैली चुन लेती है? मानो हिन्दी की काव्य-भाषा बिना गहरे टूट-फूट के स्त्री के अनुभवों को अभिव्यक्त करने के लिए खुली हुई हो! कृष्णदत्त पालीवाल जैसे आलोचकों में स्त्रीवाद के कुछ मुहावरे तो दिखाई पड़ सकते हैं,

कई जगह क्रान्तिकारी मुद्राएँ भी दिख सकती हैं, लेकिन वे स्त्री अनुभवों और भाषा के अन्तर्सम्बन्धों के गहन संकटों में उतरना नहीं चाहते। ऐसे लोगों के लिए सबसे आसान रास्ता होता है कि महादेवी में मौजूद रहस्य-भाव और सांकेतिकता को शैली कह दें और उसे छोड़कर नवजागरण खोजने लगें। यह समझना होगा कि महादेवी की काव्य-भाषा एक स्त्री-आत्म का नवजागरण से जुड़ने के फलस्वरूप पैदा हुई भाषा है। इसे कोई तब तक नहीं समझ सकता जब तक वह स्त्री के आत्मानुभव के वैशिष्ट्य को समझने और स्वीकार करने के लिए तैयार न हो।

द्विचर विरोधी संसार को लाँघने की कोशिश

एक स्त्री का आत्मानुभव द्विचर विरोधों में कसी हुई भाषिक संरचना में अभिव्यक्त नहीं हो सकता क्योंकि स्त्री का पूरा दमन ही इसी संरचना में हुआ है। अत: उससे उसी संरचना के भीतर आत्माभिव्यक्ति की अपेक्षा ना-समझी है। महादेवो अपनी भाषा और सौन्दर्यबोध के स्तर पर लगातार इससे पार जाने की कोशिश करती हैं। वह इसलिए नहीं कि वे द्विचर विरोधों की पुरुषवादी भूमिका से परिचित हैं, बल्कि अपने मौलिक आत्मानुभव को रचने की जिद के चलते वे अनायास ही उस संरचना को पार कर जाती हैं। इस तरह महादेवी वर्मा पहली बार हिन्दी में स्त्री-भाषा के लिए बड़ी जगह बनाती हैं। इस दृष्टि से अभी तक बात नहीं हुई है, लेकिन जैसे-जैसे स्त्रियाँ अपने मौलिक आत्मानुभव को आत्मसजग जिद के साथ भाषा में कहने की कोशिश करेंगी वैसे-वैसे महादेवी की काव्यभाषा का महत्त्व बढ़ता जाएगा।

महादेवी के काव्यबोध में द्विचर-विरोधी अवस्थितियाँ नहीं मिलतीं। इस बात को स्पष्ट रूप से समझने के लिए महादेवी वर्मा की किसी कविता को निराला की कविता 'जूही की कली' के साथ रखकर देखिए। 'जूही की कली' में मलयानिल और जूही द्विचर-विरोधी अवस्थितियों में ही मौजूद हैं। जूही की कली भाषिक-संरचना में मौजूद स्त्रीत्व का क्लासिक उदाहरण है और मलयानिल ताकत, सक्रियता और पौरुष का रूपक है। महादेवी वर्मा में इस तरह का कोई द्विचर-विरोध नहीं खोजा जा सकता। अगर हम महादेवी के सम्पूर्ण काव्यकर्म पर ध्यान दें तो महादेवी वर्मा की कविताओं में चमकते हुए दोपहर का सूर्य बहुत कम दिखाई देता है। उनकी कविताओं में सूर्यातप लगभग दुर्लभ है। जहाँ वह है भी वहाँ 'हल्के आतप में रस भीनी' लिखती हैं। महादेवी आतप के पहले 'हल्के' विशेषण का प्रयोग करती हैं। दिन के सूर्य का वर्णन देखिए, जहाँ महादेवी ने उसका पूरा ताप धुल दिया है।

झीने मृदु स्वर्णिम तारों-सी
किरणों के मिस केसर झरती,
हल्के आतप में रस-भीनी

शतरंगी रज बरसा करती,
निर्झर में बहता मधु अविरल!

महादेवी जी को जहाँ भी कठोरता, रुक्षता और उत्ताप की सम्भावना दिखाई देती है वहाँ उसके पहले कोई विशेषण जोड़कर उसके ताप को, उसकी सत्ता को शमित कर देती हैं। सूर्य की किरणें उत्ताप पैदा कर सकती थीं। उसमें दाहकता निहित है। वे स्वर्णिम तारों-सी के पहले दो विशेषण लगाती हैं—झीने और मृदु। फिर अगली पंक्ति में किरणों के मिस केसर झरने की बात करती हैं। केसर की तासीर ठंडी है। वह किरणों के ताप को और कम कर देता है। फिर आतप के पहले हल्का और फिर ताप की जगह रस-भीनी सतरंगी पराग बरस रहा है। किसी को लग सकता है कि महादेवी जी बस चीजों को कोमल और सौन्दर्यीकृत भर कर रही हैं लेकिन स्त्रीवादी सौन्दर्यबोध का विज्ञ व्यक्ति जानता है कि वहाँ सूर्य पुरुष सत्ता का प्रतीक है। सूर्य को दुनिया भर की कलाओं में बार-बार इसी रूप में रचा गया है, इसलिए स्त्रियों की लड़ाई उस सत्ता से होती है। सुभद्रा कुमारी चौहान, जो कि स्वाधीनता के ओज की कवयित्री समझी जाती हैं, उनकी पंक्तियाँ देखें—

सखि! प्रभात की लाली में
छिन जाएगी मेरी लाली।
इसीलिए कस कर लपेट लो,
तुम अपनी चादर काली॥

प्रभात की यह सत्ता पुरुषवाद और ज्ञान की वह सत्ता है, जहाँ स्त्री अनुभवों और उसकी पहचान के लिए जगह नहीं है। स्त्री अनुभव में सूर्य हमेशा ही पुरुष-सत्ता की तरह आता है, जो स्त्री-आत्म को छिन्न-भिन्न किए देता है। महादेवी जी सूर्य और चाँद को बाइनरी में नहीं देखतीं। वे दिन और रात को भी बाइनरी में नहीं देखतीं। उनका सबसे प्रिय पहर संध्या ही है। यामा के एक गीत में किरणों को उतरते हुए देखिए—

पल्लव के डाल हिंडोले
सौरभ सोता कलियों में,
छिप-छिप किरणें आतीं तब
मधु से सींची गलियों में।

सौरभ पल्लवों के झूले पर कलियों में सोता रहता है और किरणें छिप-छिप कर आती हैं। यहाँ किरणें छिप-छिपकर ही आ रही हैं। उनकी दाहकता और सब कुछ उद्घाटित कर देने वाली सत्ता कहीं जा चुकी है। यह स्त्री का वह सौन्दर्यबोध है जो सूर्य और किरणों की सत्ता को नष्ट कर देता है। महादेवी जी जब दिन का

चित्रण करती हैं तो भी वह संध्या की तरह ही लगता है। इसे इस तरह कह सकते हैं कि वे दिन और रात को विरोधी द्वित्व की तरह देखने के बजाय एक रेखा पर मौजूद बिन्दुओं की तरह देखती हैं। संध्या का समय महादेवी जी को अत्यन्त प्रिय है। उन्होने सबसे ज्यादा गीतों की रचना सांध्यकालीन प्राकृतिक सौन्दर्य पर की है। यह सांध्यकालीन चित्र स्वतंत्र भी हैं, लेकिन सबसे ज्यादा रूपक की तरह आए हैं—

प्रिय! सांध्य गगन मेरा जीवन!
यह क्षितिज बना धुँधला विराग,
नव अरुण अरुण मेरा सुहाग,
छाया-सी काया वीतराग,
सुधि भीने स्वप्न रंगीले घन,
साधों का आज सुनहलापन,
घिरता विषाद का तिमिर सघन,
संध्या का नभ से मूक मिलन,
यह अश्रुमती हँसती चितवन!

महादेवी जी अपने पूरे जीवन को ही सांध्य से रूपायित करती हैं और सांध्य के बाद अगर एक पूरे दिन का सबसे ज्यादा किसी प्रहर का चित्रण करती हैं तो वह रात्रि और उसके विविध प्रहर हैं। वह भी दिन के बाइनरी में नहीं आता, जैसा की अन्य कवियों के यहाँ आता है। महादेवी जी के यहाँ रात्रि के अलग-अलग शेड्स आते हैं, उसके अलग-अलग रंग आते हैं।

महादेवी जी को रात्रि प्रिय है और जैसा कि ऊपर कहा गया है कि रात्रि दिन की बाइनरी की तरह नहीं बल्कि स्वतंत्र रूप में आती है। उसकी अलग-अलग छवियाँ आती हैं। महादेवी रात्रि को किसी स्त्री की तरह रचती हैं। ध्यातव्य है कि स्त्री को परम्परा में भी रात्रि से रूपायित किया जाता रहा है लेकिन वहाँ उसे दिन की बाइनरी में रचा गया है, वहाँ दिन प्रधान है तथा रात्रि दिन का विलोम और गौड़ है। दिन के इस विलोम रात के साथ नकारात्मक छवियाँ जुड़ी हैं। महादेवी के यहाँ रात्रि अपना स्वतंत्र अस्तित्व रखती है। वह रंगों और ध्वनियों से भरी हुई ऐसी अवस्थिति है, जहाँ सूर्य की 'सत्ता' नष्ट हो चुकी है। सूर्य की सत्ता नष्ट होने से स्त्री की इच्छाएँ, उसकी कल्पनाएँ अपने आप विच्छुरित होती हैं। उनके संग्रह का शीर्षक ही 'यामा' है। कुछ आलोचकों के अनुसार—

> निशीथ के प्राकृतिक सौन्दर्य में एक प्रकार का इन्द्रजाल एवं गोपन तत्त्व है। उसके प्रति आध्यात्मिक सौन्दर्यानुभूति रखने वाली कवयित्री का लगाव सहज स्वाभाविक है।

महादेवी के काव्य-बोध पर आलोचना की सबसे बड़ी दिक्कत यह है कि उन्हें हमेशा छायावाद के सन्दर्भ में देखा जाता है। छायावाद का प्रधान काव्य-वस्तु रहस्यवाद माना जाता है और फिर महादेवी में हर चीज को रहस्यवाद के सन्दर्भ में देखा जाता है। अर्थात उनमें सब कुछ देखा जाएगा, बस एक स्त्री-आत्म नहीं देखा जाएगा और जब महादेवी को छायावाद के सन्दर्भ में देखा जाता है तो इसका मतलब यह होता है कि उन्हें अन्य कवियों के काव्य बोध पर खरा उतारने की कोशिश हो रही है। अब यह बात लगभग अनिवार्य है कि महादेवी जी को उनके स्त्री आत्म के साथ और उसकी अभिव्यक्ति के सन्दर्भ में ही देखा जाए और इसके लिए आवश्यक है कि उनकी भाषिक रणनीतियों को भी समझा जाए। अर्थात देखा जाए कि वे तमाम बाइनरी को पार कैसे कर जाती हैं। उनकी कविताओं में रात्रि के विशेषण भरे पड़े हैं। बल्कि सबसे ज्यादा विशेषण रात्रि के ही होंगे, लेकिन वे किसी बाइनरी में नहीं आते। यह महादेवी की काव्यभाषा की तमाम विशिष्टताओं में से सबसे उल्लेखनीय विशेषता है। एक आत्मसजग स्त्री ही भाषा का इस तरह उपयोग कर सकती है। यहाँ अलग-अलग कविताओं से रात्रि के कुछ विशेषण देखिए—

> 'तंद्रिल निशीथ', 'मोती सी रात', 'सजल रात', 'अँधेरी-सी रजनी', 'तम का परदा', 'निशीथ नीरवता', 'कुहकिनि रात', 'झिलमिलाती रात', 'गोधूली तम', 'स्निग्ध रजनी', 'नीरव तम की छाया', 'काले रजनी अंचल', 'असीम तम', 'रात के झीने सितांचल', 'नैश तम', 'घन तम', 'शून्य निशा', 'तिमिर पारावार', 'मिलन यामिनी', 'तम के नीले कूल', 'काली अपलक रजनी', 'निद्रित अलसित रजनी', 'नियति तिमिर सागर अपार/बुझते जिसमें तारक अंगार', 'बेसुध रात', 'कूलहीन तम', 'शिथिल रातें', 'तम सिन्धु', 'तम जल', 'तम सागर', 'तिमिर तटनी', 'अन्तहीन विभावरी', 'तड़ित तम'...

इस तरह के विशेषण और रात्रि के अलग-अलग पर्याय महादेवी जी के यहाँ भरे पड़े हैं लेकिन यहाँ रात्रि स्वतंत्र और सकारात्मक छवियों के साथ है। महादेवी के यहाँ रात्रि शब्द और यह पूरी प्राकृतिक परिघटना सकारात्मक है। पूरी सांस्कृतिक परम्परा में रात्रि को तामसिक शक्तियों से जोड़ दिया गया। इसे माया से जोड़ दिया गया। इसे भय के अलग-अलग अनुभवों और छवियों में कोड किया गया। ऐसा दुनिया भर में हुआ। जिस लिलिथ के बारे में शुरुआत में बात की गई है उसे भी रात्रि से जोड़ा गया। महादेवी जी रात्रि को ही रचती हैं, लेकिन इसे नितान्त सकारात्मक बना देती हैं। प्रश्न पूछा जा सकता है कि यह भाषा में कैसे सम्भव हुआ इसके पीछे की रणनीति यह है कि इसे दिन की बाइनरी से निकालकर स्वतंत्र रूप में रच दिया जाए और ऐसा करते ही वह स्वयं सकारात्मक छवियों में बदल जाएगा।

भाषा में स्त्री-संसार का समावेश

हमें उपलब्ध भाषा पुरुष की आत्मवत्ता का ही विस्तार है। इसमें स्त्री का आत्मानुभव मौजूद नहीं है। स्त्री इस भाषा में सिर्फ चुप्पी, नकल और कटपीस की तरह है। भाषा की इस पुरुष-केन्द्री संरचना को बदलने की सबसे महत्त्वपूर्ण जमीन है—काव्यभाषा। महादेवी जी इस जमीन पर भाषा के भीतर स्त्री-छवियों और उसके आत्मानुभव को जगह दिलाने के लिए किन विधियों का उपयोग करती हैं, इसपर ध्यान देना चाहिए। भाषा के भीतर जहाँ स्त्री या तो है ही नहीं या फिर नकारात्मक रूपों में है, वहाँ महादेवी जी उसे सकारात्मक छवियों से भर देती हैं। यह सम्भव होता है रूपकों के उपयोग से। रूपकों की खासियत यह है कि इसमें उपमेय को उपमान के सन्दर्भ में देखा जाता है। उपमेय वह वस्तु है जिसके बारे में बात होती है और उपमान वह है जिसके माध्यम से बात होती है। महादेवी जी एक काव्यात्मक रणनीति के बतौर उपमानों के रूप में स्त्री छवियों को रखती हैं, जिससे उपमेय के अर्थ बदलने लगते हैं। महादेवी जी स्त्री-संसार के विविध अनुषंगों से काव्य-भाषा को भर देती हैं। इसपर पहले भी विचार किया गया है कि महादेवी जी के शब्द कहाँ से आते हैं। महादेवी के कुछ अध्येताओं ने इन शब्दों की तालिका तक बनाई है। लेकिन इसपर कोई बात नहीं हुई कि आखिर इन शब्दों से भाषा की दुनिया में क्या बदलाव होता है और वह स्त्री-अनुभवों के अनुकूल कैसे होने लगती है। महादेवी जी स्त्री-संसार के विविध अनुषंगों को जिस मात्रा में कविता में जगह दिलाती हैं, अगर उसे वर्गीकृत किया जाए तो एक उल्लेखनीय शब्दकोश बन सकता है और पारम्परिक रूप से प्रयुक्त होते आए शब्दों को महादेवी जी की काव्यभाषा के सन्दर्भ में देखा जाए तो नए रास्तों पर बढ़ती हुई भाषा का अनुमान होगा। महादेवी जी ने स्त्रियों के श्रृंगार के विविध अनुषंगों को बिना किसी आग्रह-पूर्वाग्रह के रचा है। स्त्री-आभूषणों पर मर्दवादी छवियाँ भी मौजूद हैं, लेकिन महादेवी जी इसे उसी रूप में नहीं रहने देतीं, उसकी छवियाँ बदलते हुए उसे मर्दवादी जकड़न से स्वतंत्र करती हैं। मसलन स्त्रियों द्वारा आलेपित अंगराग की छवियाँ देखिए।

अंगराग : महादेवी वर्मा 'चाँदनी का अंगराग', 'विद्युत का अंगराग' और 'पुलकों का अंगराग' लगाती हैं। यह अंगराग कविताओं में अलग-अलग तरह से आता है। महादेवी जी को सुगंधित द्रव्य, चन्दन, सौरभ, मधुपर्क आदि आकर्षित करते हैं—

पारद सी गल हुई शिलाएँ दुर्गम नभ चन्दन आँगन सा
अंगराग घनसार बनी रज, आतप सौरभ आलेपन-सा
शूलों का विष मृदु कलियों के नव मधुपर्क समान बन गया!

शूलों का विष स्त्री अनुभवों से जुड़कर मृदु कलियों के नव मधुपर्क समान बन गया। महादेवी जी की कविताओं में 'ज्योत्सना के आलेपन' सुरभित चन्दन,

सस्मित गोधूलि द्वारा आलेपित सुनहली रेणु, रजनी गंधा द्वारा मधुर पराग के मंडन' जगह-जगह मिल जाएगा। आलेपन का बिम्ब उनकी भाषा में भरे पड़े हैं—

अंगराग-सी है अंगों में
सीमाहीन उसी की छाया!

आँखों का अंजन : अंजन स्त्री-जीवन की एक स्वाभाविक बात है। महादेवी जी ने उसे काव्यभाषा में बड़ी जगह दे दी है। जहाँ अंजन है, वहाँ स्त्रीत्त्व अपने आप शामिल हो जाता है। आलोचकों के अनुसार यह मात्र मूर्तन-विधान है। लेकिन उनका ध्यान इस बात पर नहीं जाता कि इससे एक स्त्री काव्य-भाषा के भीतर किस तरह अपने अनुभवों के लिए 'स्पेश' बना रही है। ऐसा इसलिए होता है क्योंकि हिन्दी आलोचना में आज भी स्त्री के भाषिक प्रयोग को सजग रणनीति की तरह नहीं देखा जाता। यहाँ कुछ पंक्तियाँ उल्लेखनीय हैं—

रजनी गंधा आँज रही नयनों में सोना,
अंजन वदना चकित दिशाओं ने चित्रित अवगुंठन डाले,
सपनों से गीली पलक आँज,
सपनों से आँजूँ पलकें चल,
प्यास का नयन अंजन,
मृदु अंजन, दृग अंजन,
रजनी का अंजन,
घुली हुई इन लोचनों में, चिर प्रतीक्षा पूत अंजन,
किरणों की अंजन रेखा, फीके नयनों में लगा ले...

इस तरह की अनगिनत पंक्तियाँ महादेवी जी की कविताओं में मिलेंगी और हर जगह मर्दवादी छायाओं से अलग, स्वतंत्र और सकारात्मक हैं। स्त्री-संसार के ये उपादान पूरी काव्य-भाषा को बहुत सूक्ष्मता और गहराई से बदलते हैं, लेकिन इतने सहज ढंग से ये पंक्तियाँ आती हैं कि उनपर आलोचकों का ध्यान ही नहीं जाता। यदि कभी ध्यान जाता भी है तो इसकी महत्ता को समझने की कोशिश नहीं होती। अंगराग की तरह पैरों में लगाए जाने वाले महावर सम्बन्धी पंक्तियाँ भी खूब हैं—

संध्या ने दी पद में लाली,
गति के जावक से चरण लाल,
नव इन्द्र धनुष सा चीर महावर अन्त न ले,
रंजित कर दे यह शिथिल चरण
ले नव अशोक का अरुण राग

छू मृदुल जावक रचे पद हो गए
सित मेघ पाटल।

इसी तरह मेहँदी और होठों पर लाली के बिम्ब मौजूद हैं। न सिर्फ एक-दो पंक्तियों में बल्कि महादेवी जी की कविताएँ ही भाषा की इसी दुनिया से बनती हैं।

केश-सज्जा : महादेवी जी ने स्त्री के केश-अलंकरण से सम्बन्धित पंक्तियों से काव्य-भाषा को रच दिया है। यह स्त्री को अलंकृत करना भर नहीं है बल्कि काव्य-भाषा की दुनिया को स्त्री-अनुभवों से सुसज्जित करना है। स्त्री-जीवन से जुड़े विविध अनुषंगों के लिए भाषा के भीतर जगह बनाना है। वे प्रकृति सुन्दरी के लिए लिखती हैं—

जाग जाग सुकेशिनी री
बिखरती अलकें, झरे जाते सुमन वर वेशिनी री।

वे पुष्पों से केश का श्रृंगार करती हैं। इस सन्दर्भ में अगर कुछ पंक्तियों को उद्धृत किया जाए तो यह समझना आसान होगा कि भाषा के भीतर इसे किस रणनीति के तहत रचा जा रहा है—

शशि के दर्पण में देख देख,
मैंने सुलझाये तिमिर केश!
गूँथे चुन तारक पारिजात अवगुंठन कर किरणें अशेष
हौले झरे शिथिल कबरी में।

गूँथे हर श्रृंगार कामिनी,
यूथों की मीलित कलियों से अलि दे मेरी कबरी सँवार,
आज न सजे अलकों में हीरे,
बुदबुद की लड़ियों से गूँथा,
फैला श्यामल केश-कलाप,
इन स्निग्ध लटों से छा दे तन,
सौरभ का फैला केशजाल,
सुरभित चल कुन्तल,
गंधवाही गहन कुन्तल,
लहराता सुरभित केश-पास,
अगरू गंध बयार ला
विकच अलकों को बसाती,
शिथिल वेणी बन्धन खोले

बिखरती अलकें झरे जाते
सुमन परिवेषिनी री,
उड़ता झंझा में अलक जाल,
तूल से मृदु श्यामल केश,
उलझती अलकें सुनहली असित निशि के कुन्तलों में,
रूपसि तेरा घन-केश-पाश!
श्यामल-श्यामल कोमल-कोमल
लहराता सुरभित केश-पाश!

केश सज्जा के अन्तर्गत माँग में रोली या सिन्दूर लगाना भी जुड़ा हुआ है। फूलों के बीच जैसे पराग होता है, उसी तरह महादेवी जी बालों में रोली और सिन्दूर को रचती हैं। इन सारी स्त्री-सम्बन्धी चीजों को नकारात्मक छवियों में कोड किया गया, जिसके चलते स्त्री को पुरुष के अधीन, उसके अनुषंग के रूप में देखने और पहचानने की परम्परा विकसित हुई। महादेवी जी पहली बार इसे स्त्री के साथ जोड़कर पूर्णत: स्वतंत्र और सकारात्मक छवियों में रचती हैं—

रश्मि तार बाँध मृदुल चिकुर भार री ओ विभावरी,
किस में देख सँवारूँ कुन्तल,
अरुण सजल पाटल बरसाता
तम पर मृदु पराग की रोली,
मृदुल अंक धर,
दर्पण सा सर,
आज रही निशि दृग-इन्दीवर,
प्राची के अंचल में हो स्मित से चर्चित रोली,
चाँदनी का अंगराग
माँग में सजा पराग,
कुमकुम से सीमन्त सजीला,
नव अरुण अरुण मेरा सुहाग,
अरुणा ने यह सीमन्त भरी
संध्या ने दी पद में लाली
मेरे अंगों का आलेपन
करती राका रच दिवाली,...

एक पंक्ति में महादेवी जी सूर्य और चाँद को प्रकृति सुन्दरी का अवतंश कहती हैं। अवतंश का अर्थ आभूषण या मुकुट होता है। लेकिन निम्नलिखित पंक्तियों में

अवतंश पद के साथ जुड़ा हुआ लोल विशेषण से व्यंजित हो रहा है कि यह मुकुट के बजाय किसी सामान्य आभूषण की बात है।

रवि-शशि तेरे अवतंस लोल
सीमन्त जटिल तारक अमोल

सामान्यत: पढ़ते हुए हमारा ध्यान इसपर नहीं जाएगा कि किस तरह महादेवी जी ने सूर्य और चन्द्र को नृत्य करती हुई अप्सरा का अनुषंग बना दिया है और यह अप्सरा अपने ध्वन्यार्थ में परम सत्ता है। अबतक जो सब कुछ का केन्द्र था, जो अंगी था वह यहाँ स्त्री का कोई अंग भी नहीं, कोई उपांग भी नहीं, बल्कि किसी उपांग में पहना जाने वाला आभूषण है।

वस्त्र-विन्यास : महादेवी जी के वस्त्र-विन्यास में रंगों का बाहुल्य है। कवयित्री की रुचि तथा अनुरक्ति रंगीन वस्त्रों के प्रति है। उन्हें रंग-विरंगे हल्के वस्त्र प्रिय हैं। वे तितलियों के परों जैसे रंगों वाले चीर अधिक पसन्द करती हैं। इन्द्रधनुषी चीर, नव रंगों वाला दुकूल, पाटल के रंगों वाले वस्त्र, विविध वर्णों वाले चीर, काले तथा धवल वस्त्र, अरुण तथा पीत वर्ण की चुनरी, स्वर्ण कुमकुम की चुनरी, नीले तथा पीले वर्ण के वस्त्र उनके गीतों में खूब वर्णित हैं। स्त्रियों के वस्त्रों से इतने शब्द और इतनी सकारात्मक छवियों के साथ महादेवी जी की कविता में पहली बार आते हैं। महादेवी जी वस्त्रों से सम्बन्धित शब्दों का प्रयोग कविता में कैसे करती हैं, इसके लिए पहले कुछ पंक्तियाँ देखते चलिए—

तितलियों के पर रँगीले,
इन्द्र धनुषी चीर हिल हिल,
नभ के नव रंग बुनते दुकूल,
पाटल के सुरभित रंगों से रँग दे हिम सा उज्ज्वल दुकूल
गुँथ दे रशना में अलिगुंजन से पूरित झरते बकुल फूल,
अप्सरि तेरा सुन्दर नर्तन
आलोक-तिमिर सित-असित चीर,
स्वर्ण कुमकुम में बसाकर है रँगी नव मेघ चूनर,
नव इन्द्रधनुष-सा चीर महावर अंजन ले,
अलि गुंजित मीलित पंकज-नूपुर रुनझुन ले,
फिर आई मनाने साँझ मैं बेसुध मानी नहीं,
इन्द्रधनुष से निज सजी,
उड़ता नभ में अछोर तेरा नव नील चीर,
सजनि नीलम-रज भरे

रंग चुनरी के अरुण पीले,
इन्द्रधनुष सा घन अंचल,
पहन सुरभि का दुकूल,
मृदु अंजन सा लिपटा दुकूल,
झीना सुरभि दुकूल रँगा ले,
पाटल के सुरभित रंगों से रँग दे
हिम सा उज्ज्वल दुकूल,
रजनी ओढ़े जाती थी झिलमिल तारों की जाली
उसके बिखरे वैभव पर
जब रोती थी उजियाली,
झीने मृदु स्वर्णिम तारों सी
किरणों के मिस केसर झरती
हल्के आतप में रस-भीनी
शतरंगी रज बरसा करती
रात के झीने सितांचल से बिखर मोती बने जल,
रज के रंगों में अपना तू
झीना सुरभि दुकूल रंगा ले!

इसी तरह विविध आभूषणों से अनगिनत पद कविता में प्रयुक्त हुए हैं। कोई उत्साही कह सकता है कि ये आभूषण तो पुरुषों द्वारा गढ़े गए हैं। तो ऐसी स्थिति में यह समझना चाहिए कि समस्या आभूषणों से नहीं है। आभूषण तो स्त्री-पुरुष दोनों धारण करते हैं। बात उसकी छवियों से है। किसी पुरुष के हाथ में कड़े और किसी स्त्री के हाथ के कंगन की छवियाँ ताकत और अबला की हैं। लड़ाई आभूषणों के साथ इन छवियों से है। महादेवी जी स्त्री आभूषणों की हर छवि को बदल देती हैं।

महादेवी वर्मा की कविताओं से अलग-अलग आभूषणों के प्रयोग को देखिए—

कंकण : *रश्मि वलय सित अवगुंठन धीरे-धीरे उतर क्षितिज से आ*
वसन्तरजनी
चौंकी निद्रित रजनी अलसित
श्यामल पुलकित कम्पित कर में
दमक उठे विद्युत के कंकण,
वह तारा-माला उनकी
चल विद्युत के कंकण मेरे हों।

कंठाभरण : *मृदु फेनमय मुक्तावली से*
तैरते तारक अमित,

उछ्वसित वक्ष पर चंचल बक पान्तों के अरविन्द हार,
वकुल हार,
गूँथ दे रशना में अलिगुंजन से पूरित झरते वकुल,
सुनहरे आँसुओं के हार-सी।
तारक माला,
छिन्न हार से बिखर पड़े
जुगनू के लघु हीरक कण।
नूपुर, पायल, मंजीर,

किंकिणी : *नूपुरों की मदिर ध्वनि,*
केकी रव की नूपुर ध्वनि जगती जगती की मूक प्यास,
नूपुर रुनझुन ले,
नूपुर बन्धन में लघु मृदु पग,
प्रिय चरण नूपुर,
शिथिल चरणों के थकित इन नूपुरों की करुण रुनझुन,
मर्मर की सुमधुर नूपुर ध्वनि
अलि गुंजित पद्मों की किंकिणि
भर पद गति में अलस तरंगिनि,
अंगारों को गूँथ बिजलियों में पहना दूँ इसको पायल,
सागर गर्जन रुनझुन मंजीर,
मेघों में मुखरित किंकिण स्वर

शायद ही किसी तरह का आभूषण हो जो महादेवी की काव्य-भाषा में दो-चार बार न आया हो और यदि आप ध्यान से देखें तो इनका प्रयोग दोहरा होता है। इन वस्त्रों और आभूषणों का उपयोग कहीं तो उपमान के रूप में होता है और कहीं उपमेय के रूप में। क्योंकि महादेवी जी दोनों ही तरीकों को भाषिक रणनीति के बतौर उपयोग करती हैं। जहाँ उपमान की तरह उपयोग करती हैं वहाँ वह भाषा में मर्दवादी सत्ता और उसकी अवस्थिति को बदल रहा होता है तथा जहाँ वह उपमेय की तरह प्रयोग करती हैं वहाँ स्त्री-जीवन से जुड़े तमाम अनुषंगों पर लादी गई मर्दवादी छवियों को नए उपमानों के सन्दर्भ में बदल रही होती हैं।

वर्ण-विन्यास

महादेवी वर्मा के काव्य में रंगों का सबसे सघन वर्णन मिलता है। रंगों का वर्णन तो प्रसाद जी के यहाँ भी है। लेकिन महादेवी जी छायावाद में सबसे अधिक वर्ण-

सजग कवयित्री हैं और वे वर्णों में मौजूद अर्थ-छवियों को बहुत गहराई से बदलती चलती हैं। उस समय तक स्त्री-चिन्तन में इतनी गहन राजनीतिक समझ नहीं आई थी, लेकिन स्त्री का अपना आत्मानुभव स्वयंएव चीजों को बदलता है। महादेवी जी लगातार रंगों की बाइनरी को तोड़ रही होती हैं। मेघों के इस वर्णन को देखिए—

सीपी-से, नीलम-से द्युतिमय,
कुछ पीत अरुण कुछ सित श्यामल,
कुछ सुख-चंचल, कुछ दु:ख-मंथर,
फैले तम से कुछ तूल विरल
मँडराते शत-शत अलि बादल।

वस्तुजगत की छवियाँ भाषा के भीतर अधिकांशतः ध्रुवीकृत अवस्थिति रखती हैं। ये ध्रुवीकृत स्थितियाँ मूलतः लैंगिक निर्मितियों के भीतर से पैदा होती हैं। जिसे ऊपर 'बाइनरी' कहा गया है, वे अपने में लैंगिक अर्थ रखते हैं। उपर्युक्त कविता में महादेवी जी हर रंग और भाव के पूर्व विशेषण जोड़ती हैं। अरुण के पहले पीत। श्याम से पहले सित। सुख के साथ चंचल और दु:ख के साथ मन्थर। तम के साथ तूल विरल। ये पद सिर्फ कवीत्व के लिए नहीं प्रयुक्त हुए हैं। पुरुषवादी आलोचना इसे इसी रूप में देखती है। पुरुषवादी आलोचना इसे स्त्री के आत्म के सन्दर्भ में देख ही नहीं सकती। वह इसे भाषिक रणनीति की तरह देखने की अभ्यासी नहीं है।

महादेवी की कविताओं में रंग झिलमिलाते रहते हैं। यह कहना अतियुक्ति न होगी कि हिन्दी कविता में रंगों की विविध छवियाँ, सबसे ज्यादा कल्पनाएँ महादेवी जी के यहाँ ही हैं और इसका यह कह कर समाधान देना कि वे चित्रकार थीं, मर्दवादी आलोचना को स्त्री के आत्म-वैशिष्ट्य को स्वीकारने से बचा लेती है। महादेवी वर्मा की काव्य-भाषा पर बात करते हुए इसे देखना होगा कि वे शब्दार्थ से आगे बढ़कर वर्ण और ध्वनियों और लय में अर्थ-सम्भावना कैसे खोजती हैं। कैसे वे वर्ण, गंध और ध्वनियों को गीतों की लय में मूर्तिमान कर देती हैं। एक उदाहरण देखिए—

फूलों का गीला सौरभ पी
बेसुध-सा हो मन्द समीर,
भेद रहे हों नैश तिमिर को,
मेघों के बूँदों के तीर!
नीलम मन्दिर की हीरक
प्रतिमा-सी हो चपला निस्पन्द,
सजल इन्द्रमणि से जुगनू

बरसाते हों छवि का मकरंद!
बुदबुद की लड़ियों में गूँथा
फैला श्यामल केश-कलाप
सेतु बाँधती हो सरिता सुन-
सुन चकवी का मूक विलाप।

इन पंक्तियों में सारी इन्द्रियाँ एक-दूसरे में घुल-मिलकर नया रूप ले लेती हैं और रात्रि का एक सघन-सुन्दर रूप उपस्थित हो जाता है। तकनीकी भाषा में इसे 'सेनेस्थीसिया' कहते हैं और यह सबसे ज्यादा स्त्री-काव्यभाषा में मिलेगा। इससे वर्गीकृत व श्रेणीकृत भाव-बोध घुलते हुए अखंड अनुभवों में ढलने लगते हैं। उपर्युक्त कविता में रात्रि का वर्णन था, जिसके अपने रंग और संगीत हैं। अब उषा का वर्णन देखिए जिसमें रंग और ध्वनियाँ घुलमिलकर सृजन करती हैं।

चुभते ही तेरा अरुण बान
बहते कन कन से फूट फूट
मधु के निर्झर से सजल गान!
इन कनक रश्मियों से अथाह
लेता हिलोर तम-सिन्धु जाग
बुदबुद से बह चलते अपार
उसमें विहंगों के मधुर राग
बनती प्रवाल का मृदुल कूल
जो क्षितिज रेख थी कुहर म्लान!

यह महादेवी जी की तमाम चर्चित कविताओं में से एक है। पहली किरण के पड़ते ही प्रकृति जाग जाती है। मधु के झरनों की तरह कण कण से संगीत झरने लगता है। यह उषा का वर्णन है। महादेवी जी की उषा सम्बन्धी कविताएँ पढ़ते हुए वैदिक ऋचाओं की याद आती है। वह शायद ऐसी अवस्थिति है जब संस्कृति और भाषा का वैसा लैंगिक ध्रुवीकरण नहीं हुआ है। ऐसा लगता है कि महादेवी जी अपने गीतों में बार-बार ऐसी ही किसी अवस्थित तक जाना चाहती हैं, जहाँ चीजें भाषा से पहले अनुभवों के स्तर पर बहुत घुली हुई, एक दूसरे में शामिल और अखंड रूप से वर्तमान रहती हैं।

मातृमुखी काव्यभाषा की खोज

महादेवी वर्मा की कविताएँ पढ़ते हुए गहरे मातृत्व की अनुभूति होती है। उनके यहाँ सबसे गहरा सम्बन्ध माता और शिशु का है। माता और शिशु का सम्बन्ध न सिर्फ

दुनिया का सबसे गहरा सम्बन्ध है बल्कि स्त्री-जीवन का भी सबसे गहरा सम्बन्ध है। यह ऐसा अनुभव है जो स्त्री के पूरे व्यक्तित्व को नई पहचान में ढालने लगता है। और प्रतीक-व्यवस्था में हस्तक्षेप करता है। जूलिया क्रिस्टीवा मातृत्व के इस बोध को प्रतीक व्यवस्था में हस्तक्षेप की बहुत महत्त्वपूर्ण जमीन की तरह देखती हैं। वे इसे प्रतीक व्यवस्था से भी पहले संकेतन की तरह देखती हैं। यह संकेतन स्वयं को प्रतीक-व्यवस्था के भीतर रचने की कोशिश करता है, इसलिए यह रूढ़ व्याकरणिक व्यवस्था कहीं-कहीं टूटने लगती है, जिससे कई बार रहस्याभास भी होने लगता है। महादेवी जी की कविताओं में माता और शिशु के सम्बन्ध और सम्बोधन के पद भरे हुए हैं। जैसे—

तितली के नव कुमार,
जग बालक,
रजनी बाला,
दिन का बालक,
बालक प्राण,
बालक मन,
बालक मेघ,
बालारुण,
दृग बाल,
तारक बाला,
मन बाल शिखी,
मूक बालक मन,
शिशु इच्छाएँ,
अलि शिशु,
शिशु जग,
जग शिशु,
सौरभ शिशु चल देता विस्मित
हौले मृदु पद से डोल डोल
मृदु पंखुरियों के द्वार खोल,
शिशु प्रात,
विहग शावक,
शिखी शावक,
विगह कुमारिका,
मेघों के लघु बाल...

ऐसे पद कविताओं में इस तरह घुल-मिल गए हैं कि इस बात पर ध्यान ही नहीं जाता कि महादेवी जी का चीजों को देखने और बरतने का ढंग मातृमूलक है। कई बार महादेवी की कविता में मौजूद मातृत्व और उसके सहजात गुण वात्सल्य को प्रेम और समर्पण की तरह देखा जाता है। आलोचक सुधा सिंह लिखती हैं कि—

> महादेवी की कविता में 'केयरिंग' भाव दिखाई देता है। जिसमें वह अपने प्रिय के प्रति समर्पणशील होकर उसका दु:ख, तकलीफ, पीड़ा, थकान, श्रम आदि सबको हर लेना चाहती हैं। उसके लिए एक आराम की दुनिया निर्मित करना चाहती हैं। महादेवी की कविता में व्यक्त इस भाव को करुणा नहीं कहा जा सकता। यह प्रेम का ही रूप है। यहाँ स्त्री समर्पित होकर अपने प्रिय के लिए एक सुन्दर और सहिष्णु दुनिया बनाना चाहती है। महादेवी के यहाँ स्त्री के यह सहजात गुण की तरह आया है। महादेवी के अनुसार यह उसका प्रकृत गुण है जो प्रकृति के संसर्ग से मिला है। लेकिन यह भी ध्यान रखना चाहिए कि प्रकृति का उल्टा संस्कृति है।

सुधा सिंह इसे प्रेम का एक भाव कहना चाहती हैं। लेकिन यह प्रेम का नहीं, वात्सल्य का एक गुण है और इस सन्दर्भ में देखना चाहिए कि उनकी कविताओं में मातृत्व की कितनी सघन अभिव्यक्ति है। यह सिर्फ सम्बोधनों के स्तर पर ही नहीं है, बल्कि काव्य-भाषा में बहुत गहराई से हर स्तर पर मौजूद है।

आलोचना की मूलभूत दिक्कत यह है कि इसमें स्त्री-काव्यभाषा और उसकी काव्यात्मक रणनीतियों पर कोई बात ही नहीं हुई है। पुरुष भाषा को ही सार्वभौमिक काव्यभाषा मान लिया गया तथा उसकी काव्यात्मक रणनीतियों को ही निर्देशक रूप में स्वीकार कर लिया गया इसीलिए महादेवी जी की काव्यभाषा के विशिष्ट स्वरूप पर भी हिन्दी समाज का ध्यान नहीं गया। काव्यभाषा की बद्धमूल समझ यह है कि अर्थ सिर्फ प्रतीकों के सन्दर्भ से पैदा होते हैं। लकां के अतिरिक्त लैंगिकता पर महत्त्वपूर्ण काम करने वाले अन्य चिन्तकों का निष्कर्ष यह है कि प्रतीक-व्यवस्था का केन्द्र पुरुष है। प्रतीक-व्यवस्था के भीतर सारे अर्थ पुरुष-निर्देशित हैं। माँ के अन्यकरण से ही प्रतीक-व्यवस्था का जन्म होता है, इसलिए प्रतीक-व्यवस्था के भीतर, प्रतीकों के अन्तर्सम्बन्धों से बनने वाले अर्थ पुरुष-केन्द्री होंगे। अत: स्त्री काव्यभाषा के लिए सिर्फ प्रतीक-व्यवस्था के शब्दार्थ के स्तर पर स्वयं को रच पाना सम्भव नहीं है बल्कि उसे इससे बाहर या इसके भीतर ही अन्य रणनीतियों का उपयोग करना होता है। इसके लिए स्त्री भाषा, रंगों, ध्वनियों और लय में स्वयं को सम्भव करने की कोशिश करती है। अपने एक लेख में अनामिका स्त्री भाषा के बारे में लिखती हैं कि—

> स्त्रियों की भाषा में एक खास तरह का आवेग होता है। वैसा ही क्रमण-संकुचन जो प्रसव का साक्ष्य वहन करे। उसमें होता है वस्तुनिष्ठता और आत्मनिष्ठता का समायोजन, तर्क और अन्त:प्रज्ञामूलक उस अर्धविस्मृत भाषिक लय का संयोजन जो गर्भगृह में माँ की पकड़ने-छुड़ाने की लय, प्रकाश जलने-बुझने की लय—पूरी की पूरी नहीं भी तो काफी हद तक अधूरे वाक्यखंडों, शब्दों के बीच की दरारों, अन्तर्पाठीय प्रभावों, रचनात्मक अन्यथाकर्णों और व्याकरण के नियम लाँघ जाने में प्रतिबिम्बित होती है या सेनीस्थीसिया या बहुध्वन्यात्मक बिम्बों में। उसकी गति क्षैतिज नहीं, वर्तुलाकार होती है, सम्बन्धवाचकों और समुच्चयबोधकों का भी खास तरल विनियोग वहाँ होता है। वाक्य-रचना के तट तोड़कर बही जाती निर्बाध नदी, बहुविधात्मकता (आत्मकथा, आलोचना, निबन्ध)—सबका मिला-जुला रूप, विस्मृतियों और मिश्र शब्दों के संकुलित तरंग की उठान—सबमें ही औरत की देह और मानसिक बनावट का द्वंद्व धक-धक बजता हुआ साफ सुनाई देता है। उसके रूपक, श्लेष, योगात्मक क्रीड़ाभाव—सब एक ऐसे अवचेतन का पता देते हैं जो सर्वसमावेशी है और उच्छल है।

अर्थात स्त्री काव्य-बोध और भाषा को उसी तरह नहीं समझा जा सकता जैसे पुरुष के काव्य-बोध को और महादेवी की काव्य-भाषा में मातृमुखता पर्याप्त है, इसका प्रमाण शिशु या तत्सम्बन्धी सम्बोधन हैं इसलिए उनकी काव्य-भाषा को इस तरह भी देखना होगा। इसमें से एक-एक चीज पर बहुत विस्तार से बात होनी चाहिए, परन्तु यहाँ अधिक विस्तार में जाने का अवकाश नहीं है।

महादेवी जी की कविताओं में लय और ध्वन्यात्मक सृजन पर विशेष ध्यान है। उनकी कविताएँ भाषा या प्रतीक व्यवस्था से आगे बढ़कर लय में पर्यवसित होती हैं तथा उस लय व ध्वन्यात्मक सृजन के माध्यम से महादेवी अपने स्त्री-आत्म को रचने की कोशिश करती हैं। इस लय और ध्वन्यात्मकता को जूलिया क्रिस्टीवा प्रतीक-व्यवस्था से पूर्व की अवस्थिति मानती हैं जो प्रतीक-व्यवस्था में हस्तक्षेप करके उसे नया अर्थ देता है। दरअसल पूरे विमर्श में क्रिस्टीवा का संकट एक बोलते हुए कर्ता की खोज है और उनका निष्कर्ष यह है कि प्रतीक से पहले सांकेतिक अवस्थिति स्त्री के नए कर्ता को जन्म दे सकता है। सांकेतिक को क्रिस्टीवा प्रतीकात्मक व्यवस्था के 'उप-वृत्त' की तरह नहीं देखतीं, बल्कि 'पूर्व-वृत्त' की तरह देखती हैं। वे इस प्रतीक-व्यवस्था से पीछे, फिर से मातृत्व, देह और अनुभव को स्थापित करती हैं। वे फ्रायड और लकां के 'ओडिपल' अवस्था से आगे ले जाती हैं। वे विषय को 'पूर्व-ऑडिपल' अवस्था में ले जाती हैं और प्रतीकात्मक

(symbolic) की जगह सांकेतिक (semiotic) को रखती हैं। सांकेतिक प्रतीकात्मक पहचानों से पहले अस्तित्व की मान्यता है। इसका आधार भाषा की जगह जैविक चालक, रिद्म, ध्वनियाँ हैं। चिन्तकों के अनुसार इसका अस्तित्व शब्दों और कोशीय अर्थों से पहले है। लेकिन यह भाषा के सम्बन्ध और सन्दर्भ में ही अर्थवान होता है। यह भाषिक-व्यवस्था के माध्यम से ही अर्थपूर्ण होता है और आसान शब्दों में यह कह सकते हैं कि सांकेतिक प्रतीकात्मक से पहले आता है और यह प्रतीकात्मक द्वारा दमित कर दिया जाता है परन्तु सांकेतिक संसार फिर से प्रतीकात्मक व्यवस्था का विघटन करते हुए संगीत, कलाओं और कविता में स्वयं को प्रगट करता है। तो देखना यह है कि महादेवी जी अपनी काव्यभाषा में रिद्म, ध्वनियों और लय का कैसे उपयोग करती हैं।

महादेवी वर्मा ने गीत लिखे हैं। यह भी एक प्रश्न पूछा जा सकता है कि महादेवी जी ने मुक्त छंद या गद्य-कविता को क्यों नहीं अपनाया! इसका अगर कोई जवाब हो सकता है तो यही कि गीतों में लय और रिद्म से अर्थ रचने की गुंजाइश ज्यादा होती है और महादेवी जी ने यह किया है। उनके देखते न जाने कितने आन्दोलन आए न जाने कितने वादों का हल्ला उठा, लेकिन वे गाती रहीं—

लय गीत मदिर, गति ताल अमर।

यह यों ही नहीं है कि महादेवी की कविताओं में संगीत और ताल का बराबर जिक्र आता है। महादेवी इनसे भी अर्थ पैदा करती हैं। नृत्य और संगीत आते ही स्त्रीत्व सारे श्रेणीकरण और संरचनात्मक पदानुक्रम को तोड़कर आगे बढ़ जाता है।

लय गीत मदिर, गति ताल अमर;
अप्सरि तेरा नर्तन सुन्दर!

आलोक-तिमिर सित-असित चीर!
सागर-गर्जन रुनझुन मंजीर;
उड़ता झंझा में अलक-जाल,
मेघों में मुखरित किंकिण-स्वर!
अप्सरि तेरा नर्तन सुन्दर!

रवि-शशि तेरे अवतंस लोल,
सीमन्त-जटित तारक अमोल,
चपला विभ्रम, स्मित इन्द्रधनुष,

हिमकण बन झरते स्वेद-निकर!
अप्सरि तेरा नर्तन सुन्दर!

यह लय और ताल ही प्राथमिक है। यह अनादि है। भाषा और प्रतीक व्यवस्था उसके बाद आते हैं। स्त्री अनुभव प्रतीक व्यवस्था को पार करते हुए उस अखंड और अनादि तत्त्व को रचने की कोशिश करता है। और फिर वह उसी अवस्थिति में पहुँच जाती है जहाँ कभी ब्रह्म को रचा गया था। पूरा पदानुक्रम बदल जाता है। कविता में छोटे-छोटे पद, पायल की किंकिणी की तरह रचे हुए हैं। कठोर वर्णों की लगभग अनुपस्थिति है। जहाँ शब्दों में थोड़े कोर थे वे भी इस लय में घिसकर गोल हो गए हैं, सूर्य और चाँद भी लोल हो गए हैं। उनका ताप और सत्ता स्त्रीत्व के अनुकूल हो गया है।

छलकी जीवन-मदिरा छलछल;
पीती थक झुक-झुक झूम-झूम;
तू घूँट घूँट फेनिल सीकर!

इन पंक्तियों में वह लय और ध्वन्यात्मकता सबसे सघन और अनुप्रास में मूर्त हो गई है, लेकिन ध्यान से देखने में यह पूरी कविता में मौजूद है बल्कि यही इसका सबसे केन्द्रीय तत्त्व है। यह लय और ताल स्त्रीत्त्व के साथ सब कुछ पर पड़ रहा है। ध्यान से देखने पर पता चलेगा कि सिर्फ प्रतीक व्यवस्था से बाहर निकलते हुए लय और ताल की तरफ बढ़ने का प्रयास नहीं होता बल्कि बोध और काव्य भाषा की पूरी राजनीति ठोस आकार लेने लगती है। अगर महादेवी की काव्यभाषा का अध्ययन किया जाए तो स्त्री काव्यभाषा को सीखने के लिए बहुत कुछ है। बस जरूरत इस बात की है कि महादेवी जी के काव्यकर्म को स्त्री-अनुभवों के सन्दर्भ में देखा जाए। उन्हें छायावाद के सन्दर्भ में देखा जाए तो छायावाद को भी उनके काव्यबोध की जमीन से देखा जाए।

संदर्भ ग्रंथ

1. पन्त की कविता में (female graces) स्त्रीत्व की अधिकता के कारण वे कवित्त जैसे पुरुषत्त्व प्रधान काव्य को नहीं समझ सकते"—निराला/ निराला रचनावली-भाग : 5, पृ. 188। यहाँ यह भी ध्यातव्य है कि हिन्दी आलोचना में निराला के पुरुषत्त्व को ख़ूब मुग्ध मन से गया जाता है।
2. तत्कालीन मनोविश्लेषणवादी आलोचकों ने कहा।
   छायावाद, नामवर सिंह, राजकमल प्रकाशन-2010, पृ. 51
   स्त्री : उपेक्षिता, सिमोन द बोउवा(अनु-प्रभा खेतान), हिन्द पॉकेट बुक्स-349
   स्त्री : उपेक्षिता, सिमोन द बोउवा(अनु-प्रभा खेतान), प्रथम संस्करण, हिन्द पॉकेट बुक्स-348

Sophia : June 2014, Volume 53, Issue 2, -23
Sophia : June 2014, Volume 53, Issue 2, -24
Sophia : June 2014, Volume 53, Issue 2, -25
स्त्री सन्दर्भ में महादेवी, सुधा सिंह, अनामिका पब्लिशर्स एंड डिस्ट्रीब्यूटर-2017, पृ. 128-129
नवजागरण और महादेवी वर्मा का रचना-कर्म : स्त्री-विमर्श के स्वर, कृष्णदत्त पालीवाल, प्रथम संस्करण, किताबघर प्रकाशन, पृ. 18
महादेवी की कविता में सौन्दर्य भावना, अनामिका प्रकाशन, प्रथम संस्करण, सी तुलम्मा, पृ. 57
स्त्री सन्दर्भ में महादेवी, सुधा सिंह, अनामिका प्रकाशन-2017, पृ. 126
कविता के सौ बरस, सं. लीलाधार मंडलोई, शिल्पायन प्रकाशन, पृ. 517 xx

परिचय—लेखक/सम्पादक

सुमित्रानन्दन पन्त जन्म—20 मई, 1900; अल्मोड़ा, उत्तराखंड। निधन—28 सितम्बर, 1977। प्रमुख छायावाद कवि। रचनाएँ—*उच्छ्वास, पल्लव, वीणा, ग्रन्थि, गुंजन, ग्राम्या, युगांत, कला और बूढ़ा चाँद, लोकायतन, युगवाणी* (प्रमुख कविता संग्रह); *हार* (उपन्यास)। सम्मान—'पद्मभूषण', 'ज्ञानपीठ', 'साहित्य अकादमी', 'सोवियत लैंड नेहरू पुरस्कार'।

नन्ददुलारे वाजपेयी जन्म—27 अगस्त, 1906; उन्नाव, उत्तर प्रदेश। निधन—21 अगस्त, 1967। प्रमुख छायावादी आलोचक। रचनाएँ—*कवि जयशंकर प्रसाद, आधुनिक साहित्य, हिन्दी साहित्य : बीसवीं शताब्दी, नया साहित्य : नये प्रश्न, साहित्य : एक अनुशीलन, प्रेमचन्द : एक साहित्यिक विवेचन, प्रकीर्णिका, महाकवि सूरदास, कवि निराला* (प्रमुख आलोचना); *रामचरितमानस* (गीता प्रेस, गोरखपुर), *सूर सागर, भारत* (पत्रिका) (सम्पादन)।

रामविलास शर्मा जन्म—10 अक्टूबर, 1912; उन्नाव, उत्तर प्रदेश। निधन—30 मई, 2000। प्रख्यात मार्क्सवादी आलोचक। रचनाएँ—*प्रेमचन्द और उनका युग, निराला, भारतेन्दु हरिश्चन्द्र, भाषा, साहित्य और संस्कृति, भाषा और समाज, आचार्य रामचन्द्र शुक्ल और हिन्दी आलोचना, निराला की साहित्य साधना* (तीन-भाग), *भारतीय साहित्य की भूमिका, परम्परा का मूल्यांकन, हिन्दी जाति का साहित्य, भारतीय साहित्य के इतिहास की समस्याएँ, भारतीय नवजागरण और यूरोप, आस्था और सौन्दर्य, भारतीय संस्कृति और हिन्दी प्रदेश, महावीरप्रसाद द्विवेदी और हिन्दी नवजागरण* (प्रमुख आलोचना); *रूप तरंग, सदियों के सोये जाग उठे* (प्रमुख कविता संग्रह); *चार दिन* (उपन्यास); *अपनी धरती अपने लोग* (तीन खंडों में) (आत्मकथा); *मेरे साक्षात्कार, आज के सवाल और मार्क्सवाद* (साक्षात्कार-संवाद)। सम्मान—'साहित्य अकादमी पुरस्कार', 'शलाका सम्मान', 'भारत भारती पुरस्कार', 'व्यास सम्मान', 'शताब्दी सम्मान'।

नामवर सिंह जन्म—28 जुलाई, 1927; जीयनपुर, वाराणसी, उत्तर प्रदेश। निधन—19 फरवरी, 2019। प्रसिद्ध मार्क्सवादी आलोचक। रचनाएँ—*हिन्दी के विकास में अपभ्रंश का योग, आधुनिक साहित्य की प्रवृत्तियाँ, छायावाद, पृथ्वीराज रासो : भाषा और साहित्य, इतिहास और आलोचना, कहानी : नई कहानी, कविता के नए प्रतिमान, दूसरी परम्परा की खोज, वाद विवाद संवाद, कविता की जमीन और जमीन की कविता, हिन्दी का गद्यपर्व, आलोचना और विचारधारा* (प्रमुख आलोचना); *कहना न होगा, बात बात में बात* (साक्षात्कार-संवाद); *मलयज की डायरी* (तीन खंडों में), *आधुनिक हिन्दी उपन्यास* (भाग-2) *रामचन्द्र शुक्ल रचनावली* (सह सम्पादक-आशीष त्रिपाठी), *जनयुग* (साप्ताहिक-1965 से 1967), *आलोचना* (त्रैमासिक-1967 से 1990) (सम्पादन); सम्मान—'साहित्य अकादमी पुरस्कार', 'शलाका सम्मान', 'साहित्य भूषण सम्मान'।

महादेवी वर्मा जन्म—26 मार्च, 1907; फर्रुखाबाद, उत्तर प्रदेश। निधन—11 सितम्बर, 1987। छायावाद की प्रख्यात कवयित्री। रचनाएँ—*नीहार, रश्मि, नीरजा, सांध्यगीत, दीपशिखा, सप्तपर्णा, अग्निरेखा* (प्रमुख कविता-संग्रह); *अतीत के चलचित्र, स्मृति की रेखाएँ* (रेखाचित्र); *पथ के साथी, मेरा परिवार* (संस्मरण); *शृंखला की कड़ियाँ, विवेचनात्मक गद्य, साहित्यकार की आस्था तथा अन्य निबन्ध, संकल्पिता, हिमालय, क्षणदा* (निबन्ध); *चाँद* (पत्रिका) (सम्पादन); सम्मान—'मंगलाप्रसाद पारितोषिक', 'भारत भारती', 'पद्म भूषण', 'पद्म विभूषण', 'सक्सेरिया पुरस्कार', 'द्विवेदी पदक', 'ज्ञानपीठ पुरस्कार'।

मैनेजर पांडेय जन्म—23 सितम्बर, 1941; गोपालगंज, बिहार। निधन—6 नवम्बर, 2022। प्रसिद्ध मार्क्सवादी आलोचक। प्रमुख पुस्तकें—*शब्द और कर्म, साहित्य और इतिहास-दृष्टि, भक्ति आन्दोलन और सूरदास का काव्य, साहित्य के समाजशास्त्र की भूमिका, आलोचना की सामाजिकता, उपन्यास और लोकतंत्र, हिन्दी कविता का अतीत और वर्तमान, आलोचना में सहमति-असहमति, भारतीय समाज में प्रतिरोध की परम्परा; मेरे साक्षात्कार, मैं भी मुँह में जुबान रखता हूँ, संवाद-परिसंवाद, बतकही* (साक्षात्कार-संवाद); प्रमुख सम्पादित पुस्तकें— *देश की बात, पराधीनों की विजय यात्रा, मुग़ल बादशाहों की हिन्दी कविता, लोकगीतों और गीतों में 1857*।

राजेन्द्र कुमार जन्म—24 जुलाई 1943; कानपुर, उत्तर प्रदेश। वरिष्ठ आलोचक। इलाहाबाद विश्वविद्यालय के प्रोफेसर रह चुके हैं। रचनाएँ—*साहित्य में सृजन के आयाम और विज्ञानवादी दृष्टि, आलोचना का विवेक, इलाचन्द्र जोशी* (मोनोग्राफ), *प्रतिबद्धता के बावजूद* (आलोचना); सम्पादन—*साही के बहाने समकालीन*

रचनाशीलता पर एक बहस, प्रेमचन्द की कहानियाँ : परिदृश्य और परिप्रेक्ष्य, स्वाधीनता की अवधारणा अभिप्राय और *बहुवचन* (पत्रिका); *ऋण गुणा ऋण, हर कोशिश है एक बगावत, लोहा लक्कड़* और *उदासी का ध्रुपद* (कविता-संग्रह); *अनन्तर तथा अन्य कहानियाँ* (कहानी-संग्रह)।

विनोद दास जन्म—10 अक्टूबर, 1955; बाराबंकी, उत्तर प्रदेश। प्रसिद्ध कवि आलोचक और कथाकार। *ख़िलाफ़ हवा से गुजरते हुए* नई पीढ़ी के अन्तर्गत 'भारतीय ज्ञानपीठ' से पुरस्कृत। *वर्णमाला से बाहर* दूसरा कविता-संग्रह जिस पर 'श्रीकान्त वर्मा स्मृति सम्मान' और 'केदारनाथ अग्रवाल सम्मान' (कविता- संग्रह); *भारतीय सिनेमा का अन्त:करण* ('शमशेर सम्मान' से सम्मानित)। *कविता का वैभव, सृजन का आलोक* (आलोचना); *बतरस* (साक्षात्कार); *सुखी घर सोसायटी* (उपन्यास); *संग्रह बीच धार में* (कहानी); सम्पादन—*अन्तर्दृष्टि* और *वागर्थ* का अतिथि सम्पादन। अनुवाद—*सरहद के पार के महान कथाकार*। ई-मेल : tiwarvk1955@yahoo.com

कात्यायनी जन्म—7 मई, 1959; गोरखपुर उत्तर प्रदेश। प्रमुख समकालीन कवयित्री। रचनाएँ—*चेहरों पर आँच, सात भाइयों के बीच चम्पा, इस पौरुषपूर्ण समय में, जादू नहीं कविता, राख अँधेरे की बारिश में, फुटपाथ पर कुर्सी* और *एक कुहरा पारभाषी*। अंग्रेजी, रूसी, स्पैनिश, जर्मन, नेपाली और प्रमुख भारतीय भाषाओं में कविताओं के अनुवाद (कविता-संग्रह); *दुर्ग-द्वार पर दस्तक, कुछ जीवन्त कुछ ज्वलन्त* और *षड्यंत्ररत मृतात्माओं के बीच* (निबन्ध-संग्रह)। ई-मेल : katyyani.lko@gmail.com

रोहिणी अग्रवाल जन्म—9 दिसम्बर, 1959; मानसा, पंजाब। प्रसिद्ध स्त्रीवादी आलोचक। रचनाएँ—*हिन्दी उपन्यास में कामकाजी महिला, एक नजर कृष्णा सोबती पर, इतिवृत्त की संरचना और संरूप, समकालीन कथा साहित्य : सरहदें और सरोकार, स्त्री लेखन : स्वप्न और संकल्प, साहित्य की जमीन और स्त्री मन के उच्छ्वास, हिन्दी कहानी : वक़्त की शिनाख्त और सृजन का राग, हिन्दी उपन्यास का स्त्री पाठ, साहित्य का स्त्री स्वर, हिन्दी उपन्यास : समय से संवाद, कथालोचना के प्रतिमान, कहानी का स्त्री-समय, उपन्यास में सदी का अक्स* (आलोचना); *घने बरगद तले, आओ माँ, हम परी हो जाएँ* (कहानी); *लिखती हूँ मन* (कविता); सम्पादित पुस्तकें—*मुक्तिबोध की प्रतिनिधि कहानियाँ, उषा प्रियंवदा की प्रतिनिधि कहानियाँ*। सम्मान—1987 से 2019 तक चार बार 'हरियाणा साहित्य अकादमी' से सम्मानित होने के अलावा 'स्पन्दन आलोचना सम्मान', 'रेवान्त मुक्तिबोध सम्मान', 'वनमाली कथा-आलोचना सम्मान', 'चड़म्पुषा सांस्कृतिक सम्मान', 'डॉ. शिव कुमार मिश्र स्मृति सम्मान', 'डॉ.

रामविलास शर्मा स्मृति सम्मान' और 'नारी शक्ति सम्मान' से विभूषित हो चुकी हैं। ई-मेल : rohini1959@gmail.com

कमलानन्द झा जन्म—28 जनवरी, 1968; मधुबनी, बिहार। स्नातक की पढ़ाई मधुबनी (बिहार) में। एम.ए., एम.फिल. एवं पी-एच.डी. जेएनयू, नई दिल्ली से। हिन्दी और मैथिली आलोचना-लेखन में गहरी अभिरुचि। सौ से अधिक नुक्कड़ नाटकों की प्रस्तुति एवं निर्देशन। हिन्दी और मैथिली की साहित्यिक पत्रिकाओं में लगातार आलोचना-लेखन। देश के प्रतिष्ठित पत्र-पत्रिकाओं में साहित्यिक एवं वैचारिक लेख प्रकाशित। रचनाएँ—*तुलसीदास का काव्य-विवेक और मर्यादाबोध, पाठ्यपुस्तक की राजनीति, मस्ती की पाठशाला* (आलोचना); सम्पादन—*राजाराधिकरमण प्रसाद सिंह की श्रेष्ठ कहानियाँ, होतीं बस आँखें ही आँखें,* आदि हिन्दी में तथा मैथिली उपन्यास : *समय समाज आ सवाल तथा नवमल्लिका* (मैथिली में प्रकाशित) सम्प्रति : अलीगढ़ मुस्लिम विश्वविद्यालय, अलीगढ़ के हिन्दी विभाग में प्रोफेसर के पद पर कार्यरत। ई-मेल : jhakn28@gmail.com

मधुप कुमार जन्म—03 फरवरी, 1969; सिवान, बिहार। रचनाएँ—*विनय पत्रिका और निराला के विनय गीत, पंचवटी : आदि और मध्यकालीन बोध का स्वरूप, परम्परा और निरन्तरता* (आलोचना); सम्पादन—*अभिनव संस्कृत काव्यशास्त्र : नामवर के नोट्स*। सम्प्रति : गणेश राय महाविद्यालय, डोभी, जौनपुर में प्राध्यापक।

वैभव सिंह जन्म—4 सितम्बर, 1974; उन्नाव, उत्तर प्रदेश। इलाहाबाद विश्वविद्यालय से स्नातक। एम.ए., एम.फिल एवं पी-एच.डी. जेएनयू, नई दिल्ली से। युवा आलोचक और अनुवादक के रूप में प्रसिद्ध। विभिन्न मीडिया-संस्थानों से जुड़ाव तथा विश्वविद्यालयों में अध्यापन। प्रमुख कृतियाँ—*इतिहास और राष्ट्रवाद, भारतीय उपन्यास और आधुनिकता, शताब्दी का प्रतिपक्ष, भारत : एक आत्मसंघर्ष, कहानी : विचारधारा और यथार्थ, रवीन्द्रनाथ टैगोर : उपन्यास, स्त्री और नवजागरण*। अनुवाद—टेरी ईगलटन की पुस्तक का *मार्क्सवाद और साहित्यालोचन,* पवन वर्मा की पुस्तक *भारतीयता की ओर*। कुछ पुस्तकों का सम्पादन। कुछ कहानियाँ भी प्रमुख पत्र-पत्रिकाओं में प्रकाशित। सम्मान—'देवीशंकर अवस्थी आलोचना सम्मान', 'शिवकुमार मिश्र स्मृति आलोचना सम्मान', 'स्पंदन आलोचना सम्मान', 'वनमाली कथालोचना सम्मान'। ई-मेल : vaibhav.newmail@gmail.com

श्रीधरम जन्म—18 नवम्बर, 1974; मधुबनी, बिहार। एम.ए., हिन्दी (ल.ना. मि.वि.वि. दरभंगा), एम.फिल (जामिया मिल्लिया इस्लामिया), पी-एच.डी. (जे.एन.यू.)। युवा कथाकार, कई कहानियाँ और वैचारिक आलोचनात्मक लेख प्रतिष्ठित पत्र-पत्रिकाओं में प्रकाशित। हिन्दी के अलावा मातृभाषा मैथिली में भी समान गति से लेखन। हिन्दी-मैथिली भाषाओं के कई चयनित संकलनों में कहानियाँ संकलित। कुछ कहानियाँ अन्य भारतीय भाषाओं में भी अनूदित व प्रकाशित। रचनाएँ—*स्त्री : संघर्ष और सृजन, स्त्री स्वाधीनता का प्रश्न और नागार्जुन के उपन्यास* (आलोचना); सम्पादन—हिन्दी त्रैमासिक *बया,* हिन्दी मासिक *कथादेश* और मैथिली त्रैमासिक *अंतिका* का अतिथि सम्पादन। *तुलसीराम : कृतित्व एवं व्यक्तित्व, चन्द्रेश्वर कर्ण रचनावली* (पाँच खंडों में), केन्द्रीय हिन्दी संस्थान द्वारा विदेशी छात्रों के लिए प्रकाशित पाठ्य-पुस्तक *हिन्दी का इतिहास* का सह-लेखन एवं सम्पादन; *की रे हुकुम* (कहानी-संग्रह)। सम्प्रति : आत्मा राम सनातन धर्म महाविद्यालय (दिल्ली विश्वविद्यालय) में असिस्टेंट प्रोफेसर। ई-मेल : sdharam08@gmail.com

डॉ. तोमोको किकुचि जापानी तथा हिन्दी भाषा की लेखिका और अनुवादक हैं। साहित्यिक आयोजनों में सक्रिय हैं। डॉ. तोमोको बच्चों के साथ शान्ति शिक्षा प्रोग्राम का आयोजन करती हैं। अनुवाद—*हिरोशिमा का दर्द* (जापानी सचित्र पुस्तक का हिन्दी अनुवाद), *कानेको मिसुजु की कविताएँ* (जापानी कवयित्री की जीवनी और कविताओं का हिन्दी अनुवाद), *नीरव संध्या का शहर, साकुरा का देश* (हिरोशिमा त्रासदी पर आधारित जापानी कोमिक का हिन्दी अनुवाद), आदि; *महादेवी वर्मा की विश्वदृष्टि* (आलोचना)। सम्मान—'9वीं विश्व हिन्दी सम्मेलन' 2012, 'उत्तर प्रदेश हिन्दी-उर्दू अवार्ड कमेटी' 2013, 'तमिलनाडु हिन्दी साहित्य अकादेमी' 2014। ई-मेल : indtmc@gmail.com

आशीष मिश्र हिन्दी की नई पीढ़ी से सम्बद्ध सुपरिचित आलोचक। 'हिन्दवी' के लिए 'व्यक्ति-विवेक' स्तम्भ के अन्तर्गत हिन्दी की नई रचनाशीलता और नए कविता-संग्रहों पर लिख रहे हैं। ई-मेल : ak19788@gmail.com

निरंजन सहाय जन्म—26 फरवरी, 1970; आरा, बिहार। पटना विश्वविद्यालय से स्नातक, जेएनयू से एम.ए. तथा एम.फिल एवं मोहनलाल सुखाड़िया विश्वविद्यालय, उदयपुर से पी-एच.डी.। हिन्दी आलोचक और पाठ्यक्रम परिकल्पक के रूप में ख्यात। विभिन्न पत्र-पत्रिकाओं में नियमित लेखन और आकाशवाणी और दूरदर्शन से विभिन्न वार्ताएँ प्रकाशित। रचनाएँ—*केदारनाथ सिंह और उनका समय, आत्मानुभूति के दायरे, प्रपद्यवाद और नलिन विलोचन शर्मा, शिक्षा की परिधि, जनसंचार*